D1668988

Thomas Kühne, Gerhard Regel (Hrsg.)

Bildungsansätze im offenen Kindergarten

**Erzieherinnen im Mittelpunkt der
pädagogischen Arbeit**

Thomas Kühne, Gerhard Regel (Hrsg.)

Bildungsansätze im offenen Kindergarten

Erzieherinnen im Mittelpunkt der pädagogischen Arbeit

EB-Verlag Hamburg

Das Titelbild zeigt eine Szene aus dem Projekt „Leben wie die Steinzeitmenschen", das in dem Buch „Erlebnisorientiertes Lernen im offenen Kindergarten" (Seite 163ff) beschrieben wurde. Wir haben dieses Foto ausgewählt, weil es die aktive Begleitung von Kindern durch die Erzieherin sehr schön darstellt.

Die Fotos zu den Beiträgen stellten die Autorinnen und Autoren zur Verfügung

Die Deutsche Bibliothek – CIP-Einheitsaufnahme

Bildungsansätze im offenen Kindergarten : Erzieherinnen im Mittelpunkt der pädagogischen Arbeit / Thomas Kühne ; Gerhard Regel (Hrsg.). – Hamburg : EB-Verlag, 2000
ISBN 3-930826-54-2

Satz/Layout: Rainer Kuhl
Lektorat: Elisabeth Löffler

Titelfoto: Thomas Kühne

© EB-Verlag Hamburg, 2000

www.ebverlag.de

Druck und Bindung: Druckerei Rosch-Buch, Scheßlitz
Printed in Germany

Inhaltsverzeichnis

Vorwort   I

I   Zur Bildungsarbeit im offenen Kindergarten   1

Thomas Kühne, Gerhard Regel
1. Bildung im offenen Kindergarten - Annäherung an ein Thema   1

Gerhard Regel
2. Eine entspannte Atmosphäre:Voraussetzung für Lernen,
   Entwicklung und Bildung   22

Christa Freese-Behrens
3. Bildung in gelebter und lebendiger Erziehung
   Leben ist Lernen – Lernen ist Entwicklung –
   Entwicklung ist Bildung   43

Sonja Westerberger
4. Mein persönlicher Bildungsprozess
   Von der Neigung zur Fachfrau   48

Marlis Förster
5. Entfaltung von Kreativität in der Werkstatt und im Atelier
   aus der Sicht einer Fachschuldozentin   66

Christina Rehmers
6. Bildungsanspruch und Rahmenbedingungen
   Zwischen pädagogischen Idealen und Sparzwang   82

II   Bildungspraxis im offenen Kindergarten   87

1. Aus dem Ev. Kindergarten Schloß Ricklingen, Garbsen
   Anke Hansen, Manuela Schröder, Thomas Kühne
   1.1 Kurze Darstellung der Einrichtung   87
   1.2 Die Werkstatt - ein herausfordernder Bildungsbereich   88
   1.3 Staunen über Kinder   107
   1.4 Vom Spaziergang zur Exkursion   117

2. Aus dem Baumhaus, Ev. Kindergarten Nikolausberg, Göttingen 129
   Ute Lehmann-Grigoleit, Birgit Hecke-Behrends, Sonja Westerberger
   2.1 Kurze Darstellung der Einrichtung   129

2.2   Experimentieren und Forschen als Bildungsanlässe   131
2.3   Das Projekt „Afrika" unter dem Gesichtspunkt
       der Stärken der Mitarbeiterinnen   134
2.4   Bildungsarbeit im Kirchenraum – Ein Zugang zur religiösen
       Dimension durch Geschichten und sinnliche Erfahrung   139
2.5   Verankerung der Bildungsarbeit in unserer Konzeption   148

3. Aus der Ev. Kindertagesstätte Altenwalde, Cuxhaven
Margret Friedrich, Claudia Gans, Ulrike Hogrefe, Silke Karallus,
Uwe Santjer, Martina Unruh-Noack, Nicole Wagner
3.1   Kurze Darstellung der Einrichtung   158
3.2   Bildung im Kindergarten am Praxisbeispiel Forschungslabor   160
3.3   Elternbildung in eigener Erfahrung   164
3.4   Einmal in der Woche kommt die Märchenoma   168
3.5   Bildung durch Vernetzung mit dem Gemeinwesen   172
3.6   Bildung in hausinterner Fortbildung   176
3.7   Kompetenztransfer in gemeinsamer Erziehung   186
3.8   Der Tagesablauf unter den Gesichtspunkten
       Selbstentscheidung, Mitverantwortung und Mitwirkung   193

4. Aus der Kindertagesstätte der ev.-luth. Kirchengemeinde
Emmaus, Cuxhaven   203
Ilka Hakenbeck
Die Cafeteria als Bildungsbereich   203

5. Aus dem Ev. Kindergarten der Michaelsgemeinde,
Rotenburg/Wümme   212
Christel Gerken, Hiltraut Schiemang-Ludewigs
Verschiedenheit wird zur Normalität -
ein Kindergarten für alle Kinder   212

6. Aus dem Ev. Emmaus-Kindergarten, Wennigsen   222
Ortrud Ahrens, Sabine Schommartz, Silke Cohrs
Von der Dominanz des Erwachsenen zum
prozessorientierten Handeln   222

7. Aus dem Ev. Kindergarten Wagenerstraße, Hannover   229
Monika Suckow
Mit kleinen Schritten zur großen Kunst   229
8. Aus dem Ev. St. Nicolai Kindergarten, Coppenbrügge   242
Andrea Schreiber
Ästhetische Raumgestaltung - was hat das mit Bildung zu tun?   242

9. Aus der Ev. Kindertagesstätte Ihrenerfeld, Westoverledingen   249
   Holger Grimm
   Ein neues Medium in der Kindergartenarbeit -
   Computer als neue Lern- und Bildungsherausforderung   249

III Offener Kindergarten und Schule   **258**

Annemarie Pliefke
1. Kinder aus offenen Kindergärten kommen
   zur Schule – was dann?   258

Uwe Santjer
2. Für die Schule bilden - nicht anpassen   266

IV Bildung braucht wertbezogene Inhalte   **273**

Gerhard Regel
Dem Leben bewusst eine Richtung geben   273

Vorwort

Liebe Leserinnen und Leser,

mit der Idee des offenen Kindergartens sind immer mehr Kindergärten und Kindertagesstätten auf dem Weg. Fragen wir uns, womit diese Einrichtungen auf dem Weg sind, so können wir, wie kürzlich die Fachzeitschrift TPS zum offenen Kindergarten auf ihrer Titelseite des Heftes 2/2000 herausstellte, von drei wesentlichen Tätigkeiten ausgehen. Erzieherinnen und Erzieher bemühen sich, kindzentriert, partizipatorisch und kooperativ zu arbeiten.

Diese Tätigkeiten treffen den Kern der Weiterentwicklung der offenen Elementarpädagogik. Ist das aber schon alles? Wir denken, dass der offene Kindergarten auch differenziert bildet, ohne dass hierfür bisher ein klares Bewusstsein besteht. Natürlich gibt es Angebote und Projekte, durch die Bildungsinhalte vermittelt werden. Aber darauf allein kann sich Bildung nicht beziehen. Sie zeigt sich viel umfassender. Eine zunehmende Bewusstheit dafür wird bewirken, dass der Aspekt Bildung die Bedeutung und Bewertung erfährt, die er vom pädagogischen Auftrag her, gesetzlich festgeschrieben, schon lange hat. Wer Bildung auf seine Fahne schreibt, wird diesen Bereich ausdrücklicher ausfüllen und sich damit profil- und qualitätsbewusster bemühen.

Erzieherinnen und Erzieher im offenen Kindergarten sind heute stolz darauf, der Persönlichkeitsbildung des Kindes einen großen Raum zu geben. Persönlichkeitsentwicklung umfasst neben der Entwicklung der Ich-Kompetenz jedoch auch Bildungsprozesse, durch die Normen, Orientierung und Werte vermittelt werden. Hierfür ist die Sprache besonders bedeutsam und somit das Gespräch, der Dialog mit den Kindern.

Mit diesem Praxisbuch gehen wir nach dem bewährten Motto „Von Erzieherinnen für Erzieherinnen" vor. In 21 Beiträgen werden Bildungsansätze vorgestellt, die Anregungen für eigenes Denken und Handeln geben können. Darüber hinaus sollen auch Theorieaspekte nicht zu kurz kommen, wobei der Schwerpunkt des Buches darauf ausgerichtet ist, die Erzieherinnen, die Erzieher in den Mittelpunkt zu stellen und nicht die Kinder, wie in unseren bisherigen Büchern. Bildung geht in erster Linie vom Erwachsenen aus, wenn sich ein Kind auch selbst bildet. Die unvermeidliche mit Bildung verbundene Erwachsenenorientierung ist wie die Kehrseite der Medaille, auf deren Vorderseite wir die Kindorientierung sehen. Mit anderen Worten: die Beschäftigung mit dem, was Bildung ist und sein kann, bringt uns automatisch zu Themen, die sich auf den Erwachsenen und sein Tun und Wirken beziehen.

I

Solche Themen sind die Beziehungsgestaltung, die Förderung der Selbstbildung von Kindern, die Weitergabe von Wissen, die Vermittlung von Lebensorientierung und natürlich die Selbstbildung der Pädagogen.

Den Beitrag über die entspannte Atmosphäre sehen wir zugleich als Grundsatzartikel zur offenen Arbeit an. Wir wollen dadurch vor allem aufzeigen, wie differenziert die Beziehung zwischen den Erwachsenen und den Kindern gestaltet wird, denn immer noch gibt es das Vorurteil, dass der offene Kindergarten die Beziehungslosigkeit und Vereinzelung fördert und es mehr Neben- als Miteinander gibt.

Wir wollen dieses Vorwort nicht beenden, ohne einen herzlichen Dank an die Vorbereitungsgruppe zu richten, die sich ab Februar 1999 etwa ein Jahr lang regelmäßig traf, um das Konzept dieses Buches zu entwickeln. Wir sind dankbar für die langandauernden intensiven und teilweise hitzigen Diskussionen um das Thema, als wir damit begannen, den Begriff Bildung für uns und unsere Arbeit zu ergründen. Zu der Gruppe gehörten Christel Gehrken, Marlis Förster, Ute Lehmann – Grigoleit, Hilli Schimang – Ludewigs, Sonja Westerberger, Uwe Santjer und die beiden Herausgeber. Unser Dank gilt auch allen Autorinnen und Autoren dieses Buches, die sich ihren Themen mutig stellten und trotz oft mühevoller Arbeit die Bildungsaspekte ihres Themas herausstellten. Weiterhin danken wir dem EB- Verlag für die Bereitschaft, unsere Reihe zur offenen Pädagogik fortzusetzen. Wir bewundern die Ausdauer, die der Verlag mit seiner Lektoratsarbeit aufbrachte, um alle Texte annähernd konsistent zu präsentieren. Schließlich bedanken wir uns bei allen uns nahestehenden Menschen für manchen Rat, vielerlei Hilfestellung und die Geduld, uns zu ertragen, wenn wir, versunken in den Schaffensprozess dieses Buches, für manch andere wichtige Dinge wenig Zeit und Muße fanden.

Im nachfolgenden Text wird ausschließlich der Begriff Erzieherinnen verwendet. Wir bitten die wenigen männlichen Mitarbeiter in den Kindergärten um Verständnis, wenn wir die sehr umständliche weiblich/männlich Schreibweise unterlassen. Es geschieht, um den Lesefluss nicht zu stören. Wir wünschen Ihnen als Leserinnen und Leser viele Anregungen für Ihre Arbeit durch dieses Praxisbuch. Wir wünschen auch, dass Sie sich einerseits gestärkt fühlen für Ihre anspruchsvolle pädagogische Arbeit mit den heutigen Kindern und andererseits Lust bekommen, Ihre Pädagogik im Kindergarten zu erweitern – im Bewusstsein und im praktischen Handeln: kindzentriert, partizipatorisch, kooperativ, bildungsbewusst und bildungsintensiv.

Garbsen/Wennigsen im Juni 2000

II

I Zur Bildungsarbeit im offenen Kindergarten

Thomas Kühne, Gerhard Regel

1 Bildung im offenen Kindergarten

Annäherung an ein Thema im Gespräch

G. R. Wir haben uns entschieden, mit der Darstellung offener Arbeit ein weiteres Praxisbuch (1) vorzulegen und sind auf den Begriff Bildung gekommen. Tun wir mit der Aufnahme dieses Begriffes etwas Sinnvolles oder folgen wir hier nur einem Zeitgeist, weil alle Welt von Bildung spricht oder über Bildung schreibt? Was ist gut daran, Kindergartenpraxis im offenen Kindergarten als Bildungsgeschehen darzustellen?

Th. K. Wir arbeiten nun schon mehr als 10 Jahre an der Verwirklichung unserer Idee vom offenen Kindergarten und haben bisher sehr viel dafür getan, Kinder in ihrer Entwicklung zu fördern. Alle Vorstellungen, vom Raumprogramm über die Zeit- und Kleingruppenstruktur des Kindergartens bis hin zur Wahl unserer Angebote, wurden auf die bestmögliche Entwicklung eines Kindes hin ausgerichtet. Ergänzt wurde dieser Ansatz in den vergangenen Jahren durch die erlebnisorientierte Projektarbeit. Der Begriff Bildung gerät jetzt mehr in den Blick, weil uns die Kinder mit ihrer „Lust auf Welt" dementsprechend herausfordern. Sie wollen mehr von uns. Wenn sie sich wohl fühlen, die Räume drinnen und draußen erobert haben, im handelnden Lernen die Möglichkeiten, die sich ihnen in unserem Kindergarten bieten, ausschöpfen, dann bleibt die Frage: Was gibt es noch? Erlebnisorientierte Projekte sind *ein* Ansatz, *lernen* und *sich bilden* zu erweitern.

G. R. Es ist richtig. Wir haben mit dem Thema *Projekte* inhaltliche Arbeit aufgezeigt und erlebnispädagogische Akzente gesetzt. Wir sind dabei jedoch viel zu wenig der Frage nachgegangen, was die Inhalte im Blick auf die kindliche Entwicklung bewirken und bedeuten sollen. Natürlich ist ein erlebnisvolles und lustbetontes Lernen eine tolle Sache. Die dabei vermittelten Inhalte und deren Bedeutung für das persönliche und gesellschaftliche Leben bleiben jedoch beliebig, wenn sie nicht unter bestimmten Gesichtspunkten ausgewählt werden.

Th. K. Für mich bleibt als treibende Kraft der Impuls, der von den Kindern ausgeht. Ein Qualitätsmerkmal ist dann der Prozess, den wir mit den Kindern

1

gehen, und wie wir uns auf ihre Entwicklungs- und Bildungsbedürfnisse einlassen und sie bei ihren Lernanstrengungen begleiten. Das hat mit der Vorstellung zu tun, wie Bildung geschieht. Dabei müssen die Kinder zugleich als
Gegenüber erwachsene Menschen erfahren, mit ihrem Wissen, ihren Werten
und Sinngebungen, mit den Angeboten kultureller Inhalte. Hier besteht für
mich kein Widerspruch. Im Gegenteil! Kinder sind auf uns angewiesen. Sie
brauchen uns als Modelle für Anleitung und Beratung und sie wollen Information, um sich orientieren zu können. Kinder sollten nicht allein gelassen
werden bei ihren Interaktionen mit der Welt. Klar ist, dass wir inzwischen als
Bildungseinrichtung in der gesellschaftlichen Öffentlichkeit zunehmend in
einen Verteidigungskampf kommen, weil dem Kindergarten die Fünfjährigen
genommen werden sollen und der Kindergarten mehr und mehr als Warte-
schleife für den beginnenden „Ernst des Lebens", die Schule, gesehen wird
(2). Ich denke, der Kindergarten kann sich auch im Blick auf Bildung sehen
lassen, jedoch besteht darüber in der Öffentlichkeit und auch bei den pädagogischen Mitarbeiterinnen viel zu wenig Bewusstheit. Richtig gelernt wird
nach landläufiger Meinung erst in der Schule. Der Kindergarten stellt eine
Art Schonraum dar.

Dass es nicht so ist und dass im Kindergarten vielfältiges Lernen und Ent-
wicklungsförderung auf allen Ebenen stattfindet, wissen alle, die sich intensiver mit der Elementarpädagogik befassen. Dennoch gilt für mich, dass der
Kindergarten noch mehr für die Bildung der Kinder tun kann, wenn er sich
dieser Aufgabe annimmt und sich nicht überwiegend als Wohlfühlraum, sondern verstärkt als Lern- und Bildungsraum versteht. Wir sind mit dem offenen Kindergarten, für den ich hier nur sprechen kann, auf einem guten Weg
und haben schon viel erreicht.

G. R. Das habe ich immer wieder in offenen Kindergärten wahrgenommen,
und gleichzeitig scheint mir die Beschäftigung mit dem, was Bildung ist oder
sein könnte, doch überfällig. Vor über 30 Jahren hat der Deutsche Bildungsrat beschlossen, dass unser Bildungssystem mit der Elementarstufe beginnen
soll und diese einen eigenständigen Bildungsauftrag hat. Mit der Neufassung
des KJHG von 1990 wurden dann im § 22 Grundsätze der Förderung von
Kindern in Tageseinrichtungen festgelegt, wobei als Aufgaben die Betreuung, Bildung und Erziehung des Kindes genannt sind (3). Darüber hinaus soll
in den Kitas die Entwicklung zur eigenverantwortlichen und gemeinschaftsfähigen Persönlichkeit gefördert werden. Interessant ist in diesem Zusammenhang, dass im Kurzkommentar zum KJHG (4) keinerlei Ausführungen
über den Auftrag des Kindergartens gemacht werden. Eigentlich ist es unver-

ständlich, dass die Beschäftigung mit dem Thema Bildung erst jetzt richtig in Gang kommt.

Th. K. Als ich vor 18 Jahren in die Kindergartenarbeit einstieg, begann in der Einrichtung, in der ich damals arbeitete, der Ausstieg aus der sogenannten Vorschularbeit mit ihren Arbeitsblättern und didaktischen Einheiten. Die Mitarbeiterinnen hatten wahrgenommen, dass sie die Kinder damit nicht erreichten, sondern oft an ihnen vorbei arbeiteten. Stattdessen sollte das freie Spiel, die Lust am Tun, sowie Selbständigkeit, Initiative und Verantwortungsgefühl gestärkt und unterstützt werden. Wir wollten Lebensmut, Selbstvertrauen und Ich-Stärke fördern. Diese Ziele brachten den Kindern wesentlich mehr Freiräume für ihre Entscheidungen und mehr Platz, um ihren individuellen Bedürfnissen nachzugehen.

Wir wollten den Kindern gerecht werden, und dazu mussten wir erst einmal klären, welches Bild vom Kind in unseren Köpfen spukte und was unsere Vorstellungen mit den „wirklichen Kindern" zu tun haben. Wir erkannten, dass unsere bisherigen Vorstellungen die Möglichkeiten eines Kindes begrenzten, und so war es folgerichtig, den Rahmen für kindliche Entwicklung zu erweitern und mehr und mehr den Kindern zu folgen und dabei auftretende Ängste und Vorurteile zu bearbeiten und abzubauen.

Damals wollten wir viel Spiel, freies Spiel und dachten, Spiel- und vielfältige Bewegungsmöglichkeiten seien ausreichend, um eine gute Entwicklung zu fördern. Erneute Probleme in der Praxis forderten dann wieder Veränderungen ein. So brachten uns zum Beispiel die sich langweilenden älteren Kinder dazu, erlebnisorientierte Projekte zu entwickeln.

Jetzt stehen wir vor der Situation, dass die Kinder noch mehr wollen, dass es weitergehen muss. Ich erlebe, dass die Kinder freier geworden sind. Sie nehmen die vielfältigen Möglichkeiten, die sich ihnen in diesem offenen System bieten, gern an. Oft habe ich den Eindruck, diese Herausforderung zum Selbsttätigsein, diese Gelegenheit, wirklich Akteure in einem vergrößerten Rahmen sein zu können, lässt die Kinder sich schneller entwickeln. Wir tun für den Bereich der Herausbildung der Persönlichkeit sehr viel, in dem wir der Autonomie der Kinder viel Raum geben, dem selbständigen und eigenverantwortlichen Handeln eine sehr hohe Priorität einräumen und den Tätigkeiten der Kinder eine hohe Wertschätzung entgegenbringen. Aber diese Persönlichkeiten, die wissen, was sie können und was sie wollen, fordern mehr Informationen, mehr Wissen von uns.

Das ist gut zu erkennen, wenn wir zum Beispiel ein Waldprojekt veranstalten. Erzieherinnen müssen sich gut vorbereiten, um auf die Fragen der Kinder antworten zu können. Aus dem Spaziergang ist eine Exkursion, eine Forschungsreise geworden. Auch im Kindergartenalltag reichen aus dem Ärmel geschüttelte Angebote nicht aus, um auf Dauer das Interesse der Kinder zu wecken. Wenn ich beobachte, was den Kindern angeboten wird, reicht das Niveau häufig aus, um 3-4jährige Kinder mit wirklichen Herausforderungen zu locken. Aber auch für die älteren Kinder müssen anspruchsvolle, herausfordernde und in jeder Hinsicht spannende Angebote gemacht werden. Hier tun wir uns immer noch schwer, weil Erzieherinnen noch nicht in dem Maße Fachfrauen mit einem Spezialgebiet sind, wie es sicher sinnvoll wäre, um fundierte Informationen, Techniken usw. weiterzugeben.

Das Thema Bildung ist jetzt aus der Binnensicht *dran*, weil wir sehen, dass die Kinder mehr Bildung wollen; Bildung, die neben der Persönlichkeitsbildung auch als Wissensvermittlung verstanden wird, also als Teil eines ganzheitlichen Bildungsprozesses, der natürlich soziale, emotionale, sensomotorische und kognitive Bildungselemente umfasst.

G. R. Ich denke, es gehört auch zu unserer Verantwortung, der Frage nachzugehen, was ein Kind für die Zukunft an Kompetenzen oder Schlüsselqualifikationen braucht oder, wie es modern heißt, an Weltwissen. Was kann der Kindergarten in diesem Zusammenhang für die Zukunft der Kinder bedeuten?

Zu diesem Thema hat D. Eschenbroich (5) vom Deutschen Jugendinstitut mit dem Thema „Weltkenntnis und Lebenswissen der Siebenjährigen" provokativ Anstöße gegeben. Sie geht der Frage nach, was müssen ein siebenjähriges Mädchen und ein siebenjähriger Junge an der Schwelle zum nächsten Jahrtausend wissen? Womit sollte jedes Kind zumindest in Berührung gekommen sein? Ihr interessanter Kanon des Wünschenswerten kann im Kasten auf der nächsten Seite nachgelesen werden.

Weltwissen entsteht nach D. Eschenbroich vom ersten Tag des Lebens an, stündlich, täglich, das meiste davon spontan, beiläufig, beim Mittun. Das Kind eignet sich durch seine Tätigkeit ein solches Wissen an und beginnt damit als Säugling. Besonders die Vorschulzeit ist eine ideale Bildungszeit. Hier können Kinder aller Herkunft unter einem Dach versammelt werden, gesunde Kinder und Kinder mit Behinderungen. Es gibt noch keine Leistungsgesinnung, noch keinen Druck durch Nutzen. Die Armut hat noch nicht die inneren Weichen gestellt. Und es gibt Zeit im Kindergarten, mehr Zeit als später in der Schule, Zeit für Beziehungen, Zeit für Irrtümer, für Experimente, für Wiederholungen, für Beobachtungen. Und dennoch hat sich die Pädagogik des Kindergartens einige Jahrzehnte lang vor allem definiert durch

Welt- Wissen der Siebenjährigen.... erste Beispiele... open end
Eschenbroich (6)

... Ein siebenjähriges Kind sollte vier Ämter im Haushalt ausführen können, etwa: Treppe kehren, Bett beziehen, Wäsche aufhängen, Handtuch bügeln. Es sollte ein Geschenk verpacken können. Zwei Kochrezepte umsetzen können, für sich selbst und für einen Freund, für sich selbst und für drei Freunde. Es sollte einmal ein Baby gewickelt haben oder dabei geholfen haben. Es sollte die Frage gestellt haben, wie Leben entsteht. Es sollte wissen, was bei einer Erkältung im Körper vorgeht. Das Kind sollte wissen, wie man drei verschiedene Tiere füttert, und Blumen gießen können. Ein siebenjähriges Kind sollte schon einmal auf einem Friedhof gewesen sein. Es sollte wissen, was Blindenschrift ist, und etwa drei Zahlen in Blindenschrift lesen können. Es sollte zwei Zaubertricks beherrschen. Drei Lieder singen können, davon eines in einer anderen Sprache. Es sollte einmal ein Musikinstrument gebaut haben und eine Tonleiter oder ein Lied auf einem Instrument spielen können. Es sollte den langsamen Satz einer Symphonie vom Recorder dirigiert haben und erlebt haben, dass die Stille ein Teil von Musik ist. Es sollte drei Fremdsprachen am Klang erkennen. Drei Rätsel, drei Witze erzählen können. Einen Zungenbrecher aufsagen können. Es sollte drei Gestalten oder Phänomene in Pantomime darstellen können und Formen der Begrüßung in zwei Kulturen darstellen können. Ein Gebet kennen. Reimen können...in zwei Sprachen. Ein chinesisches Zeichen geschrieben haben. Eine Sonnenuhr gesehen haben. Eine Nachtwanderung gemacht haben. Durch ein Teleskop geschaut haben, drei Sternbilder erkennen. Wissen, was Grundwasser ist, was ein Lexikon ist, ein Wörterbuch, eine Wasserwaage. eine Lupe, ein Katalysator, ein Stadtplan, ein Architekturmodell. In einer Bücherei gewesen sein, in einer Kirche (Moschee, Synagoge ...), in einem Museum. Einmal auf einer Bühne gestanden haben und einem Publikum mit anderen etwas Vorbereitetes vorgetragen haben.

Ein siebenjähriges Kind sollte einige Ereignisse aus der Familiengeschichte kennen, ein Ereignis aus dem Leben oder der Kindheit der Großeltern oder Urgroßeltern erzählen können. Und etwas aus der eigenen Lebensgeschichte: zwei Anekdoten über sich selbst als Kleinkind erzählen können. Wissen, zu welcher Zeit - der Eltern, der Großeltern - das Haus gebaut ist, in dem man wohnt. Etwas über zwei verschwundene Berufe wissen. Social skills: einen Streit aus zwei Positionen erzählen können. Ein Beispiel für Ungerechtigkeit beschreiben können.

Konzepte kennen: was ist ein Geheimnis, was ist Gastfreundschaft, was ist eine innere Stimme, was ist Eifersucht, Heimweh, was ist ein Missverständnis. Ein Beispiel kennen für den Unterschied zwischen dem Sachwert und dem Gefühlswert von Dingen...

5

Abgrenzung vom Lernen oder, was man damit gleichgesetzt hat, von der Verschulung. Das Lernen soll nicht vorgezogen werden, das war der Konsens für diese Jahre. Lernen wurde gleichgesetzt mit Drill, mit Leistungsdruck, mit Verlust der Kindheit, das heißt, von kindlicher Lebensqualität schlechthin. Und D. Eschenbroich vermutet weiter, dass sich durch die Abgrenzung zum schulischen Lernen ein eigenes Selbstbild im Kindergarten entwickeln konnte mit immaterieller Qualität. Für D. Eschenbroich ist allerdings die Entwicklung stehen geblieben, der Kindergarten auf einem bildungspolitischen Abstellgleis. Erstklässler betreten die Schule weitgehend wissensfrei. Das aber passt nicht zu unserer Zukunft, die sich zu einer Wissensgesellschaft entwickelt hat. Wollen wir zukunftsfähige Kinder, dann gilt es, sie heute in ihrem Lernen zu stärken, ihnen Wissen zu erschließen, mit dem sie zukünftige Probleme lösen können.

Th. K. Ich glaube nicht, dass es Sinn macht, jetzt Zukunftsängste zu entwickeln und zu glauben, die Kinder können nur durch eine erneute massive Bildungsoffensive, die allgemein verbindliche Standards in Form eines Kanons setzt, zukunftsfähig gemacht werden. Sicher entwickelt sich ein Druck durch den Weg zur Globalisierung, die mit zunehmendem Konkurrenzdruck, einseitigem Leistungs- und Effizienzdenken einhergeht, und die den Menschen mit einer starken Tendenz auf seine Arbeitskraft hin funktionalisieren will. Wir sollten uns aber nicht unter diesen Druck setzen lassen. Mit Blick auf die Zukunft sehe ich auf die Kinder und habe nicht die Liste eines Bildungskanons vor Augen, der willkürlich von außen bestimmt, was ein Kind im Kindergarten lernen sollte. Wir wollen beim induividualisierten Lernen bleiben und betonen deshalb die Eigenständigkeit der Kinder. Aber wenn wir die Autonomie der Kinder akzeptieren, müssen wir auch deren Lust auf Welt annehmen und sind in der Pflicht, sie individuell zu unterstützen.

Nun müssen Eigenständigkeit und Autonomie auf der einen und ein sogenannter Bildungskanon auf der anderen Seite uns nicht dazu verführen, wieder alles *über einen Kamm zu scheren* und damit den Blick auf das einzelne Kind zu verlieren. Vielleicht gibt es dazwischen andere gangbare Wege. Wenn es uns gelingt, den Kindern vielfältige und individuelle Bildungschancen zu eröffnen, Kindergarten als einen *Möglichkeitsraum (7)* zu gestalten, der mehr Wissensbildung einschließt, kann ich mir einen neuen Kurs durchaus vorstellen. Zu diesem Möglichkeitsraum gehören unsere Gedanken und Vorstellungen darüber, was im Kindergarten geschehen soll, worin der Kindergarten seinen Auftrag sieht und natürlich auch, welches Selbstverständnis Erzieherinnen pflegen. Hier trifft Frau Eschenbroich allerdings auf eine wunde Stelle, indem sie die häufig noch geläufigen Vorstellungen geißelt,

Wissensvermittlung habe im Kindergarten noch nichts zu suchen. Der Kindergarten werde immer noch zu oft als Schonraum verstanden, der, überspitzt formuliert, Kinder auch vor Bildung verschont.

Obwohl wir uns mit dem offenen Kindergarten schon seit Jahren in Richtung auf eine Verbesserung von Entwicklungschancen für Kinder bewegen, haben wir uns zunächst überwiegend auf den Bereich der Stärkung der Persönlichkeit konzentriert und erst jetzt - ich meine, in der richtigen Reihenfolge - werden wir durch Praxisprobleme auf eine Lücke aufmerksam.

G. R. Durch den Globalisierungsdruck kann sich wiederholen, was wir schon einmal erlebten. Nachdem die Russen 1957 mit ihrem Sputnik den ersten künstlichen Satelliten in den Weltraum schickten und so technische Überlegenheit signalisierten, kam es im Westen zu einem Sputnik-Schock. Man befürchtete Nachteile auch für den Wirtschaftsstandort Deutschland. Es entwickelte sich eine starke Motivation, politisch und pädagogisch den Ausbau des Bildungswesens voranzutreiben. So brachten die 60er und frühen 70er Jahre eine Bildungsreform. Wissen wurde neben Arbeit und Kapital zum dritten Produktionsfaktor. Aus Kindern wurden Objekte für Lernprogramme. Zielorientierte Curricula sollten sichern, dass die gesteckten Ziele auch tatsächlich erreicht wurden.

Für den Kindergartenbereich entstanden eine Menge Materialien: didaktisches Spielzeug, Literatur und eine Menge Ordner mit Lernmaterialien. Rahmenpläne wurden zur Regel. Bildung wurde *gemacht* und die Erstellung und Erfüllung der Pläne als sinnvolle pädagogische Arbeit und Leistung (8) gesehen. Aber diese Form der Arbeit geriet dann später doch mehr und mehr in Verruf. Du sprachst ja schon davon, als du die Umorientierung am Beginn deiner Berufstätigkeit schildertest. Ursache dafür war vor allem eine Autoritäts- und Gesellschaftskritik, die sich als Systemkritik etablierte. Es dauerte aber im Kindergarten mehr oder weniger lange, bis *Gelerntes* verlernt und neues Lernen hin auf zunehmende Selbstbestimmung im Zusammenleben und gemeinsames Lernen entwickelt wurde. Das Wohl des Kindes kam sorgfältiger in den Blickpunkt. Das alles hat zu einer guten Entwicklung geführt.

Weil unserer Gesellschaft die bezahlte Arbeit ausgeht und Globalisierung und maximales Gewinnstreben auf der Fahne eines puren, egoistischen Kapitalismus steht, der praktisch heute ohne Konkurrenz ist, gerät das Bildungssystem wieder unter Druck. Jetzt müssen wir aufpassen, dass die alte überwundene Erziehungspraxis, besonders in Verbindung mit der Qualitätsdebatte, nicht durch die Hintertür wieder Eingang in die Kindergartenarbeit findet.

Th. K. Ich kann besonders Deiner letzten Aussage nur zustimmen. Wenn wir jetzt bewusster Bildung für uns zum Thema machen, wollen wir nicht zurück zu alten Zöpfen. Wir wollen ja nicht wieder die Kinder zu Objekten unserer Erziehungsbemühungen machen. Zunächst einmal sind bedeutsame zeitgemäße anthropologische Grundannahmen über den Menschen zu machen. Gerade hier haben wir in den vergangenen Jahren viel gelernt. Ein Kind ist Akteur, Selbstgestalter seiner Entwicklung und dieses gilt es zu unterstützen, in dem wir einen Handlungsraum schaffen, in dem individuelles und selbstorganisiertes Lernen möglich sind. Zudem ist uns wichtig geworden, keinerlei allgemeine Maßstäbe mehr anzusetzen und zu sagen, Dreijährige müssen *so* sein oder Sechsjährige müssen *das und das* können. Es gilt, die Kinder freizugeben und sich kein neues Bild, kein neues Raster von ihnen zu machen, in das dann alle hineinpassen müssen. Die Fehler der Vergangenheit lagen ja darin, statt sich individuell an den jeweiligen Kindern zu orientieren, zu grobe Verallgemeinerungen, z.B. die Altersgruppen, zum Maßstab für pädagogisches Handeln zu machen. Damit einhergehend begann man zu früh mit Verschulungstendenzen und versuchte, Wissen nach Art des *Nürnberger Trichters* zu verabreichen. Die Methode war falsch, nicht aber die dahinter stehende Idee, dass auch schon junge Menschen der Bildung bedürfen. Damals wurde noch zu sehr vor dem Hintergrund eines behavioralen Menschenbildes (9) gearbeitet. Man interessierte sich nicht für die Informationsverarbeitung, die in einem Menschen geschieht und auch nicht für die Lerngeschichte, die hinter jedem Menschen steht, sondern wollte nach einem Input-Output Verfahren feststellen, womit man den Menschen „füttern" muss, damit er sich wie gewünscht verhält. Diese Konditionierungsmethode ist durchaus mit der Programmierung eines Computers vergleichbar.

Jetzt begreifen wir Kinder, so wie alle Menschen, als Subjekte ihrer Entwicklung, die sich eigenständig nach eigenem Tempo und vor dem jeweiligen individuellen Lebenshintergrund die Welt erobern wollen. Über Eigenaktivität tritt ein Kind vielfältig in Beziehung zur Welt, die sich in ihm immer differenzierter abbildet. Es selektiert, schafft sich Bedeutungen, erlebt Sinn und entwickelt dabei seine individuelle Handlungskompetenz. Hierfür benötigt ein Kind Möglichkeiten zum Entdecken und Forschen und große sowie kleine Partner, die ihrerseits Beziehung stiften und sich seinen Fragen stellen, es bestätigen und andererseits im Dialog Wahrnehmungsstrukturierung, erweiterte Handlungsmöglichkeiten, Bedeutungen und Werte anbieten.

Heute geht es darum, dass Erzieherinnen den Kindern bei ihrem eben beschriebenen individuellen Selbstbildungsprozess assistieren und ihrerseits kompetent Anregungen und Antworten geben können. Wir wollen nicht, weil

Lernprogramme für Kinder versagt haben, nun auf Bildung im Kindergarten verzichten. Hier gilt es, einen anderen Weg zu finden, bei dem wir uns auch von den Kindern leiten lassen können. Die Kinder bestimmen mit ihrem Bildungshunger die Inhalte, sie sind die Forscher und Erfinder, und die Erzieherin begleitet ihren Weg, ein Weg allerdings, der nicht ohne Orientierung bleiben sollte. Hier spielt die Erzieherin mit ihren Werten, Ihren Vorstellungen und Zielen, ihrer Ethik, die sie den Kindern vermittelt, als Vorbild und Modell ein große Rolle.

G. R. Unter dem Gesichtspunkt der Bildung in der Wissensgesellschaft sollten wir genauer darauf schauen, zu welchem Selbstverständnis die Erzieherin finden kann. Zum Selbstverständnis könnte gehören, wach und aufmerksam pädagogische Entwicklungen im Elementarbereich zu verfolgen und sich neues Wissen anzueignen, um auf der Höhe der Zeit zu sein. Hierzu geben verschiedene Fachzeitschriften eine Fülle von Anregungen. Natürlich muss eine Auswahl getroffen werden. Wenn diese dann dazu führt, sich neugierig für das Denken und Wissen anderer aufzuschließen und eine Verbindung zur eigenen Praxis zu suchen, dann führt die Lust am Lernen zu erweiterten Kompetenzen. Zufriedenheit und Stolz werden sich in diesem Selbstbildungsprozess einstellen.

Solche Lust am Lernen und aktive Neugier mit einer Portion Forscherdrang könnten auch die Basis sein, wenn eine Erzieherin sich zur Fachfrau für ein oder zwei Spezialgebiete weiterentwickelt, zum Beispiel für Musik, Natur, Computer, Religiosität, Ruhe. Ihr besonderes Interesse wird zum sicheren Umgang mit ihrem Fachgebiet führen. Eine Fülle von Wissen und pädagogischen Ideen werden ihr Ausstrahlung verleihen. Der damit verbundene Schwung wird Kinder anziehen und ihre Lernlust in Gang setzen und steigern. Nur wer selbst gern gelernt hat und gern Lernender ist, wird Kinder motivieren und ihr Lernen voranbringen und Stolz und Selbstbewußtsein über erworbenes Wissen und erworbene Kompetenzen anregen. Und noch etwas weiteres kommt hinzu. Wer gern Lernender ist, wird auch Angebote für Kinder als eine eigene Lernsituation schätzen lernen. Kinder können durch ihre Spontaneität recht originell sein und Erwachsene bereichern. So machen Bildungssituationen Kinder und Erzieherinnen zu einer Lerngemeinschaft. Ich denke, gerade im offenen Kindergarten ist viel von diesem Selbstverständnis zu entdecken. Innovationsfreude ist ja gerade unter Mitarbeiterinnen im offenen Kindergarten häufig anzutreffen.

Th. K. In der Tat bemühen wir uns um stetigen Wandel. Bei der Bewältigung von Praxisproblemen geben auch neue Impulse von außen, wie Theorien und neue Erkenntnisse über den Menschen, Anstöße für neues Probehandeln. Im

Team ist eine immerwährende Auseinandersetzung gefragt. Wir nutzen besonders sogenannte Themenabende von 3-4 Stunden, die etwa im Monatsrhythmus stattfinden, um uns gemeinsam mit Erkenntnissen aus unserem Fachgebiet auseinanderzusetzen.

Deine visionäre Beschreibung des erzieherischen Selbstverständnisses gefällt mir, weil ich mir damit vorstellen kann, dass eine Entwicklung einsetzte, die allen, den Kindern und den Erzieherinnen, gut tun würde.

Weiterhin finde ich wichtig, die Arbeit im Kindergarten nicht als eine einseitige, nur auf das Kind ausgerichtete Bildungssituation zu begreifen. Ganz konsequent kann man sich eine Art Selbstanwendungsprinzip auch hier zu Nutze machen. Die Erzieherin kann sich nach jedem Angebot, genau genommen nach jedem Dialog mit den Kindern, genauso fragen, was sie daraus für das Angebot am nächsten Tag oder über die Kinder oder über sich selbst gelernt hat und nicht nur, was die Kinder davon hatten. Auch dies spricht für die Fachfrau im Kindergarten, die kontinuierlich im gemeinsamen Lernprozess mit den Kindern ihr Angebot und darüber hinaus den Kindergartenalltag weiterentwickelt und ihre Interventionen verfeinert. Hier liegt eine große Chance, Angebote qualitativ zu verbessern. Natürlich müssen die Strukturen des Kindergartens dies auch hergeben. Besonders hier bietet der offene Kindergarten mit veränderten Zeitstrukturen, anderem Raumprogramm und gemeinsamer Verantwortung für den ganzen Kindergarten die Möglichkeit, sich auf ein Fachgebiet zu konzentrieren. Damit sind wir jedoch nicht am Ende unserer Entwicklung.

Zur Zeit arbeiten wir daran, nach jedem Angebot eine Schlussbesprechung in der jeweiligen Kleingruppe einzuführen. Hier können die Kinder Auskunft darüber geben, wie sie das Angebot fanden, was gut, was schlecht war und was das nächste Mal vielleicht anders sein sollte. Die Erzieherin fragt die Kinder, was sie gelernt haben und gibt selbst Auskunft über ihre Beobachtungen und ihr Lernen. Diese gemeinsame Reflexion unterstützt den Lernprozess aller Beteiligten und fördert den Symbolisierungsprozess, der mit dem Spracherwerb verbunden ist, und dient damit gezielt den Bildungsprozessen der Kinder. Wir sollten in Zukunft die gesamte Situation im Kindergarten bewusst als eine Forschungs- bzw. Bildungssituation verstehen, damit wir unsere Arbeit, überwiegend an den Kindern orientiert, weiterentwickeln können. Wahrscheinlich brauchen wir deshalb auch zum Ende eines jeden Tages abschließende Gesprächskreise in festen Bezugsgruppen.

Trotz aller bisherigen Überlegungen hat der Begriff Bildung noch keine klare Kontur für mich. Ist Bildung ein bewusst gestalteter Prozess? Geschieht

Bildung immer? Man sagt, das Leben bildet. Wird man gebildet oder erwirbt man Bildung? Eine Definition ist wichtig, damit wir beurteilen können, wo im offenen Kindergarten Bildung geschieht.

G. R. Die erste und wichtigste Antwort auf Deine Fragen bezieht sich für mich auf die Persönlichkeitsbildung des Kindes. Hier sind wir in der offenen Pädagogik in den vergangenen Jahren ein gutes Stück vorangekommen. Deine Aussagen aus eurer Praxis bestätigen mir das. Machen wir uns das noch einmal deutlich:

Nachdem das Kind sich durch seine Geburt, interaktiv mit der Mutter, mit seinem Körper und seiner Leiblichkeit hervorgebracht hat, steht die große Aufgabe der psychischen Geburt bevor. Das Kind beginnt vom ersten Tage seines Lebens an, sich selbst hervorzubringen, indem es nun interaktiv in seinem Umfeld agiert und darin tätig wird. Forschungen über den kompetenten Säugling und das kompetente Kind machen deutlich, dass das Kind sich als eigenständiger, unverwechselbarer, einmaliger Mensch zeigt und sich in einem Selbstwerdungsprozess als Person befindet. In diesem Prozess ist es anpassungsbereit. Es will dazugehören, sich eingebunden fühlen. Diese soziale Geborgenheit und Abhängigkeit ist ein existenzielles Erfordernis für jeden Menschen. Bei Kindern gehen die Anpassungsbemühungen allerdings manchmal soweit, dass sie sich als eigenständige Person aufgeben. Weil das so ist, weil Kinder für ihre Persönlichkeitsbildung auf die Anerkennung der Erwachsenen, zunehmend auch anderer Kinder, angewiesen sind (10), wird im offenen Kindergarten besonders der Persönlichkeitsbildung Raum gegeben.

Kinder sollen mit spontaner Aktivität auf diese Welt zugehen und ein Leben von innen, aus der eigenen Mitte, aufbauen. Ich denke, dass durch die offene Pädagogik viel in dieser Hinsicht geschieht. So zeigt zum Beispiel der Beitrag zur Schulfähigkeit von A. Pliefke in diesem Buch, dass Kinder aus offenen Kindergärten sich als starke Persönlichkeiten zeigen, mit Leistungsfreude, Eigensinn und sozialen Kompetenzen.

Meine Freude und Euphorie über die Selbstverwirklichungsmöglichkeiten im offenen Kindergarten, und dies bedeutet, dass Kinder aus ihrem Selbst, aus ihren Stärken und Möglichkeiten eine ihnen entsprechende Wirklichkeit machen, bekam durch die Beschäftigung mit H. v. Hentigs Bildungsessay (11) einen ziemlichen Dämpfer. Der Autor sieht zwar auch, dass es zu einer guten Pädagogik gehört, die Person zu stärken. Er stellt allerdings diese Perspektive in Frage, wenn der freie Lebens- und Erfahrungsraum sich hierauf im Wesentlichen beschränkt. Kritisch stellt von Hentig fest, dass viele Menschen und Pädagogen das Heil ausschließlich in einer Richtung suchen: „Beim offenen, freien, situativen Lernen, bei Sinnlichkeit, Ästhetik, Spiel, im Projekt ... ganz ohne Frage gedeihen die Kinder dabei; sie entdecken ihre Interessen und Gaben; sie lernen zuzupacken, zusammenzuarbeiten, selbständig zu entscheiden. Aber was man zu allen Zeiten mit Bildung hatte leisten wollen – Übersicht, die Wahrnehmung des historischen und systematischen Zusammenhangs, die Verfeinerung und Verfügbarkeit der Verständigungs- und Erkenntnismittel, die philosophische Prüfung des Denkens und Handelns – kommt darüber oft zu kurz, ...“ (12). Interessant sind in diesem Zusammenhang die Vorstellungen über Bildung von Wilhelm v. Humboldt aus dem letzten Jahrhundert, die v. Hentig herausstellt (13) (s. nachfolgendes Zitat). Durch sie begann offenbar diese hier betrachtete einseitige Entwicklung.

Aus dem Essay von Hartmut von Hentig „Bildung"

Bei Humboldt dient das Wort nicht mehr nur der Bezeichnung eines tatsächlichen Vorgangs; Bildung wird vielmehr theoretisch bestimmt - und dient seither selber - als Maßstab für die mit dem Wort benannten Tätigkeiten. **Bildung sei die Anregung aller Kräfte eines Menschen, damit diese sich über die Aneignung der Welt in wechselseitiger Ver- und Beschränkung harmonisch-proportionierlich entfalten und zu einer sich selbst bestimmenden Individualität oder Persönlichkeit führen, die in ihrer Idealität und Einzigartigkeit die Menschheit bereichere.** (Zusammenfassung der Brockhaus Enzyklopädie von 1987 s. v. »Bildung«)
(Hervorhebung durch die Autoren)

In dieser Definition ist jedes Wort bedeutsam: Es geht um Anregung (nicht um Eingriff, mechanische Übertragung, gar Zwang); alle (nicht nur die geistigen) Kräfte sollen sich entfalten (sie sind also schon da, werden nicht »gemacht« oder eingepflanzt), was durch die Aneignung von Welt (also durch die Anverwandlung des Fremden in einem aktiven Vorgang) geschieht - in wechselhafter Ver- und Beschränkung (das heißt erstens: auch die „Welt" bleibt nicht unverändert dabei, zweitens: die Entfaltung ist kein bloßes Vorsichhinwuchern, sie fordert Disziplin); die Merkmale sind Harmonie und Proportionierlichkeit (Bildung mildert die Konflikte zwischen unseren sinnlichen und unseren sittlichen, zwischen unseren intellektuellen und unseren spirituellen Ansprüchen, sie fördert keine einseitige Genialität); das Ziel ist die sich selbst bestimmende Individualität - aber nicht um ihrer selbst willen, sondern weil sie als solche die Menschheit bereichert. Noch innerhalb des gleichen Jahrhunderts hat sich diese - gewiss schon zu Humboldts Zeiten nicht von allen geteilte - Vorstellung gründlich gewandelt. Und doch haftet dem Wort Bildung seither das Moment der Selbständigkeit, also des Sich - Bildens der Persönlichkeit hartnäckig an.

H. von Hentig hat hier eine für mich unbequeme Kritik ausgesprochen. Sie dämpft meine Begeisterung für die erste und für mich wichtigste Vorstellung von Bildung: die Herausbildung der Persönlichkeit. Auch wenn sich die Person erproben und entfalten soll, ist diese Sicht nach v. Hentig verführerisch, da sie einseitig sei. Es muss also noch etwas wesentlich anderes dazu kommen.

Th. K. Der Schritt, den wir jetzt im offenen Kindergarten tun müssen, ist der bewusstere Umgang mit Bildungsinhalten, auch im Sinne von Sach- und Wissensvermittlung. Damit bekommt Bildung ein anderes Gewicht in unserer Arbeit. Wir müssen unsere Aufgabe dahingehend ausweiten und, wie H. von Hentig bemerkt: „Die Person stärken und die Sachen klären" (14). Ich verstehe das so, dass wir unser Wissen, unsere Erfahrungen und unser Werte- und Weltverständnis, verstanden als kulturelles Erbe, auf verschiedenen Wegen und auf verschiedene Weise an die Kinder weiter vermitteln sollen. Drei Möglichkeiten können das deutlich machen.

* Eine besteht darin, die Kinder wieder mehr an unserem Leben, unseren Aufgaben und Plänen zu beteiligen und den Kindergarten zu einer gemeinsamen Aufgabe zu machen, denn Kinder lernen im Mittun mehr als an pädagogischen Inszenierungen. Kindergarten als Ganzes könnte so zu einem gemeinsamen Lebens- und Gestaltungsraum für Kinder und Erwachsene und zu einem großen gemeinsamen Projekt werden, an dem alle mit ihren Kompetenzen beteiligt sind. Vorstellbar ist doch, dass Kinder und Mitarbeiterinnen gemeinsam die Gestaltung und Pflege des Gartens übernehmen, dass in der Werkstatt Spielzeug repariert oder selbst gebaut wird, dass Möbel nicht gleich neu gekauft, sondern zusammen mit den Kindern hergestellt oder repariert werden und, dass Kochen, Renovierung, Pflege und Raumgestaltung usw. noch häufiger mit den Kindern geschehen. Hier lernen und bilden sich die Kinder in konkreten Lebenszusammenhängen, im sinnvollen, gemeinsamen und verantwortlichen Tun und im Gespräch mit uns. Natürlich wird sich Bildung nicht nur auf das Projekt *Lebensraum Kindergarten* beschränken, weil noch weitere Bildungsaufgaben dazu kommen.

* Eine weitere wesentliche Möglichkeit ergibt sich, wie schon erwähnt, durch Erwachsene, die mit ihren Schwerpunkten und Stärken Impulse für die Arbeit geben und damit das Interesse der Kinder wecken können. Zum Beispiel kann eine Erzieherin mit besonderem Interesse an Astronomie den Kindern den Sternenhimmel vermitteln. Hat eine Mitarbeiterin großes Interesse an der Natur und kennt sich darin gut aus, wird sie dafür die vermittelnde Fachfrau. Kann jemand aus dem Team mit einem Foto-

labor umgehen, kann sie hier Fachfrau für spannende Angebote werden. Kennt sich eine Erzieherin in Geologie aus, weiß sie gegebenenfalls in der Umgebung Spuren aus der Steinzeit oder, noch spannender, aus der Dinosaurierzeit zu finden. Vielfältige Möglichkeiten eröffnen den Kindern neue Wissensgebiete. Fast alle persönlichen Schwerpunkte oder Hobbys, wie zum Beispiel: Malerei, sportliche Aktivitäten, Theater, Fotografie, Kenntnisse über den Computer usw., sind sinnvoll und können für die Kinder gewinnbringend eingebracht werden. Dabei muss nicht jedes Gebiet von den Mitarbeiterinnen abgedeckt werden. Auch Fachleute von außen können die Angebotspalette bereichern.

- Die Suche nach neuen Lern- und Erfahrungsräumen wird schließlich den Blick auch nach außen lenken. Die Kinder können nicht wissen, was sie nicht wissen. Sie erfahren nicht mehr so selbstverständlich, dass es in der Nähe einen Park oder Wald gibt, den man sich spielerisch erschließen und mit allen Sinnen erfahren kann und in dem man fast beiläufig über emphatische Erwachsene Zugänge zur Bedeutung von Natur und Umwelt bekommt. Sie kennen auch nicht die Kirche, die im Sinne kindlicher Erfahrungsentwicklung spielerisch erobert werden kann. Sie kennen nicht selbstverständlich das Museum oder die Bücherei, das Rathaus und das Bürgeramt der Kommune ... Diese Beispiele müssen nicht weiter fortgesetzt werden, um deutlich werden zu lassen, dass Kinder mit solchen Angeboten ein vielfältiger Zugang zu unseren *kulturellen Besitzständen* gegeben werden kann.

Die Erzieherin als anregende Vermittlerin steht bei all diesen Möglichkeiten deutlich im Vordergrund. Sie ist diejenige, welche mit ihrem Schwung, ihrer Begeisterung die Kinder anstecken kann und die darüber hinaus ihr Wissen und ihre Erfahrungen weitergibt. Das kann nur gelingen, wenn wirkliche Interessen vorhanden sind.

Bildung ist dabei kein magischer Prozess, der sich aus sich selbst heraus vollzieht. Bildungsprozesse sind, obwohl sie von außen nicht steuerbar und noch weniger machbar oder erzwingbar sind, wie alle Entwicklungsprozesse des Menschen auch, auf einen Impuls von außen, auf Anregungen und Herausforderungen angewiesen. Was dann geschieht, bleibt prinzipiell der Autonomie des Kindes vorbehalten. Sehr wichtig wird eine veränderte Haltung dem Kind gegenüber. Mich hat in diesem Zusammenhang besonders eine Vorstellung angesprochen, die ich bei W. Rotthaus gefunden habe. Er schlägt vor, Kinder als „...hohen Gast von einem anderen Stern oder von einer anderen Zivilisation zu betrachten, der kaum etwas von unseren Lebensgewohnheiten weiß, aber begierig ist zu erfahren, wie wir bestimmte Dinge tun" (15).

Ich denke, wir können den Kindern darüber hinaus unterstellen, dass sie auch wissen wollen, *warum* wir etwas tun – und so die Sinnfrage stellen. Sinnvoll und bedeutsam ist etwas, bei dem man mit Lust, Begeisterung und kognitivem Interesse beteiligt ist.

G. R. Deine drei Akzentsetzungen passen gut zur offenen Arbeit. Natürlich kommen auch im offenen Kindergarten viele weitere Ansätze zum Tragen, die in der bisherigen Kindergartenarbeit die Regel waren. Ich denke hier zum Beispiel an das Erzählen von Geschichten, an die Bilderbuchbetrachtung, an das Theaterspielen, an Sprachspiele, an Werkangebote, an Stuhlkreise und natürlich an das Gespräch, das zwischen Kindern und Erwachsenen stattfindet, selbstverständlich auch umgekehrt zwischen Erwachsenen und Kindern. Ich betone jedoch das erste, weil für mich die Sprachinitiative des Kindes das Wesentlichere ist. So erfahren wir etwas von der inneren Wirklichkeit des Kindes, wie es denkt, was seine Fragen sind und was es beschäftigt und bewegt. Kurz: wo seine Interessen in der Auseinandersetzung mit der Welt liegen.

Hier sind wir wieder bei der Individualisierung im Lerngeschehen. Ich denke, dass in diesem Zusammenhang die neurobiologische Forschung (16) immer interessanter für uns werden kann. Sie bringt uns stärker auf den Boden der Tatsachen zurück, dass „Menschenkinder unglaublich unterschiedlich geboren werden und mit ihren Fragen und Interessen einen enormen Raum überspannen, der abgedeckt werden muss" (17). Von dem Gedanken an Individualisierung und Einzigartigkeit – genetisch und biographisch – sollte bei uns die Neugier auf die individuellen Fragen wachsen, die ein Kind stellt. Gelingt es uns, darauf emphatisch zu reagieren, kommt das Kind zu seinem optimalen Lernen. Mit anderen Worten: Die Neurobiologie bestätigt nicht nur, dass Kinder wie Weltmeister auch im Vorschulalter lernen können, sondern elementar auf das Wissen der Erwachsenen angewiesen sind. Sie wollen sich das Wissen jedoch nicht über Belehrung, sondern über den Dialog aneignen. Du hast ja am Anfang deutlich betont, dass Kinder mehr wollen, dass sie den Erwachsenen wollen. Ich betone hier ergänzend: Sie wollen, dass wir uns ihnen individuell stellen, wenn sie forschen und fragen, und ihnen so ihren Selbstbildungsprozess ermöglichen.

Mit der Individualisierung sind wir aufgrund der erweiterten Freiräume in der offenen Arbeit auf einem guten Weg. Wenn Kinder wählen können zwischen den Räumen, genauer den Spiel- und Forschungsbereichen und zwischen verschiedenen Angeboten, Projekten oder Schlusskreisen, dann wählen sie das, was für sie dran ist, wo sie ein *geöffnetes Fenster* zum Weiterlernen spüren. Diese Überlegungen sollten uns endgültig davon abbringen, Kinder gleichzuschalten und alle durch ein bestimmtes Lernangebot zu schleusen. Auch kann die Beschäftigung nun wirklich als Methode der Vergangenheit im Museum der Elementarpädagogik landen.

Th. K. Es ist erstaunlich. Bei dem Begriff der *Beschäftigung* bekomme ich jetzt noch Magenschmerzen. Dabei war nach meinem Eindruck so viel Mühe, so unglaublich viel Vergeblichkeit und erschreckend wenig Verständigung zwischen Erwachsenem und Kind zu spüren. Mein Fazit aus dieser Art der Arbeit, die ich Anfangs noch miterleben musste, war damals: Man wollte sicher das Beste für das Kind, wusste aber im Grunde genommen nicht, wie man es erreichen kann. Ich glaube, da haben wir inzwischen eine Menge dazugelernt.

Unser Schwung, mit dem wir bisher die Erzieherin als Anregung und Anleitung gebende Fachfrau dargestellt haben, könnte leicht missverstanden werden, als wäre eine Erzieherin jetzt wieder als *Bildungsmacherin* gefragt. Ich sehe aber wie du, dass es in erster Linie auf die Individualisierung von Lernprozessen ankommt.

Bei Gerd E. Schäfer (18) habe ich in diesem Zusammenhang eine interessante Zusammenfassung seiner Vorstellung vom Bildungsprozess gefunden, die unsere Gedanken bestätigen und ergänzen. In seinem Buch „Bildungsprozesse im Kindesalter" heißt es:

1. Bildung hat etwas mit *Selbsttätigkeit* zu tun. Man kann nicht gebildet werden, bilden muss man sich selbst

2. Bildung erfolgt aufgrund von individuellen *Sinnfindungen* oder – *verlusten*. Sinn kann man nur selbst finden und niemand anderem vermitteln

3. Sinn ergibt sich nicht aus dem, was man erfährt oder tut, sondern – mehr noch – daraus, wie man das, was man erfährt oder tut, in das einordnet, was man bisher erfahren und getan hat. Insofern verbinden sich im Bildungsprozess die individuellen Vorerfahrungen mit den neuen Erfahrungsaspekten der gegenwärtigen Situation. Er impliziert also ein – positives oder negatives – *Verhältnis zur eigenen Geschichte*

4. Bildung beschränkt sich nicht auf einen rational-logischen Prozess, sondern schließt die ganze *menschliche Palette* der *sinnlich-emotionalen* Erfahrungs- und *Verarbeitungsmöglichkeit*en ein sowie deren subjektive Gewichtung

5. Gebildet wird man ferner *durch* etwas. Die *Gegenstände der Bildung* tragen den Stempel der Geschichte und damit ein soziales und kulturelles

16

Muster. Außerhalb dieser soziokulturellen Gewordenheit ist keine Bildung möglich. Man wird nur in dem Maße man selbst, in dem man sich in einem Gegenüber findet.

G. R. Wie können und sollten wir Bildung im offenen Kindergarten auf den Punkt bringen und damit zu einer Zusammenfassung kommen? Ich denke, dass es nicht sinnvoll ist, auf *eine* Definition zurückzugreifen. Unsere Beschäftigung mit dem Thema hat ja gezeigt, dass Bildung etwas sehr Komplexes ist, und dass in Verbindung mit Bildung ganz unterschiedliche Vorstellungen ausgedrückt werden. Deshalb ist es nach meiner Meinung sinnvoll, Aussagen zur Bildung nebeneinander zu stellen und unter bestimmten Gesichtspunkten zu gliedern.

Allgemeine Aussagen zur Bildung

- Bildung ist ein nützliches Wort für einen schwer fassbaren identischen Vorgang (v. Hentig)

- Bildung ist eine Leitidee zur Gestaltung pädagogischer Arbeit

- Das Dilemma der Bildung ist, dass der Gebildete mit Hilfe seiner Bildung definiert, was Bildung ist (v. Hentig)

- Die Rückkehr der Bildung ist, pädagogisch geboten, ein Fortschritt (v. Hentig)

- Durch Bildung erfährt das Leben eine Richtung, wird Chaos strukturiert

- Bildung geschieht immer. Es ist jedoch ein Irrweg zu glauben, dass Kinder nur von sich aus Inhalte herausfinden können.

Definitionen und Definitionsansätze zur Bildung

- Bildung ist: die Person stärken und die Sachen klären (v. Hentig)

- Bildung ist die Entwicklung zu einer eigenständigen, selbstverantwortlichen Persönlichkeit mit Eigensinn und sozialen Kompetenzen (Bildung des Selbst als Kern der Persönlichkeit)

- Bildung ist vom Beginn des Lebens an ein Selbstbildungsprozess

- Bildung ist die Herausforderung der Selbsttätigkeit des Kindes zur Aneignung legitimierbarer und zukunftsfähiger Kulturbestände (Mollenhauer zitiert bei Laewen) (19)

- Bildungsprozesse sind Handlungsprozesse, aus denen Erkenntnisse und Schlussfolgerungen gezogen werden

- Bildung ist ein bewusst gestalteter Vorgang durch Erwachsene (Gieseke) (20), in dem sie mit und für Kinder aktiv sind. Sie sind in der Pflicht der Vermittlung, Aufklärung und Orientierung.

Allgemeine Aussagen zur Bildung im Kindergarten

- Der Kindergarten ist die elementare Stufe des Bildungssystems. Nach §22 KJHG hat der Kindergarten die Entwicklung zu einer eigenverantwortlichen und gemeinschaftsfähigen Persönlichkeit zu fördern

- Der offene Kindergarten mit seinem Entwicklungsrahmen ist *ein* gangbarer Weg der Bildung

- Durch Bildungsprozesse gewinnt das Kind in immer differenzierterer Weise ein Bild von sich, von anderen, von seinem Umfeld und dem Eingebundensein im Kosmos, von Gott und dem Religiösen. Die Summe seines konstruierten und angeeigneten Wissens ist sein Wissen von der Welt

- Das Kind konstruiert aus seinen interaktiven und modalen Erfahrungen mit Menschen und Dingen sein Weltbild und seine Handlungskonzepte (H. Laewen) (21)

- Bildung braucht vorrangig das entdeckende Lernen und die Teilhabe am wirklichen Leben. Der Kindergarten darf sich deshalb nicht als Schonraum definieren und sich nicht nach außen abkapseln

- Über seine Person wirkt der Erziehende als Vorbild und Modell. Im Idealfall bilden Kinder und Erwachsene eine Lerngemeinschaft und sind in einem kontinuierlichen Gespräch (Dialog)

- Obwohl Bildung planbar ist, bleiben Verlauf und Ergebnis offen. Der Erwachsene kann mit der Bildungswilligkeit des Kindes rechnen. Er kann jedoch lediglich zu Aktivitäten anregen, das Kind zu neuen Erfahrungen herausfordern und sich vor allem in den Dialog begeben

- Kindergärten sollten sich weniger als Orte zur Einübung *richtigen Verhaltens* verstehen, sondern eher als Forschungsinstitute, in denen die Kinder sich intensiv und mit allen Sinnen bemühen, durch Versuch und Irrtum, durch Bildung von Arbeitshypothesen und ihre Überprüfung ein Welt- und Selbstbild zu entwickeln. Zitat aus Reggio: „Kinder fragen uns nicht, um unsere Antworten zu hören, sondern um Instrumente zu bekommen, die das eigene Forschen erweitern" (Laewen) (22).

Perspektiven der Bildung

- Bildung hat nicht ein *Produkt Mensch* zum Ziel, sondern Mensch sein zu können in einer immer schwieriger und komplexer werdenden Welt

- Um gute Grundlagen für die Zukunft zu haben, brauchen Kinder Schlüsselqualifikationen, die sich im Spiel und in Alltagssituationen herausbilden.

Th. K. Der Begriff Bildung hat für mich deutlich an Kontur gewonnen. Wir können ihn jetzt als eine Leitidee für unsere Arbeit im offenen Kindergarten vielfältig füllen und sollten gleichzeitig die besonderen Chancen offener Pädagogik abschließend konkretisieren:

1. Der offene Kindergarten bildet mit seinen Freiräumen erweiterte Möglichkeiten für eigene Entscheidungen in einem sozialen System und stellt eine Lerngemeinschaft für Kinder und Erwachsene dar

2. Der offene Kindergarten bietet Kindern Raum zum selbstentdeckenden Lernen in sorgfältig und liebevoll gestalteten Spielräumen, drinnen und draußen. Kinder haben vielfältige Chancen für ihre Selbstbildung, Weltaneignung und Persönlichkeitsentfaltung. Sie können in einem großzügigen Rahmen Konstrukteure ihrer Wirklichkeit und Akteure ihres Lernens, ihrer Bildung sein

3. Erzieherinnen werden im offenen Kindergarten zu Fachfrauen, die ihre Aufgaben darin sehen, Inhalte bewusst als Bildungsaufgaben zu gestalten. Sie treffen eine Auswahl, setzen Schwerpunkte für exemplarisches Lernen und begleiten die Kinder in ihren Selbstbildungsprozessen

4. Mit dieser Auswahl geben sie dem Leben der Kinder Orientierung und ihrer Zukunft eine Richtung.

Nun laden wir Sie als Leserin und Leser herzlich dazu ein, sich auf das Thema Bildung in den folgenden Beiträgen einzulassen.

Alle Autorinnen und Autoren zeigen mögliche Wege auf. Dieses Buch versteht sich aber nicht als Endprodukt einer Bildungsdiskussion im Elementarbereich, sondern als Zustandsbeschreibung einer engagierten pädagogischen Arbeit mit offenem Ausgang für die Kinder. Es ist zugleich auch zu verstehen als Anregung für eine Diskussion über eine verbesserte Arbeit in den Kindergärten. Wir folgen damit einer inzwischen bewährten Tradition, die Arbeit aus der Praxis heraus mit Hilfe der Handlungsforschung Schritt für Schritt zu verbessern. Der Weg ist das Ziel und wir sind mit der Auseinandersetzung um dieses Thema in unserer pädagogischen Arbeit für die Kinder wieder ein Stück weitergegangen. Wir sind sicher, es lassen sich viele Anregungen für Praxis und Theorie aus den Beiträgen gewinnen.

Anmerkungen

(1) Inhalte und Form der Arbeitsansätze im offenen Kindergarten werden in folgenden Büchern beschrieben: Offener Kindergarten konkret. Veränderte Pädagogik in Kindergarten und Hort. G. Regel/A. J. Wieland (Hrsg.), Hamburg 1993. Erlebnisorientiertes Lernen im offenen Kindergarten. Projekte und Arbeitsansätze aus der Praxis für die Praxis. Th. Kühne/G. Regel (Hrsg.), Hamburg 1996

(2) Der Lernort Kindergarten scheint sich nicht im Bewusstsein der Politiker etabliert zu haben. Deshalb tauchen in der Öffentlichkeit immer wieder entsprechende Diskussionen um eine frühere Einschulung auf. Im Bundesland Niedersachsen gibt es zum Beispiel seit Jahren Ansätze, Kinder schon früher einzuschulen, mit der durchgängigen Argumentation, die Fünfjährigen seien oft besonders lernbereit. Man fragt sich zwangsläufig, welche Rolle dem Kindergarten zugedacht wird. Ein Aufbewahrungsort, eine Verwahrstätte? Zum Thema Einschulung schon mit fünf Jahren hat der FDP-Politiker Möllemann in der „Berliner Morgenpost online" zur Zeit wieder dafür plädiert, schon die Fünfjährigen einzuschulen. „Mit kindgerechten pädagogischen Konzepten kommt man den Kindern in ihrer Lernbegierigkeit, die sie in diesem Alter zweifellos haben, ganz sicher entgegen" sagte er. Quelle: Internet, Okt. 1999

(3) §22 Grundsätze zur Förderung von Kindern in Tageseinrichtungen

(4) In Kindergärten, Horten und anderen Einrichtungen, in denen sich Kinder für einen Teil des Tages oder ganztags aufhalten (Tageseinrichtungen), soll die Entwicklung des Kindes zu einer eigenverantwortlichen und gemeinschaftsfähigen Persönlichkeit gefördert werden. Die Aufgabe umfasst die Betreuung, Bildung und Erziehung des Kindes. Das Leistungsangebot soll sich pädagogisch und organisatorisch an den Bedürfnissen der Kinder und ihrer Familien orientieren... Kurzkommentar zum Kinder- und Jugendhilfegesetz. Möller/Nix (Hrsg.), Weinheim 1991

(5) D. Eschenbroich, Weltwissen und Lebenswissen der Siebenjährigen. Handbuch Kindertagesstätten Loseblattsammlung, 17. Auflage, Beitrag 14, Regensburg

(6) Studientagung Bildung in der Diskussion vom 27. – 29. April 1998. Deutscher Verein für öff. und priv. Fürsorge. Henschel, Irskens, Weiß, Riemer (Hrsg.), Frankfurt 1998

(7) W. Rotthaus, Wozu erziehen. Entwurf einer systemischen Erziehung, Heidelberg 1999 (S.73)

(8) Einen Rückblick gibt der Beitrag von K. E. Nipkow in: TPS 5/96: Zur Bildungsreform der 60er und 70er Jahre

(9) In einem anderen Buch zum offenen Kindergarten wird der veränderte Blick anhand einer Übersicht deutlicher: Offener Kindergarten konkret. Veränderte Pädagogik in Kindergarten und Hort. G. Regel/A. Wieland (Hrsg.), Hamburg 1993

(10) M. Buber spricht davon, dass das Kind am Du zum Ich wird. Es wird zu der Persönlichkeit, die es durch Umgebung sein darf

(11) H. v. Hentig, Bildung. Ein Essay, München 1996

(12) H. v. Hentig, a.a.O., S. 56

(13) H. v. Hentig, a.a.O., S. 40/41

(14) H. v. Hentig, a.a.O., S. 57

(15) W. Rotthaus, a.a.O., S. 48

(16) siehe hierzu eine interessante Zusammenfassung in: Psychologie heute 12/99, S. 60ff.: In der Bildung gilt: Je früher desto besser

(17) S. 64, a.a.O.

(18) G. E. Schäfer, Bildungsprozesse im Kindesalter. Selbstbildung, Erfahrung und Lernen in der frühen Kindheit. München 1995

(19) H. Laewen, in: klein & groß 6/98: Reggio ist kein Modell

(20) H. Gieseke, in: Psychologie heute 9/99: Nicht das leben, nur die Bildung bildet.

(21) H. Laewen, a.a.O.

(22) H. Laewen, a.a.O.

Gerhard Regel

2 Eine entspannte Atmosphäre: Voraussetzung für Lernen, Entwicklung und Bildung

Aspekte der Beziehungsgestaltung im offenen Kindergarten

Den Begriff der „entspannten Atmosphäre" habe ich zum erstenmal von Rebeca und Mauritius Wild gehört, als sie 1997 während ihres Deutschlandaufenthaltes auch in Hannover Station machten und u. a. einen öffentlichen Vortrag über ihre alternative Kindergartenarbeit hielten. Sie berichteten von ihrem Pesta, einem Kinderhaus für Kindergarten- und Schulkinder, das als offenes System mit einer liebevoll hergerichteten Umgebung unserer offenen Arbeit ähnelt. Die pädagogische Arbeit dort ist jedoch durch ihre nichtdirektive Pädagogik viel radikaler als bei uns und doch zugleich ausgewogen, was Rebeca Wild in ihrem letzten Buch „Freiheit und Grenzen, Liebe und Respekt" besonders differenziert zum Ausdruck bringt (1).

Seit dem Vortrag der Wilds beschäftigt mich die Frage, wie der Begriff „entspannte Atmosphäre" in offenen Kindergärten gefüllt werden kann und gefüllt werden sollte, und was alles geschieht von Seiten der Erzieherinnen, um diesem pädagogischen Erfordernis gerecht zu werden. Ich denke, dass Erzieherinnen schon immer diesem Anspruch gefolgt sind, jedoch eher intuitiv und weniger bewusst. Es lohnt sich deshalb, hier genau hinzuschauen, um mit klareren Vorstellungen und reflektiert Kindern die erforderlichen Voraussetzungen für eigenständiges und selbstbestimmtes Lernen zu schaffen. Gleichzeitig werden verschiedene Aspekte der Beziehungsgestaltung im offenen Kindergarten deutlicher erkennbar. Schauen wir auf das Grundverständnis einer offenen Pädagogik, dann liegt ja gerade in der veränderten Beziehungsgestaltung ein radikaler Einschnitt. Wir als Erwachsene lösen uns von erfahrenen und erlernten Vorstellungen einer Macherfunktion, lösen uns von vorgefertigten Programmen, vom Verplanen, Lenken und Führen.

Wir verändern unsere Einstellung und Haltung zu Kindern, indem wir im pädagogischen Umgang mit ihnen ihre Autonomie und Selbstorganisation bei Lern-, Entwicklungs- und Bildungsprozessen konsequent zulassen und anerkennen. Aus dem Objektbezug wird ein Subjektbezug; mit anderen Worten: wir wollen in erster Linie, dass die Kinder zu ihrer Aktivität – genauer zu ihrer Spontanaktivität - finden können und dazu benötigen sie eine entspannte Atmosphäre und natürlich einen herausfordernden Entwicklungsraum. Bevor

ich nun auf die Faktoren komme, die im offenen Kindergarten zu einer entspannten Atmosphäre führen, will ich zunächst der Frage nachgehen, woran ein spontanaktives Kind zu erkennen ist.

Das aktive, engagierte Kind

In einem belgischen Konzept der Elementarpädagogik wird vom engagierten Kind gesprochen und dieses als entscheidende Perspektive der pädagogischen Arbeit herausgestellt. Erzieherinnen werden deshalb darin geschult, ein engagiertes Kind zu erkennen (2). Es:

- ist motiviert und interessiert

- gibt sich einer Tätigkeit hin und geht darin auf

- leitet seine Interaktionen von innen, aus sich heraus

- vergisst dabei die Zeit

- hat ein starkes Gefühl der Befriedigung und ist freudig erregt

- setzt viel Energie frei

- geht an die Grenze seiner Fähigkeiten

- hat Spaß daran, Neues kennenzulernen und auszuprobieren

- beschäftigt sich mit einer Sache um ihrer selbst willen.

Nehmen wir ein Kind so oder ähnlich wahr – im Kindergartenalter spielt es in der Regel mit anderen Kindern zusammen – wissen wir, dass es intensiv lernt und vielfältige sensomotorische, emotionale, soziale, sprachliche und kognitive Kompetenzen aufbaut. Erzieherinnen werden mit Interesse und Zufriedenheit einem solchen engagierten Treiben zuschauen und sich nicht einmischen, es sei denn, die Kinder wollen etwas von ihnen. Sie werden, wenn sie ihrem veränderten Selbstverständnis folgen, immer wieder genau hinschauen, ob die Möglichkeiten innerhalb der vorbereiteten Umgebung noch für die Entwicklungsinteressen der einzelnen Kinder ausreichen. Sonst gilt es, Änderungen und Erweiterungen in den Spielbereichen herbeizuführen, um so neue Möglichkeiten zu schaffen. Dieser Arbeitsschwerpunkt mag beim oberflächlichen Betrachten in Widerspruch zum Anliegen dieses Buches mit seinen Themen Bildung und Bildungsaktivitäten der Erwachsenen stehen. Der Widerspruch löst sich auf, wenn wir nicht alternativ denken, sondern das eine und das andere sehen. Die gestalteten Räume sind Gelegenheitsstrukturen für eigenständiges Spielen, Lernen und Bilden, und die Initiierung von Bildungsprozessen durch Angebote, Projekte, Exkursionen usw. sind eine bewusste Aktivität des Pädagogen. Auf beides sind Kinder angewiesen. Sie brauchen und wollen eine interessante Spielwelt und darüber hinaus neue Anregungen, um ihren Bildungshunger zu stillen. Kinder können nicht wissen, was es alles gibt. Der Erwachsene mit seinem Erfahrungs- und Wissensvorsprung muss ihm deshalb neue Möglichkeiten eröffnen.

Als Klammer zwischen diesen beiden Ansätzen bleibt jedoch, dass Bildung ein eigenständiger Forschungsprozess des Kindes ist, dessen Verlauf das Kind selbst bestimmt. So kann dann auch eine Planung durch die Erzieherin in erster Linie zur Aktivität anregen. Was dann geschieht, ist ein interaktiver Prozess mit dialogischem Charakter. Eine solche Entwicklung zum eigenaktiven Tun entsteht jedoch nicht von allein. Sie fällt nicht einfach so vom Himmel. Sie ist das Ergebnis eines Wechselprozesses zwischen Kindern und Erwachsenen und an bestimmte Voraussetzungen gebunden. Für Kinder ist es der Weg des mutigen Sicheinlassens. Für Erwachsene ist es das umsichtige, bewusste, pädagogische Handeln, einerseits bezogen auf eine entspannte Atmosphäre und andererseits auf das einzelne Kind mit seinen individuellen Lebensmöglichkeiten und Lernaktivitäten.

Was sind nun maßgebende Faktoren, die zu einer entspannten Atmosphäre führen und die es den Kindern ermöglichen, lustvoll und engagiert ihren Platz zu finden? Was trägt dazu bei, dass der Kindergarten ein Gedeihraum wird, ein Ort zum Wohlfühlen, und den Kindern eine ganzheitliche Entwicklung eröffnet?

Bei meiner Vorbereitung bin ich auf verschiedene Gesichtspunkte gestoßen, und als ich mich daran wagte, sie zu ordnen, war ich überrascht, welche Komplexität, welches Zusammenwirken von existentiellen und anderen Faktoren besteht, wenn wir den Begriff der entspannten Atmosphäre füllen. Je mehr ich mich in das Thema begebe, um so mehr steigt meine Achtung vor den pädagogischen Leistungen der Erzieherinnen, besonders in offenen Kindergärten. Leider lässt es der Platz nicht zu, die zitierte Literatur breiter einzubeziehen. Eine Vertiefung muss der Leser deshalb selbst vornehmen. Bewusst verzichte ich auf das Thema der äußeren Gestaltung des Kindergartens. Hier verweise ich auf den Beitrag von Andrea Schreiber zur ästhetischen Raumgestaltung (II, 8). Sie hat die Bedeutung und die Wirkungsweisen von Räumen beschrieben.

1. Willkommen sein

Es ist fast überflüssig, hierüber zu schreiben. In der Regel wird von Erzieherinnen viel Sorgfalt darauf verwandt, Kindern den Anfang im Kindergarten so angenehm wie möglich zu machen und ihnen angemessene Zuwendung zu geben. Neue Kinder sollen durch Aufmerksamkeit, Interesse, wache Präsenz, Schutz und Unterstützung für sie sicher darin werden, dass sie willkommen sind. So wird der Weg bereitet, Ängste zu verlieren und sich vertrauensvoll auf das Kindergartenleben einzulassen.

In diesem Zusammenhang beschäftigt sich Rebeca Wild in ihrem letzten Buch ausführlich mit der Bedeutung der Liebe (1, S. 67ff.), die sie als Urkraft des Lebens bezeichnet und den Überlebensbedürfnissen wie gesunde Luft, Nahrung und Wärme vorordnet. Das Bedürfnis nach Liebe muss also zuallererst erfüllt sein. Liebe wirkt auf alle Wachstums- und Entwicklungsprozesse ein. Sie zeigt sich vor allem dadurch, dass Lebensprozesse bedingungslos respektiert werden. Konkret bedeutet das, Kindern Zeit zu geben und sich ihnen vorbehaltlos zuzuwenden, in dem ihre Aktivität beachtet und als individueller Lebensausdruck und aktives Interaktionsgeschehen wahrgenommen wird. Nicht Versorgung, nicht Fürsorge oder Verwöhnung stehen am Anfang, sondern anteilnehmendes Wahrnehmen und Begleiten, offenes Interesse und neugieriges Schauen, welchen Verlauf die eigenen Interaktionen mit dem Kind nehmen.

Durch eine solche Haltung des Erwachsenen kommt das Kind zu konkreten Erlebnissen, die ihm beweisen, dass es wahr- und wichtig genommen wird. Aus diesen wiederkehrenden, sich stets aufs neue bestätigenden Erfahrungen erwächst dann Vertrauen zu anderen und Selbstvertrauen zu sich. Zugleich entsteht die Grundlage für Selbständigkeit und die Lust am Erforschen der Welt. (1, S. 99) In der beschriebenen individuellen, liebevollen Zuwendung spiegelt sich die Grundeinstellung zu kleinen Menschen wieder, um deren Umsetzung sich Erzieherinnen in der offenen Pädagogik besonders bemühen. Es ist der Respekt oder die Achtung vor ihrer Autonomie und das Wissen, dass Kinder nicht unabhängig von ihrem Umfeld handeln. Sie befinden sich eigenständig in einem Entscheidungs-, Wachstums- und Entwicklungsprozess. Aus der Sicht des Kindes sind alle Lebensäußerungen logisch aufgrund der bisherigen Lebenserfahrung und von daher immer richtig. Am Beginn der Kindergartenzeit ist es deshalb besonders wichtig, Kinder als einmalig und unverwechselbar anzunehmen, auch wenn sie uns nerven sollten, nicht unseren Vorstellungen entsprechen oder ein Verhalten zeigen, das im Rahmen des sozialen Systems nicht gebilligt werden kann.

Trotz allem intensiven Bemühen von Seiten der Erwachsenen kommt es in jedem Kindergarten immer wieder vor, dass ein Kind sich nicht einfindet oder einfinden will. Es fällt auf durch Trennungsprobleme und Trennungsängste. Auch wenn hier jedes Kind für sich gesehen werden sollte, kann hypothetisch davon ausgegangen werden, dass viele dieser Kinder sich so verhalten, weil sie nicht „ankommen" dürfen. Kinder brauchen von Seiten ihrer Familie Signale, dass der neue Schritt der Verselbständigung gewünscht und ihnen zugetraut wird. Erfahren sie die Bereitschaft dazu nicht, passt sich das Kind an, indem es Schwierigkeiten macht und so auf die Mutter oder die Eltern, Großeltern usw. reagiert. J. Juul (3) hat als Familientherapeut diese Wechselwirkung herausgearbeitet. Erforderlich ist in einem solchen Fall, die Bezugspersonen für den Kindergarten zu gewinnen, damit sie den Wert des Kindergartenaufenthaltes für ihr Kind erkennen und Ja sagen zu diesem Schritt der Verselbständigung.

2. Raum für authentische Bedürfnisse

Die Gedanken über das Bedürfnis nach Zuwendung und Liebe machen deutlich, dass es eine Hierarchie innerhalb der Bedürfnisse gibt. R. Wild unterscheidet zwischen authentischen (elementaren) und Ersatzbedürfnissen und gibt dazu sehr anregende Ausführungen (1, S. 67ff.). Authentische Bedürfnisse sind Grundbedürfnisse, die uns das ganze Leben begleiten. Insbesondere sind hier neben Liebe und Zuwendung zu nennen:

• Versorgung mit den lebenswichtigen Elementen wie Luft, Wasser, Nahrung, geeignete Temperatur

• Ausbildung der Sinne und Motorik, um durch sensomotorische Interaktionen komplexe Fähigkeiten zur Lebensgestaltung zu entwickeln

• Entwicklung von Selbständigkeit

• Befriedigung des Hungers nach sinnlicher Erfahrung und das Verlangen nach Erlebnissen

• Erleben von Ruhe und Zurückgezogenheit nach eigenem Rhythmus

• Lust am Reden und Zuhören

• Direkter Ausdruck von Gefühlen

• Sammeln von Erkenntnissen.

R. Wild betont in diesem Zusammenhang, dass kein Mensch zufrieden damit ist, nur zu überleben. In jedem Menschen, in jedem Organismus steckt das Bedürfnis nach Entwicklung und Wachsen; und dieses Bedürfnis bestimmt sich von innen her (1, S. 75). Die Bereitschaft zur Interaktion mit dem Umfeld ist also immer gegeben. Wie jedoch die „Lust auf Welt" und die „Lust auf Kompetenz" gelebt wird, hängt wesentlich davon ab, wie bedürfnisgewährend die Erwachsenen sind. Jedes Kind wächst hier mit einer Mischung aus Sicherheit und Unsicherheit heran. Wollen wir die Entwicklungsfreude stärken, gilt es, Freiräume, Entscheidungsspielräume und Sicherheit zu schaffen, damit die oben aufgezählten elementaren Bedürfnisse Raum haben.

3. Bindungsbereite Erwachsene als Sicherheitsbasis

Die Wichtigkeit von Zuwendung und Liebe, besonders in den ersten Lebensjahren, hat pädagogisch die richtige Vorstellung entstehen lassen, dass Kinder auf pädagogische Bezugspersonen angewiesen sind. Das darf jedoch nicht so verstanden werden, als genügten formal Erwachsene, wie im bisherigen Stammgruppenkonzept, um Kindern Sicherheit zu gewähren. Bindung ist ein wechselseitiger Prozess und hat in erster Linie eine emotionale Qualität und viel mit wechselseitiger Sympathie zu tun. Sie ist geprägt von Erfahrungen mit den ersten Bezugspersonen. Von daher bringen Kinder eine unterschiedliche Bindungsbereitschaft mit und sind deshalb fremden Erwachsenen gegenüber mehr oder weniger vertrauensvoll oder misstrauisch.

Warum muss und sollte die Bindung neben der Zuwendung und Liebe besonders betont werden? Zur Beantwortung dieser Frage hilft die Bindungsforschung der letzten 20 Jahre weiter (4). Durch sie wurde herausgefunden, dass die Kinder, die Vertrauen in die Beziehung zu einer erwachsenen Person haben, viel eher neugierig und aktiv die Welt erkunden als solche, die aufgrund mangelnden Vertrauens bindungsunsicher sind. Nach der Bindungstheorie ist dieser Zusammenhang deshalb von so großer Bedeutung, weil jedes Kind lernen muss, eine ungeheure Vielzahl von neuen Eindrücken zu verarbeiten. Neugier ist auch eine äußerst anstrengende Angelegenheit, weil ein Kind nie weiß, wie seine Erkundungen ausgehen werden. Es braucht deshalb so eine Art Sicherheitsbasis, von der es ausgeht und zu der es zurückkehren kann, wenn Verunsicherung, Angst und Hilflosigkeit die Neugier übertrifft. Es braucht in solchen Fällen Rückmeldung, Hilfe, Ermutigung oder Vergewisserung. Kinder suchen deshalb, wenn das Vertrauen zu Erwachsenen größer ist als das Misstrauen, eine Bindungsperson und gehen hier je nach Alter und Erfahrung unterschiedliche Beziehungen ein. Das reicht vom Anspruch, morgens oder zwischendurch bewusst einmal angesehen zu werden, mit oder ohne Körperkontakt, bis zur Verliebtheit. Manche Kinder brauchen längere Zeit Halt und Nähe durch die Erzieherin und fallen durch ihr anklammerndes Verhalten auf.

Die Erwiderung solcher an Erwachsene gerichteten Bindungsbedürfnisse gibt Gewissheit für den Tag und ein Gefühl von Sicherheit. „Wenn ich dich brauche, kann ich zu dir kommen, du wirst für mich da sein". Die gewählte Erzieherin muss aufgeschlossen für das Kind sein und besonderes Verständnis für

seine individuellen Bedürfnisse nach Sicherheit und ungestörter Welterkundung haben. Sie muss eigene Bedürfnisse zurückstellen und sich dem Kind zuwenden, wenn es leidet und Trost sucht oder andere Hilfe braucht.

Im offenen Kindergarten ist es besonders wichtig, für das Thema Bindung sensibel zu sein; einmal, um die Kinder zu bemerken, die sich an eine bestimmte Person aus dem Kreis der Erwachsenen binden wollen, und zum anderen, um die bindungsunsicheren Kinder zu entdecken. Diese wirken oft sehr selbständig, so dass sich der Eindruck ergibt, dass sie den Erwachsenen nicht brauchen. Hiervon zu unterscheiden sind Kinder, die sich durch erworbenes Selbstvertrauen und große Eigenständigkeit innerlich von Erwachsenen lösen können und sie mehr und mehr als ihr Gegenüber erleben. Weil dieses Thema so wichtig ist, soll hier ein kurzer Bericht von Ortrud Ahrens aus dem Ev. Emmaus-Kindergarten Wennigsen über das Kind Jana (der Name wurde geändert) die obigen Überlegungen weiter konkretisieren:

Jana kam mit 3,4 Jahren zu uns in den Kindergarten. Sie nahm schnell Kontakt zu anderen Kindern aus ihrer Stammgruppe auf. Sie hatte so immer Spielpartner, mit denen sie auch gerne unbeobachtet von uns Erzieherinnen spielte. Hatte sie Schwierigkeiten mit anderen Kindern, regelten das ihre Spielpartner und holten ggf. auch eine erwachsene Person zur Hilfe. In den Gruppenkreisen zeigte sich Jana still und zurückhaltend. Das war auch nicht anders im Kontakt zu uns Erwachsenen. Jana hielt sich wenig in unserer Nähe auf. Wir akzeptierten das erst einmal, weil wir uns vorstellten, dass sie Zeit brauchte, um sich sicherer zu fühlen. Später wurde mir klar, dass diese Sichtweise falsch war. Wir hatten nicht erkannt, dass es nicht ausreicht, Kindern erst einmal nur Zeit zu geben. Ein solches Verhalten ist nicht automatisch für jedes Kind eine Chance, aus sich herauszukommen und Kontakt zum Erwachsenen aufzunehmen. Für Jana war es ungünstig, dass ich mir relativ spät Gedanken über ihre Zurückhaltung machte. Es stellte sich nämlich heraus, dass sie deutliche Kontaktangebote durch mich brauchte. Jana war etwa 9 Monate im Kindergarten, als sie auf mich zukam und mir ein selbstgemaltes Bild schenkte. Ich war ganz stark berührt, bemerkte dabei bei Jana einen unsicheren und ängstlichen Gesichtsausdruck. Letzteres hat mich nachdenklich gemacht. Was war los, dass sie mir gegenüber nicht unbefangener sein konnte? Ich nahm das Geschenk als ein Signal dafür, dass sie mich brauchte, und ich änderte von dem Zeitpunkt an mein Verhalten. Ich wurde jetzt offener und sensibel für Janas Wünsche, Bedürfnisse und Interessen und nahm immer häufiger von mir aus Kontakt auf, nonverbal und verbal. Ich sprach sie regelmäßig im Morgenkreis und zwischendurch an, wenn wir uns außerhalb des Gruppenraumes begegneten. Ich bot mich an für Gespräche, indem ich immer wieder Fragen an sie richtete. Ich wollte, dass Jana spürte, dass mein Herz ganz offen für sie war. Jana veränderte sich zusehends. Sie spielte – zunächst zögernd – mehr und mehr in meiner Nähe. In der Gruppenrunde am Morgen wurde sie immer mutiger, spielte immer öfter mit und äußerte sich immer klarer. Sie mochte inzwischen gern neben mir sein und genoss es, auch schon mal auf meinem Schoß zu sitzen. Ich freute mich darüber, dass sie zu dieser Nähe fand. Sie malte mir auch immer wieder Bilder, die ich dankbar annahm. Mein Offenwerden für Janas Bindungswünsche machte sie stärker und ließ sie wachsen.

Nach unserer ersten wirklich emotionalen Begegnung sind nun eineinhalb Jahre vergangen. Jana kommt im Sommer zur Schule. Sie ist inzwischen eine selbstsichere Persönlichkeit geworden. Wir mögen uns sehr und zugleich erlebe ich, wie Jana immer unabhängiger von mir wird. Sie sucht immer mal wieder den Kontakt mit mir und andererseits bin ich für sie überflüssig. Das erkenne ich daran, dass sie viele Möglichkeiten in unserem Haus drinnen und draußen nutzt, zusammen mit anderen Kindern. Im Spiel mit anderen ist sie schon länger kein Anhängsel mehr, sondern eine selbstbewusste Spielpartnerin.

4. Vertrautwerden mit einer einladenden Spielwelt

Das Thema Sicherheit, das ein Grundbedürfnis aller Menschen ist, hat im Kindergartenbereich mehrere Facetten. Deshalb setze ich das Thema unter dem Aspekt der „einladenden Spielwelt drinnen und draußen" fort. Aufgrund der kindlichen Neugier braucht es eigentlich keine besonderen Probleme zu geben, wenn Kinder sich den Kindergarten erobern. Sie tun das in der Regel Schritt für Schritt nach eigenem Tempo, bis sie sich ganz heimisch fühlen. Dabei wird viel geschaut. Manche Kinder beschränken sich zunächst ganz darauf, saugen alles mit den Augen auf. Hilfreich sind Patenschaften, in denen die Größeren den Kleineren die Räume zeigen und in Spielmöglichkeiten einführen.

Heute müssen wir davon ausgehen, dass neue Kinder mit ganz unterschiedlichen Vorerfahrungen in den Kindergarten kommen, und so darf es uns nicht wundern, wenn sich Kinder durch die Freiheiten der vorbereiteten, herausfordernden Umgebung überfordert fühlen und sich unglücklich, verloren und alles andere als frei vorkommen. Solche Kinder brauchen zunächst Sicherheit in einem Raum und Vertrautheit zu ein oder zwei Erwachsenen. Erst danach werden sie mutiger, sich die übrige Spielwelt anzueignen. Das Vertrautwerden mit der Spielwelt drinnen und draußen erfordert für alle Kinder noch etwas Weiteres. Es reicht nicht, Kinder alles ausprobieren zu lassen oder auf die Nachahmung zu setzen. Für differenzierteres Spielen und das angemessene Umgehen mit dem Tuschkasten, mit Ton, Knete, Schminke, großen Materialien im Bewegungsraum usw. sind Angebote erforderlich, durch die die Grundregeln des Umgangs vermittelt werden (5). Die Spielwelt des offenen Kindergartens ist ein Geschenk an die Kinder, mit dem sie in einem mehr oder weniger langen Prozess vertraut werden. In diesem Zusammenhang könnte der unausgesprochene Satz gelten: „Komm, geh' aus dir heraus, hier ist Spielraum, er gehört dir und den anderen, nutze ihn, damit du wachsen kannst". Für manche Kinder ist dieses Geschenk gewöhnungsbedürftig, und deshalb benötigen sie geduldige und unterstützende Begleitung. Das gilt besonders für solche Kinder, die bisher noch nie oder selten mit anderen Kindern spielen konnten.

5. Strukturen geben Sicherheit

Skeptiker der offenen Arbeit beschreiben diese als strukturlos und behaupten, dass die Kinder einer grenzenlosen Freiheit ausgesetzt sind. Das ist ein Irrtum. Als Grundsatz sollte gelten: Soviel Struktur wie nötig, so wenig wie möglich. Damit wird einerseits auf die Wichtigkeit von Strukturen und andererseits auf Flexibilität hingewiesen. Feste Zeiten z.B. für den Morgenkreis, für Freispiel und Angebotsphasen, für offene und geschlossene Schlusskreise oder wiederkehrende Veranstaltungen im Laufe der Woche, z.B. Wochenbeginn mit allen Kindern, Wald- und Bewegungstag, gemeinsames Frühstücken oder Frühstücksbüffet zum Wochenschluss, geben der für Kinder zunächst unendlich erscheinenden Zeit ein Gerüst und durch das ständige Wiederholen eine wohltuende Sicherheit. Strukturen und die damit verbundenen Rituale sind gleichermaßen Haltepunkte für Kinder und Erwachsene. Sie sind auch zumutbar, wenn sie die Wege der Kinder kreuzen und als unpassend erlebt werden. Solche Situationen sollten jedoch zugleich eine Anfrage an die eigene Flexibilität sein. Begründbare Abweichungen und Ausnahmen sind Ausdruck eines lebendigen Miteinanders.

Wo Menschen eine Lebens- und Lerngemeinschaft und miteinander ein soziales System bilden, sollten Strukturen, Regeln, Rituale, Grenzbewachung und das Erleben von Konsequenzen zum Alltag gehören. Das Zusammenleben erfährt so eine Ordnung, die zu einer Entspannung führen wird, wenn das Gefühl für eigene Freiräume dabei nicht verloren geht. Das gilt gleichermaßen für kleine wie große Menschen. Ein soziales System sollte für Menschen eingerichtet werden und nicht umgekehrt die Menschen für ein soziales System. Kinder sind bereit zu kooperieren (3) und sich auf Begrenzungen als Teil des Lebens einzulassen. Kinder brauchen hierfür eine klare Orientierung und zugleich das Ernstnehmen ihrer Grundbedürfnisse. Weil jedoch ein

Missbrauch von Macht durch die überlegenen Erwachsenen sehr schnell möglich ist, sollte selbstkritisches Reflektieren von Regeln und Strukturen und gegenseitiges Feedback zum Alltag im Kindergarten gehören.

In diesem Zusammenhang darf nicht unerwähnt bleiben, dass eine entspannte Atmosphäre nicht entstehen kann, wenn einzelne Kinder oder die jüngeren und schwächeren sich durch größere Kinder oder durch Kinderbanden bedroht fühlen. Wer befürchten muss, unberechenbar gestört, getreten, geschlagen oder angespuckt zu werden, hat keine innere Ruhe, um sich dem Spiel hinzugeben. Hier gilt es besonders achtsam zu sein und dafür zu sorgen, dass Regeln von allen eingehalten werden. In diesem Zusammenhang möchte ich noch einmal auf das anfangs erwähnte Buch von R. Wild (1) aufmerksam machen, in dem in gut lesbarer und differenzierter Weise das Thema Grenzen und Regeln abgeklärt wird. Regeln zu akzeptieren und einzuhalten ist für jedes Kind ein längerer Lernprozess. Wie dieses Lernen zu einem ritualisierten Lernen werden kann, zeigt der anregende nachfolgende Bericht von Thomas Schöneberg vom Ev. Kindergarten in Britzingen:

Wir sind ein offener Kindergarten und haben Schritt für Schritt zu dieser veränderten Pädagogik gefunden. Uns liegt daran, dass die Kindergartenkinder alle Spielbereiche nach eigenen Bedürfnissen und eigenem Entwicklungsstand eigenständig wahrnehmen können, auch ohne ständige Anwesenheit von Erwachsenen. Wie ist dies aber möglich? Wie können wir unsere Kinder selbständig bewegen, spielen, experimentieren und forschen lassen, ohne ständig beunruhigt zu sein, dass wir der Aufsichtspflicht nicht genügen? Zwar gilt für uns, dass Pädagogik vor Aufsichtspflicht kommt, wir müssen jedoch zu einer Sicherheit finden, auch wenn wir nicht jeden Spielbereich abdecken können. Da für uns alle Spielbereiche gleichermaßen wertvoll sind, sollen Kinder auch ohne Aufsicht spielen können. Das Thema Aufsichtspflicht hat uns sehr bewegt. Uns war klar, dass Regeln des Zusammenlebens und deren Einhaltung der richtige Weg sind. Wie aber können Kinder beim Lernen und Beachten der Regeln aktiv einbezogen werden? Ich kam auf die Idee, den Kindern eine Prüfung anzubieten, die dann mit einer Urkunde besiegelt wird.

Meine Idee wurde vom Team aufgenommen. Wir stellten 10 Regeln auf, die wir mit den Kindern im Kindertreff besprachen, reflektierten und falls notwendig neu festlegten. Die Regeln sollten so für die Kinder als sinnvoll erkannt und selbstverständlich werden. Eine Bilderkarte zeigt die Regeln auch symbolisch. Sie wird zum Ausmalen angeboten. Durch die Prüfung hat nun jedes Kind die Möglichkeit, Beachtung und Einhalten der Regeln unter Beweis zu stellen. Für die Prüfung kann sich jedes Kind am Anfang der Woche im Kindertreff entscheiden. Alle wissen dann davon, Kinder und Erwachsene.

Am Ende der Woche wird dann im Kindertreff mit dem Kind und über das Kind, das die Prüfung machen will, gesprochen. Zuerst fragen wir das Kind - es kann sich nun selbst einschätzen -, ob es die Regeln eingehalten hat, und dann erfolgt die Einschätzung durch die anderen Kinder und die Erwachsenen. Hat der Prüfungskandidat die Regeln eingehalten, die Prüfung also bestanden, bekommt er einen Stern auf seiner Bilderkarte. Nach drei Sternen, also weiteren zwei Prüfungen, wird dem Kind dann eine Urkunde ausgestellt. Diese wird in einem „festlichen" Akt überreicht und mit oder ohne Bild im Stammgruppenraum aufgehängt. So können bei uns alle Spielbereiche, der Garten, die Bewegungsbaustelle und Werkstatt – beide sind außerhalb des Kindergartengebäudes auf dem Kindergartengelände - und alle Funktionsräume im Hauptgebäude benutzt werden, auch wenn nicht immer ein Erwachsener anwesend ist.

Natürlich gibt es auch Kinder, die nach Übergabe einer Urkunde die Regeln nicht einhalten. Geschieht das öfter, wird nach vorangegangener Besprechung mit allen Kindern im Kindertreff die Urkunde abgenommen. Dieses Kind muss sich die Urkunde wieder neu mit drei Sternen verdienen. Kinder ohne Prüfungsurkunde dürfen nicht allein in die Spielbereiche, in denen keine Erzieherin anwesend ist. Die Urkunden werden sehr gut angenommen, zuerst mehr von den älteren Kindern, dann aber auch von den anderen. Wir erleben es als sehr entspannend, wie sich durch diese Regeln unser Zusammenleben und die Kindergartenatmosphäre positiv und harmonisch verändert haben. Gleichzeitig sind wir hinsichtlich der Aufsichtspflicht abgesichert. Wir können den Kindern so mehr Freiraum lassen, damit sie sich selbständig den Kindergarten mit seinen vielen Möglichkeiten erobern.

Vielleicht sind Sie als Leser(in) über diese Praxis verwundert. Aber mit einer Prüfung werden die Kinder mit einer gesellschaftlichen Realität bekannt gemacht, und gleichzeitig wird ihr Selbstbewusstsein gestärkt, wenn die Prüfung erfolgreich war. Auch werden die Kinder motiviert, bewusst mit Regeln umzugehen. Durch die Regeln, die die Kinder ja mitreflektiert und angenommen haben, und die auch jederzeit änderbar sind, ergibt sich eine gute Basis, wenn wir Kinder auch einmal konsequent auf die Abmachungen hinweisen müssen. Früher war es oft so, dass die Erzieherinnen als „böse Tanten" herumliefen und Kinder immer wieder ermahnen mussten. Das sah manchmal so aus, als bestünde unser Erziehersein nur aus Ermahnen. Durch die klaren Regeln und Abmachungen ergibt sich effektiv auch mehr Zeit für die Kinder, um mit ihnen zu leben und sie wahrzunehmen. Es entwickelt sich eine andere Qualität des Zusammenlebens, weil alle verantwortlich sind. Kinder und

" Die Prüfungsregeln "

1. Fragen bzw. Bescheidsagen.

2. Kleidung entsprechend der Laune des Wetters anziehen.

3. Zum Spielen im Freien nur auf dem Kindergartengelände bleiben.

4. Freundlicher Umgangston mit den anderen Kindern.

5. Der Sand bleibt im Sandkasten.

6. Der Teich ist nur zum Schauen, Beobachten und Entdecken da.

7. Müll gehört in den Mülleimer.

8. Werkzeug bleibt bei der Werkbank.

9. Spielzeug wird nach Verwendung wieder versorgt.

10. Beim Aufräumen gegenseitig helfen.

Erwachsene tragen gemeinsam dazu bei, dass sich eine gute und offene At-
mosphäre bildet. Unser neuer Weg ist auch für alle die Eltern eine Hilfe, die
die erweiterten Freiräume kritisch sahen. Sie sind beruhigt. Einige finden die
Idee sogar gut.

6. Eigenes Wirken braucht Resonanz und Anerkennung

Hier sind wir bei einem Thema, das gleichermaßen für Kinder und Erwachsene bedeutsam ist. Groß und Klein befinden sich in einem Boot. Alle wirken
auf ihre Art und sind darauf angewiesen, innerhalb des Beziehungsraumes
Kindergarten positiv wahrgenommen zu werden. J. Willi (6) spricht in diesem Zusammenhang davon, dass das Wirken des Menschen beantwortet werden muss. Ohne diese Wechselseitigkeit stellt sich kein Wachsen der Persönlichkeit ein, wird die seelische Gesundheit Schaden nehmen und das Klima
im Kindergarten frostig sein. In einer Zeit, in der Autonomie und Individualität so übermäßig betont werden, fällt es vielen Erwachsenen schwer, sich in
der wechselseitigen Abhängigkeit wahrzunehmen und Sorgfalt darauf zu
verwenden, von anderen ein positives Echo durch zugewandtes Verhalten zu
bekommen. Das bezieht sich auf Erzieherinnen gleichermaßen wie auf Kinder. Während Kinder intuitiv und reflexiv die Abhängigkeit leben und zur
Kooperation eine große Bereitschaft mitbringen, müssen Erwachsene hierfür
ein Bewusstsein erst aufbauen.

Der Mensch wird am DU zum ICH heißt es bei Martin Buber, der sich besonders intensiv mit zwischenmenschlichen Prozessen beschäftigt hat, auch
im Blick auf die pädagogische Beziehung. Das bedeutet, wir sind autonom
(selbständig, unabhängig) und interdependent (wechselseitig aufeinander angewiesen). Konkret heißt das z.B. für eine Erzieherin, dass sie sich eigentlich
nur dann als eine Erzieherin wahrnehmen kann, wenn sie von Kindern als
solche gewollt wird und Kinder sich auf sie einlassen. Aus diesem Grunde
können wir auch davon sprechen, dass Erwachsene und Kinder im Kindergarten eine Lebens- und Lerngemeinschaft bilden und die pädagogischen
Mitarbeiter sich um konstruktive Teamprozesse zu bemühen haben, damit ein
Geben und Nehmen stattfinden kann.

Die Kindergartenliteratur beschäftigt sich in letzter Zeit öfter mit dem Konzept wechselseitiger Anerkennung in Verbindung mit der Klärung der Bezie-
hungsdynamik zwischen Erwachsenen und Kindern (7). Dieses Konzept
weist in dieselbe Richtung und macht zudem deutlich, dass eine selbst erfahrene Anerkennung und Sicherheit die Basis für soziales Lernen ist. In dem
Maße, in dem Kinder sich durch die Präsenz der Erwachsenen und deren Resonanz auf ihr Tun und Wirken bestätigt und „okay" fühlen, sind sie in der

Lage, andere Kinder und natürlich auch Erwachsene anzuerkennen. Das wirkt sich dann entscheidend auf die Gesamtatmosphäre aus.

Diese grundsätzlichen Überlegungen bedeuten nicht, dass Kinder ständig auf Reaktionen von Erwachsenen angewiesen sind. Sie wollen auch unter sich sein und sich selbst gegenseitig Anerkennung geben. Insgesamt aber brauchen sie für ihr Aufwachsen den wohlwollenden erwachsenen Begleiter, der sich über ihre Aktivitäten freut, sie bestärkt oder ermutigt und ihnen bei Bedarf hilfreich zur Seite steht entsprechend dem Motto von M. Montessori: „Hilf mir, es selbst zu tun".

7. Partizipation, Teilhaben am Kindergartengeschehen

Partizipation, das Teilhaben an dem, was im Kindergarten geschieht, hat sehr verschiedene Gesichter. Bei den bisherigen Überlegungen haben wir im Wesentlichen darauf geschaut, wie Erzieherinnen an den Kindern partizipieren, damit diese nach und nach *ihren* Platz im Kindergarten finden können. Hierbei wird auf Erziehung, wie anfangs bereits ausgeführt, verzichtet. Dafür erfahren Kinder sich über Zuwendung und Resonanz, Unterstützung und Orientierung als Subjekte, denen immer wieder Sicherheit und Halt gegeben wird. Hierbei darf es jedoch nicht bleiben. Erzieherinnen sollen nicht nur dafür sorgen, dass es den einzelnen Kindern gut geht und sie unbefangen ihrem Spiel nachgehen können. Erforderlich ist auch, dass die Kinder die Chance erhalten, ihre Kräfte und Möglichkeiten für die Gemeinschaft einzusetzen, hier Kompetenzen zu entwickeln oder zu erweitern und vielfältig zu partizipieren.

Was heißt das konkret? Neben der Selbständigkeit in allen Alltagsdingen, an die Kinder ja in der Regel schrittweise herangeführt werden, ist hier die Mitverantwortung bei den wiederkehrenden Erfordernissen gemeint, wie z.B. Blumengießen, grobes Ausfegen der Räume, Gartengestaltung, Schneeräumen im Winter, Abwaschen, Feste mit vorbereiten. Auch sollte die Chance bestehen, für andere direkt etwas zu tun: z.B. Frühstücksvorbereitungen und dafür einkaufen, Eltern-Kind-Nachmittag vorbereiten und dafür Kuchen bakken, Alltagsmaterialien mitbringen, Naturmaterialien gemeinsam sammeln oder als Ganztagskind zeitweise das Mittagessen mit vorbereiten.

Kinder wollen alle diese Aktivitäten. Sie wollen nicht verwöhnt werden, gewöhnen sich aber schnell daran, wenn Erwachsene sie übermäßig betreuen und zuviel für sie tun. In einem solchen Fall wird ihnen die Erfahrung genommen, gebraucht zu werden, stolz darauf zu sein, für andere etwas tun zu können. Neben der Mitverantwortung sollte die Mitwirkung bei allen wichtigen Angelegenheiten des Kindergartenlebens herausgefordert werden, z.B.

beim Aufstellen von Regeln, bei Absprachen, beim Umgestalten von Räumen und Außengelände, bei der Planung und Durchführung von Festen. Dadurch können Kinder sich eine eigene Meinung bilden und mitreden, eigene Interessen wahrnehmen, Ideen entwickeln, Situationen bewerten lernen und sich bei der Lösung und Bewältigung von Problemen beteiligen. In diesem Zusammenhang ist es erfreulich zu sehen, dass sich gerade im offenen Kindergarten neue Partizipationsformen entwickeln: z.b. kommunikative Morgen- und Schlusskreise, Vollversammlung, Kinderkonferenz und Kinderparlament (8).

Partizipation eröffnet Kindern die Möglichkeit, dass sie durch eigene Anstrengungen mitwirken können und sich so wirksam bei der Gestaltung des Zusammenlebens erfahren: noch ein Grund mehr, stolz zu sein.

8. Kinder mit besonderen Entwicklungsbedürfnissen

Im allgemeinen werden Kinder mit überschießendem und abweichendem Verhalten und solche mit verzögerter Entwicklung als Problemkinder wahrgenommen, seltener solche, die unauffällig ein Randdasein im Kindergarten führen. Letztere sind Kinder, die nicht auffallen. Alle Kinder, die in ihrer Entwicklung nicht so richtig vorankommen, können so nicht unbefangen aktiv die Spielmöglichkeiten für sich ausschöpfen, wie das anfangs geschilderte aktive und engagierte Kind. Solche Kinder haben besondere Entwicklungsbedürfnisse. Sie sind im Grunde im Kindergarten noch nicht angekommen und signalisieren eine innere Not. Ihr Verhalten macht deutlich, dass sie im Kindergarten nicht zurechtkommen, kein inneres Gleichgewicht haben und Hilfe benötigen. Aus ihrer Sicht und Biographie verhalten sie sich allerdings logisch auch in ihrem störenden oder abweichenden Verhalten. Sich anders einzufinden, als sie es zur Zeit tun, ist ihnen nicht möglich. Solche Kinder sind eine große Herausforderung, besonders, wenn sie das ganze Kindergartensystem durcheinander bringen. Sorgfältig klärende Gespräche im Mitarbeiterkreis und mit den Eltern ermöglichen zunächst einmal einen Zugang zu der Situation des Kindes, ein emphatisches Verstehen. Gleichzeitig können dabei Schuldzuweisungen an Eltern, Beziehungsstörungen, Etikettierungen, Defizitvorstellungen und emotionale Barrieren abgebaut werden. Dann wird der Blick freier, um solche Kinder auch mit ihren positiven Seiten und vor allem mit ihren Stärken, ihren unverwechselbaren Besonderheiten und ihren individuellen Bedürfnissen aufgrund ihrer Lebens- und Entwicklungssituation zu sehen (9). Im Einzelfall wird diagnostische Hilfe durch Fachleute hinzukommen, damit es nicht zu einer falschen Einschätzung kommt. Immer sollte auch das Gespräch mit dem Kind geführt werden. Entscheidend ist, nicht das Kind ändern zu wollen, sondern das eigene Verhalten kritisch zu sehen und zu reflektieren.

Nach den klärenden Gesprächen können dann konkrete Handlungsschritte erarbeitet werden, die dann nach immer wieder neuer Reflexion zu sicherem Verhalten gegenüber den „Problemkindern" führen werden. Auch wird es dabei im Einzelfall um Integrationsprozesse gehen. Flankierende Therapien sollten die Ausnahme bleiben. Sie sind bei extremen Entwicklungsproblemen natürlich angebracht. In der Regel werden sich Kinder mit besonderen Entwicklungsbedürfnissen nach und nach im Kindergarten einleben, wenn geeignete Wege erarbeitet und gefunden wurden und die Kommunikation mit dem Kind erhalten bleibt. M. Montessori hat in diesem Zusammenhang davon gesprochen, dass es darauf ankommt, bei auffälligen Kindern einen Prozess der Normalisation in Gang zu setzen, damit solche Kinder wieder zu ihren Urkräften zurückfinden, um dann aktiv, spontan und engagiert von den Spielmöglichkeiten Gebrauch zu machen.

9. Das Erleben authentischer Erzieherinnen, die Interessantes zu vermitteln haben

Kinder sind auf dem Weg, groß zu werden, und sie wollen das in der Regel. Sie erleben mächtige Erwachsene um sich und im Kindergarten eine Menge Kinder, die kompetenter sind als sie. So ist nicht nur die Welt um sie herum eine große Herausforderung, sondern immer sind es auch die kleinen und großen Menschen ihres Bezugsfeldes, die zu neuem Lernen motivieren. Da immer Wirkungen von Menschen ausgehen, darf es nicht egal sein, wie sich einzelne Erzieherinnen und Erzieher präsentieren. Sie sind es Kindern schuldig, sich authentisch zu zeigen, denn das wird Kindern helfen, in reflexiven Prozessen, durch inneres Erspüren zum eigenen Bejahen ihres Denkens, Fühlens und Wahrnehmens zu kommen. So ist es wichtig, dass die Erzieherin Lust am Leben ausstrahlt und sich mit dem Spektrum ihrer Gefühle zeigt: freudig, begeistert, traurig, hilflos, gekränkt, wütend und stolz, stark und schwach, erfolgreich und fehlerhaft, fordernd und gewährend, zärtlich und ablehnend, geduldig und kribbelig. Darüber hinaus erspüren Kinder genau, wie die pädagogischen Mitarbeiterinnen zu anderen Kindern und untereinander bezogen oder unbezogen kommunizieren, Konflikte offen angehen oder unter den Teppich kehren, sich helfen oder verweigern oder Regeln missachten, die vereinbart wurden. Alles das bleibt nicht ohne Wirkung auf die Selbstfindung und Entwicklung bei Kindern. Je mehr Kinder durch das Vorbild der Erzieherinnen sich in ihrem Menschsein bestätigt fühlen, um so lebendiger werden sich Kinder erleben, auch wenn dabei belastende Gefühle und Ereignisse durchlebt werden müssen.

Kinder fühlen sich zu authentischen Erzieherinnen hingezogen, und das sicher noch mehr, wenn sie interessantes Wissen und Können zeigen und sich im Dialog auf Kinder einlassen. Wer wach, aufgeschlossen, begeistert und kreativ Lebensmöglichkeiten ergreift, wird ähnliche Entwicklungen bei Kindern auslösen; und wer von seinem Wissen etwas mitteilt und die Welt erklärt, wird bei Kindern offene Ohren finden, die aufmerksam folgen. Ich denke, dass Kinder neben fürsorglichen, akzeptierenden, schützenden, Anerkennung gebenden und gewährenden Erzieherinnen auch herausfordernde wollen, weil so neues Lernen möglich wird. Begeisterung, die ansteckt, macht auch den Kindergarten attraktiver und fördert die Zufriedenheit. Deshalb trägt dieser Punkt mit zur entspannten Atmosphäre bei.

Entspannte Atmosphäre: Kinder und Erzieherinnen fühlen sich wohl

Auch wenn der Kindergarten eine Einrichtung für Kinder ist und als erste Stufe unseres Bildungssystems konzipiert wurde, darf das für die pädagogischen Mitarbeiterinnen nicht bedeuten, dass sich alles nur um die Kinder zu drehen hat, damit diese sich in ihrer Haut wohl fühlen. Neben der Professionalität, die sich z.B. in meinen beschriebenen Punkten ausdrückt, besteht eine Wechselseitigkeit innerhalb des Beziehungsraumes Kindergarten. Keine Erzieherin kann nur geben, denn dann würde sie sich aufreiben, was sich schließlich negativ auf die Qualität ihrer Beziehungsarbeit zu Kindern auswirken wird. Mit anderen Worten: Den Kindern wird es schließlich nur dann gut gehen, wenn sich auch die Erzieherinnen in ihrer Arbeit gut fühlen. Nun haben Kinder nicht die Grundbedürfnisse von Erzieherinnen zu befriedigen. Sie geben in der Regel ihren Teil, in dem sie sich binden wollen, sich auf die Spielwelt einlassen, zur Mitwirkung und Mitverantwortung bereit sind, lern- und bildungsoffen sind und zunehmend selbständig und unabhängig in Kooperation mit anderen Kindern für ihre Zufriedenheit sorgen. Bei all dem schreitet ihre Entwicklung kontinuierlich voran, so dass sie schließlich schulfähig in den nächsten Abschnitt des Bildungssystems eintreten können und das auch wollen. Das ist der Normalverlauf, wenn Kinder genügend Zeit im Kindergarten zur Verfügung haben, ein schöner Lohn für pädagogisches Engagement. Mit einzelnen Kindern kann auch alles ganz anders sein, wenn sie besondere Entwicklungsbedürfnisse signalisieren. Solche Kinder erfordern in der Regel viel Geduld und besondere Zuwendung. Der Lohn der pädagogischen Arbeit ist dann oftmals nur an kleinen Fortschritten abzulesen.

Um die pädagogischen Anforderungen insgesamt bewältigen zu können, muss wie bereits erwähnt, für Erzieherinnen noch etwas Weiteres hinzukommen: ein positiver Prozess der Zusammenarbeit mit Kolleginnen und

Kollegen und das gemeinsame Entwickeln einer kind- und zeitgemäßen Pädagogik. Sind Kinder Selbstgestalter (Akteure) ihrer Entwicklung, haben Erzieherinnen sich gemeinsam zu Selbstgestaltern (Akteuren) ihrer Pädagogik
zu entwickeln (10), ggf. mit Unterstützung durch Supervisorinnen, Fortbild-
nerinnen und Fachberaterinnen. Ziel sollte dabei sein, dass ein Geben und
Nehmen stattfindet, das Team sich gegenseitig Halt und Anerkennung gibt,
besonders dann, wenn durch Außengruppen (Elternschaft, Träger, Schule,
Kommune) besondere Auseinandersetzungen erforderlich sind. Mitarbeiterinnen und Mitarbeiter sollten den Anspruch für sich stellen, sich in ihrer
Einrichtung wohl zu fühlen, denn sonst kann auf die Dauer eine differenzierte
pädagogische Arbeit und das Schaffen einer entspannten Atmosphäre, wie
ich sie beschrieben habe, nicht erfolgreich sein.

Erforderlich zur Erfüllung dieses Anspruches sind das Bemühen um einen offenen Diskurs und Dialog und das Bewusstsein, pädagogische Arbeit als eine
unendliche Geschichte zu sehen, bei der der eigene Beitrag und die eigene
Konfliktfreudigkeit Voraussetzung für das Gelingen sind. Jede Zeit hat ihre
besonderen Herausforderungen. Zur Zeit müssen sich immer mehr Teams mit
den schlechter werdenden Rahmenbedingungen beschäftigen und dabei eine
wirklichkeitsnahe Pädagogik gestalten. Darüber hinaus darf es am politischen
Engagement nicht fehlen, damit Mindestbedingungen bestehen bleiben, z.B.
zwei ausgebildete Kräfte pro Gruppe. Inzwischen gibt es viele Beispiele gemeinsamer Prozesse in offenen Kindergärten, die bestätigen, dass der hier beschriebene Weg erfolgreich beschritten werden kann. Das hat mich besonders
ermutigt, diesen Beitrag zur offenen Arbeit zu schreiben.

Literatur

1. R. Wild, Freiheit und Grenzen, Liebe und Respekt, Freiamt 1998

2. M. Ulrich, T. Mayr, Engagiertheit und emotionales Wohlbefinden, in:
    Kindergarten heute, 6/96 S. 3ff.

3. J. Juul, Das kompetente Kind, Reinbek 1997

4. K. und K. Großmann, Ist Kindheit doch Schicksal?, in: Psychologie
    heute, 8/1991 S. 21ff.

5. s. hierzu: M. Förster, Die Beziehung zwischen Freispiel u. Angebot, in:
    G. Regel/A. J. Wieland (Hrsg.), Offener Kindergarten konkret, Ham-
    burg 1993

6. J. Willi, Ökologische Psychotherapie, Göttingen 1996

7. M. Dörfler, H. R. Leu, Ich dich auch..., in: Welt des Kindes, 4/98, S. 20 ff.

8. s. hierzu die Beschreibung des Kinderparlaments von R. Braun in: Th. Kühne, G. Regel (Hrsg.), Erlebnisorientiertes Lernen im offenen Kindergarten, S. 53 ff., Hamburg 1996

9. G. Regel, Die Stärken der Kinder sehen. in: Kindergarten heute, 4/2000, S. 30ff.

10. G. Regel, Erzieherinnen als Akteure ihrer Pädagogik, in: klein und groß, 1/98, S. 14

Christa Freese-Behrens

3 Bildung in gelebter und lebendiger Erziehung

Leben ist Lernen – Lernen ist Entwicklung – Entwicklung ist Bildung

„Das erste Wirkende ist das Sein des Erziehers, das zweite, was er tut und das dritte erst, was er redet" (Romano Guardini, zitiert nach Rebeca Wild).

Für mich heißt das: Wer bin ich für die Kinder durch meine Person, was präsentiere ich ihnen durch mein Sein? Der Zusammenhang zwischen dem, was mir wichtig ist, was ich durch meine Persönlichkeit ausstrahle und das Wissen darum, dass „erfolgversprechende" Erziehung deutlich von der Beziehung zwischen mir und den Kindern geprägt ist, hat im Laufe meiner Berufstätigkeit einen immer höheren Stellenwert bekommen. In dem Buch von Wilhelm Rotthaus „Wozu erziehen?" (Heidelberg 1999), konnte ich Anregungen finden, meine Position klarer zu definieren und zu erweitern. Ich werde einige mir wichtige Stellen aus diesem Buch zitieren, möchte aber gleichzeitig neugierig auf dieses Buch machen, da ich in meinem Beitrag nicht alle spannenden Zusammenhänge, die W. Rotthaus beschreibt, berücksichtigen kann. In meiner langjährigen Arbeit als Erzieherin habe ich immer wieder festgestellt, dass die Auseinandersetzung in meiner Arbeit mit den Kindern, den Eltern, den Kolleginnen oder dem Träger mich ständig neu gefordert hat, und ich daran wachsen konnte. Dieser Prozess ist natürlich auch jetzt noch nicht abgeschlossen und wird es nie sein. „Denn jeder Mensch ist ständig in Entwicklung, denn Entwicklung ist Lernen und Lernen ist Leben" (S. 105). Im Laufe der Jahre habe ich besonders über die Auseinandersetzung mit der Psychomotorik und ihren Konsequenzen für die pädagogische Arbeit meine Schwerpunkte entwickelt und mich weitergebildet. Dieser Wachstumsprozess bezieht sich sowohl auf die Arbeit als „Fachfrau" als auch auf die Entwicklung meiner Persönlichkeit. „Voraussetzung für Erziehung ist, dass die Erzieherin etwas kann oder weiß, zumindest etwas zu können oder zu wissen glaubt, was sie der/dem zu Erziehenden vermitteln will." (S. 59) Mit der Frage, was mir wichtig ist, was mich beschäftigt und wo ich stehe, muss ich mich jeden Tag neu auseinandersetzen. Natürlich gibt es Grundsätzliches, über das wir uns im Team verständigt haben und auch eine Konzeption, die unsere pädagogische Grundlage bildet. Doch diese Standortbestimmung kann sich wieder verändern, und dafür muss ich offen sein. Meine Handlungen zu reflektieren und kritisch zu beleuchten gehört zu meiner Verantwortung. Dafür ist Begleitung durch Supervision unerlässlich. Dies bedeutet jedoch nicht,

43

dass Kinder Erwachsene vorfinden sollen, die alles richtig machen, sondern Menschen mit Stärken und Schwächen, die Fehler machen und diese dem Kind gegenüber offen benennen. Es ist ein bewusstseinserweiternder Prozess, durch den ich Zugang zu meinem Selbst, zu dem was ich bin, bekomme.

Das Bewusstwerden dessen, was ich vermitteln will und was ich von meiner Kompetenz anbieten möchte, gehört gleichfalls dazu. Ich kann also nur die Werte weitervermitteln, die mir selbst etwas wert sind, mir etwas bedeuten. Das, was mir Spaß und Freude bereitet, was ich für sinnvoll halte, löst vielleicht bei anderen auch Begeisterung aus. Da ist z.B. meine Freude an der Bewegung und an kreativem Ausdruck, meine Geschicklichkeit und Handfertigkeit, die ich mit den Kindern erleben und weiterentwickeln möchte. Im persönlichen Miteinander ist es die Achtung und Würde, die ich jedem Menschen zuteil werden lassen möchte und ohne Bewertung seine Einmaligkeit schätze. Die Freude an der Begegnung und an dem Kontakt zu anderen ist mir genauso wichtig, wie die Einhaltung der individuellen Grenzen. Ich bin verantwortlich für mein Leben und bin jederzeit bereit dazuzulernen, Herausforderungen anzunehmen und mich den Problemen zu stellen. Ebenso bedeutsam ist mir meine Einstellung zu Natur und Umwelt und dem Leben an sich, besonders im christlichen Sinne. Will ich darin wirksam sein, muss ich als Person deutlich wahrnehmbar sein. Ich bin in meiner Eigenart, also in meiner eigenen Art, sichtbar und bin kein andere, wenn ich die Kita verlasse. Daher muss ich als Erzieherin für meine Überzeugung, also für mein Denken, mein Fühlen und Kommunizieren, Verantwortung übernehmen und trete aus dieser Haltung heraus in den Dialog sowohl mit dem Kind, und auch mit den Kolleginnen und den Eltern. „Dies ist bedeutsam, weil Kinder und Jugendliche Verantwortlichkeiten am ehesten am Beispiel der Erzieherin erlernen, die Verantwortung für sich selbst übernimmt." (S. 116)

Einen Dialog mit dem Kind kann ich nur herstellen, wenn ich in Beziehung zu ihm trete. Dass diese Beziehung grundsätzliche Wichtigkeit für die Entwicklung des Kindes hat, soll im Folgenden deutlich werden. Zunächst möchte ich noch einmal W. Rotthaus zitieren: „...Erziehung muss zunehmend auf eine andere Beziehungsbasis gestellt werden: Dies ist eine partnerschaftliche Beziehung zwischen kompetenten Menschen gleichen Rechtes und gleichen Wertes, die sich jedoch darin unterscheiden, dass das Kind über spezifische Kenntnisse, Fähigkeiten und Fertigkeiten für das Leben in unserer Kultur noch nicht verfügt: Aus diesem Grunde ist es noch erziehungs- und bildungsbedürftig und bedarf der Anregung, Unterstützung und Anleitung durch den Erwachsenen." (S. 130) Die Frage, was ich dem Kind durch meine Person vermitteln möchte, hat somit für mich immer größeres Gewicht. Auch kann ich jederzeit von dem Kind lernen. Es geht bei der partnerschaftlichen Beziehung um eine Beziehung, die tragfähig ist. Daher bemühe ich mich um Akzeptanz des Kindes und hoffe auf seine Zuneigung, so dass das Kind „ja" sagt zu meinem Angebot, meinen Ideen und Absichten, und dass es bereit ist, sich auf mich einzulassen. Ich hoffe darauf, dass das Kind durch meine Zuverlässigkeit, Echtheit und Verständnisbereitschaft Vertrauen gewinnt, und zwischen uns eine positive Beziehung wachsen kann. Nur so kann das Kind mich zu seinem Vorbild wählen. Unter der Voraussetzung, dass ich Freude an einer bestimmten Tätigkeit habe, schaffe ich eine Lernsituation und beabsichtige eine Lernerfahrung für die Kinder.

Ich stelle z.B. Material zur Verfügung mit einem herausfordernden Charakter und schaffe eine angenehme Atmosphäre in Räumen, so dass das Kind die Folgen seines Handelns erleben kann und eine Erweiterung seiner Kompetenz erfährt. Ob das Kind diese Kompetenzerweiterung annehmen möchte, entscheidet jedoch das Kind. Ich stelle nur den Rahmen und mich als Person zur Verfügung. Ich kann das Kind nicht ändern, auch nicht durch ständige Bemühungen. Vielmehr muss ich versuchen, einen positiven Bezug zum Kind herzustellen und mich in die Gedankenwelt des Kindes emphatisch einzufühlen, daran anzuschließen, z.B. an seine Wünsche, seine Vorlieben und Absichten, seine Probleme, damit das Kind die von mir gemachten Angebote annehmen und diese für sich positiv bewerten kann.

„Erfolgreiches erzieherisches Handeln wird also wesentlich davon abhängen, ob es gelingt, die gewünschte Handlung in der Vorstellung des Kindes mit positiven Erwartungen hinsichtlich der Bewertung seines Selbstbildes, also mit Selbstbewusstsein, Stolz oder ähnlichem, in Verbindung zu bringen." (S. 78) Gute Voraussetzungen hierfür bietet die „offene" Pädagogik, denn nur hier ist es meiner Meinung nach möglich, eine reizvolle, herausfordernde Umgebung für die Kinder zu schaffen. Ich kann mich aufgrund möglicher Arbeitsteilung zu einer Fachfrau weiterentwickeln, mein Wissen auf einem oder zwei Gebieten vertiefen und mit Begeisterung das vermitteln, was mir selbst wichtig ist. Wenn ich den Kindern mit Respekt und Akzeptanz begegne, kann ich als Erzieherin von ihnen als Bezugsperson „ausgewählt" werden, zu ihnen in Beziehung treten und Bindungswünsche erfüllen. Als Erzieherin sollte mir bewusst sein, dass ich durch meine Person viel beeinflussen kann.

In unserer Einrichtung haben wir Erzieherinnen an jedem Morgen eine Besprechung in unserem zentral gelegenen Frühstücksraum. In diesen Besprechungen wird geplant, werden Informationen weitergegeben und Konflikte angesprochen. Auch wenn wir unter uns sind, schauen Kinder neugierig zu und nehmen von uns Notiz. Sie bekommen mit, wie wir miteinander umgehen und spüren die Achtung, die wir einander entgegenbringen. Die Kinder nehmen wahr, wie wichtig ihre Anliegen für uns sind und fühlen sich ernst genommen. Sie hören, wie wir einander ausreden lassen, wie jede von uns ihre Meinung sagen kann, dass wir bemüht sind, einen gemeinsamen Nenner zu finden und Probleme zu lösen. Ähnlich erleben sie uns, wenn wir im Laufe des Tages miteinander in Kontakt treten. Wir als Team hoffen, dass sich die Kinder unser Miteinander zum Vorbild nehmen und sich so neue Möglichkeiten im Umgang miteinander eröffnen.

Möchten wir, dass sich eine Verhaltensweise eines Kindes ändert, weil diese sich z.B. besonders störend auf das Zusammensein auswirkt, sehe ich es als meine Aufgabe an, dem Kind so zu begegnen, wie ich mir sein Verhalten zu anderen wünsche. Ich überprüfe meine Beziehungen und meine eigenen Verhaltensweisen und bin bereit, diese ggf. zu ändern. Ich suche den Dialog, ohne zu verurteilen; das alles in der Hoffnung, dass das Kind hierauf positiv reagiert. Ich muss also bei meinem Verhalten ansetzen, wenn ich erreichen möchte, dass sich ein Kind anders verhält.

W. Rotthaus beschreibt in seinem Buch sehr deutlich, wie wichtig es ist, an den Ressourcen der Kinder anzuknüpfen, also an ihren Stärken und bereits vorhandenen Fähigkeiten. Dadurch fühle ich mich nochmals in unserer Arbeit mit dem Ansatz der offenen Pädagogik bestätigt. „Das wird der Erzieherin am ehesten gelingen, wenn sie sich auf die Ressourcen des Kindes orientiert, wenn sie das jeweilige Kind mit seinen speziellen Fähigkeiten und Fertigkeiten anspricht und von dem ausgeht, was es bereits kann. Sie schafft damit eine positive erzieherische Atmosphäre, stärkt das Erleben des Kindes, kompetent und fähig zu sein, zentriert die eigene Wahrnehmung des Kindes auf Gelingen und Zufriedenheit und schafft damit Motivation für weiteres Lernen." (S. 97)

Sehr deutlich ist mir immer wieder, dass Erziehung kein planbarer Vorgang ist. Ich muss mich also grundsätzlich darauf einstellen, dass meine erzieherische Einflussnahme ein Experiment mit ungewissem Ausgang ist. Von Hentig schrieb dazu: „Wer nicht Freude am unplanbaren Umgang mit Kindern hat, für den ist der Lehrerberuf (der Beruf der Erzieherin) nicht auszuhalten." Damit wird nochmals klar, dass Erziehung auch ein gemeinsamer Entwicklungsprozess ist, in dem Lernen auf beiden Seiten stattfindet. Lasse ich mich auf eine Begegnung mit dem Kind ein, werde auch ich durch den gemeinsamen Prozess verändert. Noch einmal Rotthaus: „Das bedeutet, dass unsere erzieherischen Ideen und Überzeugungen, das, was wir unseren Kindern „weitergeben", wozu wir sie anregen möchten, von hoher Bedeutung ist, nicht in erster Linie für das Kind, sondern vielmehr für uns alle." (S. 130)

Literatur

1. H. von Hentig, Phänomene klären und Verhältnisse ändern, Westermanns Pädagogische Beiträge, 12, S. 591, 1985

2. W. Rotthaus, Wozu erziehen?, Heidelberg, 1999

3. R. Wild, Sein zum Erziehen, Heidelberg, 1992

Sonja Westerberger

4 Mein persönlicher Bildungsprozess

Von der Neigung zur Fachfrau

Ich hatte mich entschlossen, meinen Bereich zu wechseln und mich einer neuen Herausforderung zu stellen. Unser Außengelände sollte meinen neuen Wirkungskreis darstellen, ein Gelände, welches von einer Architektur der Einfallslosigkeit und Gradlinigkeit geprägt war. Das Spielverhalten der Kinder entsprach dem Äußeren des Gartens. Sie stürzten sich auf die Fahrzeuge und schleppten Massen an Spielzeug in den Sandkasten. Es war ein Spielen auf, nicht mit dem Garten. Im Team gab es schon länger Unzufriedenheit mit der Gestaltung und der Nutzung des Außengeländes. Viel zu lange hatten wir uns mit der Umgestaltung der Räumlichkeiten im Inneren des Gebäudes beschäftigt und den Garten eher stiefmütterlich behandelt. Wir stellten uns im Herbst 1996 diesem Problem und nahmen den Garten unter die Lupe. Wir fragten uns, was Kinder dort brauchen, um Lernerfahrungen machen zu können. Es entstanden viele Ideen, und wir entschlossen uns, die Umgestaltung des Gartens in Angriff zu nehmen. Ich konnte mir der Unterstützung des Teams sicher sein, mir war allerdings bewusst, dass ich der Motor für die folgenden Veränderungen sein musste, denn ich hatte mich für die Idee einer Umgestaltung stark gemacht und mich bereit erklärt, diesen Bereich zu übernehmen. So sah ich mich plötzlich im Herbst '96 bei Schmuddelwetter und Kälte in einem tristen Kinder-Garten zwischen wenigen hartgesottenen Dreiradfahrern im Regen stehen. Ich war frustriert, stand vor einem Berg Arbeit und musste mir meiner Motivation bewusst werden, die mich in diese Lage gebracht hatte:

- Unzufriedenheit mit dem augenblicklichen Zustand
- Liebe zur Natur
- Ideologische Beweggründe (Naturschutzgedanke)
- Ehrgeiz und ein hoher Anspruch an unsere Kindergartenkonzeption (meine theoretischen Vorstellungen von offener Arbeit stimmten mit der Realität im Außengelände nicht überein)
- Pädagogische Beweggründe (erweiterte Bildungsangebote für Kinder schaffen)
- Neue Herausforderung und Lernmöglichkeiten für mich (meinen eigenen Bildungsprozess in Gang setzen)

Ich musste feststellen, dass es mit meiner fachlichen Kompetenz nicht weit her war. Ich wusste nicht recht, wo und wie Kinder in der Natur spielen und lernen. Ich kannte ihre Bedürfnisse nicht. Mir war nicht klar, in welche Richtung ich Impulse für kindgerechtes Lernen geben sollte. Ich musste mir bewusst machen, welche guten Gründe es gibt, mit Kindern in die Natur zu gehen:

- Einen emotionalen Zugang finden
- Sich als Teil der Natur verstehen
- Die Natur als Mitwelt begreifen, sie kennenlernen und verstehen (auch Feuer und Wasser)
- Freiraum und Ausgleich erleben
- Schöpfung Gottes bewahren („Nur was ich liebe, schütze ich")
- Jahreszeiten und Naturgewalten bewusst erleben (Sturm, Hagel, Regen, Schnee, Hitze, Frost)
- Außengelände mitgestalten und für die Pflege und den Schutz mitverantwortlich sein
- Weltwissen erweitern

> *Mein eigener Bildungsansatz begann mit einer Neigung zur Natur und meiner ideologischen Überzeugung.*
> *Ich begab mich auf unbekanntes Gebiet und ich wurde mir meiner Schwächen und Unsicherheiten bewusst. Ich musste mir eingestehen, dass ich von der Außengeländearbeit keine Ahnung hatte. Unangenehme Gefühle und Frust relativierte ich mit Hilfe meiner kognitiven Überzeugung.*
> *Meinen eigenen Umgang und Zugang zur Natur hinterfragte ich. Die oben aufgezählten Lernabsichten für Kinder wollte ich zunächst selber beherzigen.*

Wir bildeten eine Arbeitsgruppe, bestehend aus einigen Mitarbeiterinnen und interessierten Eltern, die sich mit der Planung des „Kinder-Garten-Projekts" beschäftigen sollte. Wir wälzten Bücher und Broschüren und schauten uns Gärten in anderen Institutionen an. Das, was wir bisher im Team erarbeitet hatten, intensivierten wir in der Kleingruppe. Unsere Erfahrungen aus eigener Kindheit, theoretische Überlegungen und Wissen von Fachleuten (ein Vater ist Gartenbauarchitekt) flossen in die Arbeit mit ein. Es gab auch kontroverse Diskussionen darüber, was für Kinder wichtig sei. Oft mussten wir unsere Erwachsenenperspektive verlassen, um eine kindgerechte Planung zuzulassen und nicht an den Bedürfnissen der Kinder vorbei zu planen. Ich entschloss mich, die Kinder in ihrem Spielverhalten mit der Natur bewusst zu beobachten. Es wurden alle Spielzeuge verschlossen und weggeräumt. Ich nahm eine

Kamera zur Hand und dokumentierte meine Beobachtungen für die weitere Planung. Durch das genaue Hinsehen wurde ich immer sicherer darin, die Impulse der Kinder aufzugreifen und ihr Tun zu unterstützen.

Die Kinder wunderten sich, warum das Spielmaterial weggeschlossen wurde und ich tagelang mit der Kamera umherlief. Ich kam mit ihnen ins Gespräch, und so entwickelte sich die Idee, ebenfalls eine Planungsgruppe mit den Kindern ins Leben zu rufen. Hier stellte sich eine besondere Herausforderung ein. Wie sollte ich die Kinder ohne Überforderung mit einbeziehen: spielerisch, und nicht nur auf der verbal-kognitiven Ebene?

Wir bauten in Obststiegen kleine „Minigärten". Jedes Kind hatte zuvor die Gelegenheit, in Büchern und Broschüren zu stöbern, um dann seine Wünsche und Ideen für unseren zukünftigen Garten gestalterisch umzusetzen. Sie bauten Gemüsebeete, Sandkästen, Klettergelegenheiten aus Naturmaterialien, Schaukeln, Hütten, Feuerstellen, Teiche, Fußballfelder und pflanzten Büsche und Bäume.

In der Arbeitsgruppe mit den Erwachsenen bestimmten bald die Beobachtungen und Ideen der Kinder die konkrete Planung.

> *Mein Bildungsprozess kam auf Touren:*
> *Ich bildete eine Lerngemeinschaft mit Kolleginnen, Eltern und Kindern. Ich nahm mich selber als Lernende wahr. Ich zwang mich zur bewussten Beobachtung und lernte viel über das Spielverhalten und die Neigungen der Kinder in der Natur.*
> *Ich musste stellenweise von meinen eigenen Vorstellungen abrücken und Kompromisse eingehen.*
> *Es war ein Selbsterfahrungskurs zum Thema „Was es bedeutet, Kinder und Eltern konkret bei Veränderungen und Entscheidungen mitwirken zu lassen (Partizipation)"*

Wir erkannten schnell, dass ein solches Projekt nicht in einem Jahr umzusetzen ist. Der Anspruch war, alle Beteiligten einzubeziehen und das meiste in Eigenleistung zu erbringen. Wir sind und waren auf Elternmitarbeit angewiesen, um auch den finanziellen Rahmen nicht zu sprengen. Da kaum Geld zur Verfügung stand, wollten wir für unser Projekt in der Öffentlichkeit werben, um auf spendenfreudige Menschen zu stoßen. Wir wollten versuchen, über den zur Verfügung stehenden Etat hinaus zu sparen (Einnahmen bei Festen). Wir informierten den Kirchenvorstand und den Beirat und stellten unsere Planungen von einem naturnahen und erlebnisreichen Kinder-Garten vor. In diesen Gremien wurden unsere Vorstellungen wohlwollend aufgenommen, und wir konnten auf Unterstützung hoffen. Ich schrieb Informationen an die

Eltern, in denen ich unser Vorhaben ankündigte. Ich versuchte deutlich zu machen, welchen pädagogischen Sinn die Umgestaltung für ihre Kinder haben würde. Es wurden Arbeitstage für das Frühjahr angekündigt und um Mithilfe geworben.

Ich bilde mich weiter!
Bis jetzt musste ich mich um Elterninformationen kaum kümmern. Nun fiel die Öffentlichkeitsarbeit für unser Projekt in meinen Bereich, und es wurde notwendig, dieses Projekt über die Grenzen des Teams hinaus bekannt zu machen. Ich musste lernen, mich schriftlich zu äußern und für Zustimmung zu werben.
Ich musste erfahren, dass ich nicht auf jede kritische Frage eine Antwort hatte. Woher sollte ich wissen, wohin die ausgebuddelten Betonbrocken sollten und wie teuer ein Bagger am Tag sein würde. Doch ich war zuversichtlich, auch das mit meinen Mitstreitern in Erfahrung bringen zu können. Es war gut zu wissen, nicht alleine dazustehen.

Es wurde ernst. Ein Arbeitswochenende war für das Frühjahr angesetzt. Die Planungsgruppe musste nun entscheiden, welche Umgestaltungsvorschläge an erster Stelle standen und vor allem für die Kinder am wichtigsten waren. Wir hatten alle Pläne gezeichnet und unserer Phantasie freien Lauf gelassen. Wir handelten nun ein Gesamtkonzept aus, welches die Vorstellungen der Kinder berücksichtigte. Wir Erwachsenen hatten beispielsweise den Bau eines Fußballfeldes für nicht so dringend notwendig erachtet. Es würde weder die gradlinigen Formen unseres Geländes auflockern, noch viel Phantasie für individuelles Gestalten freisetzen. Einige der Kinder hatten ihren „Minigarten" ganz und gar dem Fußballfeld gewidmet, so dass wir nicht die Augen davor verschließen konnten; wir mussten einen Platz finden.

Für meine Bedürfnisse musste auch gesorgt werden. Ich benötigte für meine pädagogische Arbeit einen Versammlungsort, an dem ich Angebote einleiten und mich mit Kindern auch bei Regen treffen konnte. Unser Materialhäuschen sollte es werden. Es sollte mit Mobiliar bestückt werden und an einen anderen Ort umziehen. Für das Material wollten wir einen Bauwagen auftreiben, und im Zentrum des Geländes sollte ein Hüttendorf entstehen. Ein Hügel sollte komplett umgebaggert werden, damit er z.B. zum Schlittenfahren voll ausgenutzt werden konnte und die weiteren Umgestaltungen dort Sinn machten. Im Hüttendorf sollte eine Feuerstelle gepflastert werden, da uns und den Kindern das Erleben und der Umgang mit Feuer sehr wichtig erschien. Auf einer kleinen ungenutzten Schräge wollten wir eine Frühstücksterrasse mit Kalksteinmauerumrandung bauen, da die Kinder gerne draußen essen. Zudem sollten diverse Büsche gepflanzt und andere entfernt werden, eine Reifentreppe und eine Rutsche aus Tonfutterkrippen gebaut und die Schaukel versetzt werden.

Bildung im Dialog:
Die Mitglieder der Planungsgruppe leisteten nun soziale Schwerstarbeit. Eigene Vorstellungen und alte Kindheitsträume mussten mit denen der anderen und denen der Kinder kombiniert werden.
Wir begaben uns auf ganz neues Terrain. Woher bekommen wir Tonfutterschalen, wer kann Bagger fahren und wie bauen wir die Feuerstelle? Wir machten uns sachkundig und alle trugen etwas zur Lösung der Probleme bei.
Ich musste lernen, die Leitung in der Gruppe zu übernehmen. Nicht immer lief alles nach Plan. Ich erkundigte mich, ob schon Familien gefragt wurden, ob wir Kalksteine von deren Neubaugrundstücken holen dürften. Ich telefonierte mit einem Landwirt aus dem Ort, ob er uns mit dem Trecker unterstützen würde.
Ich musste den Überblick behalten und alle Interessen im Blick haben. Diese Verantwortung war ich nicht gewohnt.

Viele Vorarbeiten mussten geleistet werden. So sollten beispielsweise mit den Kindern Kalksteine herbeigeschafft werden. Bewaffnet mit Bollerwagen, Arbeitshandschuhen und Spitzhacke zogen wir los. Die Kinder lernten die Kalksteine kennen ihr Gewicht einzuschätzen und die Gefahren mit deren Umgang. Der auf dem Kigagelände angelegte Kalksteinhaufen wurde zur Fundgrube von Entdeckungen. Das nächste Angebot war das Experimentieren mit den Steinen. Wir balancierten, legten Muster, bearbeiteten sie mit Hammer und Meißel und untersuchten mit der Lupe die Versteinerungen. Zum Abschluss brachte ein Trecker einen ganzen Wagen voller Kalksteine, die ich mit einigen Vätern in früher Morgenstunde aufgeladen hatte. Alle Kinder halfen beim Abladen; sie arbeiteten wie die „Großen".

Gemeinsam mit den Kindern im Bildungsprozess:
Das war mir neu: dass unser Bollerwagen bei zu schwerer Last schlapp macht, dass Arbeitshandschuhe ein unverzichtbares Utensil für mich und die Kinder sind, wie ich die Spitzhacke führen muss, ohne zu viel Kraft aufzuwenden und was man sonst noch alles mit Kalksteinen anfangen kann.

*Wir wollten die Kalksteine lediglich zum Bauen von Mauern.
Ich musste lernen, dass das Ausprobieren eines Materials mit
Kindern sehr viel Zeit beansprucht. Nicht nur die Kinder, auch
ich wollte nun wissen: „Wie kommen die Muscheln in den
Kalk?"
Es war nicht immer leicht, alle Bequemlichkeit zu überwinden
und schon vor dem Kindergartentag körperliche Schwerstar-
beit zu leisten (Männerarbeit).*

Ich schrieb Einladungen an die Familien und bat, bestimmte Werkzeuge mitzubringen. Einige Kolleginnen bereiteten etwas zum Essen vor. Das Material
war besorgt, der Bagger gemietet und ein Fahrer gefunden. Mir war theoretisch klar, wie wir Beton anzumischen hatten und was zu tun war. Die Kinder
waren in die Pläne eingeweiht. Ich hatte Zweifel, wie das Wochenende mit
den Kindern zwischen Baufahrzeugen und Spaten ablaufen würde. Würden
sie evtl. alle Sandspielzeuge ausräumen und mit den Dreirädern um die arbeitenden Mithelfer sausen? Wir brauchten jede Kollegin zum Anfassen und
wollten keine spezielle Kinderbetreuung zur Verfügung stellen. Ich hatte
Zweifel, ob genügend Helfer kommen würden und ob ihnen die Arbeit Spaß
machen würde. Auf der anderen Seite wusste ich nicht, ob ich alle beschäftigen konnte und ob ich genügend Wissen hatte, um sie anzuleiten. Es würde
spannend werden. Die Mitglieder der Planungsgruppe und das Team waren
versammelt, um zum guten Gelingen der Aktion beizutragen. Alles war
durchgesprochen und ich war diejenige, die die Leute einteilen und den
Überblick behalten sollte.

*Spannende Aufgaben fordern mich:
Mir war es fast schon ein bisschen viel Spannung, die da auf
mich zukam. Ich musste lernen, mir ein Konzept zu machen, um
keine notwendige Vorbereitung zu vergessen. Ich musste lernen, die Aufgaben zu verteilen, aber auch Teile der Verantwortung abzugeben. Andererseits musste ich mir eingestehen,
dass ich Eltern auch nicht überfordern durfte; sie waren „nur"
ehrenamtlich tätig, die Hauptlast lag bei uns - bei mir.
Ich konnte erfahren, dass viele Ängste „im Sande verliefen".
Die Kinder halfen interessiert mit und waren eher eine Bereicherung als eine Last. Warum hatte ich nicht mehr Vertrauen
in die „Unkompliziertheit" der Kinder gesetzt!
Ich war froh, dass ich nicht perfekt sein musste. Ich konnte den
Eltern mein Wissen vermitteln und nahm gerne jede ergänzen-
de Anregung auf. Die Mithelfer arbeiteten nach Aufgabenver-*

teilung und Anleitung weitestgehend selbständig und bildeten kleine Lerngruppen.

Dieses erste Arbeitswochenende war ein Erfolg. Alle Beteiligten waren zufrieden, und wir hatten viel geschafft. Es sollte in den nächsten Jahren zur guten Gewohnheit werden, im Frühjahr und im Herbst einen Arbeitstag anzubieten. Noch viele einzelne kleinere Aktionen folgten. Eine Firma spendete uns einen Bauwagen, der mit einigen Vätern an Ort und Stelle geschoben wurde. Die freiwillige Feuerwehr trennte die Räder vom Bauwagen ab und fällte diverse Bäume. Ein Vater baggerte uns den genannten Hügel fertig um. Mit dem Förster und einem Vater suchte ich im Wald nach großen Kletterbäumen und einer Baumwurzel, die umgekehrt in die Erde einbetoniert werden sollte. Ein Landwirt schaffte uns die Baumriesen in einer spektakulären Aktion in den Kindergarten. Ein Kran versetzte unser Holzhaus in das entstehende Hüttendorf.

Neue Aufgaben lassen mich lernen:
Im Team mussten Lösungen gefunden werden, wie die Zeit für die zusätzlichen Aufgaben mit meiner regulären Arbeitszeit verrechnet werden konnte. Ich wusste, dass es eine momentane Einschränkung für den Betrieb bedeutete, wenn ich z.B. im Wald war. Ich musste lernen, die Notwendigkeit im Team zu begründen.
Oft war ich auf Elterninformationen angewiesen, die mir beim Kontakteknüpfen im Dorf sehr hilfreich waren. Ich sah mich gezwungen, als Bittstellerin für eine gute Sache aufzutreten. Aus dieser Rolle heraus fühlte ich mich auch verpflichtet, bei den Aktionen dabei zu sein und für eine angemessene Aufwandsentschädigung zu sorgen.

Die oben beschriebenen Veränderungen nahmen sehr viel Zeit in Anspruch. Jede Baumaßnahme wurde von den Kindern als Lernfeld neugierig aufgegriffen. Als die Schaukel umgesetzt wurde, boten die dadurch entstandenen Löcher den Kindern wochenlang Arbeitsraum zum Buddeln und Bauen. Der angelieferte Mutterboden war Fundstelle unzähliger Regenwürmer, und das Matschen mit der Erde sollte zum Genuss werden. Die Kinder beluden ihre Schubkarren und waren mit dem Verschieben der verschiedenen Materialien tagelang beschäftigt. Unsere Bagger kamen zum Akkordeinsatz.

Die Kinder, mein Lehrbuch:
Wieder zeigten mir die Kinder den kindgerechten Umgang mit Veränderungen auf. Sie haben ein anderes Zeitgefühl als wir

Erwachsenen. Ich beobachtete, was eine intensive Auseinan-
dersetzung konkret bedeutet. Sie zeigten mir, was es heißt,
nicht nur zu konsumieren, sondern Erfahren zu sammeln. Sie
lernten mit all ihren Sinnen und ich lernte, sie lernen zu lassen.
Es fiel mir nicht immer leicht, mich in Geduld zu üben, die
Kinder im „Dreck" versinken zu sehen und die Baumaterialien
zum Spielen zur Verfügung zu stellen. Oft musste ich das Vor-
anschreiten der Baumaßnahmen verzögern, um einer ausrei-
chenden Verarbeitung auf Seiten der Kinder Raum zu geben.

Das erste Jahr meiner Tätigkeit im Außengelände war geprägt vom Projekt
der Gartenumgestaltung. Es war Neuland in jeder Beziehung. Erst im zweiten
Jahr konnte ich behaupten, eine Ahnung davon zu haben, was in der Außengeländearbeit sinnvoll und umsetzbar sein würde. Ich musste erst jede Jahreszeit mit den Kindern durchleben, um einschätzen zu können, mit welchen
Schwierigkeiten ich konfrontiert werden würde.

Nachdem der Winter eine eher langweilige Durststrecke darstellte (da das
Gelände noch nicht verändert war), sah ich mich bei gutem Wetter mit viel
mehr Kindern konfrontiert. Als die „Badesaison" begann, verlor ich den
Überblick zwischen Umziehen, Planschen und Wespen verjagen. Für Re-
genwetter mussten ausreichend Regenkombis und Gummistiefel organisiert
werden. Ich musste lernen, den unangenehmen Regen als Erlebniszustand zu
entdecken, der uns eine Fülle an Sinneswahrnehmungen liefert. Die Angebote
entwickelten sich wie von selbst. Die Umstände in der Natur und die Intuition der Kinder lehrten mich das Leben im Freien. Das brachte allerdings mit
sich, dass Angebote, die vom Wetter abhängig waren, nicht immer meiner
Planung entsprechend durchgeführt werden konnten. Wenn der Schnee ge-
schmolzen war, dann konnten wir eben nicht mehr mit den Schlitten fahren.
Es war notwendig, im Laufe der Zeit (über Jahre) einige Dinge neu anzuschaffen, wie z.B. Metallschaufeln und -spaten, Gießkannen, große Mau-
rerkübel, Regensachen, Lupen, Bestimmungsbücher, Arbeitshandschuhe, sta-
bile Schubkarren, Schlittenrutscher, ein Planschbecken und vieles mehr. Andere Dinge wurden überflüssig, beispielsweise die Plastikschaufeln, die Massen an Sandförmchen und Dinge, die kaputt waren.

Ein Bildungsprozess und Zweifel:
Heute denke ich, dass ich vielleicht die erste Zeit des Zweifelns
in unserem tristen Garten brauchte, um Klarheit für mein und
unser weiteres Vorgehen zu bekommen.
Ich muss mir eingestehen, dass ich nicht mit allen Situationen,
die auf mich zukamen, alleine fertig geworden bin. Ich holte

mir Hilfe im Team, mal als Beratung und mal als handfeste
Unterstützung, wenn ich eine zweite Person benötigte. Ich
musste einen Transfer meiner Beobachtungen im Team leisten,
um mir dessen Unterstützung sicher zu sein. Das galt auch in
Zusammenhang mit den beschriebenen Neuanschaffungen. Oh-
ne diese Unterstützung hätte ich vielleicht an Aufhören ge-
dacht.
Ich entwickelte ein großes Maß an Flexibilität, da ich oft von
einer Stunde zur anderen umdenken musste. Kam mitten im
Umgraben des Gemüsebeetes Hagel auf, dann ruhte das Ge-
schehen im Garten. Der Hagel musste untersucht werden.
Gefühlsanwandlungen wie Stolz und Freude über das bis jetzt
Bewegte gaben mir neuen Ansporn und Lust auf mehr.

Die Planungsgruppe, alle Mitarbeiterinnen und auch die Kinder hatten einen
Bezug zu den Veränderungen, und es kam ein bisschen Stolz auf. Wir ahnten
noch nicht, was ein Großteil der Dorfbevölkerung zu unseren Tätigkeiten
meinte. Erst über mehrere Ecken wurde uns das ganze Ausmaß der Empö-
rung deutlich. Der Kindergarten: ein Schandfleck von Nikolausberg. Sah das
Außengelände bisher trist aus, war es doch besser als das unüberschaubare
Durcheinander, das nun entstanden war. Die Rasenflächen waren umgebaggert und abgesperrt, Pflanzen waren auf ganzer Breite entfernt und zurückge-
schnitten, die Neuanpflanzungen noch nicht sichtbar. Der Eindruck von
Matsch und Baustelle charakterisierte unseren Garten.

Dorftratsch bildet:
In unserem Eifer hatten wir nicht bedacht, dass Außenstehende
unser Treiben gar nicht nachvollziehen konnten. Mir wurde
deutlich, dass das Außengelände im Kindergarten ein Schau-
bild der pädagogischen Arbeit darstellt. Nur hier hat die Be-
völkerung die Möglichkeit, im Vorbeigehen einen Einblick zu
bekommen.
Es wurde zur Routine, die Veränderungen auf Schautafeln zu
beschreiben und zu erklären. Ich fasste mir ein Herz und
sprach Passanten, die sich eindeutig über unseren Garten un-
terhielten, an. Es kamen viele Gespräche zustand und ich
knüpfte Kontakte mit Kritikern, die uns später noch eine Hilfe
sein sollten.
Ich schrieb einen Artikel im Gemeindebrief, der auf den Ärger
der Leute direkt Bezug nahm und unsere pädagogischen
Überlegungen beschrieb.

Die beschriebene Situation lockerte sich, als das Gras zu grünen begann und die ersten Pflanzen größer wurden. Durch die Einbeziehung der Eltern, der Feuerwehr und anderer Personen des Dorfes konnten wir auf Sympathisanten zählen. Heute denke ich, dass der Großteil der Bevölkerung die Veränderungen im Garten begrüßt. Natürlich ist das Gelände nicht mit einem gepflegten Vorgarten zu vergleichen. Den Begriff von Ordnung musste ich in den Jahren für mich neu definieren. Unsere Mitbürger sahen, dass uns die Arbeit draußen wichtig ist, dass wir bei Wind und Wetter dort sind, dass die Kinder bei der Pflege und den anfallenden Arbeiten einbezogen werden; das beruhigt. Vielleicht bemerken sie sogar das veränderte Spielverhalten und begreifen ein bisschen von unseren Beweggründen.

Im Jahre 1998 ging die Arbeit der Umgestaltung weiter. Wir konnten auf Erfahrungen aus dem letzten Jahr zurückgreifen. Das Fußballfeld wurde fertiggestellt, Weidentipis wurden gepflanzt, erweiterte Bewegungsmöglichkeiten wurden geschaffen (ein Schaukelgebiet in Bäumen entstand), kostenloses Material zum freien Bauen wurde besorgt (Bewegungsbaustelle). In der Arbeitsgruppe gingen die Planungen für die Erstellung eines neuen Weges, für den Sand-Wasserbereich und für den Nutzgartenbereich weiter. Im Herbst organisierten wir einen Aufräumtag, an dem der Garten winterfest gemacht wurde. Ein Vater, der aus gesundheitlichen Gründen keine schweren Arbeiten verrichten durfte, kochte für alle MithelferInnen. Viele Ideen aus dem gestalterisch-künstlerischen Bereich blieben auf der Strecke. Eine hässliche fensterlose Außenwand sollte schon lange bunt gestaltet sein, Stabmännchen aus Holz sollten hier und da zwischen den Bäumen herausgucken, der Bauwagen sollte bemalt sein, der Zaun sollte mit Tiermotiven beflochten sein, und schon von weitem sollten Windspiele auf den Kindergarten aufmerksam machen. Mir kam die Idee, diese Vorhaben an einem Kreativtag im Frühjahr 1999 mit Eltern und Kindern umzusetzen. Diese Aktionen konnten mit Kindern nur geleistet werden, wenn genügend Erwachsene die Kinder anleiten würden. In der Arbeitsgruppe probierten wir alle Techniken aus, und jeweils zwei waren für die Vorbereitung einer Aktion zuständig. Ich versuchte den Überblick zu behalten, bei mir liefen alle Fäden zusammen.

Mein Bildungsprozess hat nun ein Fundament:
Die Erfahrungen aus den schon organisierten Arbeitseinsätzen
ließen mich diese neue Herausforderung mit einer gewissen Si-
cherheit meistern. Ich hatte meine Rolle in der Arbeitsgruppe
und im Team als Leiterin dieser Aktionen geklärt und aus
Fehlern gelernt.

Ich konnte die Aufgaben angemessener verteilen und wusste einzuschätzen, wann ich einzugreifen hatte.
Am Kreativtag selbst versuchte ich, die MitgestalterInnen zu ermutigen, sich ihren Neigungen entsprechend einzubringen. Mir fiel es viel leichter, auf die Eltern zuzugehen, als beim ersten Arbeitseinsatz.

Es war verblüffend zu beobachten, wie selbstverständlich die Kinder in die Arbeit mit einbezogen wurden. Eltern (auch viele Väter, die wir bis dahin gar nicht kannten) brachten sich mit Phantasie und Hingabe ein. Sie entwickelten Ideen während der Arbeit und niemand wusste so recht, wie die Endprodukte aussehen würden. Frei, nach dem Motto „Der Weg ist das Ziel" wurden viele handwerkliche und auch menschliche Erfahrungen gemacht. Die Ergebnisse konnten sich sehen lassen. Ein Fliesenmosaik „à la Gaudí" ziert nun unsere ehemals graue Wand. Das Motiv auf dem Bauwagen wurde mit Unterstützung einer Mutter, die Grafikerin ist, aus Kinderbildern entworfen. Jedes Stabmännchen hatte eine individuelle Note, und die Kinder gaben ihnen sogar Namen.

Gelassenheit macht frei:
Dadurch, dass ich dem Tag mit einer gewissen Gelassenheit begegnete, nahm ich mir selber den Druck, dass etwas Tolles und Perfektes entstehen musste. Das Miteinander und die Einbeziehung der Kinder unter intensiver Anleitung der Eltern standen im Vordergrund.
Die Bildungsprozesse, die die Kinder, die Eltern, das Team und ich durchliefen, charakterisierten diesen Tag. Die gute Organisation garantierte einen reibungslosen Ablauf. Wir hatten großen Spaß!

Die Alltäglichkeiten des Lebens draußen haben sich zur Routine entwickelt. Die weiteren Baumaßnahmen kommen z.Zt. ins Stocken, da der zu verändernde Weg alle anderen Umgestaltungen beeinflussen wird. Für diesen Weg suchen wir noch heute Sponsoren. Die Planungen für die weiteren Schritte wurden bereits mit der Planungsgruppe ausgearbeitet. Die Umgestaltungen traten also jetzt etwas in den Hintergrund. Ich nahm wieder mehr das Tun der Kinder in den Blick und konnte die Früchte meiner Arbeit ernten. Die Kinder gehen viel selbständiger mit dem Garten und den Materialien um. Die Spielgruppen verteilen sich auf dem Gelände, so dass oft über zwanzig Kinder harmonisch den Garten bespielen, ohne dass er überlaufen wirkt. Die Auseinandersetzung mit den Gegebenheiten draußen ist heute viel intensiver. Ich habe das Gefühl, die Kinder spielen mit dem Garten - nicht *in* ihm. Im

Vordergrund steht nicht mehr das Ergattern eines Fahrzeugs oder die Absicht, möglichst viel Sandspielzeug zu haben. Die Kinder fühlen sich für ihren Garten verantwortlich. Die Regeln sind einerseits durchschaubar, weil wir sie gemeinsam entwickelt haben, und andererseits diskutabel, weil sie hinterfragt werden dürfen. Eine Kollegin wollte beispielsweise einmal einen Blumenstrauß für den bevorstehenden Elternabend pflücken, woraufhin sie großen Ärger mit einigen Kindern bekam. Blumen dürfen von den angelegten Beeten nur nach Absprache gepflückt werden! Sie musste aushandeln, wie viele und welche Blumen sie abschneiden durfte.

Im Umgang mit Wasser kommen uns Erwachsenen oft Zweifel, wieviel davon für pädagogische Zwecke „verschwendet" werden darf. Auch ich kam nicht selten in Gewissenskonflikt. Ich thematisierte dieses Problem mit den Kindern. Sie hörten von mir etwas zum Thema Wasserressourcen und ich lernte von ihnen, dass Wasser zu reizvoll ist, als dass nicht damit gespielt werden dürfte. Wir suchten also Kompromisse. Die Kinder entscheiden selbst, wie wichtig der Einsatz von Wasser ist und wann sie z.B. eine Pause mit dem Wasserschlauch einlegen. Ich erlebe die Kinder als frei und ausgeglichen. Kinder, die im Inneren des Hauses aggressiv und voller Spannungen sind, finden ein Stück Ruhe in sich. Kinder, die im Haus zurückhaltend und schüchtern sind, kommen aus sich heraus und lernen neue Seiten an sich kennen. Alle Materialien zum Thema „Psychomotorik" werden in der Natur überflüssig, weil sie einfach da sind. Meine Kolleginnen beziehen den Außenbereich jetzt mehr ein. Wenn in der Werkstatt mit Holz gearbeitet wird, gehört es dazu, dass die Kollegin mit den interessierten Kindern in den Wald geht und guckt, woher das Holz kommt. Die Trennwand zwischen Innen und Außen hat Löcher bekommen. Auch andere Mitarbeiterinnen können sich inzwischen vorstellen, über einen längeren Zeitraum ihr Spezialgebiet in der Außengeländearbeit zu finden.

Rückblick auf die Wegstrecke des Bildungsprozesses:
Es ist gut, einmal innezuhalten, und das bisher Geleistete zu betrachten. Ich lernte, dass nicht jede Idee sofort oder noch im selben Jahr umgesetzt werden kann. Ich bin nun zufrieden, aus den gegebenen Umständen das Beste zu machen. Die Kinder sprechen mir durch ihr positives Verhalten Lob aus. Das freut mich.
Haben Kinder eine Sensibilität für Natur und Naturschutz entwickelt, dann leben sie diese intensiver und konsequenter aus als die meisten Erwachsenen. Weniger das kognitive Wissen als der emotionale Zugang muss dafür verantwortlich sein.

Meine Reaktionen im Garten sind viel gelassener als im Ge-
bäude. Die Umgebung der Natur wirkt auch auf mein pädago-
gisches Handeln positiv.
Die Kolleginnen habe ich auf meinem Weg mit einbezogen, so
sind auch viele meiner Erkenntnisse nicht an ihnen vorbeige-
gangen.

Im letzten Jahr kam nun eine Phase, in der ich das Gefühl hatte, neue Impulse geben zu müssen. Ich kam an meine Grenzen, wenn es um Fachwissen ging. Es entwickelte sich ein innerer Antrieb, über naturwissenschaftliche Fachfragen besser Bescheid zu wissen. Ich wollte diesen intensiver nachgehen, um dem Wissensdurst der Kinder gerecht zu werden. Ich suchte nach Ideen für eine bedürfnisorientierte Umsetzung, die der Lust auf Lernen mit einer ganzheitlichen Methode begegnete. In all den Jahren hatte sich das Durchführen von Waldwochen und -tagen zur guten Gewohnheit entwickelt. Was wusste ich eigentlich vom Ökosystem Wald und wie intensiv hatten wir die Kinder auch an sensible Fragestellungen herangeführt? Ich war einmal wieder am Zweifeln.

Ich kannte nicht alle Bäume auf dem Gelände mit Namen. Wildkräuter konnte ich nicht bestimmen und wusste nichts mit ihnen anzufangen. Ich kannte die Bestandteile der Steine nicht und wusste nichts über deren Eigenschaften. Ich hatte schon mal etwas von Naturmeditation gehört, aber wie sollte ich das umsetzen? Ich wollte gerne durch neue Impulse auf Veränderungen und Zusammenhänge in der Natur hinweisen, um meine Lernabsichten noch intensiver umsetzen zu können.

Es sollte noch intensiver werden:
Meine Neugierde war geweckt, mein emotionaler Zugang zur
Natur intensiviert. Selbst im privaten Bereich nahm das Leben
mit der Natur einen immer größeren Stellenwert ein.
Es reichte mir nicht; ich wollte über die Zusammenhänge in
unserer Welt mehr wissen.

Ich war an einem Punkt angekommen, an dem ich still stand und Leerlauf empfand und nach neuen Ufern suchte. Eine Zeitungsanzeige, die auf eine Ausbildung zur Naturpädagogin hinwies, ging mir nicht mehr aus dem Kopf. Ich ließ mir Unterlagen schicken. Nach Absprache mit meinem Mann und nach Abklärung meiner finanziellen Lage entschied ich mich für diese Weiterbildung. Sie sollte ein Jahr dauern und zwölf Wochenenden, ein Praktikum und ein durchzuführendes Projekt beinhalten. Die inhaltlichen Themen dieser berufsbegleitenden Ausbildung waren vielseitig. Es ging um Pädagogik,

Biologie, Geologie, Erlebnispädagogik, Märchen, Naturmeditationen, Erleb-
nisraum Wald, Kunst und Natur, Wildkräuter und natürlich Naturpädagogik.
Die Methodik kam meiner Überzeugung entgegen. Es ging nicht um theoretische Auseinandersetzung, sondern um Lernen in und mit der Gruppe,
Selbsterfahrung und praktische Anregungen in konkreter Umsetzung. Die
TeilnehmerInnen kamen aus pädagogischen und naturwissenschaftlichen Berufen, so dass eine Fülle an Wissen und Erfahrungen aufeinandertrafen.

Neues „Futter" muss her:
Meine Lust auf Lernen war noch nicht gestillt. Ich hatte das
Gefühl, erst jetzt auf das eigentliche Thema zu stoßen. Ich
musste sehr viel Engagement aufbringen, um die Ausbildung
neben meiner Tätigkeit im Kindergarten durchzuziehen.
Ich habe dadurch ein großes Repertoire an Ideen für die prak-
tische Umsetzung der oben genannten Themen gewonnen. Mei-
ne Erkenntnisse im ganzheitlichen Sinne bereichern meine
pädagogische Arbeit im Kindergarten.
Kinder und Kolleginnen stellen mir interessante Fragen, und -
auch wenn ich sie nicht gleich beantworten kann - wir suchen
gemeinsam nach Antworten. Durch die Ausbildungsgruppe
kenne ich im Notfall Fachleute, die uns weiterhelfen können.

Unser letztes Laternenfest fand beispielsweise im Wald statt. Inspiriert durch
eigenes Erleben in der Weiterbildung, bereiteten wir mit den Kindern in der
Waldwoche einen Lichterpfad vor, der zu kleinen Zwergenwohnungen und
Höhlen führte. Die Kinder bauten Sonnenschirme aus Blättern, Pilze dienten
als Stehlampe und Moos als Schlafgelegenheit. Für die Zwergenkinder wurden kleine Schaukeln gebaut und der Opa bekam einen Liegestuhl aus Stök-
kern.

Ganz nebenbei lernten die Kinder die Namen der Blätter und Pilze und erfuhren die Schönheit des Herbstwaldes. Jeden Morgen erzählte der Oberzwerg
von den Geschehnissen der Nacht, von den Tieren und ihren Begegnungen.
Stolz waren sie, als sie ihren Eltern die Behausungen der Wurzelzwerge zeigen konnten, die alles mit Teelichtern beleuchtet hatten. Die kleinen Lichter
leuchteten in die Dunkelheit und ließen Farne wie Kraken erscheinen und
Rinde wie sich bewegende Grimassen.

Umsetzung meiner Bildungsarbeit:
Nicht nur, dass sich die Waldwoche an sich intensiviert hatte,
sie stand nun auch in einem größeren Sinnzusammenhang und
bezog die Eltern mit ein. Viele Eltern waren von den Vorbe-

reitungen und dem Eintauchen in eine wundersame Welt derart
gerührt, dass sie uns mit Lob nur so überschütteten. Sie hatten
so etwas noch nicht erlebt.

Meine Ausbildung ist nun abgeschlossen,und ich bin dreieinhalb Jahre im Außengelände tätig. Ich hoffe, dass meine Beschreibungen, die nur Ausschnitte meines Bildungsprozesses darstellen, nachvollziehbar sind. Ich wünsche mir, dass noch viele Erzieherinnen in den Kindergärten den Mut haben, sich auf unbekannte Gebiete zu wagen, um selber und gemeinsam mit den Kindern zu lernen. Fachfrau sein heißt nicht, über perfektes Sachwissen zu verfügen. Eine Haltung der Neugierde, der Entdeckungslust und eine anders tickende Uhr reichen aus, um sich auf den Pfad der eigenen Bildung zu begeben.

Marlis Förster

5 Entfaltung von Kreativität in der Werkstatt und im Atelier aus der Sicht einer Fachschuldozentin

In der Fachschule für Sozialpädagogik in Großburgwedel bilden wir Sozialassistenten, Erzieherinnen und Heilpädagoginnen aus. Wir sind eine sehr kleine Schule und bieten ca. 220 Schülerinnen einen Ausbildungsplatz. In den letzten Jahren haben wir unsere Ausbildungsformen in vielerlei Hinsicht verändert. Wir haben den Schwerpunkt „Musik, Bewegung und Theater" eingerichtet. Die Seminaristinnen in der Erzieherausbildung können innerhalb dieses Schwerpunktes Kurse anwählen, in denen sie umfassendere Fähigkeiten erwerben können, als es in den normalen Unterrichtsstunden möglich ist. Wir legen sehr großen Wert darauf, dass durch Praktika und Praxiskontakte den Seminaristinnen viele Erfahrungen mit Kindern, Jugendlichen und auch behinderten Menschen ermöglicht werden. Im Stundenplan hat jede Klasse einen Projekttag. So findet man die Zeit, sich Themen intensiver zuzuwenden und diese in vielfältiger Weise zu bearbeiten. Die verschiedenen Lehrkräfte arbeiten bei bestimmten Projekten auch fächerübergreifend zusammen, so dass es dadurch auch zu gemeinsamer Erarbeitung und zum Erfahrungsaustausch kommt und ein Thema von verschiedensten Sichtweisen her behandelt werden kann. Wir Lehrkräfte machen dabei immer wieder neue Erfahrungen und verändern darauf aufbauend unseren Unterricht und auch die Schulstruktur von Jahr zu Jahr. Wir beobachten, dass unser Ansatz, den Seminaristinnen praktische Erfahrungen und Erlebnisse in vielfältiger Weise zu ermöglichen, oft sehr viel Zeit in Anspruch nimmt. Die Ergebnisse sind aber aus unserer Sicht vielversprechend und ermutigend.

Bildung und Kreativität

Bildung ist für viele Menschen etwas Kognitives, etwas, das mit Wissen und Denken zusammenhängt. Für mich bedeutet Bildung, über Bilder und Vorstellungen von Erlebnissen, über Gesehenes, über Handlungsabläufe und über eigene Bewertungen und Strukturen zu verfügen. Um Wissen zu erlangen, muss ich konkrete, sinnliche Erfahrungen erleben. Um Handlungsabläufe nachvollziehen und beschreiben zu können, muss ich praktische Fähigkeiten erworben und eine sprachliche Begleitung erlebt haben. Um Abstraktionen vollziehen zu können, brauche ich visuelle Erlebnisse, die angereichert sind mit sensorischen, motorischen und emotionalen Erfahrungen. Ich benötige konkrete Erfahrungen in Verbindung mit Sprache, um zu Abstraktionen zu kommen. In einer Werkstatt oder einem Malatelier finden Kinder unzählige Möglichkeiten, konkrete Erfahrungen mit den unterschiedlichsten Materialien zu sammeln. Voraussetzung ist aber, dass diese nicht auf Papier, Klebstoff und Schachteln oder Wolle, wie es in vielen Kindergärten üblich ist, reduziert werden. Die Kinder sollten darüber hinaus Holz, Metall, Steine, verschiedenste Modelliermassen vom Pappmaché bis zu Ton, Draht, Stoffen, Wachs oder Bast und vieles mehr zur Verfügung haben. Im Werkbereich ist das Spektrum *Erfahrungen zu sammeln* unendlich weit gefasst und bietet Gelegenheit, sich konkrete Bilder von unserer Welt zu machen. In dem Buch „Kunst und Krempel" ist im Vorwort zu lesen: „dass grundsätzlich bei vielen Kindern festzustellen ist, dass ihnen der handwerkliche und praktische Umgang mit Werkzeugen und Materialien eigenartig fremd geworden ist, weshalb diese Form der Auseinandersetzung mit solchen Dingen allein schon fast seine Berechtigung erhält" (1, S. 5).

Die Förderungsidee, wenn wir eine Werkstatt einrichten, ist aber nicht allein darauf gerichtet, Material- und Werkzeugkenntnisse oder handwerkliche Fähigkeiten zu vermitteln, sondern wir stellen uns auch vor, dass Kinder in diesen Bereichen Kreativität und Phantasie ausleben und entwickeln. Phantasie wird von Kindern ebenso wie von uns Erwachsenen erwartet. Die Bereitstellung von Materialien und Räumlichkeiten allein fördert noch keine Kreativität. Hierzu bedarf es vieler vorausgehender Erfahrungen und Erlebnisse. Das Kind braucht Strukturen und Regeln, um Pläne entwickeln zu können. Es muss Mut und Selbstvertrauen besitzen, um die bekannten und sicheren Wege zu verlassen und es muss über Fähigkeiten verfügen, um entstehende Ideen in die Tat umzusetzen. Ein Schriftsteller braucht die Sprache oder die Schrift, um seine Gedanken mitzuteilen. Ein Musiker muss Noten schreiben, singen oder ein Instrument spielen können, um Melodien hörbar zu machen. Ein Künstler oder ein Kunsthandwerker muss mit Material und Werkzeug umgehen können, um seine Gedanken und Ideen in einem Bild oder einem Werkstück auszudrücken. Dies bedeutet für mich, dass die Erzieherin dem Kind, bevor sie Kreativität erwarten kann, erst einmal das Handwerkzeug bekannt macht, um ihm damit dann die Möglichkeit zu geben, eigene Wege zu gehen.

In *Kunst und Krempel* ist auch zu lesen: „Alle pädagogischen Unternehmungen sind notwendig und bedeutsam, die Kindern von klein auf Wege der Phantasie öffnen und Werkzeuge bereitstellen, um kreative Fähigkeiten zu entwickeln sowie Problemlösungen jenseits des Bestehenden und Vorhandenen zu suchen. Dazu gehören auch das Selbstvertrauen und der Mut, anders und neu Perspektiven für eine veränderte Zukunft zu denken" (1, S. 16). In dem Buch werden viele Projekte beschrieben, in denen deutlich gemacht wird, „wie die allgemeinen Lernerfahrungen der Kinder wieder zu verknüpfen wären mit spezifischen Lernerfahrungen, ohne dass von Lernen überhaupt geredet wird. Für Kinder braucht es dazu kleine, überschaubare Schritte und Aufgabenstellungen, die zu bewältigen sind und die das Selbstbewusstsein und das Vertrauen schaffen, gemeinsam mit Phantasie, Denken und praktischem Handeln produktive Lösungen zu finden" (1, S. 16).

Kreativität ist eine menschliche Fähigkeit, die sich mit wachsender Lebenszeit und den damit verbundenen Erfahrungen entwickelt, deren Qualität und Vielfältigkeit aber durch eine Förderung intensiviert werden kann.

Zusammengefasst bedeutet dies:

*   *Konkrete Erlebnisse in allen Lebensbereichen verbunden mit vielfältigen und intensiven Sinneserfahrungen bilden die intellektuelle Voraussetzung.*

*   *Fähigkeiten im motorischen Bereich z. B. Sprache, Schrift, handwerkliches Können, körperlicher Ausdruck bringen die zweite Voraussetzung.*

*   *Die Verarbeitung beider Bereiche lässt eine Reproduktion des Erlebten zu.*

*   *Erst das Zusammenspiel aller Lernbereiche und darüber hinaus die gedanklichen Querverbindungen der verschiedensten Erfahrungen lassen neue Ideen entstehen, deren Umsetzung durch Experimente und Erprobung Kreativität bedeutet.*

Demnach wäre Kreativität eine Fähigkeit, die erst zum Ende vielfältiger Lernerfahrungen und Prozesse zu erwarten ist. Bildung wäre also eine Voraussetzung der Kreativität. Ein gebildeter Mensch ist nicht zwangsläufig kreativ.

Die Werkstatt

Die Arbeit der Erzieherin in der Werkstatt

Die Werkstatt wird in vielen Kitas als Kreativitätsbereich bezeichnet. Um Kreativität geht es aber auch überall dort, wo Kindern Eigenständigkeit ermöglicht wird und sie durch eigene Gedanken und Ideen Aktivität entfalten können. Dies kann im Ruhebereich ebenso wie im Bewegungsbereich oder im Außengelände der Fall sein. Trotzdem ist in unserer Vorstellung oft das Bild der Werkstatt oder des Malateliers, wenn wir über Kreativitätsförderung nachdenken. In möchte hier über Bedingungen und Möglichkeiten der Kreativitätsförderung in den handwerklichen und malerischen Bereichen sprechen. Kinder basteln häufig und versuchen, mit allen Materialien, die sie zu fassen bekommen, Erfahrungen zu machen. Welche Erzieherin kann nicht aus ihrer Praxis berichten, dass die Kinder mit Klebstoff experimentiert haben und daraus Pfützen und Hügel entstehen ließen, statt ihn sparsam und fachgerecht einzusetzen und damit nur etwas zusammenzukleben. Welche Mutter kann nicht darüber klagen, dass die Schneideübungen ihres Kindes sich nicht nur auf die vorgesehenen Papiere beschränken, sondern dass auch die noch nicht gelesenen Zeitungen, Bücher oder gar Bettwäsche und Tischdecken der Experimentierfreudigkeit mit dem Werkzeug Schere zum Opfer fallen.

Trotzdem ist ein Rückgang von Kreativität in den Aktivitäten zu beobachten. Die Ursachen sind vielschichtig: ein Übermaß an fremdbestimmten Gestaltungsideen wie Bastelschnitte und -packungen (Schablonenarbeiten), ein Mangel an Räumlichkeiten, in denen Schmutz und Lärm geduldet wird, wenige Vorbilder für handwerkliche und kunsthandwerkliche Arbeiten, ungenügende Anleitung und Übung im Umgang mit Materialien und Werkzeugen und wenig Begleitung und Unterstützung, um Mut zu fassen, sich mit den Materialien und Werkzeugen sowie den eigenen Erfahrungen und Ausdrucksmöglichkeiten auseinanderzusetzen, um Ideen zu entwickeln und diese auch auszuführen.

Die Erzieherin hat in der Werkstatt die Aufgabe, Vorbild für die Kinder zu sein und als Anleiterin oder als Begleiterin von Prozessen tätig zu werden. Die Erzieherin soll aber nicht neu als *Basteltante* belebt werden. Gebraucht wird in der Werkstatt eine Fachfrau mit umfangreichen Materialkenntiscen über Ton, Stein, Stoff, Draht, Klebstoffen, Styropor und vielem anderen. Sie muss über Fähigkeiten im Umgang mit Werkzeug und Maschinen verfügen. Und sie sollte Spaß daran haben und auch vermitteln, Ideen zu entwickeln und umzusetzen.

Werkstatterfahrungen in der Fachschule

In unserer Fachschule wird seitens der Lehrkräften Wert darauf gelegt und auch viel Zeit darauf verwendet, Anregungen zu geben, dass Seminaristinnen sich mit Werkstoffen vertraut machen. Im Umgang mit Materialien sollten einige Grundvoraussetzungen eingeübt werden. Soll z.B. eine Klasse mit Ton arbeiten, wird sie über einen Zeitraum von etwa einem Vierteljahr im Umgang mit der Modelliermasse vertraut gemacht. In diesem Zeitraum sollten sich die Seminaristinnen nicht anderen Materialien zuwenden, können aber verschiedene Techniken erproben und selbst über Formen und Figuren entscheiden. Mir ist bewusst, dass nicht jede zur Modelliermasse Ton Zugang findet und, dass nicht bei jeder das Interesse vorhanden ist. Ich möchte aber erreichen, dass vertiefte Materialkenntnisse erworben werden und durch eigene Praxis Sicherheit im Umgang mit dem Werkstoff erlangt wird. Die Werkstoffe sind nicht festgelegt, es könnte z.b. auch Holz sein, mit dem gearbeitet wird. Wichtig sind uns der längere Zeitraum und die damit verbundene Möglichkeit der Vertiefung eigener Erfahrungen. Später in der Ausbildung gibt es aber auch Projekte, für die sich eine Klasse in Kleingruppen nach ihren Interessen aufteilt. Man wählt sich einen Werkstoff, z.B. Draht, Pappmaché, Holz, Speckstein oder Ytong, macht sich mit der Literatur zu dem Material vertraut. Wir Lehrkräfte können auch beraten und wir verweisen dabei auch auf andere Kollegen, die außerhalb ihres eigenen Unterrichtes Hilfestellungen geben. Ist weder in der Literatur noch durch uns Lehrkräfte eine zufriedenstellende Einführung in Werktechniken zu erlangen, müssen die Seminaristinnen außerhalb der Schule Fachleute suchen und befragen. Nicht immer werden positive Erfahrungen gemacht und Schülerinnen kommen auch zu dem Ergebnis, dass sie mit einem Werkstoff später nicht mit Kindern arbeiten wollen. Der Prozess der Erarbeitung steht für uns im Vordergrund. Wir meinen, wer Methoden, sich etwas zu erarbeiten erlernt hat, der wird sich auch in seinem späteren Berufsleben Bereiche erschließen können, die ihm bisher noch unbekannt sind. Wir möchten die Seminaristinnen anregen, sich zu Fachfrauen zu entwickeln.

Werkstatterfahrungen im Kindergarten

Die Vermittlung von kulturellem Wissen

Das Sammeln von Erfahrungen und Wissen über die verschiedensten Materialien und Werkzeuge ist für mich eine Grundvoraussetzung für Kreativität im handwerklichen Bereich. Der Erwerb von handwerklichen Fähigkeiten schon in der menschlichen Frühgeschichte ist in allen Kulturen zu beobachten. Durch sie haben die Menschen sich Annehmlichkeiten verschafft, Bauten und Gegenstände geschaffen, ihre Wohnstätten geschmückt und in Bildern ihre Erlebnisse wiedergegeben und für die Nachwelt erhalten. Handwerk war nicht nur lebenserhaltend und erleichternd, sondern wurde im Lauf der Geschichte durch die Stände im Mittelalter auch zur politischen Macht. Uns erfreut und fasziniert heute nicht nur handwerkliche Leistung, sondern verschafft uns auch eine gute wirtschaftliche Grundlage. Ideen und gute Qualität sind Bereiche, die in vielen Berufen von uns als Erwachsene erwartet werden und die uns auch im größeren Rahmen der Weltwirtschaft bestehen lassen. Das Erlernen von handwerklichen Techniken wie z. B. Töpfern, die Bearbeitung von Holz und Rohwolle und das Schöpfen von Papier bringt nicht nur die Entwicklung von Fähigkeiten, sondern vermittelt auch geschichtliches und kulturelles Wissen. Kinder, die handwerkliche Techniken kennen lernen, erhalten Einblick in die Herstellungsabläufe einiger Dinge, die sie aus ihrem Alltag kennen.

Der Erwerb von Wertvorstellungen

In den verschiedenen Arbeitsschritten und Bemühungen, die man beim Erlernen der Techniken erfährt, gewinnen die meisten Menschen eine andere Wertschätzung für die Gegenstände, als wenn sie nur gekauft oder, bei Kindern, einfach zur Verfügung gestellt werden. Ein Holzauto, für das Leisten gehobelt, ausgemessen und zugesägt werden mussten, die geleimt und zusammengezwungen wurden, an dem gebohrt und geschraubt wurde und das zum Schluss glatt geschliffen, angemalt und gewachst wurde, wird in der Wertschätzung bei Kindern und Erwachsenen höher liegen als ein gekauftes Spielzeug. Ich gehe sogar noch einen Schritt weiter: Hat man sich einmal um die Herstellung eines Spielzeuges bemüht, wird man auch die gekauften Dinge besser behandeln, da sich die Sichtweise für den Wert des Gegenstandes verändert hat. Braucht man häufiger das Material, wie in meinem Beispiel Holz, wird man auch im Zuschnitt oder mit Resten sorgsamer umgehen, da man bei der Herstellung lernt, dass große und kleine Stücke gebraucht werden und jede Sägearbeit Mühe bedeutet. Dies lässt sich auf Pappbögen, Filz, Stoff und viele andere Materialien übertragen.

Die *Wertschätzung* ist an unserer Schule gerade zu Lehrgangsbeginn immer ein Problem. Die Seminaristinnen gehen oft weder sorgsam noch materialsparend mit den Werkstoffen um. Erst unter Anleitung, Übung und nach vielen Auseinandersetzungen lässt sich eine Veränderung der Haltung gegenüber Materialien, Werkzeugen und auch Werkergebnissen beobachten. In unserem Werkraum stellen wir eine große Auswahl an Materialien zur Verfügung. Wir haben uns die Werkstätten der Reggio-Einrichtungen zum Vorbild genommen. Dort hat mich die Vielfalt erstaunt und beeindruckt. Ich habe auch die Gestaltungsergebnisse gesehen und bewundert. In der Auseinandersetzung mit der Reggio-Pädagogik habe ich erfahren, dass vielfältiges Material nicht nur anregt, sondern auch eine differenziertere Gestaltung möglich macht. Das hat mich veranlasst, unseren Werkraum entsprechend auszustatten. Das Problem mangelnder Wertschätzung ist aber mit jedem Ausbildungsjahrgang erneut zu bearbeiten.

Die Erzieherin als "Könnerin"

Um mit den Kindern eine Technik oder einen Werkstoff zu erarbeiten, braucht die Kollegin, die in der Werkstatt tätig ist, Kenntnisse und Fähigkeiten. Darunter verstehe ich nicht, dass ein Bastelangebot durchgeführt wird, sondern dass mit einem Werkstoff, z.B. Ton, verschiedenste Arbeitsabläufe und -schritte gezeigt und erprobt werden. Kindern sollte in Angeboten gezeigt und erklärt werden, dass diese Modelliermasse nicht einfach wie z.b. Knete oder Fimo zusammengesetzt werden kann, sondern dass man Verbindungsflächen aufrauhen, anschlicken und verstreichen muss, damit sie die Trocknungszeit und den Brand überstehen. Die Kinder sollten erleben, dass Ton eine Woche und größere Teile auch länger trocknen müssen. Auch Kenntnisse über den Töpferofen und die sehr hohen Temperaturen für den Brand von Ton sollten ihnen vermittelt werden. Das Erlebnis, dass nach Mühe und Geduld eine Schale, ein Teller oder eine Figur entstanden sind, die steinhart, trotzdem zerbrechlich und unserem häuslichen Geschirr ähnlich sind, darf nicht einmalig bleiben. Das Material birgt in sich immer neue Herausforderungen, Gesehenes nachzuarbeiten und mit der Zeit neue Formen zu entwickeln. Die Erzieherin sollte eigene Erfahrungen gesammelt haben, bevor sie mit Kindern Werkstoffe bearbeitet. Sie sollte um die Bedingungen der Bearbeitung und die Handhabung des Werkzeuges wissen und diese vermitteln bzw. einsetzen. Dies bedeutet für unsere Ausbildung, dass ein Werkstoff über viele Wochen hin bearbeitet wird. In unserer schnelllebigen Zeit ist dies nicht immer gewünscht. Die Seminaristinnen verfügen, wenn sie zwei bis drei Tonarbeiten hergestellt haben, noch nicht über genügend Erfahrung, um Töpferarbeiten bei Kindern anzuleiten. Sie sollten verschiedene Techniken erprobt haben, Fehlermöglichkeiten, die bei der Bearbeitung leicht entstehen, erkennen und Erfahrung sammeln, wenn sie das Werkstück neu herstellen müssen. Die Zeiträume vom Modellieren über Trocknen und Brennen zum Glasieren sind sehr lang. Daraus ergibt sich meine Forderung, sich mit dem Werkstoff ebenfalls lange auseinander zu setzen, um dann von sich sagen zu können, dass man „Töpfern kann". Holz, Wachs, Stein und andere Werkstoffe unterliegen ähnlichen Bedingungen. In der Werkstatt im Kindergarten braucht die Kollegin meiner Meinung nach nicht in allen Bereichen über spezielle Fähigkeiten zu verfügen, aber auf einem oder einigen Gebieten sollte sie Fachkenntnisse haben.

In einem Artikel der Zeitschrift Geo wird von einer Hauptschule berichtet, dass Jugendliche sich von Menschen faszinieren und anregen lassen, die in ihrem Beruf „Könner" und nicht nur „Lehrende" sind. So spornt ein Bildhauer, Musiker, Schriftsteller, ein Sporttrainer oder Handwerker zu mehr Anstrengung und höherer Leistungsbereitschaft an, als dies den Lehrern möglich war. Die Rektorin der Schule erkannte, dass Erwachsene mit Erfahrung und Authentizität von Kindern gebraucht werden, um sich zu orientieren und anregen zu lassen. (2, S. 110ff) Dieses Beispiel lässt sich auch auf den Kiga übertragen. Die Erwachsenen müssen den Kindern Sicherheit und Sachverstand signalisieren, um sie anzureizen, mit Materialien umzugehen, müssen sie begleiten, um Misserfolge zu verkraften, müssen ihnen Wege eröffnen, neue Möglichkeiten zu suchen und sich auf einen langen Prozess einzulassen, der für den Erwerb von Wissen und Fähigkeiten nötig ist.

Kleine Basteleien sollen nicht ganz ausgeschlossen sein, aber sie dürfen auch nicht die einzige Form der Angebote in der Werkstatt sein. Da viele Kolleginnen sich in ihrer eigenen Kindheit und Ausbildung nicht unbedingt Sachverstand in einem handwerklichen Bereich angeeignet haben, sollten sie sich, wenn sie diesen Funktionsbereich übernehmen, weitergebildet haben und sich den Kindern als Fachfrauen präsentieren. Ferienakademien, Volkshochschulen und Fortbildungsstätten bieten Kurse, z.B. für die Verarbeitung von Rohwolle, von Holz, die Herstellung von Instrumenten, Seidenmalerei, Maschinenkurse und vieles mehr, an. Verfügt die Erzieherin über genügend eigene Erfahrungen, wird auch bei ihr ein Kreativitätsprozess in Gang gesetzt, und sie wird neue Ideen entwickeln und vielleicht auch neue Interessen entdecken. Das habe ich oft in der Schule beobachten können. Seminaristinnen, die zu Beginn der Ausbildung wenig Neigung und Mut zeigten, sich handwerklich zu betätigen, machten neue Erfahrungen, ließen sich immer intensiver auf die Materialien ein und erbrachten Leistungen, die ihnen den Weg zur Fachfrau eröffneten.

Gefahren und Regeln in der Werkstatt

Wird in einem Kindergarten überlegt, ob eine Werkstatt oder ein Atelier eingerichtet werden soll, so muss eine Kollegin sich zunächst für diesen Bereich zuständig erklären und sich als Fachfrau fühlen. Findet sich niemand dafür im Team, so sollte man von der Einrichtung einer Werkstatt vorläufig absehen, da dieser Raum oft nach kurzer Zeit als Abstellraum vollgestellt wird oder so unordentlich wirkt, dass weder Erwachsene noch Kinder sorgsam und wertschätzend mit den Möglichkeiten umgehen werden und auch keine fachgerechten Fähigkeiten entwickelt werden können. Bastelecken und -räume können in der Freispielphase den Kindern zur Verfügung gestellt werden. Werkräume dagegen bergen Werte und mit Materialien und Werkzeugen auch Gefahren. Durch eine gute und ausreichende Anleitung können Kinder Verantwortung und Fertigkeiten erlernen, die auch im Freispiel genutzt werden können. Die Erzieherin muss die Handhabung der Werkzeuge, den fachgerechten Umgang mit dem Material und nicht zuletzt die Ordnung in der Werkstatt über Angebote den Kindern vermitteln. Es gibt viele gute Beispiele aus der Praxis, z.B. das System der „Lehrlinge, Gesellen und Meister". Beginnt ein Kind, sich für die Werkstatt zu interessieren, so muss es entweder an den Angeboten der Erzieherin teilnehmen oder von Kindern, die schon sehr viel Erfahrungen gesammelt haben, in die Regeln der Werkstatt eingewiesen werden. Es darf in dieser Zeit nur während deren Anwesenheit die Werkstatt benutzen. Hat das Kind gezeigt, dass es den Umgang mit den Werkzeugen erlernt hat und die Werkstatt auch aufräumen kann, wird es zum Gesellen ernannt und kann auch ohne Begleitung die Werkstatt benutzen. Bei fortgeschrittenen Fähigkeiten und einem verantwortlichen Umgang auch mit anderen Kindern kann ein Kind zum Meister ernannt werden und darf nicht nur selbständig arbeiten, sondern auch die Aufsicht über Anfänger übernehmen. Die verschiedenen Anforderungen der einzelnen Stufen müssten vom Team und den Kindern diskutiert, benannt und festgehalten werden, damit für jede eine Transparenz entsteht und jeder seine Leistungsbereitschaft daran ausrichten kann. Für die Kinder wird damit deutlich, dass Fähigkeiten und Qualifikation zu mehr Eigenständigkeit führen, und sie werden bestärkt, Vertrauen in ihre Fähigkeiten zu setzen. Die Arbeit in der Werkstatt bekommt für Erzieherin und Kinder eine andere Zielperspektive als bei Basteleien. Es geht nicht mehr darum, dass ein Weihnachtsgeschenk, ein Fensterschmuck oder ein Spielzeug hergestellt wird, sondern den Kindern wird vermittelt, dass die Entwicklung von Fähigkeiten wichtig sind. Der Umgang mit dem Hobel muss lange geübt werden, damit ein Brett glatt wird, und es müssen viele, viele Nägel eingeschlagen werden, damit es gelingt, sie gerade in das Holz zu treiben. Beide Arbeitsgänge sind nicht nur für Kinder ein sehr hohes Ziel und mit sehr viel Anstrengung und Ausdauer verbunden, ohne dass ein Gegenstand entsteht. Die Entwicklung der Fertigkeit steht hier im Vordergrund und nicht die Herstellung eines Gegenstandes. Die Werkstatt darf in diesem System nicht unübersichtlich viele Möglichkeiten bieten. Wenn Erzieherin und Kinder die Bearbeitung von Holz praktizieren, sollten andere Werkzeuge in dieser Zeit unter Verschluss sein, damit ein fachgerechter Umgang mit einem Werkzeug geübt werden kann, und es nicht zu Überforderung kommt. Ändern sich die Interessen, kann auch die Werkstatteinrichtung erweitert oder verändert werden. Durch entsprechende Angebote müssten dann neues Material und neue Werkzeuge eingeführt werden.

In den Kigas werden auch andere Systeme praktiziert, so können z.B. „Werkzeugscheine" erworben werden, wenn ein Kind den fachgerechten Umgang mit der Säge, dem Hobel oder dem Hammer erlernt hat. Auch mit Materialien wie Ton, Stoff oder Farben können einzelne Kinder Fachkenntnisse erwerben, die sie zur selbständigen Handhabung und Anleitung anderer berechtigen.

Hier werden zwei Dinge deutlich:

1. Die Erzieherin muss über eigene Fähigkeiten verfügen, um entsprechende Anleitungen geben zu können.

2. Die Kinder müssen erst Wissen und Fertigkeiten entwickeln, bevor ihnen der freie Umgang mit den Möglichkeiten der Werkstatt erlaubt wird.

Angebote in der Werkstatt

Die Angebote, die die Erzieherin im werktechnischen Bereich durchführt, unterliegen den gleichen Bedingungen wie alle anderen Angebote. (3, S. 226) Die Qualität des Angebotes sollte aber auch hier überdacht werden. Bastelei- en und Werkarbeiten sollten aus dem Lebenszusammenhang der Kinder her- geleitet werden und nicht aus dem Bedarf an Schmuck für Gruppenräume oder ähnlichem. Die Aufgabe sollte einen sinnvollen Hintergrund für das Kind bieten. Z.B. vor oder nach einer Waldwoche könnten die Kinder sich vermehrt mit Hölzern und anderen Naturmaterialien auseinandersetzen, um sich so entweder auf die Waldwoche vorzubereiten oder das Erlebte zu verar- beiten. Geschichten, Bilder und Erlebnisse können Anlass sein, eine Hand- puppe herzustellen oder Tiere zu modellieren. Die dunkle Jahreszeit kann an- reizen, verschiedenste Kerzenformen herzustellen, z.B. Kerzen gießen oder tauchen, Kerzen formen oder rollen, Kerzen färben oder verzieren usw. Die Kinder sollten erleben, dass die Dinge, die sie herstellen, auch zu nutzen sind. Viele Bastelarbeiten werden von Kindern und Eltern nicht richtig geschätzt, da sie nur zur Zierde hergestellt wurden. Sie bereiteten den Kindern zwar viel Mühe, aber stehen oder hängen dann doch nur herum. Kinder können eine andere Wertschätzung und andere gedankliche Strukturen aufbauen, wenn sich durch eine Werkarbeit ein Zusammenhang zu eigenen Erlebnissen er- gibt: Z.B. ein Vogelhaus bauen, wenn die Vögel gefüttert werden sollen oder ein Puppenhaus, wenn damit gespielt werden soll. Die Kinder sollten erleben, dass man, wenn Wünsche entstehen, nicht einfach in das nächste Geschäft geht und sie sich erfüllt, sondern dass man vieles auch mit seinen eigenen Händen herstellen kann. So mit Wünschen umzugehen, kann für Erwachsene und Kinder sehr zufriedenstellend sein. Meine pädagogische Überlegung ist dabei, dass Kindern sinnvolle und auch anspruchsvolle Aufgaben in den An- geboten nahegebracht werden sollten, die über die Basteleien des traditionel- len Kigas hinausgehen.

Donata Elschenbroich hat wesentlich weitergehende Vorstellungen zu den inhaltlichen Angeboten im Kindergarten, als dies allgemeine Praxis ist. Sie fordert unter anderem als Bildungserlebnis eines siebenjährigen Kindes den Bau eines Musikinstrumentes (4). Dazu muss ein Kind über handwerkliche Fähigkeiten verfügen, Planungsvorstellungen entwickeln und sehr viel Aus- dauer besitzen. Dies alles kann es in der Werkstatt erwerben und üben. Sinn- voll wird das Instrument aber erst, wenn es auch einen Erwachsenen gibt, der dessen Handhabung vermittelt und das Kind mit dem Instrument Musik machen kann.

Die meisten dieser Forderungen an die Arbeit in der Werkstatt sind nicht in einem einzelnen Angebot umzusetzen, sondern bedürfen einer längeren Zeit und einer intensiven Begleitung des Prozesses. (5, S. 115)

Bei längerfristigen und großen Projekten, wie dem Bau eine Hütte oder einer großen Plastik aus Pappmaché, geschieht es häufig, dass mehrere Kinder an einem Objekt arbeiten. Ideen und auch Aktivitäten mit anderen abzustimmen, bedeutet für die Kinder, dass sie sich im sozialen Verhalten üben und somit über diese Projekte zur Teamarbeit kommen. Die Erfahrungen in diesem Lernbereich sind für ihre spätere berufliche Tätigkeit von großem Nutzen, denn in sehr vielen Berufen ist Teamfähigkeit eine Grundvoraussetzung. Diese Forderung an Angebote der Erzieherin vermitteln wir in der Fachschule, indem wir viele Werk- und Gestaltungsarbeiten aus den Unterrichtsthemen anderer Fächer entwickeln: Präsentationen durchgeführter Praktika, Bau eines Bauchladentheaters in Verbindung mit der Bearbeitung von Bilderbüchern, Bau von Musikinstrumenten für die Begleitung von bestimmten Liedern, Herstellen von Handpuppen, um den Einstieg in Geschichten zu gestalten. Ziel dieser Arbeiten ist nur in zweiter Linie, Material- und Werkzeugerfahrung zu erlangen. Im Vordergrund steht der Einsatz eigener Fähigkeiten zur Umsetzung einer Idee. Wenn die Seminaristin eine Geschichte erzählen möchte, muss sie sich die Methode erarbeiten. Sie könnte mit einer Handpuppe beginnen, aber auch ein Tischtheater herstellen oder einen Erzählstuhl ausstatten, der für eine Erzählkultur Symbol werden könnte. Sie muss also ihr theoretisches Wissen einsetzen, um methodische Ideen zu entwickeln, Gestaltungsmöglichkeiten zu überlegen, und im Anschluss daran Werktechniken festlegen und Material sowie Werkzeuge besorgen.

Von der Bedeutung der Sprache

Neben der Vermittlung von Material- und Werkzeugerfahrungen ist eine sprachliche Begleitung der Prozesse durch die Erzieherin von außerordentlicher Bedeutung für die Kreativität. Wie ich bereits angesprochen habe, sollen durch Erfahrungen in der Werkstatt Handlungsmöglichkeiten und Denkprozesse so weit entwickelt werden, dass daraus Individualität, Kreativität und Phantasie entstehen können. Eine sprachliche Begleitung in den Angeboten ist auch insofern unverzichtbar, als die Namen von Werkzeugen und Materialien, die Beschreibung der Eigenschaften und die Benennung von Arbeitsabläufen in Verbindung mit sinnlicher Erfahrung in unserem Gehirn abgespeichert werden. Sprache erleichtert das Vorstellungsvermögen und ermöglicht Denkprozesse. Ohne Begriffe von den Dingen und Abläufen sind differenzierte Überlegungen und Planungen nicht möglich. Ohne Planung wird eine Umsetzung der Phantasie nur eingeschränkt möglich sein. Die Erzieherin sollte in ihren Angeboten Werkzeuge und Materialien korrekt benennen. Ich erlebe oft, dass Seminaristen, z.B. eine Vorstellung von einer Papierart haben, mit der sie etwas gestalten möchten, dass sie aber nicht den Begriff kennen. Auch Eigenschaften können sie häufig nicht benennen. Das hat ein Frage- und Antwortspiel zur Folge, bis herausgefunden ist, was sie benötigen. Wie auch in allen anderen Bereichen des Kindergartens sollten die Handlungen in den Angeboten sprachlich so begleitet werden, dass die Kinder Tätigkeiten mit Begriffen in Verbindung bringen und sich eine differenzierte Sprache aneignen können. Der Satz: „Schau mal, das macht man so!" müsste abgelöst werden von einer genauen Arbeitsbeschreibung.

Das Malatelier

Das Atelier unterscheidet sich für mich von der Werkstatt durch eine etwas andere Struktur in seiner Nutzung. Räumlich passen beide Arbeitsbereiche nicht unbedingt zusammen, denn in der Werkstatt muss Lärm und Schmutz zugelassen werden. Im Malatelier kann Lärm störend sein und Schmutz oder Staub könnten Arbeiten mit Papier und Farbe beeinträchtigen.

Bildung durch Maltechniken

Auch bei Malangeboten gilt für mich der gleiche Grundsatz wie bei den Werkarbeiten: Die Technik und die damit verbundene Handhabung der Materialien wie z.B. der Farben und der Werkzeuge müssen den Kindern durch die Erzieherin bekannt gemacht werden. Durch verschiedene Mal- und Gestaltungstechniken erhalten die Kinder einen Einblick in Möglichkeiten des Ausdruckes. Nach meinen Beobachtungen bieten die Erzieherinnen Kindern sehr viele Anregungen mit Wachsmalstiften, Kreiden, Buntstiften, Tusche, Fingerfarben und vieles mehr an. Die Ergebnisse, sind, je nach Technik, häufig hübsch anzusehen und führen bereits nach kurzer Übungszeit zu einem zufriedenstellenden Erfolg. Die unterschiedliche Handhabung eines Materials oder eines Werkzeuges führt zu sehr unterschiedlichen Ergebnissen. Die Kinder lernen daraus, dass nicht jedes Ding immer gleich behandelt werden muss. Sie erleben Experimente und werden so ermutigt, selbst die Techniken zu kombinieren oder neue zu erfinden. So lassen sich z.B. Fingerfarben nicht nur mit Fingern oder dem Pinsel auf das Papier auftragen, sondern zeigen ein ganz und gar anderes Ergebnis, wenn sie mit einem Spachtel aufgetragen werden (6, S. 30) oder mit Hilfe einer Murmel verteilt werden. Farben müssen nicht immer im Tuschkasten oder im Glas gekauft werden, sie lassen sich selbst herstellen, verändern beim Mischen ihr Aussehen und lassen sich durch Zusätze in ihrer Konsistenz verändern (6, S. 13). Legt man z.b. Tafelkreiden in Zuckerwasser und lässt sie kurz einweichen, so erhält man leuchtendere Farben, die, noch feucht, ohne Druck aufzutragen sind und gut auf dem Untergrund haften (6, S. 44). Über solche Beispiele erweitert sich das Bild der Kinder von unserer Welt. Dies steht im Gegensatz zu vielen Informationen, die sie aus dem Fernsehen erhalten. Hier wird ihnen besonders durch die Werbung vermittelt, wie mit Materialien oder Spielzeug umzugehen sei. Möchte man danach ein Spiel variieren, so müsste man einen neuen Gegenstand oder ein anderes Material dazukaufen. Experimentieren und Kombinieren werden kaum angeregt. Die Kinder erfahren relativ unbewegliche und eingleisige Strukturen, die nicht unbedingt zum Denken und zur Kreativität anregen. Es ist also durchaus bildungsfördernd, Kindern Gestaltungstechniken anzubieten und darüber hinaus noch Möglichkeiten zuzulassen, mit den verschiedenen Materialien zu experimentieren. Die Fachfrau für diesen Kigabereich findet inzwischen erfreulich viele Literatur, die einfache, leicht nachvollziehbare Techniken beschreibt.

Wahrnehmung und Malerei

Gestaltungstechniken führen dazu, dass Kinder verschiedenste Ausdrucksmöglichkeiten kennenlernen, aber noch nicht dazu, sich in einem Bild auszudrücken. Dazu bedarf es einer Anleitung, die zum Detail und zur Genauigkeit des Ausdruckes anregt. Kinder malen Bilder entsprechend ihrer Entwicklung. Wir akzeptieren, wenn sie Kopffüßler malen und den Schornstein des Hauses im rechten Winkel zur Dachneigung und nicht zum Horizont zeichnen. Wir akzeptieren aber auch, wenn sie sich nicht weiterentwickeln und als 5-, 6- oder 7-Jährige einen Baumstamm als gerade Säule und das Astwerk mit den Blättern als runde, flächige Scheibe malen. Diese schematische Darstellung gibt nicht ihre Wahrnehmung eines Baumes wieder. In diesem Alter müssten sie in der Lage sein, ihn bereits detaillierter zu zeichnen. Malen Kinder ihn in dieser Form, so ist dies nicht falsch. Hier beginnt aber die Aufgabe der Erzieherin, den Kindern einen Baum erlebbar zu machen. Man kann den Stamm umfassen, seine rauhe Rinde streicheln, sich an ihn lehnen, in die Höhe schauen, die Wurzeln bewundern. Man kann hinaufklettern und seine Höhe erleben, man kann sich auf die Äste stellen oder setzen oder sich an ihnen festhalten. Man kann durch die Blätter nach unten oder in den Himmel schauen und vieles mehr. Ein Baum ist nicht gerade: die Krone ist einmal dicht beblättert und manchmal durchscheinend. Es gibt dicke und dünne Äste. Es gibt Blätter und Nadeln. Kein Baum gleicht einem anderen. Kinder, die Gelegenheit hatten, einen Baum in seiner ganzen Vielfalt wahrzunehmen, werden sich, wenn sie ihn auf einem Papier wiedergeben wollen, an ihre Gefühle erinnern, sich mit ihrer Wahrnehmung auseinandersetzen und den Baum in einem gedanklichen Prozess in eine Zweidimensionalität umsetzen.

In der Fachschule gebe ich den Schülerinnen die Möglichkeiten, Dinge mit ihren Sinnen wahrzunehmen, bevor ich eine Malaufgabe stelle. Die Wiedergabe erlebter Dinge auf dem Papier ist trotzdem häufig nicht ganz einfach zu bewerkstelligen. Wenn ich sie Bäume, Zäune oder Blumen in der Natur erleben lasse, um sie gleich vor Ort oder später in der Schule zu malen, so ist zum Anfang oft das Problem zu bewältigen, dass sie einen großen Baum nicht auf das kleine Papier übertragen können und vielleicht nur der Stamm oder die Krone darauf Platz haben. So ist zu beobachten, dass die Einzelheiten des Stammes an Wichtigkeit gewonnen haben und Raum dafür benötigt wird. Oft stellen sich aber während der Wiedergabe erneute Fragen zum Detail: z.B. will man nach einem Zoobesuch einen Elefanten malen. Hat er einen Hals? Wölbt sich sein Kopf über das Rückgrat hinaus? Hat sein Schwanz eine Quaste? Wachsen an seinen Augenliedern Wimpern? Dazu haben wir von den Reggiopädagogen einen vielsagenden Ausspruch: „Das Auge schläft, bis der Geist es mit einer Frage weckt!" (7). Unsere Wahrnehmung wird durch Denkprozesse sensibilisiert und angeregt, Einzelheiten aufzunehmen. Wenn wir in unserem „gedanklichen Speicher" über detaillierte Informationen verfügen, können wir diese in darauf folgenden Situationen abrufen. Das bedeutet für mich, dass ich mich nur dann malend ausdrücken kann, wenn ich über viele Wahrnehmungserlebnisse verfüge. Diese müssen nicht nur visuell sein.

Ich habe ein 9-jähriges Mädchen erlebt, das selten gemalt hat und sich wenig geübt hat. Sie ritt aber und pflegte mit viel Engagement Pferde. Ich bekam eines Tages ein Skizzenbuch in die Hände, das mich in höchstes Erstaunen versetzte. Sie hatte Pferde in den verschiedensten Situationen gemalt; in den richtigen Proportionen, einfach bewundernswert! Ich fragte sie, wie sie dies zustande gebracht hätte, denn die Rundungen und Gliederhaltung der Tiere sind nur schwer und mit viel Übung zu erfassen. Sie meinte sehr gelassen, dass dies ganz einfach sei. Wenn man ein Pferd oft genug gestriegelt hätte, sei es ganz leicht, die Striche auch auf das Papier zu bringen. Dabei zeichnete sie in der Luft die Umrisse des Tieres nach.

Die Angebote im Malatelier bestehen also zu einem großen Teil darin, mit Kindern Gegenstände über die Wahrnehmung zu erfassen (8, S. 9ff) und immer wieder Situationen herbeizuführen, in denen eine Erweiterung der Informationen über unsere Welt ermöglicht wird. Werden Erlebnisse oder Bilder, die man gesehen hat, malend wiedergegeben, so wird man erleben, dass, wie bereits beschrieben, Fragen zum Detail auftauchen. Hier beginnt ein Prozess, in dem detailliertere Wahrnehmungen angeregt werden, die wiederum neue Fragen aufwerfen können mit der Folge, dass das Kind sich die Bilder seiner Welt immer tiefer und umfassender erschließt. Es emanzipiert sich auch von der Meinung und Bewertung durch die Erwachsenen, hier gibt es kein Falsch oder Richtig, sondern nur ein genaueres Hinsehen. Dies kann es selbst durch seine eigene Wahrnehmung überprüfen.

Über diese meine Sicht kann ich mit den Seminaristinnen in der Fortbildung gut sprechen. Kommt aber die Forderung des Vorbildverhaltens durch die Erwachsene ins Gespräch, erlebe ich häufig Abwehr und Widerstände. Viele haben von sich das Bild, nicht malen zu können und nehmen dies als unabänderbare Tatsache hin. Nach meinen Erfahrungen haben sich viele Frauen einfach von einem bestimmten Zeitpunkt an nicht mehr weiterentwickelt, genau wie ich es bei Kindern beobachte. Es fehlt nicht das Talent, sondern oft nur die Übung im genaueren Hinsehen und Kenntnisse über das Material sowie die Geduld, neue Fähigkeiten zu entwickeln. Ohne Fertigkeiten im handwerklichen Bereich fehlen die Voraussetzungen etwas Gesehenes wiederzugeben. Sie verweigern sich und akzeptieren ihren Entwicklungsstand oder nutzen die Zeichnungen anderer in Form von Schablonen oder zum Durchpausen, um Ergebnisse zu erhalten, die sie schön finden und für sich akzeptieren können. Ich würde mir wünschen, dass Kolleginnen, die Kinder im Malen begleiten, sich selbst auch mit ihrer Ausdrucksfähigkeit auseinandersetzen und Kindern ein Vorbild darin geben. Es muss nicht jedes ein Rembrandt sein oder werden, aber wenn Kinder sich mit den Schwierigkeiten des Malens auseinandersetzten, warum nicht auch die sie begleitenden Erwachsenen?

Bilder und Bildung

Die Gestaltung und das Malen von Bildern ermöglichen die Angebote im Atelier. Bilder zu betrachten gehört für mich zur Auseinandersetzung mit Versuchen anderer, unsere Welt in Bildern zu deuten. Schon in der frühen Geschichte der Menschheit und bei fast allen Völkern wurden durch zeichnerische Darstellung „Weltwissen" und Ereignisse festgehalten und gedeutet. Wir versuchen heute, die Geschichte früherer Kulturen unter anderem über diese gemalten und gezeichneten Zeugnisse zu erfassen und zu verstehen. Schriftliche Informationen gab es erst spät, und sie waren auch nur wenigen Menschen vorbehalten, die über Schreibmaterialien und Schreibkenntnisse verfügten. Die einfachen Menschen fanden erst in der Neuzeit Zugang zum geschriebenen Wort. Sie waren auf Erzählungen angewiesen, wenn sie Begebenheiten und Nachrichten von anderen Orten und Zeiten erfahren wollten.

Bilder, die unsere Welt deuten, gab es für sie in den Kirchen und erst später, nach Erfindung der Druckerpresse, im Holzschnitt und Buch. Mit Wandteppichen und ihren Bildern und Geschichten schmückten reiche Bürger und der Adel ihre Häuser und Burgen.

Es lohnt sich, Bilder in Bilderbüchern Bilder alter und neuer Meister Fotografien, Darstellungen aus anderen Kulturen und moderne Kunst mit Kindern zu betrachten. Nicht nur das geschriebene und das gesprochene Wort sind allein Träger von Wissen und Bildung. Eine reiche Bilderwelt erschließt uns und den Kindern ein Wissen über unsere Welt, die Weltdeutung anderer Menschen, ein Einblick in vergangene Zeiten und Kulturen und phantasiereiche Antworten auf die großen Fragen unseres Lebens.

Ein Burgführer, im Rahmen einer Führung auf der Burg Eltz, gab uns seine Erklärung für den Begriff „Bildung" beim Betrachten der vielen, sehr prächtigen Wandteppiche: „Bildung heißt, Bilder betrachten und in sich aufnehmen; sich ein Bild von der Welt machen".

Literatur

1 G. Grüneisel, Kunst und Krempel. Fantastische Ideen für kreatives Gestalten mit Kindern und Jugendlichen, München 1997

2 R. Kahl, Geile Schule, voll das Leben, in: GEO, Wissen, Denken, Lernen, Schule, Hamburg Nr. 1/1999

3 G. Regel/A. J. Wieland (Hrsg.), Offener Kindergarten konkret, Hamburg 1993

4 D. Elschenbroich, Wissensfreie Kindheit, in: Frankfurter Allgemeine Zeitung, 26.11.1997

5 T. Kühne, G. Regel (Hrsg.), Erlebnisorientiertes Lernen im offenen Kindergarten, Hamburg 1996

6 R. Seitz u.a., Kinderatelier, Ravensburg 1986

7 G. Hermann u.a., Das Auge schläft, bis der Geist es mit einer Frage weckt, Fortbildungsinstitut für die pädagogische Praxis, 12161 Berlin, Roennebergstraße 3

8 E. Hietkamp, Kunst erleben - Kunst begreifen, Berlin 1998

Cristina Rehmert

6 Bildungsanspruch und Rahmenbedingungen

Zwischen pädagogischen Idealen und Sparzwang

„Jedes siebenjährige Kind sollte auf einer Nachtwanderung einige Sternbilder kennen gelernt haben, mit der Blindenschrift oder der Gehörlosensprache in Berührung gekommen sein oder einige Computerprogramme kennen. Jedes Kind sollte Formen der Begrüßung in zwei Kulturen kennen, die Chance gehabt haben, ein Musikinstrument zu bauen und die Stille als Teil von Musik erleben". Diesen Bildungsansatz vertritt Donata Elschenbroich vom Deutschen Jugendinstitut in München (1). Doch wenngleich der Deutsche Bildungsrat den Kindergarten vor fast 30 Jahren als Teil des Bildungswesens anerkannt hat und 1990/91 der Bildungsauftrag des Kindergartens im Kinder- und Jugendhilfegesetz (KJHG) festgeschrieben wurde, geht insbesondere die westdeutsche Ideologie davon aus, dass Kinder bis zum sechsten Lebensjahr entweder behütet zu Hause oder aber spielend, singend, bastelnd von „Kindergartentanten" zu betreuen seien. Bildung in Deutschland beginnt erst für Menschen ab sechs Jahren. „Der Schatz der frühen Kindheit verkommt in dieser Republik", so Donata Elschenbroich. Der 10. Kinder- und Jugendbericht verdeutlicht in seinem Kapitel „Tageseinrichtungen für Kinder - eine gesellschaftliche Verantwortung" die Bedeutung des Bildungsauftrages von Tageseinrichtungen für Kinder: „Bildung und Erziehung ermöglichen unter anderem die Entfaltung von sozialen Fähigkeiten, die für das Zusammenleben in der Demokratie grundlegend sind und die Basis für alles spätere Lernen bilden" (2 u. 3).

Doch selbst die Umsetzung des Rechtsanspruches auf einen Kindergartenplatz wurde nicht als bildungspolitische Chance für den Elementarbereich genutzt. Im Gegenteil: Die Kommunen empfinden sie als Last, und die Länder reduzieren bestehende Gesetze auf Verordnungen. Trotz Volksbegehrens ist es 1999 auch in Niedersachsen nicht gelungen, diesen Weg aufzuhalten. Dabei sind die Rahmenbedingungen klar definiert. Jeder junge Mensch hat gemäß §1 KJHG ein Recht auf Förderung seiner Entwicklung und auf Erziehung zu einer eigenverantwortlichen und gemeinschaftsfähigen Persönlichkeit. Die Aufgabe von Tageseinrichtungen für Kinder umfasst dabei die Betreuung, Bildung und Erziehung des Kindes und soll sich pädagogisch und organisatorisch an den Bedürfnissen der Kinder und ihrer Familien orientieren (Vgl. § 22 KJHG).

Als die SPD in Niedersachsen 1990 mit dem Versprechen, ein Kindertages-stättengesetz zu schaffen, den Landtagswahlkampf begann, forderten Eltern und Beschäftigte neben der Verankerung des Rechtsanspruches auf einen Kindergartenplatz und einer finanziellen Beteiligung des Landes an den Kos-ten u.a. für alle Träger einheitliche Mindeststandards zur personellen und räumlichen Ausstattung. Mit der gesetzlichen Festschreibung von Personal-ausstattung - zwei Fachkräfte pro Gruppe -, Verfügungszeiten, Freistellungs-zeiten für Leitungskräfte, Gruppengröße, Fachberatung und Anspruch auf Fortbildung sollte der dringend erforderlichen Verbesserung der Arbeits- und Betreuungssituation in den Einrichtungen Rechnung getragen werden. Nach-dem 1990 ca. 3000 Beschäftigte der Städtischen Kindertagesstätten in Berlin mit einem 11-wöchigen Streik erfolglos für einen Tarifvertrag zur Verbesse-rung der Arbeitsbedingungen mit eben diesen Inhalten gekämpft hatten, schien dieser Weg als geeignete Möglichkeit, öffentliche Kinderbetreuung qualitativ zu verbessern und die Flucht aus dem Beruf zu minimieren. Und obwohl der damalige niedersächsische Innenminister Glogowski dieses Ge-setz 1990 zum zentralen Regierungsvorhaben der Landesregierung erklärte, bedurfte es eines langen Atems von Beschäftigten, Eltern und Kindern, bis im Dezember 1992 auch endlich in Niedersachsen als letztem Bundesland ein Kindertagesstättengesetz verabschiedet wurde. Die während der Verhandlun-gen des Tarifvertrages für den Sozial- und Erziehungsdienst gesammelten Er-fahrungen der Kolleginnen und Kollegen trugen sicherlich dazu bei durchzu-halten.

Interessant ist in diesem Zusammenhang die jüngste wissenschaftliche Unter-suchung von Tietze u.a., FU Berlin (4). Tietze bestätigt dies und betont, dass die personellen Rahmenbedingungen wesentlichen Einfluss auf die Qualität der Arbeit hätten. Doch das - die Gruppengröße, die Anzahl der Erzieherin-nen pro Gruppe, die Ausbildung des Personals, Vor- und Nachbereitungszei-ten, die Möglichkeit der Fort- und Weiterbildung und die tarifliche Bezah-lung - allein reiche nicht aus. Erst wenn den Kindern ausreichende Rück-zugsmöglichkeiten und sinnvolle Materialien zur Verfügung stünden, sie kompetent angeregt würden, selbständig in der Gruppe aktiv zu werden und Möglichkeiten von gruppenübergreifenden, offenen Aktivitäten und Ange-boten vorhanden wären bzw. offen gearbeitet würde, könne pädagogische Qualität entstehen. Waren die oben beschriebenen Mindeststandards - bis auf die Gruppengröße - in Niedersachsen bisher gesetzlich geregelt, so sind sie jetzt, sieben Jahre nach Inkrafttreten des Gesetzes über Tageseinrichtungen für Kinder (KiTaG), in den Richtlinien über Mindestanforderungen für den Betrieb von Kindertagesstätten, Kleinen Kindertagesstätten und Kinderspiel-kreisen festgelegt. Für alle Beschäftigten festgeschrieben wurden Freistel-

Verfügungszeiten sowie Näheres zum Thema Fortbildung. Derzeit ist gemäß der o.g. Richtlinie eine mindestens siebenstündige Verfügungszeit wöchentlich für die Vor- und Nachbereitung der erzieherischen Arbeit, für die Verständigung im Team, für die Elternarbeit und für die Zusammenarbeit mit Schulen und anderen Institutionen vorgesehen. 3,5 Stunden pro Mitarbeiterin oder Mitarbeiter in der Woche, 1,7 Minuten pro Kind am Tag sollen ermöglichen, die Förderung der individuellen und sozialen Entwicklung von Kindern zu begleiten und so dazu beitragen, Benachteiligungen zu vermeiden oder abzubauen (vgl. §3 KJHG). In dieser Zeit sollen Methoden und Arbeitsformen entwickelt werden, die es den Kindern u.a. ermöglichen, ihre Persönlichkeit zu stärken, sozial verantwortliches Handeln zu erlernen, die die Erlebnisfähigkeit, Kreativität und Phantasie fördern, die den natürlichen Wissensdrang und die Freude am Lernen pflegen (vgl. §2 KiTaG).

Vielleicht wagen wir einmal den Weg in eine Einrichtung von durchschnittlicher Größe mit drei Kindergarten- und einer Hortgruppe. Pro Gruppe treffen wir hier auf 25 bzw. 20 unterschiedliche Persönlichkeiten, Kinder ausländischer Herkunft, Kinder unterschiedlichen Alters, Kinder mit besonderen Bedürfnissen aufgrund einer Entwicklungsverzögerung .... Die Reihe ließe sich beliebig fortsetzen. Wir treffen aber auch auf mindestens 9 pädagogische Mitarbeiterinnen und Mitarbeiter einschließlich einer gruppenfreien Leitungskraft, ebenfalls unterschiedliche Persönlichkeiten mit unterschiedlichen Ansprüchen an ihre Arbeit und Praktikanten, die ein Recht auf eine angemessene Betreuung haben, da es nur so möglich sein wird, auch zukünftig qualifiziertes Personal in den Einrichtungen vorzufinden. Und dann sind da noch die Eltern, die für ihre Kinder nur das Beste wollen, die informiert werden wollen, die vielleicht selbst Hilfe benötigen und der Träger, dessen Hauptinteresse es ist, dass „der Laden läuft". Doch ausreichende Zeiten zur Vorbereitung allein genügen nicht, dem Anspruch einer kindgerechten Erziehung, Bildung und Betreuung gerecht zu werden. Die Veränderung der Kindheit und der damit verbundenen Vielfalt von Lebensbedingungen von Kindern erfordern eine ständige Auseinandersetzung mit dem Thema. Fortbildungen nehmen hier an Bedeutung zu. Nun wird zwar den Mitarbeiterinnen und Mitarbeitern eine mindestens dreitägige Teilnahme an Fortbildungsveranstaltungen pro Jahr zugestanden, doch lässt diese Sollvorschrift dem Träger auch die Möglichkeit, eine Teilnahme zu verweigern.

Vor dem Hintergrund der oben angerissenen Punkte wird deutlich, dass die in den Richtlinien festgeschriebene Personalbemessung keinesfalls ausreichen kann, den Anforderungen der Arbeit in Kindertagesstätten gerecht zu werden. Zwei Betreuungskräfte pro Gruppe, wovon nur eine als Fachkraft ausgebildet sein muss, senkt zwar die Kosten für Land, Kommune und Träger, mindert aber auch gleichzeitig die Qualität der Arbeit. So wird es durch den Ausgleich von Mehrarbeitsstunden und bei Urlaub oder Krankheit einer Mitarbeiterin dazu kommen, dass 25 Kinder von einer Kraft allein betreut werden. Der Anspruch, dass die Einrichtungen in der Regel das ganze Jahr geöffnet sein sollen, verschärft diese Situation noch. Berücksichtigt man dann noch, dass die Kindertagesstätte mit Einführung der Sozialassistentinnenausbildung Ausbildungsstätte geworden ist und damit Erzieherinnen und Erzieher erheblich an der Ausbildung künftiger Kolleginnen und Kollegen mitwirken, dürfen sich Fortbildungen nicht nur auf Kleinkindpädagogik und Elternarbeit begrenzen, sondern müssen zwingend den Bereich der Erwachsenenbildung mit einbeziehen.

Für Leitungsaufgaben bleiben bei diesem Modell 25 Stunden pro Woche. Allein schon die Tatsache, dass die Leitung damit nicht während der gesamten Kernbetreuungszeit anwesend ist, stellt ihre Funktion und deren Bedeutung für die Einrichtung in Frage. Sicher unumstritten ist, dass neben der personellen auch die räumliche Ausstattung wesentlich zur Erfüllung des Bildungsanspruchs beiträgt. „Zur Erfüllung des Bildungs- und Erziehungsauftrages sind die Tageseinrichtungen so zu gestalten, dass sie als anregender Lebensraum dem Bedürfnis der Kinder nach Begegnung mit anderen Kindern, Eigentätigkeit im Spiel, Bewegung, Ruhe, Geborgenheit, neuen Erfahrungen und Erweiterung der eigenen Möglichkeiten gerecht werden können". (Vgl. §2 KiTaG) In den bereits erwähnten Richtlinien werden die Erfordernisse für die Ausstattung näher definiert: mindestens 2 qm Bodenfläche pro Kind im Gruppenraum, Nebenräume für Tätigkeiten in Kleingruppen sowie Rückzugsmöglichkeiten, eine Bewegungsfläche innerhalb des Gebäudes, ein Außengelände. Unter diesen Bedingungen fällt es schwer, ausreichende Angebote zu schaffen. In Gruppenräumen von 50 qm müssen unweigerlich mehrere unterschiedliche Aktivitäten nebeneinander herlaufen, die vielleicht miteinander konkurrieren, ablenken und keinen Rückzug der Spielgruppe - z.B. deutlich gemacht durch eine verschlossene Tür - ermöglichen. So werden in offenen Einrichtungen Abstellräume, Mitarbeiterzimmer u.ä. in Spielräume umgewandelt, obwohl eine eingezogene Wand im Gruppenraum die bessere Lösung wäre.

Vor diesem Hintergrund wird deutlich, dass die bestehenden Rahmenbedingungen nur bedingt geeignet sind, dem formulierten Bildungsanspruch Rechnung zu tragen. Geht man davon aus, dass diese durch Gesetze, Verordnungen und Richtlinien politisch verantwortet sind, ist der Stellenwert der Kindertageseinrichtungen als Bildungseinrichtung gering. Doch die Qualität der

Tageseinrichtungen für Kinder kann nicht ins Belieben einzelner Kommunen gestellt werden. Folgt man dem Gutachten von Tietze, geht damit eine verminderte pädagogische Qualität einher, deren Unterschiedlichkeit in Kindergartengruppen mit Entwicklungsunterschieden von bis zu einem Jahr bei den Kindern verbunden ist. Für die Entwicklung von Konzepten bedeutet dies, dass sich Erziehende stärker als bisher über die Bedeutung ihrer Arbeit für die späteren „Bildungskarrieren" von Kindern im Klaren sein müssen und, dass nur sie aufzeigen können, was eine weitere Reduzierung von Standards für die Bildung von Kindern bedeutet.

Für Niedersachsen bedeutet dies eine erhöhte Aufmerksamkeit. Richtlinien sind kein Gesetz. Veränderungen geschehen meist still und heimlich. Das Volksbegehren hat viele Bürgerinnen und Bürger für die Arbeit in Kindertagesstätten sensibilisiert. Dieses gilt es weiterhin zu nutzen.

Literatur

1. D. Eschenbroich, Weltwissen und Lebenswissen der Siebenjährigen. Handbuch Kindertagesstätten, 17 Aufl., Beitrag 14.

2. Bundesministerium für Familie, Senioren, Frauen und Jugend (Hg.).

3. Kinder- und Jugendbericht, Bericht über die Lebenssituation von Kindern und die Leistungen der Kinderhilfe in Deutschland. Bundestagsdrucksache 13/11368.

4. W. Tietze (Hrsg.), Wie gut sind unsere Kindergärten? Eine Untersuchung zur pädagogischen Qualität in deutschen Kindergärten, Neuwied/Berlin/Kriftel 1998.

II Bildungspraxis im offenen Kindergarten

Anke Hansen, Manuela Schröder, Thomas Kühne

1 Aus dem Ev. Kindergarten Schloss Ricklingen, Garbsen

1.1 Kurze Darstellung der Einrichtung

Wir sind ein evangelischer Kindergarten mittlerer Größe auf dem Lande. Unser Einzugsgebiet ist das Dorf Schloss Ricklingen in der Nähe der Stadt Hannover. Über eine Öffnungszeit von maximal 7.30 Uhr – 14.00 Uhr werden 75 Kinder im Alter von 3 – 6 Jahren von 7 pädagogischen Mitarbeiter/Innen betreut.

Unser Weg zum offenen Kindergarten begann vor mehr als 10 Jahren mit der Auseinandersetzung um die Psychomotorik. Damals wollten wir im Kindergarten mehr Raum für Bewegung und Freispiel schaffen. Wir folgten den Kindern und gewannen über die Auseinandersetzung mit Fragen nach kindgemäßem Lernen im Vorschulalter und zu den Grundannahmen zum Menschen neue Kenntnisse, die zur jetzigen Arbeitsform führten.

In den letzten Jahren arbeiten wir ohne Stammgruppen. Die Gruppenfrage wurde durch Bezugsgruppen, Angebotsgruppen und Spielgruppen gelöst. Alle Räume sind eindeutig nach Spielbereichen gegliedert. Eine Cafeteria im Eingangsbereich ist die zentrale Anlaufstelle. Darüber hinaus bietet ein für alle verbindlicher Tagesablauf mit Zeit für Absprachen, Angebote Freispiel und Reflektion notwendige Orientierung. Über Projektarbeit bieten wir Kindern Zugang zu Erfahrungen, die der gewöhnliche Kindergartenalltag nicht bietet. Dabei legen wir neben der Vermittlung von Kenntnissen besonderen Wert auf unmittelbare Erlebnisse, also Spaß, Spannung und Abenteuer.

Bei unseren Aktivitäten und Angeboten sind uns die Entscheidungsmöglichkeiten der Kinder und das Vertrauen in die Ernsthaftigkeit ihrer Bemühungen um neue Erfahrung und neue Erkenntnisse für uns von besonderer Bedeutung. Im Kindergarten sollen die Kinder deshalb konsequent Selbstgestalter ihrer Entwicklung und Bildung sein können. Das bedeutet für uns, viel Freiraum für eigene Entscheidungen und selbst gewählte Wege zu geben. In einem sicheren Rahmen sollen Kindern Herausforderungen zu neuem Lernen durch Raum- und Materialangebot, Angebote und Projekte geboten werden.

Sicherheit gibt ein individuell an den Bindungswünschen der Kinder orientiertes Beziehungsangebot, das Bemühen aller Mitarbeiter/Innen um Verstehen der Lebenssituation jedes Kindes und ein grundsätzliches Verständnis für die Einzigartigkeit eines jeden Menschen. Hier verstehen wir uns ganz im Sinne einer christlichen Wertetradition.

Über unsere Arbeit haben wir schon viel veröffentlicht. Für diejenigen, die mehr über uns erfahren wollen, möchten wir auf folgende Bücher hinweisen:

Kindgemäßes Lernen im Vorschulalter. Gerhard Regel (Hrsg.), Hamburg 1990.

Offener Kindergarten konkret. Gerhard Regel, Axel Jan Wieland (Hrsg.), Hamburg 1993.

Erlebnisorientiertes Lernen im offenen Kindergarten. Thomas Kühne, Gerhard Regel (Hrsg.), Hamburg 1996.

Thomas Kühne

1.2 Die Werkstatt - ein herausfordernder Bildungsbereich

Als wir vor vielen Jahren eine kleine Werkstatt für Kinder einrichteten, mussten wir uns noch mit einem umfunktionierten, von uns so genannten Hauswirtschaftsraum begnügen. Dieser war mit Kacheln bis zur Decke, mehreren Waschbecken und einer Dusche für andere Aufgaben eingerichtet und konnte immer nur eine Notlösung, eine Improvisation sein. Das Werken war zu unserem Bedauern deshalb zwangsläufig nur eingeschränkt möglich. Erst mit der Erweiterung des Kindergartens um einen Gruppenraum bekamen wir auch einen Ausweichraum von etwa 14 Quadratmetern Größe dazu, den wir von Anfang an mit dem entsprechendem Mobiliar für eine Werkstatt ausstatten konnten.

Jetzt steht für die Arbeit mit Holz und anderen Materialien eine große Hobelbank, an der vier Kinder tätig sein können, eine weitere Werkbank, ausgestattet mit einem metallenen Schraubstock, und eine hohe Werkbank für die Erwachsenen zur Verfügung. Außerdem nehmen einfache Regale und ein abschließbarer Werkzeug- und Materialschrank, den wir für elektrisches Werkzeug und besondere Materialien brauchen, eine Wand des kleinen Raumes ein. In diesem Bereich ist nun für fünf Kinder und einen Erwachsenen gerade ausreichend Platz für Werkaktivitäten.

Warum eine Werkstatt?

Ich erinnere mich, dass in Kindergärten schon immer Werkzeug vorhanden war. Überwiegend handelte es sich dabei jedoch eher um ein *so-tun-als-ob-Gerät*. Da fanden sich Sägen die nicht sägten, stumpfe Feilen oder kleine Hämmer, mit denen man nicht einmal richtig eine Reißzwecke, geschweige denn einen großen Nagel, einschlagen konnte. Diese unechten *Werkzeuge* wurden den Kindern in der Absicht zur Verfügung gestellt, Unfälle oder Verletzungen zu vermeiden. Genau genommen konnten diese Gerätschaften die Kinder jedoch nur frustrieren. Auch bei uns war das früher nicht anders. Mit Blick auf die Lernbedürfnisse der Kinder wollten wir es besser machen und zeigten ihnen den Umgang mit richtigem Werkzeug.

Unsere Vorerfahrungen mit der improvisierten Werkstatt hatten gezeigt, dass sehr viele Kinder großes Interesse daran haben, den Umgang mit Werkzeug zu erlernen. Sie erleben ihre Eltern oder Verwandte, die damit etwas herstellen oder reparieren, und auch die Mitarbeiterinnen des Kindergartens, die gelegentlich für die Raumgestaltung handwerklich aktiv sind. So wollen viele Kinder auch für sich entdecken, welche Möglichkeiten Werkzeug und Material innewohnen. Im Sinne ihrer *Selbstbildungsprozesse* wollen sie sich im Kindergarten mit Hilfe eigener Erfahrungen vom Handwerken *ein Bild* machen.

Darüber hinaus halten wir den Bereich Werkstatt für vielfältige Bildungsprozesse der Kinder für sinnvoll.

*   Hier gibt es zahlreiche feinmotorische Übungsmöglichkeiten und hier wird viel Koordinationsgeschick und Kraftsinn verlangt.

*   Kinder brauchen auch in der Werkstatt Ausdauer und Geduld. Sie lernen, mit Erwartungen und Enttäuschungen umzugehen, wenn mal etwas nicht so klappt und entwickeln Stolz auf ihre Leistungen.

*   Dass Kinder ihre Bedürfnisse in diesem Bereich erkennen und ihnen nachgehen können und wir ihnen zutrauen, mit *echtem* Werkzeug umzugehen, fördert ihren Mut, etwas für sich auszuprobieren, und ihr Selbstvertrauen und lässt sie an dieser Herausforderung auch in ihrer Persönlichkeit wachsen.

Eine Werkstatt bietet zudem viele Möglichkeiten, schöpferisch tätig zu sein. Sie gibt neben anderen Bereichen des Kindergartens eine weitere Chance, das Leben aktiv zu gestalten. Kinder gewinnen Selbstzufriedenheit, finden Gelegenheit, sich selbst zu verwirklichen. In der Werkstatt kann man lernen, Dinge die man braucht, selbst herzustellen oder gegebenenfalls zu reparieren.

Hier dürfen Kinder hervorragend produktiv sein und können sich nach ihren eigenen Ideen etwas erarbeiten. Schließlich ist handwerkliche Tätigkeit nach der *Do-it-your-self*–Bewegung auch ein Teil unserer Kultur und soll deshalb einen Platz in unserer pädagogischen Arbeit bekommen.

Obwohl die oben aufgeführten Gründe für einen Werkraum sprechen, macht es wenig Sinn, eine Werkstatt einzurichten, wenn in der Mitarbeiterschaft niemand bereit und in der Lage ist, diesen Raum mit seinem Interesse und seinen Kompetenzen zu füllen. In diesem Fall wäre es besser, den Platz für andere wichtige Dinge zu nutzen. Eine Werkstatt im Kindergarten ist kein Muss. Ich habe bestens eingerichtete Werkräume gesehen, die überwiegend als Abstellräume genutzt wurden. Dort fand sich niemand, der diesen Bereich mit Ideen und Angeboten ausfüllen wollte.

Ein weiteres Kriterium für uns, den Ausweichraum als Bildungsraum - Werkstatt einzurichten, war also die Frage, ob jemand diesen Bereich als persönlichen Arbeitsschwerpunkt ausfüllen wollte. Bei uns - man mag über das geschlechtsspezifische Modell, welches wir in diesem Zusammenhang abgeben, schmunzeln - habe ich meinen Schwerpunkt auf das Werken gelegt. Ich habe neben dem Spaß an der Sache auch reichlich Erfahrungen im Werken und kann somit vieles weitergeben.

Was soll und für welche Kinder geschehen?

Bei der Ausstattung des Raumes für Werkarbeiten sollten von Anfang an unsere Bildungsabsichten im Mittelpunkt stehen. Mich beschäftigte zunächst die Frage, was die Kinder in diesem Alter in der Werkstatt überhaupt lernen und leisten können und wo ihre Grenzen liegen? Sollte ich eine Altersgrenze ziehen und nur Kinder ab fünf Jahren in die Werkstatt lassen? Ein Argument, das dafür sprach, war die Frage nach der Sicherheit und der Verletzungsgefahr. Sie ist wichtiger als in anderen Spielbereichen und muss vorab geklärt werden. Wir hatten die Erfahrung gemacht, dass auch mancher Dreijährige schon in der Lage ist, einen Nagel in ein Stück Holz zu schlagen, und dass Fünfjährige sich dabei unglaublich ungeschickt anstellen können. Für uns war das ein Argument, das gegen eine feste Altersgrenze sprach. Es ist ja auch eine bekannte Erfahrung, dass die Fähigkeiten der Fünfjährigen nicht einfach so vom Himmel fallen. Die dann schon kompetenteren Kinder haben immer schon Zuhause in einer Werkstatt gearbeitet und dort erste Erfahrungen gesammelt. Mein Fazit: Man wird Kindern nicht gerecht, wenn sie nach Altersstufen *über einen Kamm geschoren* werden.

Ich entschied mich nach Absprache mit dem Team, dass die Werkstatt grundsätzlich allen Kindern offen stehen sollte, und machte die Einschränkung, nach einer Beobachtungzeit gemeinsam mit dem Kind zu entscheiden, ob es eigenständig in dem Raum arbeiten dürfte oder besser noch warten sollte. Für diese Regelung sollte es eine Einführungszeit geben. Die irgendwann einmal aufgenommene Idee eines Werkstattpasses wurde für unsere Arbeit realisiert. Ich werde das später noch näher erläutern.

Die andere Frage nach den Grenzen der Lernfähigkeit der Kinder in diesem Alter musste ich offen lassen. Sicher kommen Kinder aufgrund ihrer körperlichen Konstitution bei bestimmten Dingen an ihre Grenzen, das ist biologisch bestimmt. Aber können Kinder neben der Holzbearbeitung nicht auch lernen, mit Metall umzugehen? Könnten sie nicht auch bei entsprechender Unterstützung selbst einfache Schaltpläne zusammenlöten, mechanische Geräte oder Modellraketen bauen und über das Bauen und Probieren ihr Verstehen zu erweitern?

Ich fand keine eindeutige Antwort zur Begrenzung ihrer Leistungsfähigkeit. Kindern in diesem Alter werden sehr häufig in der Einschätzung ihrer geistigen und motorischen Leistung sehr enge Grenzen gesetzt. Wir trauen ihnen allgemein zu wenig zu, das steht für mich fest. Damit wird die Begrenzung ihres Lernens und ihres Selbstbildungsprozesses eher von unseren Vorstellungen über die Kinder und altersentsprechendes Lernen und Spiel- und Lernmaterial bestimmt, als von ihrem tatsächlichen Vermögen. Der *Spielraum* für Kinder, also alles das, was Kinder spontan tun, bewusst handeln, körperlich wie auch geistig bewegen können, ist für mich weitestgehend offen und von den Kindern mitbestimmt.

Ich war mir zunächst nicht sicher, welche Interessen die Kinder außer für Holzarbeiten noch haben. So lag es nahe, sie zu fragen und sie gleich in die Planung einzubeziehen. Ich besprach mit einer kleinen Gruppe, welche Ideen, Wünsche und Vorstellungen sie für die Werkstatt hatte. Wir wälzten gemeinsam Bücher und Kataloge, um zusätzliche Ideen zu entwickeln. So kam es dazu, dass wir sogar Lötkolben und Lötmaterialien anschafften. Ein Kind hatte zu Hause einen älteren Bruder, der selbst elektronische Schaltungen zusammenlötete. Im Kindergarten wollte es dies nun auch nachvollziehen. Wir fanden unter anderem interessante (Luftballon-)Raketenautos und auch einfache Holzbausätze als mechanisches Spielzeug.

Weil der neue Werkraum immer noch recht klein war und nicht für alle handwerklichen Möglichkeiten ausreichend Platz bot, musste ich mich entscheiden, für die Werkstatt einen Schwerpunkt zu setzen. Nur so konnte ich die Ausstattung deutlich eingrenzen und der Größe des Raumes anpassen. Die Arbeit mit Holz sollte allen Kindern als breites Angebot gemacht werden. Darüber hinaus sollte aber auch der Umgang mit Metall als weiteres Element für Kinder mit anderen oder weiterführenden Interessen gelegentlich möglich sein. Nun konnte ich für die Erstausstattung die notwendigen Dinge mit einplanen. Diese Materialien, wie Lötkolben, Schraubenschlüssel, Steckschlüsselsatz, richtige Raketenbausätze (die gibt es tatsächlich. Im Anschluss an den Artikel werden Bezugsquellen genannt) und dergleichen befinden sich im Materialschrank und werden den Kindern ohne vorherige Anleitung oder gemeinsame Arbeiten nicht zugänglich gemacht. Für andere Werkmaterialien, wie zum Beispiel Stein oder Ytong, sollte später besser eine Außenwerkstatt eingerichtet werden.

Von Anfang an für Bildung planen

Mit den vorangegangen Überlegungen hatte ich für die Angebote eine Ausrichtung schon vorgegeben. Nun ging es an die konkrete Planung. Die Fragen, die ich mir dazu stellte, waren unter anderem:

Welche konkreten Absichten verfolge ich mit diesem Raum ?

Die erste interessante Erfahrung, die ich machte, war die Feststellung, dass mir dieses ganz konkrete Benennen von Lernabsichten schwer viel. Mussten wir jetzt wieder dazu kommen, Ziele für die Kinder festzulegen? Bisher hatten allgemeine Absichten ausgereicht, um mit Projekten zu beginnen. Es war bei uns eine Zeit lang geradezu verpönt, konkrete Ziele zu benennen, denn wir wollten auf keinen Fall in die Nähe schulischen Lernens gerückt werden. Zudem hatten wir sehr positive Erfahrungen damit gemacht, die Kinder frei zu lassen und auf ihre Entfaltungskräfte und ihre Lernlust zu bauen. Welchem Zweck sollte die genauere Beschreibung dann dienen?

Um auch an dieser Stelle ganz deutlich zu werden: Ich verstehe auch heute unter *Lernabsichten* keinen Katalog, anhand dessen man irgendwann die Leistungen der Kinder überprüfen kann, und der zur Messlatte für ihre *richtige* Entwicklung dienen könnte. Ich bleibe bei der These, dass Kinder am besten wissen, was für ihr Lernen und ihre Entwicklung vor dem Hintergrund ihrer individuellen Lerngeschichte wichtig und angemessen ist. Unter Bildungsaspekten erfährt der Lernprozess der Kinder jedoch eine Erweiterung. Mich beschäftigte und beschäftigt auch heute noch die Frage, womit ich die Kinder in Berührung bringen sollte, welche Chancen, etwas zu entdecken, was sie vielleicht noch nicht kennen, etwas zu lernen, was sie noch nicht wissen können, ich ihnen durch Angebote eröffnen kann. Die Kinder bleiben dabei natürlich die Akteure, denn sie entscheiden, ob ich eine für sie angemessene Wahl getroffen habe. Das ist für mich kein Widerspruch mehr, es sind die zwei Seiten einer (Bildungs-)Medaille.

Die Festlegung konkreter Ziele dient mehr einer Überprüfung der Absichten, die mit der Einrichtung einer Werkstatt verbunden sind. Für mich ist dieser Katalog von Bedeutung, weil ich daran sehen kann, ob ich alles Material, Werkzeug usw. vorbereitet habe, damit die Kinder es kennenlernen können. Ich erwäge in der Planung, was sich im Verlaufe der Arbeit bewährt hat, wo ich vielleicht ändern, ergänzen oder weglassen muss.

Die konsequente Durchführung mancher Absichten wird Auswirkungen auf den ganzen Kindergarten haben und so zum Bestandteil des Alltagsgeschehens werden. Da ist es besser zu versuchen, die Auswirkungen vorher einzuschätzen. Wenn ich zum Beispiel als Lernabsicht den Kindern die Chance eröffnen will, den Alltagsbezug der Fähigkeiten, die sie in der Werkstatt erworben haben, praktisch erfahrbar und nachvollziehbar zu machen, wird es dazu kommen, dass wir in Zukunft etwa mit den Kindern Bausteine selbst herstellen und die Möbel, sofern möglich, selbst repariert werden.

Schließlich schafft man sich mit einer klaren Benennung der Absichten in Form einer schriftlichen Dokumentation den Vorteil, die eigene Praxis bewusster planen und reflektieren zu können.

Hier eine Auswahl für die Werkstatt.

- Einfache Werkzeuge zur Holzbearbeitung kennenlernen und benennen (Hammer, Fuchsschwanz, Feinsäge, Kneifzange, Hobelbank, Schraubzwinge, Schraubenzieher, Handbohrer, Schleifpapier und Schleifklotz, Raspel und Feile)

- Im weiteren Verlauf zusätzliche Werkzeuge kennenlernen (Stemmeisen, Hobel, Akkubohrschrauber, elektrischer Schwingschleifer und Stichsäge, Zollstock, Anschlagwinkel, Stahllineal, Lötkolben, *Brennpeter* (eine Art Lötkolben, mit dem man auf Holz seinen Namen einbrennen oder etwas zeichnen kann), Kapp- und Gehrungssäge, Bügelsäge, elektrische Kappsäge)

- Materialien und Werkzeug zur Metall- bzw. Maschinenbearbeitung (Schraubstock, Feile, Schraubenzieher, Maulschlüsselsatz, Uhrmacherwerkzeug, *Knarrenkasten*, großer Hammer, Stahl- und Aluminiumbleche)

- Verschiedene Holzarten in unterschiedlichen Formen, Verarbeitungen und Qualitäten kennenlernen (Kiefern-, Eichen-, Buchenholz, Weichholz, Balsaholz als sehr leichtes Holz, Sperrholzplatten, Spanplatten, Latten, Bretter, Stämme, Wurzeln, Baumscheiben, ...)

- Weitere Materialien, die dazu gehören, kennenlernen: Nägel unterschiedlicher Größe und Stärke, Kreuzschlitzschrauben, Schlitzschrauben, Holzdübel, Unterlegscheiben, ...)

- Techniken zur Holzbearbeitung erwerben können

- Risiken im Umgang mit dem Werkzeug kennen

- Anwendungsgebiete kennen (was kann ich mit welchem Werkzeug machen?)

- Alltagsbezug und Bedeutung (Sinnzusammenhang) von *Werken* erleben. Etwas herstellen für den Kindergarten oder für Zuhause.

Welche Fertigkeiten und Fähigkeiten kann und muss ich den Kindern grundlegend vermitteln?

Das Thema Sicherheit stand bei mir sofort im Vordergrund, als ich mich mit dieser Frage beschäftigte. Natürlich dürfen Fehler gemacht werden; auch Fehler, die etwas weh tun. Das ist normale Lebenserfahrung und gehört dazu. Aber ich wollte, dass von Anfang an klar war, dass mit dem Hammer auf den Nagel geschlagen und nicht etwa wild durch die Gegend *gerudert* wird. Also sollte jeweils zu Beginn mit einer Werkgruppe der sachgerechte Gebrauch des Werkzeuges und die Regeln speziell für diesen Raum geklärt werden. Die Kompetenzen der Kinder sollten also zunächst in der Risikoeinschätzung, dem Erkennen der eigenen Verantwortung und dem Verstehen der Funktion der Werkzeuge wachsen. Das sollte die Basis für ein selbständiges Erproben sein. Für dieses Versuchen durfte ich nicht allzu sehr auf zweckbestimmten Gebrauch des Werkzeugs achten und musste den Kindern viele Freiheiten für ihr Probehandeln lassen.

Es macht nichts, wenn die Kinder zu Beginn einer Angebotsreihe zunächst versuchen, eine Holzplatte statt mit einer Säge durch kräftiges Draufschlagen mit einem Hammer zu teilen. Es spielt auch keine Rolle, dass, auch wenn der Gebrauch des Schraubstocks erklärt wurde, die Leisten doch wieder auf dem Tisch landen, ohne sie einzuspannen. Später fallen den Kindern Lösungsmöglichkeiten für diese Probleme wieder ein, oder sie erinnern sich gegenseitig daran.

Das jedenfalls zeigte sich in der improvisierten Werkstatt. Die Kinder wollen Erfahrungen mit Material sammeln und auch wissen, was nicht möglich ist. So gewinnen sie an Geschick und Verständnis für das, was realisierbar ist. Erst dann muss es mit neuen Angeboten, die neue Techniken, Materialien und Ideen vermitteln, weitergehen.

Sollen die Kinder auch diesen Bereich selbständig nutzen können?

Aus pädagogischer Sicht macht es keinen Sinn, Kindern handwerkliches Geschick zu vermitteln, wenn sie nicht auch die Möglichkeit haben, dieses anschließend weiter zu erproben, zu variieren und es im *Trail and Error*-Verfahren weiter zu entwickeln. Fehler zu machen und aus diesen Fehlern zu lernen, gehört einfach dazu. Nach meinem Verständnis von Lernen wird erst dann Wissen vollständig aufgebaut und verfeinert, wenn umfassend und eigenständig nach eigenem Entwicklungsstand, eigenem Tempo und eigenen Impulsen gehandelt, geforscht und experimentiert werden kann. Deshalb entschloss ich mich, die Werkstatt für die Kinder auch im Freispiel zuzulassen; allerdings unter einer Bedingung: Sie mussten vorher eine Einführung mitgemacht haben. Damit hatte ich gleichzeitig eine Gliederungsidee für die Angebotsgestaltung.

Zusätzlich wollte ich *Werkstattmeister* so anleiten, dass sie auch anderen Kindern weiterhelfen und darüber hinaus eine besondere Verantwortung für die Werkstatt übernehmen können; selbstverständlich sofern sie das auch wollen.

Wie müssen die Angebote gestaltet sein und welche Struktur sollten sie haben?

Der schon etwas ältere Begriff *Game und Play* aus der Psychomotorik kam mir in diesem Zusammenhang wieder in den Sinn. Er bedeutet, man muss Regeln, Technik und ein Verfahren erlernen, damit man etwas Konstruktives und Sinnvolles bewirken kann. Das Bild vom Klavierspieler, der ja auch zunächst die Games, also die Regeln und Techniken des Klavierspieles erlernen muss, damit er dann spielen (Play) kann, stand mir dabei wieder vor Augen.

Ich wollte vom Leichten zum immer Schwierigeren gehen, von der materialen Erfahrung und dem einfachen Ausprobieren dessen, was die Werkstatt hergibt, bis zur Entwicklung von anspruchsvollen Angeboten, die zum Beispiel voraussetzen:

- das Beherrschen der Akkubohrmaschine und des Schwingschleifers

- das Wissen, wozu ein Maßstab notwendig ist (die Bedeutung von Zentimeter, Millimeter usw.)

Ich wollte vom Vertrauten - nahezu jedes Kind hat schon einmal einen Hammer in der Hand gehabt - zum Neuen kommen. Die Idee vom Werkstattpass wurde immer konkreter.

Die einzelnen Elemente des Werkstattangebotes

Nachfolgend gebe ich die wesentlichen Elemente meines Werkstattangebotes wieder. Um diese Ausführungen nicht sehr in die Länge zu ziehen, verzichte ich auf eine allzu detaillierte Beschreibung.

Zeit für das Werkstattangebot / Verbindlichkeit

Im Kindergarten gibt es eine allgemein verbindliche Zeitregelung für alle Angebote von etwa 9.20 Uhr bis 10.15 Uhr (Ausnahmen bestätigen die Regel). Daran ist auch das Werkstattangebot gebunden. Zeit für eine abschließende Gesprächsrunde ist darin ebenfalls enthalten. Wenn sich genügend Kinder für das Angebot angemeldet haben, findet das Angebot dreimal wöchentlich für alle verbindlich statt, solange, bis der Werkstattpass erworben ist. Auch hier bestätigen wiederum Ausnahmen die Regel. Stellt ein Kind fest, dass dieses Angebot ihm doch nicht liegt, es hat sich etwas anderes vorgestellt, oder es ist ihm noch zu schwierig, kann es sich wieder abmelden.

Das Schlussgespräch

Für dieses Angebot wurde von Anfang an ein Reflexionsgespräch eingeplant. Das Ziel dabei ist, die Dinge zur Sprache und damit ins Bewusstsein zu bringen, sich die Zeit zu geben, zuzuhören, Feedback zu geben und zu bekommen und Erfahrungen mit Gesprächsregeln zur Alltagserfahrung zu machen.

Manchmal ertappe ich mich bei der Vorstellung, diese Schlussgespräche seien fast wichtiger als das eigentliche Angebot. Das stimmt natürlich nicht. Das Faszinierende und Schöne an diesen Schlussgesprächen für mich ist, wenn ich die Kinder erlebe, wie sie sich von Mal zu Mal in ihrer Ausdrucksfähigkeit steigern. Mich beeindruckt, wie sie bei diesem oft ruhigen Gespräch nach und nach zu immer tieferer Sach- und Selbsterkenntnis kommen. Ich habe die Vorstellung, dass ich den Kindern hier sehr viel über sich und das, was sie tun, vermitteln, besser gesagt, spiegeln, kann. Mit meinen anerkennenden Worten trage ich sehr viel zum Selbstbild der Kinder bei. Ich glaube nicht, dass sie unbedingt Kritik brauchen. Sie brauchen viel mehr die Unterstützung ihrer Stärken als die Betonung ihrer Schwächen. Fehler sind aus individueller Sicht keine Fehler, sondern entwicklungsnotwendige Erfahrungen. Das gilt in der Werkstatt genauso, wie im ganzen Kindergarten, und das macht diese Gespräche so wichtig.

Der Werkstattpass

Der Werkstattpass ist eine Art Ausweis zur Nutzung des Werkraumes. Alle Kinder, die die Werkstatt während der Freispielzeit eigenständig nutzen wollen, müssen diesen Pass haben. Sie bekommen ihn, sobald sie die einfachste Stufe des Lehrling-Geselle-Meister-Systems erreicht haben.

Auf der ersten Seite des vierseitigen und mit dem Computer gestalteten Bogens befindet sich ein eingescanntes Bild des Kindes. In die weiteren Seiten kann der jeweilige Ausbildungsstand des Kindes eingetragen werden. Wenn es nach dem ersten Schritt also weitermachen möchte und Geselle werden will, bekommt es eine neue Eintragung. Der Werkstattpass wird in der täglichen Vollversammlung offiziell überreicht, damit allen Kindern und Erwachsenen bekannt wird, wer die Werkstatt selbständig nutzen kann und natürlich, um weitere Kinder zum Mitmachen zu motivieren.

1. Der Lehrling nimmt teil an einer Einführung in den Gebrauch der grundlegendsten Werkzeuge. Das Motto der Einführung lautet: Wir erobern die Werkstatt. Es geht zunächst nur um materiale Erfahrungen und um Sicherheit für sich und andere im Umgang mit dem Werkzeug. Es bedeutet auch, dass den Kindern die Regeln für diesen Bereich gut vertraut sind. Nach ein paar Tagen regelmäßiger Teilnahme am Angebot kommt es im Schlussgespräch zu einer Selbst- und Fremdeinschätzung des Gelernten. Das Kind schätzt seine Situation im Umgang mit der Werkstatt ein, und auch ich gebe mein Urteil ab. Gemeinsam wird dann das *Werkstatt o.k.* beschlossen. Das Kind wird in den Status eines Lehrlings aufgenommen und bekommt in der täglichen Versammlung seinen Pass überreicht. Jetzt kann es weiterhin eigenständig Erfahrungen sammeln und sich ausprobieren. Es kann seine erworbenen Fähigkeiten bis zum nächsten Schritt weiterentwickeln oder auf der Stufe bleiben.

2. Geselle wird man, in dem man ein Gesellenstück, in diesem Fall ein *Handy* herstellt. Hier beteiligen sich Kinder, die daran interessiert sind, weitere Techniken der Holzbearbeitung kennenzulernen. Um ein *Handy* zu bauen, braucht es neue Fertigkeiten. So wird zum Beispiel der Gebrauch der manuellen Kapp- und Gehrungssäge erlernt. Bohren und Schrauben kommen hinzu. Um die Antenne auf die richtige Länge zu bringen, lernen die Kinder das erste Mal einen Metallmaßstab kennen. Ist das Gesellenstück gemacht, bekommt das Kind einen weiteren Eintrag in den Pass. Jetzt kann es noch andere Werkzeuge sicher benutzen.

3. Der Meister schließlich baut eine eigene Werkzeugkiste. Er lernt den Akkubohrer und den Schwingschleifer zu bedienen. Der Umgang mit Messwerkzeug wird vertieft. Es kommt ein Anschlagwinkel dazu. Die Kinder müssen aus grob vorgeschnittenen Sperrholzplatten Elemente für die Kiste sägen und dazu die Maße übertragen. Es wird richtig schwierig. Da immer nur kleine Gruppen von 3-4 Kindern zusammenarbeiten, ist eine ausführliche Anleitung jedoch gegeben. Jetzt haben die Meister so viele Erfahrungen, dass sie diese gut weitergeben können. Sie machen selbständig

Angebote. So bestellen wir zum Beispiel auf Wunsch vieler Kinder immer wieder Bausätze von sogenannten *Raketenautos*. Das sind Fahrzeuge, die, mit aufgeblasenen Luftballonen bestückt, wild durch die Gegend fahren können. Voraussetzung allerdings ist, dass sie richtig zusammengebaut sind. Diese Autos werden unter der Anleitung durch einen Meister gern von Kindern zusammengebaut. Sie müssen dabei einige Techniken lernen und einigermaßen genau arbeiten. Ich glaube, es ist eine tolle Lernerfahrung für den Meister, so gebraucht zu werden und den anderen Kindern soviel mitgeben zu können.

Für den Kindergarten ist es eher ungewöhnlich, solche Strukturierungen vorzunehmen oder gar eine Art *Zertifizierung* einzuführen. Anfangs wurden auch viele kritische Stimmen im Team laut. „Das wird ja wie in der Schule", so die Aussage einer Mitarbeiterin. Ich selbst hatte beim weiteren Durchdenken gelegentlich auch ein eher befremdliches Gefühl. Doch konnte ich mich gut erinnern, wie stolz ich als Kind war, wenn meine Leistungen besonders anerkannt wurden, wie sehr ich mich geschätzt und geachtet fühlte, wenn die Dinge, die ich vollbrachte, eine spezielle Wertschätzung erfuhren. Nun könnte man einwenden, Wertschätzung und Anerkennung müssen prinzipiell vorhanden sein. Das ist richtig und ist auch unsere anthropologische Grundannahme. Es fehlte mir nur das Besondere, das Herausragende, die für alle deutliche Anerkennung der Leistung von Kindern durch die anderen. Ich wollte mich, trotz ambivalenter Gefühle, im Sinne von Probehandeln darauf einlassen.

Erfahrungen

Meine Erfahrungen mit dem Werkstattangebot haben gezeigt, dass der Pass sehr gut von den Kindern angenommen wurde. Viele wollten ihn, wie sie sagten, *machen*. Einige, die ich später besonders ansprach, um auch ihr Interesse zu wecken, hatten eher Probleme damit. Das waren Kinder, von denen ich annahm, sie trauten ihren Fähigkeiten nicht und hatten Angst, sie könnten versagen. Das war eine Situation, die mich etwas bedrückte; nicht weil dieses Angebot vielleicht nun doch nicht das Richtige war, sondern weil ich denke, Kinder gehen von ihren Grundanlagen her doch eher unbefangen und neugierig auf neue Herausforderungen ein. Gerade die vertraute Umgebung im Kindergarten sollte eine gute Voraussetzung dafür bieten, Neues auszuprobieren. Welche Selbsterfahrungen hatten diese Kinder in ihrem Leben bisher gemacht? War der Kindergarten ihnen vielleicht doch nicht so vertraut, wie wir es bisher annahmen?

Für das Kigateam: _____

Wir gratulieren

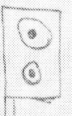

Werkstattgeselle

Von nun an bist Du Werkstattgeselle und bekommst die Aufgabe, die Werkstatt besonders zu pflegen und auf die Einhaltung der Regeln zu achten.

weitere Techniken erlernt.

„Handy"

Du hast mit dem Bau eines

Hiermit bekommst du das: Werkstatt o.k.

Herzlichen Glückwunsch!

Du hast gelernt, sicher und verantwortungsvoll mit dem Werkzeug und dem Material in der Werkstatt umzugehen.

Von nun an kannst du in der Werkstatt in der Freispielzeit selbständig arbeiten.

Werkstattmeister

Du hast nun mit viel Ausdauer und Geschick eine

Werkzeugkiste

hergestellt und dabei weitere Werkzeuge und Techniken kennengelernt. Jetzt möchtest du andere Kinder bei ihrer Arbeit in der Werkstatt unterstützen.

Wir freuen uns darüber!

Hiermit wird _____ zum Werkstattmeister ernannt.

Datum _____
Unterschrift _____

Ev. Kindergarten Schloß Ricklingen

Werkstattpaß

für: _____

99

Das hier sichtbar gewordene Problem musste im gesamten Team gelöst werden. Nach meinem Empfinden blieb die Idee *Werkstattpass* dennoch eine gute Erfindung. Zum einen konnte ich dadurch mein Werkangebot gut strukturieren und vorbereiten und zum anderen spürten wir, dass diese Anerkennung, die die Kinder durch den Pass erfahren, ihnen auch gut tut. Sie gehen mit einem verstärkten Selbstvertrauen aus diesem Angebot und entwickeln eine andere Verantwortung für das Werkzeug und die Werkstatt an sich. Die Kritik aus dem Team ist leise geworden, seitdem sichtbar wird, wie die Kinder an diesen Anforderungen wachsen; nicht nur in ihrem handwerklichen Geschick, auch in ihrem Umgang miteinander und auch in ihrer Verantwortung.

Werken für den Kindergarten

Aus dieser Angebotsreihe entwickelte sich das, was ich mir immer gewünscht und vorgestellt hatte: wir wurden auch für den Kindergarten handwerklich tätig. Hier einige Beispiele.

Bauklötze fehlen

So fehlten den Kindern vor einiger Zeit ausreichend Bauklötze, um ihre riesigen immer komplexer werdenden Gebäude herzustellen. Das Naheliegendste wäre früher gewesen, aus dem Katalog einfach neue dazuzubestellen. Jetzt jedoch erklärten sich einige Kinder mit Werkstattpass bereit, diese in der Werkstatt selbst herzustellen. Wir hatten den großen Vorteil, die Größe und Form der Bausteine den Vorstellungen der Kinder anpassen zu können. Natürlich wurde bei einer solchen Arbeit die Ausdauer auf eine harte Probe gestellt. Zunächst versuchten die Kinder, das Problem durch gegenseitiges Abwechseln zu lösen. Doch bei den großen Mengen, die wir brauchten, erschöpfte sich bald ihre Motivation. Wir berieten nun, was zu machen sei: Schließlich kamen wir dazu, eine elektrische Kapp- und Gehrungssäge anzuschaffen, also mehr Technik einzusetzen. Allerdings konnten die Kinder diese Säge nicht benutzen. Sie ist für sie zu gefährlich. Dennoch beobachteten sie interessiert, wie ich damit arbeitete. Sie konnten sich jetzt beteiligen, indem sie die Klötze entgrateten und schliffen und so miterlebten, dass durch den Einsatz von Technik manche Arbeit wesentlich leichter wird.

Ein Tresen wird gebraucht

Für eine neue Projektidee, die Durchführung eines Büffettages, wurde eine Ablage gebraucht, auf dem die angebotenen Lebensmittel ausreichend Platz finden sollten. Die Küche hat eine recht breite Durchreiche, doch leider ist auch sie zu schmal und liegt für die jüngeren Kinder zu hoch. Um die Lebensmittel ansprechend aufzutischen, war nicht genügend Platz vorhanden. Hier sollte mit besonderer Unterstützung der Werkstattmeister Abhilfe geschaffen werden. Die Meister waren jetzt gefragt! Zunächst galt es, einen Plan zu machen, auszumessen, aufzuzeichnen und eine Skizze zu fertigen. Das können die Meister schon gut, weil sie gelernt haben, mit Maßstäben umzugehen. Natürlich waren andere Kinder nicht ausgeschlossen, dennoch waren sie die Hauptakteure. Nach der Planung, die zunächst in einer Vollversammlung allen vorgestellt wurde, wurde gemeinsam im hiesigen Baumarkt eingekauft und am nächsten Tag in der Angebotszeit *endlich* angefangen, den Tresen unter die Durchreiche für den Büffettag zu bauen. Ein geschäftiges Treiben war zu beobachten. Ich konnte mich manchmal an den Rand stellen und beobachten, weil die Kinder einige Arbeiten selbständig erledigten. Sie schraubten die Beine an, klebten eine Leiste an eine Seite der Arbeitsplatte an, und nachdem wir gemeinsam eine Leiste als Auflage an die Wand gedübelt hatten, konnten die Kinder den Tresen selbst darauf festschrauben. Schneller als erwartet wurde die Arbeit erledigt. Der Tresen steht heute noch und erinnert an die Leistungen der Kinder. Ich glaube, das macht sie auch stolz.

Erfindungen der Kinder
Nicht nur Impulse von uns oder Ideen, die sich aus anderen Projekten ergeben, sind ausschlaggebend für die Tätigkeiten der Kinder. Viele Dinge bauen sie jetzt, die sie sofort mit nach Hause nehmen. Gelegentlich kommen von ihnen Vorschläge zur Ausgestaltung des Kindergartens. Zum Beispiel wurde von einer Gruppe ein Blumenständer gebaut. Weil die Kinder fanden, dass eine Pflanze in der Cafeteria mehr Licht braucht, sollte sie höher stehen. Der Blumenständer steht immer noch. Er ist zwar windschief, aber er hält.

Ein anderes Kind vermisste im Bewegungsraum eine Schaukel. Wir hatten in diesem Spielbereich ein von Wand zu Wand reichendes System von miteinander verbundenen Seilen installiert. Sie hängen in etwa 2,5 Metern Höhe und dienen dazu, Hängenester, dicke Taue, Strickleitern usw. daran zu befestigen. Nur fehlte dem Kind eine Schaukel. Es bekam von uns ein stabiles Seil, Latten gab es in der Werkstatt genug, und nach mehreren Versuchen hatte es eine funktionsfähige Schaukel gebaut, die wir jetzt nur noch in unser Seilsystem einhängen mussten.

Einschränkungen
Die selbständige Arbeit mit Metall oder mechanischen Bauteilen bleibt aber nur begrenzt möglich. Gelegentlich wird einmal eine alte Schreibmaschine auseinander genommen, Eltern bringen einen Wecker vorbei, den die Kinder dann auseinander nehmen können. Wenn ich nach meinen Vorstellungen gehe, müsste es in der Werkstatt einen Tisch geben, an dem sich ständig Materialien zum Schrauben vorfinden. Die Arbeiten mit Holz nehmen jedoch so

viel Raum ein, dass dafür nicht oft Platz ist. Außerdem fehlt es immer wieder an Nachschub, also Geräte, die für die Kinder ohne Gefahren auseinandernehmbar sind. Ich denke da an alte Toaster zum Beispiel, bei denen das Isolationsmaterial, auf dem die Glühdrähte befestigt sind, beim unsachgemäßen Auseinanderbrechen zu sehr feinem, unangenehmen Staub zerfällt. Bei Elektrogeräten müssen die Kinder sehr genau wissen, was sie tun, denn die Kondensatoren enthalten oft gesundheitsschädliche Substanzen. Hier ist unbedingt eine Anleitung erforderlich, damit die Kinder diese Risiken erkennen können. Das schafft dann Probleme mit meiner Zeit. Während die einen auf Angebote zum Werkstattpass warten, wollen die anderen schon weiter und Neues probieren.

Ausblick

An diesem Angebot gefällt mir besonders die Struktur. Die Kinder bekommen Anleitung, also *Games,* und sie haben die Möglichkeit, sich weiterhin auszuprobieren. Damit stimmt für mich eine Grundvoraussetzung zur Anregung von Selbstbildungsprozessen. Die Aufmerksamkeit, mit der die Kinder oft bei der Sache sind, bestätigt mir, dass ich wirklich etwas Sinnvolles vermitteln kann. Die Freude, mit der sie den Pass empfangen, zeigt, dass ihnen diese Form von Anerkennung sehr viel bedeutet. Es ist eine gesellschaftskonforme Art der Anerkennung, und mancher mag das bedauern. Für mich ist es aber wieder ein Teil unserer Kultur, die wir den Kindern damit vermitteln. Es heißt also *weiter so* mit diesem Angebot. Die Angebotsreihe wird sich sicher etwas verändern, weil jetzt eine Kollegin für mich darin weiterarbeitet. Sie wird, darauf bestehen schon die Kinder, die jetzt auch einen Pass haben wollen, in ähnlicher Form weitermachen, mit eigenen Akzenten aber im gleichen System.

Bezugsquellen für Werkmaterial

Winkler - Schulbedarf, 94060 Pocking, An der Blumenwiese 13. Tel.: 0180/5060150

Opitec - Der Kindergartenspezialist, 97231 Giebelstadt, Postfach 20. Tel.: 09334/941111

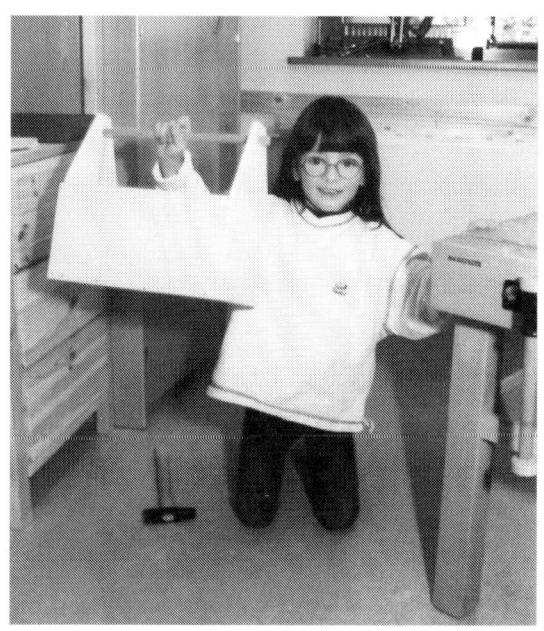

105

Anke Hansen

1.3 Staunen über Kinder

Unsere Präsenz erschließt uns die Welt der Kinder

Kinder faszinieren mich!!

Kinder, ihre Art und Weise, die Welt zu begreifen, ihre unersättliche Neugier und ihr Drang, sich und die Umwelt spielerisch zu erforschen, finde ich bemerkenswert, beispielhaft und nachahmenswert. Sie sind in meinen Augen die wahren Lebenskünstler, die das Beste aus dem machen, was ihnen begegnet. Sie sind wissbegierige junge Menschen, die in ihrer unbefangenen und direkten Art Beziehungen gestalten und mich mit ihrer offenen und spontanen Fähigkeit, Gefühle auszudrücken, oftmals verblüffen. Wer von uns kann das so noch? Wenn wir davon ausgehen, und das tue ich, dass Kinder gleichberechtigte Partner unseres Lebens sind, dann sollten wir einen Weg finden, der sie zu verstehen sucht und der uns ihnen ein Stück nähert.

Ich möchte in meinem Praxisbericht dem nachgehen, was mich zu meinem Verständnis geführt hat. Es gibt soviel zu bestaunen, soviel Bemerkenswertes. Aus meiner Erfahrung als Erzieherin und als Mutter kann ich berichten, dass gerade unser bewusstes Wahrnehmen ihrer Einzigartigkeit bei Kindern eine große Wirkung hat: Sie wachsen! Wachsen meine ich nicht in physischer, sondern eher in psychischer Hinsicht! Sie erkennen, dass sie wichtig sind und geachtet werden. Ich will versuchen, dies an drei Beispielen aus verschiedenen Bereichen zu verdeutlichen.

Ich staune...

über Fabian: Er ist ein vierjähriger Junge, der sich durch sein hohes Gewicht in seiner Bewegungsfreude kaum irritieren lässt. Er ist ein fröhliches und ausgeglichenes Kind, ist bewegungsbegeistert und nimmt daher regelmäßig an unserem Bewegungsprojekt in der großen Turnhalle teil (dieses Projekt wurde in unserem Buch „Erlebnisorientiertes Lernen im offenen Kindergarten" ausführlich beschrieben). Da Fabian durch sein Übergewicht in seinem Koordinations- und Gleichgewichtssinn offensichtlich gehandicapt war, kam mir sein Interesse an Bewegungsangeboten sehr gelegen. Fabian behauptete zu dieser Zeit von sich, Höhenangst zu haben. Wir nahmen diese Selbsterkenntnis zum Anlass, in der großen Turnhalle für ihn schiefe Ebenen zu errichten, um ihm durch diese und andere Gerätschaften die Möglichkeit zu geben, sich und seinen Körper in der Höhe auszuprobieren. Seine Erfolgserlebnisse gestalteten sich dann aber einfacher, als wir es erwartet hatten. Er lernte an einem dieser Bewegungstage, von einer dicken blauen Turnmatte zu

springen! Diese großen Sicherheitsmatten sind ca. 25 cm hoch und normalerweise ein denkbar leicht zu überwindendes Hindernis. Nachdem Fabian
die erste Zeit des Tages damit verbracht hatte, mit dem Rücken auf der Matte
zu liegen und den über ihm schwingenden Kindern zuzuschauen, suchte er
sich einen neuen Reiz: er stellte sich an den Rand der Matte, auf der er eben
gelegen hatte, und maß mit den Augen den Abstand zum Hallenboden. Ver-
unsichert durch die Höhe, die er offensichtlich bisher nicht überwinden
konnte, ging er wieder einen Schritt zurück, um es dann mit neuem Mut noch
einmal zu versuchen. Ich wollte bzw. konnte es zuerst kaum glauben. Es
wurde für ihn zu einer riesigen Herausforderung, sich auf die Matte zu stellen
und dann von dort hinunterzuspringen! Ich erlebte seinen ersten Sprung mit
und beobachtete, was dieses Erlebnis in ihm auslöste. Mit großer Freude
schaute ich ihm weiter zu! Ich war begeistert von seinem Enthusiasmus und
von seiner Freude darüber, etwas Derartiges, für ihn völlig Neues, erreicht zu
haben. Wir hielten einen regen Blickkontakt, und zwischendurch strahlten
wir uns sogar an, beide begeistert. Erst später wurde mir bewusst, dass meine
Anwesenheit für Fabian eine wichtige Rolle spielte! Gegen Ende des Bewe-
gungstages trafen wir uns wie gewöhnlich mit allen Kindern zum gemeinsamen „Schlussblitzlicht". Die Kinder und auch die Erzieher haben in dieser
Runde die Möglichkeit, den Tag noch einmal in Ruhe Revue passieren zu
lassen. Nachdem Fabian den anderen Kindern begeistert von seinen neu erlernten Fähigkeiten berichtet hatte, konnte auch ich ihm meinen Glück-
wunsch aussprechen. Ich teilte ihm mit, wie sehr ich mich über seinen Erfolg
gefreut hatte und sprach von meiner Bewunderung für das, was ich beobachten konnte. Ich hatte den Eindruck, dass es ihn mit Stolz erfüllte!

Die Bedeutung meiner Präsenz

Warum halte ich Aufmerksamkeit eines Erwachsenen in dieser Situation für
die Entwicklung des Kindes und die Stärkung seines Selbstbildes für so
wichtig? Für mich steht fest, dass Kinder ein sehr sensibles Empfinden für
die Aufrichtigkeit von Aussagen und Meinungen anderer haben. Nach meiner
Erfahrung brauchen sie eine solche offene und direkte Begegnung mit Erwachsenen, um sich ernstgenommen zu fühlen.

Fabian hat meine Begeisterung für seine Aktionen wahrgenommen, die ich
aufrichtig an ihn weitergeben konnte. Die kurzen Blickkontakte, die zwischen
uns während seiner Erprobungsphase hin und her gingen, schienen ihm Mut
und Bestätigung zu geben, weiterzumachen. Ich denke, er gewann mit zunehmendem Selbstvertrauen auch eine erweiterte Selbstwahrnehmung. Ich
konnte durch meine Präsenz, indem ich ihm meine aufrichtige Wertschätzung
entgegenbrachte, einen entscheidenden Teil zur Persönlichkeitsentwicklung

des Kindes beitragen. Durch Mimik und Gestik vermittelte ich ihm meine Anerkennung für seinen neu gewonnenen Mut und gab ihm so Zuspruch. Im Schlussblitzlicht habe ich Fabian dann über die Sprache noch einmal meine Freude zeigen können. Die Versprachlichung dessen, was ich fühlte und dachte, schien für ihn von großer Bedeutung, vor allem, weil die ganze Gruppe nun beteiligt war. In dieser verbalen Phase wurde dem Kind die Bedeutung der Situation noch einmal ins Bewusstsein gerufen. Zum anderen setzte das Gespräch einen gruppendynamischen Prozess in Gang: die Kinder hörten aufmerksam zu, sprachen über Fabians Erfolgserlebnisse und vermittelten ihm anscheinend das Gefühl, wichtig und „in Ordnung" zu sein.

Ich möchte von einem weiteren Kind berichten.

Ich staune...

über Marla, die sich innerhalb kürzester Zeit von einer uninteressierten Ateliergängerin zu einer begeisterten Malerin entwickelt hat. Marla ist fünf Jahre alt und nahm vor einigen Monaten an einem Kunstprojekt teil, das ich über fünf Wochen mit den Kindern gestaltete. Das Projekt war in verschiedene Bereiche gegliedert, und die einzelnen Angebote bauten thematisch aufeinander auf. Unsere Absicht war es, den Kindern elementare Erfahrungen mit Farben und verschiedenen Materialien zu vermitteln. Die jeweiligen Gruppen bestanden aus sechs Kindern, und die Teilnehmer wechselten nach Bedarf und Interesse. Marla nahm mehrere Male an den Angeboten teil. In der ersten Phase des Projektes hatte sie die Möglichkeit, auf großflächigem Papier (DIN A-0) mit geschmeidigen Fingerfarben zu experimentieren. Man merkte ihr an, dass sie mit diesem Angebot Neuland betrat. Ihre Annäherung an die Farben war zögerlich und vorsichtig. Anfangs scheute sie sich, ihre Finger zu beschmutzen, doch mit der Zeit siegten die Neugier und die Lust an der neuen Herausforderung! Marla fand ihren eigenen Stil dann an einem dieser Tage: Sie fing an, das gesamte Blatt mit ihren Fingerspitzen zu betupfen und tat dies mit wachsender Begeisterung. Die anderen Kinder, die bis dahin mit den Händen in den Farben „gemanscht" hatten, wurden auf Marlas Technik aufmerksam. Ich betrachtete gemeinsam mit ihnen das entstandene Bild und motivierte die Kinder, es ihr gleichzutun. Einen Tag später trafen wir uns erneut in der Kleingruppe und beschäftigten uns intensiv mit der Technik, die sich Marla am vorherigen Tag ausgedacht hatte. Die Aufmerksamkeit, die wir ihr und ihrer Arbeit entgegenbrachten, tat ihr sichtlich gut. Sie nahm weiter an den Angeboten im Atelier teil und gewann mehr und mehr an Mut, sich künstlerisch auszudrücken. Ihre anfängliche Scheu verschwand. In der nächsten Zeit benutzten wir unterschiedlichste Materialien, mit denen wir die Farbe auf das Blatt auftrugen. Es wurde mit Fingern, Schwämmen, Spachteln und Pinseln gemalt und gewerkt. Marla wirkte an vielen Tagen mit und wuchs mit jedem Bild, das sie fertigstellte. Ihrer Phantasie waren keine Grenzen mehr gesetzt, zumindest, was ihren künstlerischen Ausdruck betraf. Sie malte auf Papier und Folie und stellte am Ende des Projektes ein Gemälde her, das mittlerweile das Wohnzimmer ihrer Eltern schmückt; gerahmt und entsprechend geachtet.

Die Bedeutung meiner Präsenz

Gerade beim künstlerischen und kreativen Gestalten haben wir als Erzieher eine ganz wichtige Rolle zu übernehmen. Sie sollte von besonderer Sensibilität geprägt sein. Für mich heißt das, dass ich mich mit meinen Vorstellungen von Schönheit, Ästhetik und Farbharmonie zunächst in den Hintergrund stelle und die Kinder „wirken" lassen. (Womit ich nicht sagen will, dass es keine Anleitung seitens der Erzieher geben soll!) Ich wollte den Kindern die Möglichkeit geben, das auszudrücken, wovon sie beeindruckt waren. Mein Anspruch an mich war dabei, die Arbeiten, die während der Zeit entstanden, völlig wertfrei anzunehmen. Das war natürlich nicht immer einfach, da ich auch Vorstellungen davon habe, wie ein Kunstwerk schön bzw. fertig erscheinen sollte. Aber meine eigenen künstlerischen Ansprüche sollten ja in den Hintergrund treten.

Es gibt beim Betrachten eines Bildes kein „falsch" oder „richtig", kein „zu groß" oder „zu klein", kein „zu hell" oder „zu dunkel"! Ich möchte den Kindern vermitteln, dass sie sich mit ihrer Kunst frei entfalten können und keinem Zwang unterlegen sind. Jedes Bild, jedes „Kunstwerk" hat gleichermaßen Achtung verdient, weil es ein Teil dessen ist, was das Kind aus seinem Inneren nach außen tragen möchte! Ich meine, dass ich als Erzieherin eine Verantwortung trage, diese Werke als eigenständige Kunst anzuerkennen, um somit das Kind zu fördern. Ich versuche, für Handlungsmöglichkeiten zu sorgen und so einen Raum zu schaffen, in dem kreativer Ausdruck möglich wird. Marla brauchte Zeit, sich mit dem Thema Farben und künstlerischer Gestaltung anzufreunden. Meine Aufgabe sah ich u.a. darin, sie in ihrem Tun zu bestärken und ihr Mut zu machen, die eigenen Ideen umzusetzen. So fand sie durch die Fingerspitzenmaltechnik einen Einstieg in das Projekt, der ihr entsprach.

Wir Erwachsenen wollten auch den Kindern die Möglichkeit zum Manschen und Schmaddern geben, um ihnen eventuell einen Einstieg in neue, bisher unbekannte Wahrnehmungserfahrungen zu erschließen. Marlas Vorstellungen hatten Vorrang, und ich bin im Nachhinein froh, so flexibel mit dieser Situation umgegangen zu sein. Oftmals gingen wir gemeinsam ein Stück von ihrem Bild weg und betrachteten es aus der Entfernung. So konnte sie genauer erkennen, ob ihrem Bild noch etwas fehlte. Sie lernte, sich konzentriert mit ihrem Werk auseinanderzusetzen und gewann Sicherheit und Lust an ihrer Arbeit. Ich stand ihr als Beraterin zur Seite und gab ihr bei Bedarf sachliche Hinweise. Außerdem stellte ich mich ihr als eine Begleiterin zur Verfügung, die ihren Arbeiten aufrichtiges Interesse entgegenbrachte. Die übrigen Kinder der Kleingruppe ließen sich dazu anregen, sich ebenfalls mit den Bildern der anderen zu befassen und gegebenenfalls Ratschläge oder Tipps zu geben. In ruhiger und konzentrierter Atmosphäre schufen die Kinder wahre Kunstwerke!

In einem letzten Beispiel möchte ich von meinem eigenen Kind und meinen Erfahrungen erzählen. Ich schließe selbstverständlich meinen Partner mit ein, der an der Betreuung und Erziehung von Luca maßgeblich beteiligt ist und berichte einige Dinge aus unserem Leben, um so deutlich zu machen, was wir an unserem Jungen erfahren haben.

Ich staune...

über Luca, der mich durch seine enorme Lebendigkeit täglich fordert und dessen Wissensdurst unerschöpflich erscheint! Schon während der Schwangerschaft wunderte ich mich über dieses ständig muntere und überaus eifrige Kind. Ich traf während dieser Zeit Gerd, der mir damals schon prophezeite, dass nach seiner Erfahrung ein energiegeladenes Baby im Mutterleib auch im späteren Leben zu den „forscheren" gehören wird. Er behielt recht! Nach einem sehr sanften Einstieg ins Leben schlief Luca sich in regelmäßigen Abständen ordentlich aus und war mit ein paar Monaten sehr wach und aufmerksam. Luca hatte tagsüber wenige Phasen, in denen er schlief, war alle zwei Stunden hungrig und ständig an allem interessiert, was um ihn herum passierte. Selten lag er für sich auf einer Decke und schaute sich nur um. Es musste ständig irgend etwas passieren, woran er beteiligt sein wollte: eine anstrengende und auch faszinierende Zeit, weil er in seiner aufgeschlossenen Lebensart viel und schnell lernte. Anstrengend war sein Ehrgeiz, der ihn dazu antrieb, immer mehr zu wollen, als er bis dahin konnte. War er gerade imstande zu sitzen, wollte er krabbeln. Als er krabbeln konnte, weinte er, weil er es noch nicht schaffte aufzustehen. Als er endlich stand, ging es ihm nicht schnell genug vorwärts. Nachdem er richtig laufen konnte, war es das schönste für ihn, hinter einem Ball herzurennen (alles meine Interpretationen!). So ist es eigentlich heute noch. Die Bewegung ist seine Leidenschaft.

Das Faszinierende war und ist seine unbändige Lust, die Welt zu entdecken. Es ist unglaublich, wie viele Fragen das Leben aufgibt! Wir mussten uns viele Bücher anschaffen, um ihm und seinem Wissensdurst gerecht zu werden. Vor kurzem brachte er mich schon an meine Grenzen mit der Frage nach dem Ende des Weltraums und, wer denn der erste Mensch war, der auf dieser Erde lebte. Luca trägt einen großen Teil dazu bei, dass ich mich mit Dingen auseinandersetze, die ich als Erwachsene schon länger ad acta gelegt habe. Er fordert Informationen und Aufmerksamkeit für seine Belange! Was ich immer wieder überwältigend und bemerkenswert finde, ist die bedingungslose Liebe, die er geben kann. Streit und Verbote oder Grenzen, die von uns gesetzt werden, trägt er uns nicht nach, indem er uns etwa seine Liebe und sein Vertrauen entzieht. Im Gegenteil: er kann verzeihen, sich entschuldigen und auch unsere Entschuldigungen annehmen. Kinder sind mir ein Vorbild für ein positives, vertrautenvolles Miteinander, weil sie noch das Urvertrauen besitzen, das bei Erwachsenen durch viele lebenserschwerende Erfahrungen zunichte gemacht wurde. Sie denken, so wie ich das bisher beobachten konnte, größtenteils positiv. Luca hat uns durch die Geschwindigkeit, in der er Dinge begreift und umsetzt, schon oftmals erstaunt, und werden weiterhin alles dafür tun, ihm die Möglichkeit zum Lernen zu bieten.

Die Bedeutung meiner Präsenz

In meine Überlegungen möchte ich, bevor ich mich mit der Beziehung zwischen mir und Luca auseinandersetze, zunächst noch einmal auf meine Vergangenheit zurückkommen, in der nämlich der Grundstein zu meinem heutigen Empfinden und Verhalten Kindern gegenüber gelegt wurde. Konkret meine ich den Kindergarten, in dem ich jetzt seit zwei Jahren nach meinem Erziehungsurlaub wieder tätig bin. Ich habe dort vor meiner Zeit als Mutter Erfahrungen machen können, die mich sehr viel weiter brachten. Man akzeptierte dort meine Spontaneität und meine „Kindlichkeit" war herzlich willkommen. Ich wurde angenommen, wie ich war und konnte mich so mit meiner Persönlichkeit voll in meinen Beruf hineingeben. Natürlich musste ich auch erfahren, dass Spontaneität allein zeitweise nur begrenzt sinnvoll und zulässig ist. Dennoch hatte ich im Kindergarten die Möglichkeit zu wachsen und mich zu entwickeln! Es waren für mich sehr ausgefüllte, bedeutsame und ereignisreiche Jahre, die mir und meinem Selbstwertgefühl sehr gut taten. Ich hatte das Gefühl, zur richtigen Zeit am richtigen Ort zu sein. Und das tat mir gut. Wir entwickelten gemeinsam im Team viele Ideen und konzeptionelle Gedanken, wie Kinder am sinnvollsten und effektivsten von den Erwachsenen betreut werden sollten. Wir überdachten unsere Rolle und erkannten, dass wir neben gegenseitiger Toleranz auch unbedingt Bereitschaft zeigen mussten, selbst zu lernen und zu wachsen. Nur so war es möglich, dem Anspruch, Fachkraft sein zu wollen, auch gerecht zu werden. Wir probierten aus und fanden Wege, die uns den Bedürfnissen der Kinder immer ein Stück näher brachten. Dieser überaus intensive Austausch und das immer neue Probehandeln finden auch heute noch statt, und ich bin froh, in einer solchen lebendigen Einrichtung arbeiten zu können. Die überaus positiven Selbsterfahrungen, die ich während meiner Zeit als Erzieherin machen konnte, trugen dazu bei, dass sich mein Menschenbild veränderte. Ich konnte am eigenen Leib erfahren, was es heißt, mit all meinen Stärken und auch Schwächen angenommen zu werden, und ich lernte, dass es Kindern ebenso ergehen mag. Ich war nun überzeugt, dass jedes Kind und jeder Erwachsene einen Grund dafür hat, so zu sein, wie sie sind.

Als unser eigenes Kind zur Welt kam, war ich überzeugt, dass auch schon dieser kleine eben geborene Mensch eine eigene Persönlichkeit hatte und als vollwertiges Wesen geachtet werden wollte. Er brachte in seiner Lebendigkeit seine eigene Würde mit auf die Welt, und wir achteten sie, indem wir ihm so wenig wie möglich vorenthielten. Er wurde einbezogen in das, was wir taten. Wir erzählten ihm immer genau, wohin wir fahren wollten und wann wir wiederkommen würden. Noch heute machen wir das so und tun das, seit er mit zwei Monaten zum ersten Mal für einen Nachmittag bei meinen Eltern blieb. Der eine oder andere mag darüber lächeln. Ich empfinde es als die einzig wahre Chance, sein Vertrauen nicht zu missbrauchen und ihm das Gefühl und die Sicherheit zu geben, dass wir wirklich wiederkommen. Wir sind uns immer sicher, dass er uns versteht. Er kooperiert, indem er auch ohne uns in fremden Situationen zurechtkommt.

In den ersten Jahren, da ich in meinem Erziehungsurlaub Luca begleitete, gab es viele Situationen, die für das Kind eine außerordentliche Herausforderung darstellten. So krabbelte er Treppen rauf und runter, meisterte selbständig andere Erhöhungen und fing an, sich mit einem Messer sein Brot selbst zu schmieren. Jede Mutter kennt ähnliche Lernschritte ihres Kindes. Obwohl ich das Vertrauen in ihn hatte, dass er nur das tat, was er sich auch wirklich zutraute, wurde mir doch manchmal bange, wenn seine motorischen Übungsgänge allzu mutig wurden. Dennoch bin ich froh, lieber öfter weggeschaut als eingegriffen zu haben, denn es passiert doch selten etwas, und wenn, dann nicht, weil er sich überschätzt hat. Er durfte sich von Anfang an ausprobieren, entschied selbständig, welche Gefahren er eingehen wollte, und an welchen Stellen es besser war, umzukehren. Durch die psychomotorische Aus- bzw. Fortbildung in Melle und meine Erfahrungen, die ich dort und auch später im Kindergarten machen konnte, war mir klar, wie wichtig und entscheidend diese Bewegungserfahrungen für ihn sein würden. Eigene Erfahrungen gaben mir Sicherheit und Bestätigung, den richtigen Weg zu gehen. Ich begleitete

Luca, ohne sein Verantwortungsgefühl, das er offensichtlich für sich schon als Kleinkind hatte, in Frage zu stellen. So lernte er, geschickt mit seinem Körper umzugehen und entwickelte dabei ein ausgeprägtes Selbstwertgefühl.

Luca interessierte sich sehr früh für Buchstaben und Zahlen. Wir versuchten, seinem Bedürfnis u.a. dadurch gerecht zu werden, indem wir ihm eine Buchstabenmagnettafel schenkten. Mit diesem Handwerkszeug lernte er, Wörter zu legen und konnte sich mit Schrift und Zahlen intensiver befassen. Sein Interesse an Buchstaben weitete sich mehr und mehr aus. Er fing an, große Schriften an Kaufhäusern zu deuten, wollte ständig Dinge vorgelesen bekommen und entwickelte so eine Vorstellung davon, wie sich diese Buchstaben zu Wörtern zusammensetzen lassen. Er holte sich von uns Erwachsenen ständig Informationen, die sein Wissen erweiterten. Ich bin sicher, dass er unsere Präsenz und somit unsere Aufmerksamkeit wirklich nötig hat, um sich seinem Wesen entsprechend optimal weiterzuentwickeln. Jeder Mensch bringt Qualitäten mit auf die Welt, und er muss lernen, sie zu erkennen und für sich sinnvoll zu gebrauchen. Luca will Wissen erwerben und die Welt begreifen! Dazu braucht er unsere Aussagen, Antworten und Hilfe. Kurz gesagt, unsere Präsenz!

Mein Fazit

Präsent sein heißt nicht, der oder die „Macher" zu sein. Es heißt viel mehr, da zu sein, aufmerksam zu sein für die Bedürfnisse einzelner Kinder und zu beobachten. Durch Beobachtung und sensibles Einschätzen von Situationen haben wir nicht nur die Möglichkeit, sondern auch die Aufgabe, Verständnis für das Kind und seine jeweiligen Lebensumstände aufzubringen (...ich verstehe, warum du so bist, und möchte dir Unterstützung anbieten). Damit ist die zwischenmenschliche Basis geschaffen, sich miteinander wohlzufühlen, einander zu helfen und bei Bedarf Lösungen für Probleme zu finden. Wie wichtig es ist, sich wohl zu fühlen, und wie bedeutsam für die Kinder, sollten wir uns immer wieder vor Augen führen! Mit meinen drei Beispiel wollte ich deutlich machen, wie sehr wir als Erwachsene, als Vorbilder der Kinder, deren Selbstbild mitbestimmen. Wir leisten einen sehr großen Beitrag zur Persönlichkeitsentwicklung, indem wir ihnen z.B. durch Mimik, Gestik und Sprache deutlich vermitteln, dass wir sie ernst nehmen und als wertvolle Menschen achten! Wir signalisieren ihnen, dass wir das, was sie tun, für bedeutsam und für sie unbedingt sinnvoll halten.

Die Sprache spielt dabei eine entscheidende Rolle. Ich war davon überzeugt, dass Luca schon als Baby durchaus in der Lage war, uns und die Bedeutung unserer Worte zu erfassen. So war es für uns auch völlig logisch und sinnvoll, normal und ernsthaft mit ihm zu reden. Wenn auch der sogenannte „Babytalk" in der Theorie eine Zeit lang Sinn machen soll, so war die „Babysprache" nahezu tabu für uns. Später, als Luca schon aufmerksamer die Welt betrachtete, gab es in unserem Wortschatz auch keinen „Wauwau", keinen „Piepmatz" und kein „BrumBrum". Manchen Eltern mag das übertrieben erscheinen. Ich meine, dass wir in Bezug auf die Bildung der Kinder die größte Verantwortung tragen. Wissen und Informationen eröffnen den Kindern neue Wege und Chancen, sich weiter zu entwickeln und somit mehr Selbstbewusstsein aufzubauen. Es ist also eigentlich selbstverständlich, dass wir mit Kindern so sprechen, wie es später auch von ihnen erwartet wird.

Auch Inhalt und Art der Kommunikation sind von entscheidender Bedeutung. In meinen Ausführungen sollte deutlich werden, dass Kinder auf konstruktive Kritik, auf unseren Zuspruch und unser Lob angewiesen sind. Erst wenn sie eine ernstgemeinte Zuwendung erfahren, können sie ein positives Selbstbild aufbauen, ein Bild, das größtenteils in Kooperation des Kindes mit dem Erwachsenen entsteht. Mir ist in den letzten Jahren deutlich geworden:

- Kinder, denen Vertrauen entgegengebracht wird, geben Vertrauen zurück

- Kinder, die mit Respekt behandelt werden, antworten mit Respekt und Achtung

- Kinder, deren Worte gehört werden, schenken Aufmerksamkeit

- Kinder, denen mit Offenheit und Ehrlichkeit begegnet wird, spüren dies und geben Liebe und Vertrauen zurück!

Das derzeitige Motto unseres Kindergartens, das die Gemeinsamkeiten der drei Beispiele hervorragend vereint und auf den Punkt bringt, lautet: „Kinder mit erhobenem Kopf". Wir haben gemeinsam im Team unseren Umgang mit den Kindern überdacht und sind zu dem Schluss gekommen, dass Erwachsene gelegentlich immer noch ihre körperlichen Stärken ausnutzen. Das bedeutet konkret, dass Kinder immer noch zum Zählen in die Reihe gedrängt oder manchmal weggetragen werden. Meistens geschieht dies in Stresssituationen ganz automatisch und unbedacht. Darüber, was die Kinder dabei empfinden, machen sich wahrscheinlich die wenigsten Erwachsenen Gedanken. Aufgrund dieser Beobachtungen kamen wir im Team zur Erkenntnis, dass es für den Selbstbildungsprozess des Kindes nicht förderlich ist, wenn sich Erwachsene durch körperliche Überlegenheit bei Konflikten durchsetzen.

Wir nahmen uns vor, uns gegenseitig an folgende Verhaltensregeln zu erinnern:

- Kinder werden nicht zur Seite geschubst oder geschoben
- Wir hören auf, ihnen den Kopf zu tätscheln
- Wir „wirbeln" sie nicht ungefragt durch die Lüfte, nur weil uns gerade danach zumute ist
- Wenn wir mit ihnen reden, begeben wir uns oftmals in Augenhöhe der Kinder
- Wir wollen die Achtung vor dem Menschen wahren, und mit unserem Motto sind wir sicher auf dem richtigen Weg!

Ich habe eine sehr genaue Vorstellung davon, wie ich mich Kindern gegenüber zu verhalten habe, um sie in ihrer Entwicklung nicht zu behindern. Ich fühle mich wohl und ernstgenommen in ihrer Nähe und genieße die facettenreiche Arbeit im Kindergarten. Es gibt auch viele Situationen, in denen ich weniger Geduld habe, meine Nerven zum Bersten gespannt sind und ich bestimmt auch manchmal ungerecht werde. Kinder sind anstrengend, keine Frage. Trotzdem haben sie ein grundsätzliches Recht dazu, gleichwertig von Erwachsenen behandelt bzw. begleitet zu werden. Abschließend möchte ich noch einmal die mir wichtigsten Bildungsaspekte benennen.

Jeder Mensch schafft ein Bild von sich selbst und entdeckt mit der Zeit seine Persönlichkeit. Um ein positives Persönlichkeitsbild von sich zu entwickeln, bedarf es eines hohen Selbstwertgefühls, das von Erwachsenen positiv beeinflusst werden kann. Dies kann schon durch deren Sensibilität geschehen, die Bedeutsamkeiten von Schlüsselsituationen zu erkennen und für das Kind sinnvoll umzusetzen. In meinen Beispielen wollte ich gerade dies zum Ausdruck bringen. Durch eine Beziehung, die auf Verständnis und Vertrauen aufbaut, bildet sich eine Kultur wechselseitiger Anerkennung, die übrigens auch eine Vermittlung von bestimmten Werten beinhaltet. Diese Werte erhöhen meine eigene Lebensqualität und die meines näheren Umfeldes!

Als Erwachsene übernehme ich eine Vorbildfunktion für Kinder, gerade was den Umgang mit meinem Gegenüber angeht. Kinder spiegeln ihr Umfeld. So kann eine Beziehung wechselseitigen Verstehens entstehen. Ich denke, dass wir eine Verständigungsbasis zwischen der festgefahrenen Erwachsenenwelt und der offenen Welt der Kinder herstellen können. Das kann aber nur geschehen, wenn wir die Kinder als eigenständige und selbsttätige Menschen achten und anerkennen und ihnen ebenbürtig begegnen. Die Kinder weisen uns den Weg, denn sie haben sie noch nicht verloren, den Enthusiasmus und die Begeisterung für die kleinen und großen Freuden des Lebens. Ich staune über ihre Art, die Welt zu begreifen und lasse mich gerne von ihnen inspirieren.

Ich lerne, meine Umgebung bunter wahrzunehmen, lasse mich begeistern von ihren lebhaften Phantasien und tauche gerne mit ein in die Welt der Wunder. Ich halte es für sehr sinnvoll, das Tun und die Sprache der Kinder intensiv wahrzunehmen. Erst dann fördern wir auch ihre Kraft und ihren Mut, sich zu äußern und aktiv und selbstbewusst am Leben teilzunehmen. Ich konnte die Erfahrung machen, dass Verständnis Nähe bringt und ein vertrautes Miteinander zur Folge hat. So kann ich sagen: Meine Präsenz erschließt mir ihre Welt.

Manuela Schröder

1.4 Vom Spaziergang zur Exkursion

Es gibt viele alltägliche Dinge in unserem Leben und in der Arbeit mit Kindern, die benannt und getan werden, weil wir sie so gelernt haben, und weil es schon immer so war. So dachte ich früher, dass gutes Wetter zwangsläufig bedeutet, mit den Kindern an die frische Luft zu gehen, aber nicht um etwas zu erforschen oder zu experimentieren, sondern weil es gesund sei. Ich stelle dieses Argument nicht in Frage: Frische Luft ist wichtig. Aber durch neue Erfahrungen, die wir in unserem Kindergarten mit Kindern im Alter von drei bis sechs Jahren gemacht haben, bin ich zu einer anderen Einstellung gekommen, die ich in meinem Beitrag als Denkanstoß weitergebe. Ich hoffe, dass ich zur Nachahmung anrege.

Was ist anders bei den heutigen Kindern?

Kinder unserer Zeit unterscheiden sich nicht von denen meiner Generation, aber ihre Möglichkeiten gestalten sich anders. Das überbordende Medienangebot und die veränderte Umwelt mit zunehmendem Verkehr und immer weiter schwindenden Spielräumen lassen den Kindern weniger Lebens-, Lern- und Erfahrungsräume, weniger Kontakt zur natürlichen Umwelt. Viele Kinder haben einen Terminkalender, der fast dem eines leitenden Angestellten gleicht. Sie gehen zum Tanzen oder zum Fußball, singen im Chor oder voltigieren. Zeit, sich am Nachmittag mit Freunden zu treffen, um die Welt um sich herum zu erkunden, fehlt oft. Diese Verplanung der Kindheit führt dazu, dass die Kinder wichtige Beziehungen zur Natur und Umwelt nicht ausreichend aufbauen können. Jede pädagogische Mitarbeiterin sollte deshalb für diese veränderte Situation sensibel sein und den Kindern helfen, einen Zugang zu Natur und Umwelt zu finden.

Ich habe mir nie vorgestellt, was es bedeuten kann, mit wachen Augen, offenen Ohren, einer freien Nase und neugierigen Fingerspitzen eine Exkursion zu starten. Sicherlich kann ein jeder davon erzählen, wie interessant es ist,

- auf einem Spaziergang mit Kindern Blätter zu sammeln,
- Käfer zu beobachten und Vogelstimmen zu lauschen,
- mit nackten Füßen über eine Wiese zu gehen und durch Matsch zu waten.

Aber wer bleibt an einem Baum stehen und fühlt mit geschlossenen Augen die Rinde, wer riecht daran? Wer hört den Herzschlag eines Baumes mit dem Stethoskop im Frühjahr, wenn der Laubaustrieb beginnt? Wer von uns beginnt einen Spaziergang mit solchen Überlegungen?

Die Reise, die Erlebnis heißt, und ich bin gut vorbereitet

Der Weg auf dieser Reise, „Exkursion" genannt, kann nur durch eine gute Vorbereitung erfolgversprechend sein. Selbst ein Forscher wird zu seiner Orientierung Fachbücher heranziehen. Literatur zum Thema „Natur und Umwelt" gibt es für jede Jahreszeit. Außerdem stehen Fachleute zur Verfügung, die gern Auskunft geben. Es gibt also genügend Möglichkeiten, sich mit einem Thema vertraut zu machen. Ich kann an Kinder nur das weitergeben, was ich selbst erfahren habe, was ich fühle und denke und, was für mich wichtig ist. Aber zu dem fachlichen Wissen muss noch etwas Wesentliches hinzukommen: geeignetes Handwerkszeug in ausreichender Menge. Gut vorbereitet zu einer Exkursion zu starten, kann so zu einem bleibenden Erlebnis für alle Beteiligten werden.

Ich denke, wir gehen oft durch die Stadt, über Wiesen, Felder oder durch den Wald und nehmen zwar mit allen unseren Sinnen etwas wahr, ohne darüber aber weiter nachzudenken. Es sind Empfindungen, die laut oder leise, duftend oder stinkend, angenehm oder unangenehm sind, Ängste hervorrufen können und unter Umständen unseren ganzen Körper berühren. So ist es auch bei Spaziergängen mit Kindern. Doch wenn wir uns nicht mit solchen Erfahrungen beschäftigen und auseinandersetzen, kommt es nicht zu neuen Erkenntnissen. Wird ein Spaziergang zu einer Exkursion, dann gilt es, der Neugierde der Kinder Raum und Zeit zu geben und ihnen mit unserem Wissen und unseren Erfahrungen in Ruhe auf ihre Fragen zu antworten oder ihnen neue Anregungen zu vermitteln.

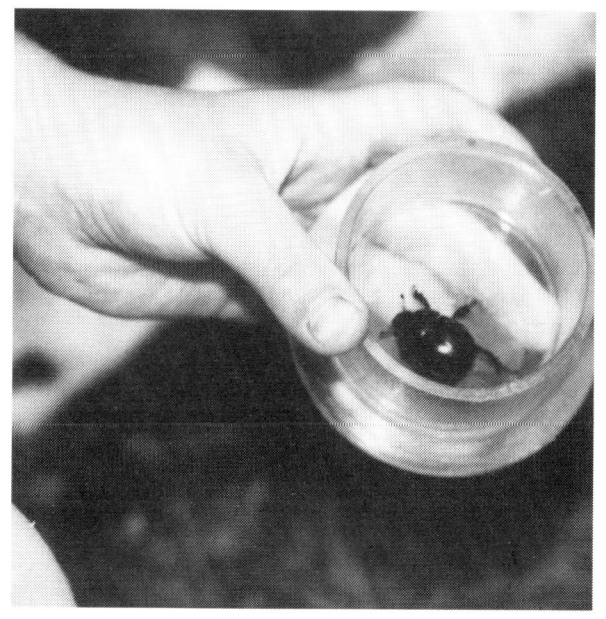

Viele Menschen verbinden mit dem Begriff „Natur" ausschließlich den Wald. Diese Sicht ist einseitig, denn jeder Bereich in unserem Umfeld ist für Forschungsreisende interessant und kann neues Lernen bewirken. Wissen kann durch eigene Kenntnisse und umfassende Erfahrungen weitergegeben werden, doch Kinder brauchen die unmittelbare Anschauung und das gemeinsame Erlebnis. So richtig klar wurde das für mich, als ich mir darüber Gedanken machte, dass ein Ausflug in den Schnee mehr sein könnte als „nur" Schlitten zu fahren. So erprobten wir uns im „Schneemänner bauen", natürlich mit einer Möhre als Nase. Nach einigen Tagen sahen wir uns die Nase genauer an: Sie war nicht mehr hart und fest sondern weich und schrumpelig. Wir ließen auch einen Schneeball in einem Glas tauen, um zu sehen, was daraus wird. Erst nach dem Auftauen entdeckten wir, wie dreckig doch schöner weißer Schnee sein kann und kamen darüber ins Gespräch, wo dieser Dreck wohl herkommen könnte. Ganz spannend wurde es am Morgen nach einer frostigen Nacht, als wir überall Eiskristalle entdeckten.! Die Beschäftigung damit war für alle aufregend und interessant, besonders, als wir die Eiskristalle mit Hilfe von Lupen genauer betrachten konnten. Solche Erfahrungen waren ausschlaggebend dafür, unsere sogenannten Spaziergänge, die meistens in großen Gruppen mit bis zu 25 Kindern stattfanden, zu überdenken. Wir entschieden uns, Kinder in Kleingruppen mit höchstens acht Teilnehmern zusammenzufassen und sie zu gut vorbereiteten Exkursionen einzuladen. Die Absicht war dabei, die Kinder für unsere Natur und Umwelt offener und sensibler zu machen, denn eine Exkursion ist ein Ausflug, der wissenschaftliche Untersuchungen zum Ziel hat. Es ist wichtig für den Erfolg einer Exkursion, die Kinder in die Planung einzubeziehen. Wir sind inzwischen dazu übergegangen, nicht nur bei Exkursionen, sondern auch bei allen Angeboten und Projekten mit einer Delegation von Kindern gemeinsam zu planen, Ideen zu entwickeln und uns vorzubereiten. Das kann auch bedeuten, diese Kleingruppen noch einmal zu unterteilen und konkrete Aufgaben und Ziele abzusprechen und dadurch zu delegieren. Ich bin immer wieder überrascht und erfreut, wie gut das geht. Meine Hauptaufgabe besteht darin, die Kinder anregend zu begleiten.

Der Erfolg einer Exkursion hängt auch von der richtigen Ausrüstung ab. Das beginnt bei der passenden Kleidung. Auf jeden Fall sollten die Eltern in die Vorbereitungen einbezogen werden und Informationen über die geplanten Exkursionen erhalten. So ist am ehesten gewährleistet, dass es wegen evtl. verschmutzter oder beschädigter Kleidung keinen Ärger gibt. Wir haben für jeden Teilnehmer einen gut ausgestatteten Exkursionsrucksack angeschafft. Jedes Kind hat sein eigenes Material für individuelles Forschen, und damit hat die Exkursion noch mehr Bedeutung bekommen. Der Umgang mit

Rucksack und Materialien wird während der Unternehmung eingeübt und gelernt. Der Rucksackinhalt besteht aus Terrarium, Lupe, Spiegel, Papier und Stiften, Sammelbehälter und einem Bestimmungsbuch. Auch ein scharfes Schnitz- bzw. Taschenmesser ist dabei. Der Umgang mit diesem nicht ungefährlichen Werkzeug wird selbstverständlich besonders geübt. Ich habe die Erfahrung gemacht, dass die Kinder sehr verantwortungsbewusst mit den scharfen Messern arbeiten, wenn der Umgang damit sorgfältig erprobt ist. Geringe Verletzungen sind äußerst selten. Auf jeden Fall ist ein kleiner Verbandskasten fester Bestandteil der Exkursion.

Gemeinsam und voneinander lernen

Weil wir als Erzieherinnen nicht jeden Käfer, jeden Baum, jeden Vogel und auch nicht die verschiedenen Getreidearten oder Wiesenblumen kennen, greifen wir auf Bücher oder den Rat und die Unterstützung von Fachleuten zurück. Das haben wir zum ersten Mal in unseren Waldwochen ausprobiert. Wir luden einen Förster oder einen ortsansässigen Jäger ein. Sie sind mit uns durch die Natur gegangen und haben uns Augen und Ohren für vielerlei Erscheinungen der Natur geöffnet, z.B. für Tierbauten und Behausungen, Fußspuren auf dem Waldboden, die Bedeutung der Ameisenhügel. Wir haben erfahren, wann Tiere ihre Jungen bekommen und wie sie heißen. Gelernt haben wir auch, woran das Alter eines Baumes zu erkennen ist und ob er krank oder gesund ist. Natürlich kann man sich diese Informationen auch aus Büchern aneignen, aber der Besuch des Försters oder Jägers ist ein besonderes „Highlight" und bedeutet für uns alle, auf unsere Fragen direkt und vor Ort Antworten zu bekommen.

Kinder nehmen Dinge oft ganz anders wahr als Erwachsene und stellen ihre Fragen aufgrund ihrer individuellen Wahrnehmung spontan. Sie entwickeln dabei einen unbändigen Wissensdurst, und ich bewundere immer wieder die Geduld, mit der unsere Gäste die Fragen der Kinder beantworten. Es ist überaus erstaunlich zu beobachten, wie die Kinder durch solche Anregungen ihre Sinne sensibilisieren und später durch spielerische Aktivitäten, Pantomime, Zeichnen von Bildern usw. darauf zurückkommen.

Wir regen die Kinder auch dazu an, ihre Erlebnisse im Kindergarten zu vertiefen, indem sie z. B.

- ein Spinnennetz mit Wollknäulen herstellen

- einen Baum darstellen

- Windgeräusche nachmachen

- Tierstimmen nachahmen

- herausfinden, was z.B. alles aus Holz besteht

- Spiele herstellen (Memory...).

Es war interessant für mich zu erleben, dass Kinder keine angeborene Abneigung gegen Käfer, Spinnen und Würmer haben. Sie werden von allem Kleingetier magisch angezogen. Das war für mich sehr hilfreich. Im Laufe unserer vielen Waldwochen und Exkursionen und der damit verbundenen intensiven Auseinandersetzung mit der Natur habe auch ich die Scheu und den Ekel vor manchen kleinen Waldbewohnern verloren. Ich habe von den Kindern gelernt, nicht gleich meinen Ekel auszudrücken. Ich habe wie sie geschaut und beobachtet und konnte ihnen dadurch besser erklären, wie wichtig es ist, dass es alle diese Tiere im Wald gibt, und welche Vernetzungen und Kreisläufe wir in der Natur entdecken können. Ich erkläre den Kindern, wer sich von wem oder was ernährt und warum manche schöne, bunte Blume nicht gepflückt oder gar gegessen werden darf. Es wird den Kindern deutlich, wie der Lebensraum für Mensch und Tier erhalten wird. Trotz aller Auseinandersetzung kostet es mich doch Überwindung, einen Frosch oder einen Regenwurm anzufassen. Meine eigenen Empfindungen in diesem Bereich haben sich jedoch vom Ekel zum „Unwohlsein" gewandelt. Je mutiger ich werde, um so leichter kann ich die Kinder motivieren, die Natur gründlich zu erforschen.

Es gibt so viele Möglichkeiten

Um intensiv das Gehör anzuregen lohnt es sich, sich mit einem Tonbandgerät auf den Weg zu machen, die uns umgebenden Geräusche aufzunehmen und diese später in Ruhe zu erforschen. Ich bin immer wieder erstaunt, dass die Kinder Geräusche hören, die ich erst nach mehrmaligem Hinhören erkenne. Die Kinder werden selbst zu Forschern und lassen sich sehr viel Zeit dabei, ihr eigenes Wissen zu erweitern und es an andere weiterzugeben; denn man hört im Wald z.B. nicht nur Vogelstimmen, sondern in der Ferne das Rauschen des Straßenverkehrs, das Plätschern eines Bachlaufs, das Windrauschen oder das Brummen eines Flugzeugs. Auch über das Fotografieren wird die Erlebnisfähigkeit vertieft. So haben wir einmal das Welken einer Blume fotografiert. Das regte die Kinder an, einen solchen Vorgang über einen längeren Zeitraum zu beobachten und durch Austausch ihrer Wahrnehmungen in verabredeten oder spontanen Gesprächen ihre Erkenntnisse zu erweitern. Dabei erleben sie zugleich die Bedeutung und Wertschätzung ihrer Person, wenn sie von mir oder anderen ernst genommen werden.

Wir bestimmen gemeinsam ein Ziel

Bevor wir z.B. zu einer Exkursion mit der Absicht: „Erkennen der Fußspuren von Tieren" aufbrechen, besprechen wir gemeinsam, welche Ziele uns besonders wichtig sind:

* Welchen Weg gehen wir?

* Was suchen wir im Wald oder im Garten?

* Was suchen wir am Straßenrand?

* Von wem sind die Spuren, wollen wir sie evtl. aufmalen?

* oder wollen wir einen Abdruck mit Gips und Wasser machen?

* Wollen wir Fotos machen?

Auf diese Weise können wir den Kindern, die im Kindergarten bleiben, Beweise für gefundene Spuren mitbringen und mit ihnen gemeinsam erforschen, von welchem Tier sie sind. Mir liegt daran, dass die Kinder die Möglichkeit haben, alles das, was sie unterwegs gesehen, erforscht und gelernt haben, an andere weiterzugeben. Das fördert zugleich auch die Sprache. So entsteht z.B. nach jeder Waldwoche in unserer Einrichtung ein großes sogenanntes „Waldfundbild", auf dem alle im Wald und in der Natur gefundenen Naturmaterialien aufgeklebt werden - unter anderem auch die mit Gips ausgegossenen Fußspuren. Obwohl wir jedes Jahr dieselbe Stelle im Wald besuchen, gleichen sich nur wenige der Fundbilder, denn auch die Natur verändert sich von Jahr zu Jahr. Welch ein Gegensatz, wenn ein Abfall- oder Müllfundbild zusammengefügt wird! Ich wundere mich immer wieder, wie viel Abfälle Jahr für Jahr in der Natur „entsorgt" werden.

Bücher und Dokumentationen

Die von mir schon mehrfach erwähnten Bestimmungsbücher sind nach unserer Meinung so klar und deutlich gestaltet, z.B. „Tier und Pflanzenführer für Unterwegs", dass die Kinder allein Tiere und Pflanzen heraussuchen und erkennen können. Sie nehmen die Hilfe der Erwachsenen immer seltener in Anspruch. Praktisch heißt das, dass ich nicht ankündige: „Kommt, wir schauen im Buch nach, um welches Tier oder welche Pflanze es sich handelt", sondern ich sage: „Wenn ihr die passende Abbildung gefunden habt, lese ich die Bedeutung vor". Ich denke, dass die Verselbständigung ein fundamentales Ziel im Umgang mit Kindern sein sollte. Bestimmungsbücher gehören bei uns schon immer zur Waldwochenausrüstung. Die genannten Exkursionsutensilien haben inzwischen zur Erforschung der Natur, des Waldes und unserer Umgebung an Bedeutung gewonnen. Es ist noch etwas weiteres wichtig geworden: der Exkursionsordner. Darin werden alle Erfahrungen und Ergebnisse skizziert. Zu diesen Aufzeichnungen gehören auch Notizen von den Auswertungsgesprächen mit den Kindern. Auf diese Weise haben wir später immer noch die Möglichkeit, etwas nachzulesen und für vorgesehene Planungen zu nutzen. Für mich ist dieser Ordner sehr sinnvoll geworden, weil ich meine Erfahrungen und Erlebnisse sonst zu leicht vergessen würde. Die Erstellung der Dokumentation ist übrigens gar nicht so zeitraubend, weil Stichpunkte oft völlig ausreichen.

Experimente und Forschungen

Zu den wohl interessantesten Experimenten gehört, ein Terrarium etwa halb voll mit Erde und Blättern zu füllen und Regenwürmer zu sammeln. Für Kinder folgt dann eine spannende Beobachtungszeit. Sie können genau erkennen, wie sich die Würmer bewegen und wie die Gänge entstehen. Dasselbe gilt für Ameisen und kleine Käfer. Sie können im Terrarium mit der Lupe genau beobachtet werden. Schön ist es, die Augen und Fühler zu sehen und ihre Bewegungen zu studieren. Vorbereitend wird mit den Kindern der Zeitraum, die Verantwortlichkeit für die Fütterung und natürlich die Freilassung abgesprochen. An den Tieren im Terrarium haben wir eine gute Möglichkeit, Genaueres über ihre Lebensweise zu erfahren. Ich denke, intensiver können sich Kinder keine Erkenntnisse und kein Wissen aneignen. Besonders förderlich sind die gemeinsamen Gespräche über Beobachtungen, Phantasien und Gedankengänge. Da ich die Kinder nicht belehren will und auch Kinder dies in der Regel nicht tun, haben solche Gespräche den Charakter eines Dialoges.

Wir brauchen natürlich nicht immer Tiere, um interessante Experimente zu machen. Wir können auch beobachten, wie sich die Reste eines Apfels oder einer Bananenschale verändern, wenn sie im Terrarium und nicht auf dem Kompost verwesen. An diesem Versuch läßt sich sehr anschaulich erklären, warum es in Ordnung ist, solche Reste an den Feld- oder Wegesrand zu werfen, wenn kein Müllsammler in der Nähe ist.

Die verschiedenen Erfahrungen mit Natur und Umwelt haben unsere Kinder sensibler gemacht für ökologische Fragen und Themen. So haben wir z.B. in unserem Kindergarten zusammen mit den Kindern ein System entworfen, wie wir unseren Müll trennen und auf diese Weise auch Kosten sparen können. Ein weiteres interessantes Thema sind die verschiedenen Erdschichten in unserem Wald oder Gartenboden. Dazu stecken wir ein kleines Terrain ab und untersuchen die unterschiedlichen Erdarten. In diesem Zusammenhang sammeln wir wichtige Erfahrungen nicht nur im Sehen und Fühlen, sondern auch bewusst mit der Nase.

In unserer Einrichtung existiert ein sogenannter „Forscherbereich", den wir auf wachsende Nachfrage der Kinder eingerichtet haben. Hier können sie auch im Kindergarten die gesammelten Utensilien aus der Natur weiter beobachten und bearbeiten, und es besteht die Möglichkeit, dieses über einen längeren Zeitraum als nur während der Waldwoche zu tun. Die Rückmeldungen der Kinder zeigen, dass solche Experimente auch zuhause, die Unterstützung durch die Eltern vorausgesetzt, durchgeführt werden können. Zu unserer Freude signalisieren uns die Eltern, dass sie mit dieser Art von Projekten und der Förderung des Umweltbewusstseins sehr zufrieden sind. Sie sind erstaunt, wie kompetent ihre Kinder forschen und wie sie ihre Erfahrungen für eigene Experimente nutzen. Diese Exkursionen finden natürlich nicht nur im schönen Frühling oder im warmen Sommer statt. Der farbenfrohe Herbst und der kalte Winter mit Schnee und Eis bieten vielfältige Möglichkeiten, die verschiedenen Materialien zu nutzen, um Tiere, Pflanzen und die gesamte Umwelt zu erforschen. Ich finde es erstaunlich, welche Mühe Kinder aufwenden, um z.B. einen Eiszapfen heil in den Kindergarten zu bekommen, und welche Überlegungen sie anstellen, ihn auch noch den Eltern zu zeigen, ohne dass er schmilzt.

Jede Jahreszeit ist anders

Eine interessante Exkursion starteten wir an einem Herbsttag. Ziel war nicht, Blätter oder Kastanien zum Basteln zu sammeln. Wir gingen der Frage nach, welche Insekten in dieser Jahreszeit noch zu finden sind. Das regte die Kinder zu folgenden Fragen an:

- Wie hat sich vom Sommer bis zu diesem Tag im Herbst der Boden schon verändert?

- Haben noch alle Bäume ihre Blätter und wenn ja, haben diese auch noch dieselbe Farbe?

- Wie fühlt es sich an, in einem Blätterhaufen ein Bad zu nehmen?

- Was sehe ich, wenn ich durch die Beine rückwärts schaue?

- Wie sieht der Boden im Liegen aus?

- Was sehe ich, wenn ich nach oben schaue?

- Wie kann ich einen Stamm transportieren?

Solche und ähnliche Fragen und Überlegungen vermitteln das Gefühl des Aktivseins und das Erlebnis, etwas geleistet zu haben. Das heißt nicht, dass es immer zu sichtbaren Erfolgen kommen muss. Auch veränderte Wahrnehmung durch den Gebrauch einiger Hilfsmittel wie z.b. Pappröhren, Spiegel und kleine Bilderrahmen stärken den Blick und das Empfinden der Kinder für eine neue Perspektive der Realität. Kleinigkeiten werden bewusster wahrgenommen und der Blick dafür offener. Kinder schaffen sich selbst Motivationen und entwickeln eigene Experimentieransätze, sie werden zu Pfadfindern. So lerne ich auch von ihnen, und ich bewundere ihre Begeisterungsfähigkeit und ihre Ausdauer. Unermüdlich beschäftigen sie sich mit ihren Ideen und geben nie auf.

Es gilt, der Phantasie keine Grenzen zu setzen. Und so ist jede Jahreszeit voller Fragen und Ideen. Wenn Kinder sich erst einmal als Forschende verstehen, werden die Exkursionen von Mal zu Mal interessanter. In diesem Herbst haben wir z.B. durch das Sammeln von ca. 200 kg Kastanien für den Wahrnehmungsbereich ein sogenanntes „Kastanienbad" eingerichtet. Die Kinder genießen es, hier auszuruhen, zu lesen oder Musik zu hören. Basteln mit Kastanien war kein Thema. Das bedeutet natürlich nicht, dass wir dem Basteln keinen Raum mehr geben. Die Kinder zeigen uns, dass andere Erfahrungen für sie wichtiger sind. Viele unserer Exkursionen, Experimente und Forschungen halten wir auf Fotos und Dias fest, die auch den Eltern gezeigt werden. Auf diese Weise kommen wir mit ihnen ins Gespräch und vermitteln ihnen, warum wir nicht mehr spazieren gehen. Exkursionen gehören nun zum Tagesablauf. Viele Eltern bieten ihre Hilfe an, stellen Fragen und bekunden ihr Interesse, Exkursionen zu begleiten.

Ein Fazit am Ende meiner Reise

Exkursionen sind mit den verschiedenen Gegebenheiten und Überraschungen für alle Beteiligten sowohl bei der Planung als auch bei der Durchführung eine Herausforderung. Ein roter Faden ist notwendig zu meiner Orientierung und, dass ich auch immer flexibel die Kinder mit einbeziehen kann. So lasse ich Wünsche und Ideen, Freude und Ängste der Kinder nie außer Acht und nehme sie ernst. Als Leitlinie für meine Arbeit mit Kindern gilt die Vorstellung, dass ich „ich" bin, und mich bemühe, nicht zu vergessen, dass Kinder eigene Akteure ihrer Entwicklung sind. Das bedeutet, dass ich auf die verschiedenen Charaktere und Fähigkeiten Rücksicht nehmen muss. Ich erlebe unsere Kinder immer aktiv und neugierig. Sie wollen viel lernen, auch von den Größeren. Sie zeigen sich mit eigenen Emotionen, Phantasien und Vorstellungen, und es ist nichts wichtiger, als mit ihnen im ständigen Diskurs zu bleiben. Sie wollen in allem bestärkt und unterstützt werden.

Kinder wollen wachsen - groß werden und ihre eigene Umwelt mit erschaffen! Uns als Erwachsene brauchen sie als Wegbegleiter für neues Lernen. Sie brauchen aber auch neben unserer Begleitung zugleich unsere Zurückhaltung. So werden Kinder eigenständig heranwachsen und mit unserer Unterstützung nach und nach in das heutige Leben hineingeführt. Meine Erfahrung zeigt, dass Exkursionen ein sinnvoller Beitrag für diese Entwicklung sind. Die Umstellung meiner Arbeit vom „Spaziergang" zur „Exkursion" war eine große Herausforderung. Ich freue mich darüber, dass sich dieser Weg der Bildung bewährt hat. Mein größter Gewinn ist die Freude an den Kindern, die so begeistert mitmachen, und die ich für ein paar Stunden am Tag begleiten und unterstützen kann.

Ute Lehmann-Grigoleit, Birgit Hecke-Behrends, Sonja Westerberger

2 Aus dem Baumhaus, Ev. Kindergarten Nikolausberg, Göttingen

2.1 Kurze Darstellung der Einrichtung

Baumhaus Ev. Kindergarten Nikolausberg

„Unser Baumhaus bietet uns Schutz und zugleich Herausforderungen. Im Baumhaus wird sich viel bewegt, verändert, konstruiert. Wir sind aufeinander angewiesen; wir müssen uns miteinander auseinandersetzen. Wir im Baumhaus sind sehr naturverbunden. Das Haus ist der Witterung ausgesetzt und somit ist es besonders wichtig, seine Mitwelt wahrzunehmen und sich darauf einzustellen. Hier gibt es immer etwas zu tun und wir lernen viel voneinander, vom Baum und im Haus."

In unserer Einrichtung gibt es für einhundert Kinder zehn Mitarbeiterinnen (eine Leiterin, acht Mitarbeiterinnen und eine Praktikantin). Die Kinder im Alter zwischen drei und sechs Jahren sind Stammgruppen zugeordnet, die von jeweils zwei pädagogischen Fachkräften betreut werden. In diesen Gruppen treffen sich die Kinder zum *Entscheidungskreis* und zum *Abschlusstreffen*. Während der Angebots- und Freispielphasen befinden sich die sogenannten Fachfrauen in ihren Funktionsbereichen (Rollenspiel- und Theaterbereich, Bau- und Konstruktionsbereich, Atelier, Werkstatt, Frühstücksraum, Bewegungsbereich und im Außengelände). Wie aus dem Beitrag I. 4 „Mein persönlicher Bildungsprozess - Von der Neigung zur Fachfrau" hervorgeht, bleiben die Mitarbeiterinnen oft über mehrere Jahre in ihren Bereichen.

Wir arbeiten seit über 10 Jahren an der Weiterentwicklung unserer pädagogischen Arbeit in Richtung „Offene Arbeit". Seit ungefähr 8 Jahren haben wir Funktionsräume eingerichtet und seit 5 Jahren werden diese - über mindestens ein Jahr - kontinuierlich von einer „Fachfrau" betreut.

Wir haben 1997 begonnen, unser Konzept zu überarbeiten und in diesem Zusammenhang haben wir Bildungsansätze in unserer Praxisarbeit reflektiert (2.5. Bildung in das Konzept integrieren). Die Bildungsarbeit in unserem Kindergarten wurde von uns vorher oft nicht als solche wahrgenommen und definiert. Das Hinterfragen der eigenen Person als Pädagogin und die Bereitschaft, sich auf einen Bildungsprozess einzulassen, hat unsere Arbeit mit den Kindern intensiviert.

Es ist immer wieder von Verschlechterungen der Rahmenbedingungen in den Kindergärten zu lesen. Die politische Ebene hat uns zudem motiviert, unsere pädagogische Arbeit neu zu definieren und damit der gesellschaftlichen Überzeugung - Kindergartenarbeit sei nicht so wichtig - entgegenzutreten.

Sonja Westerberger

2.2 Experimentieren und Forschen als Bildungsanlässe

Von einer Fortbildung zum Thema „Lernwerkstatt - eine lebendige Verbindung von Kreativität und Lernen" kam ich angeregt in den Kindergartenalltag zurück. Es ging in der Veranstaltung darum, dem eigenen Forscherdrang auf die Spur zu kommen. Wir stellten uns Fragen und gingen diesen nach. Aus neuen Erkenntnissen entwickelten sich neue Fragen. So experimentierten wir beispielsweise mit Zeitungen und machten neue Entdeckungen im Bereich Materialbeschaffenheit, Gestaltungsformen und Statik, obwohl das Material natürlich allen bekannt war.

Hier möchte ich ein Beispiel aus dem Kindergartenalltag beschreiben, das unmittelbar aus eigenen Erfahrungen entstanden ist: nichts Spektakuläres, nichts im Voraus Geplantes; ein Impuls, durch den Bildungsanlässe geschaffen wurden. Zum Thema „Afrika" hatten wir über Lebensmittel gesprochen. In einer Kiste befand sich Erde mit Maiskörnern. Diese waren während meiner Abwesenheit gekeimt, und die ersten Blätter wuchsen aus der Erde. Die Kolleginnen hatten gleich die Idee, wir könnten diese Keimlinge ja vereinzeln und später in unser Gemüsebeet pflanzen. Wäre ich nicht frisch von der Fortbildung gekommen, hätte ich die Pflanzen mit den Kindern in Töpfe umgesetzt. Dabei hätte ich die Kindern immer wieder ermahnen müssen, mit den zarten Pflanzen vorsichtig zu sein, die Wurzeln nicht zu beschädigen, die Blätter nicht abzureißen und vieles mehr. Nach den Eisheiligen wären sie dann ins Gemüsebeet gesetzt worden. Das erfolgreiche Verpflanzen und die spätere Ernte hätten im Vordergrund gestanden; nicht das Erforschen und Experimentieren. Ich hatte mir bewusst gemacht, dass Kinder selber zu Erkenntnissen gelangen müssen, und wir ihnen dies oft genug vorwegnehmen. Uns ist klar, dass eine Pflanze ohne ihre Wurzel nicht wachsen kann. Oftmals setzen wir solches Wissen auch bei Kindern voraus. Ich stellte einen Untersuchungstisch zur Verfügung außerdem Materialien wie Lupen, Zentimetermaß, Messer, Untersuchungsteller (alte weiße Untertassen), Blumentöpfe, Gießkanne und Schraubgläser. Die Kinder entschieden sich in der Angebotsphase für das Experimentieren mit Maispflanzen. Ich fragte die Kinder was sie von diesen Pflanzen schon wüssten, und, was sie noch wissen wollten. Einigen war klar, dass es sich um Maispflanzen handelte, aber wo war das Korn geblieben? Woher kamen die Blätter und warum waren manche schon größer als andere? Jedes Kind bekam einen Untersuchungsteller, und ein neugieriges Forschen begann.

„Das Blatt hat einen Strich in der Mitte" - „Das Maiskorn ist weich" - „Sind das die Wurzeln?" - „Reich mir bitte mal die Lupe" - „Aus dem Blatt kommt Saft raus" - „Mein Blatt ist grün" - „Die Wurzel hat eine andere Farbe" - „Riech mal!" - „Ganz schön schmutzig" - „Hier ist die Erde trockener" - „Kann man das Korn noch essen?" - „41 cm!" - „So lang ist das" - „Gib mal das Messer" - „So kann es nicht wachsen" - „Du musst gucken, wo die Pflanze ist" - „Da steck` ich einfach ein Maiskorn rein"...

Das ist nur eine kleine Auswahl an Kommentaren der Kinder, die verdeutlichen, dass hier ein Bildungsprozess in Gang gesetzt wurde. Die Kinder wurden neugierig, wollten die Pflanzen genau erforschen und kamen so zu neuen Einsichten. Am nächsten Tag kamen viele der Kinder wieder. Sie hatten sich nun überlegt, wie sie weiter arbeiten wollten. Kann das Blatt ohne Wurzel wachsen? Das war eine der Fragen, der sie auf den Grund gehen wollten. Ich regte an, ein Experiment durchzuführen, um die Antwort herauszufinden. So pflanzten wir ein Maiskorn mit Blättern und Wurzel ein, ein Blatt ohne Wurzel und ein Korn mit Wurzel ohne Blätter. Alle drei Töpfe kamen auf dieselbe Fensterbank und auf kleinen Bildern wurde festgehalten, welcher Inhalt sich in den Töpfen befand. Es entstanden noch weitere Versuchsreihen. Kann die Pflanze auch ohne Wasser oder ohne Licht wachsen? Es wurden Pflanzen eingetopft und in dunkle Ecken gebracht. Andere wurden nicht gegossen, und wieder andere standen im Wasser. Ein Kind versuchte es mal ganz ohne Erde und legt eine Pflanze direkt ins Wasser. Mal wurde das Schraubglas bis oben hin gefüllt, mal nur der Boden mit Wasser bedeckt.

> *„Schwimmt das Korn im Wasser?"- „Das Korn sieht riesig aus" - „Ich mach' eine Untersuchung, ob das austrocknet" - „Die Wurzel ist weiß" - „Das sieht aus wie eine Spinne" - „Ein Ei" - „nein, ein Maiskolben" - „Nur ein Korn" - „Du darfst die nicht einfach hinschleudern" - „Diesen Topf nicht gießen" - „Ich mal' ein Schild"- „Hier, die Lupe"…*

Verschiedene Kinder waren nun für die unterschiedlichen Versuchsreihen zuständig. Fast täglich beobachteten wir, ob sich Veränderungen ergaben. Der Untersuchungstisch war noch einige Zeit geöffnet und so experimentierte jedes Kind entsprechend seiner Vorkenntnisse.

Die Kinder haben in dieser Zeit sehr viel über das Wachsen von Pflanzen erfahren, ohne dass ich sie belehrt habe. Ich bin auch sicher, dass die selber gefundenen Antworten nicht mehr vergessen werden. Ein Lernerfolg fürs Leben. Es ist für Kinder eine wohltuende Rolle, sich als Forscher zu erleben. Sie sind die Aktiven während des Geschehens und geben die Arbeitsanweisungen selber. Sie sehen sich nicht als dumme Kinder, die Ideen von Erwachsenen ausführen sollen. Fragen ist erlaubt, Fragen ist wichtig, Fragen macht schlau!

Das Experimentieren in der Gruppe beflügelte die Kinder zu immer neuen Diskussionen und neuen Fragestellungen. Ich habe die Atmosphäre als sehr entspannt erlebt, es gab kein Richtig oder Falsch. Die Kinder hatten Spaß daran, ganz ungewöhnlichen Fragen auf den Grund zu gehen: *„Kann das*

Korn im Wasserglas wachsen?". Hier wurde ein Lernprozess in Gang gesetzt, der es ermöglichte, die Umwelt zu erforschen und Sinnzusammenhänge zu durchblicken. Mit wenigen Materialien wurden die Bedingungen geschaffen, die ein Forschen auch ohne Chemiekasten ermöglichte. Im Vordergrund stand nicht das Einpflanzen im Garten, sondern ein prozessorientiertes Arbeiten ohne bestimmtes Ergebnis. Seltsamerweise - oder gerade deshalb - fand das Treiben der Kinder seinen Abschluss darin, dass sie die Pflanzen in den Garten setzen wollten. Mit besonderer Fürsorge wurden nun die Maispflanzen die ganzen Sommermonate gehegt und gepflegt. Leider muss ich zugeben, dass der steinige Boden oder andere Umstände keine reiche Ernte bescherten. Hier sehe ich schon einen neuen Forschungsansatz: „Welcher Boden tut den Maispflanzen gut?".

Ute Lehmann-Grigoleit

2.3 Das Projekt „Afrika" unter dem Gesichtspunkt der Stärken der Mitarbeiterinnen

1. Wie sind wir zum Thema „Afrika" gekommen?

Die Idee zu diesem Thema ist über eine ehemalige Kindergartenmutter entstanden, die lange Zeit in Afrika gelebt und gearbeitet hat und dort den Kontakt hält, also eine Afrika-Expertin ist. Sie lebte damals in Tansania, und von dort ist an sie von einer afrikanischen Erzieherin der Wunsch herangetragen worden, Kontakt mit einem Kindergarten in Deutschland herzustellen. Unser Kindergarten in Nikolausberg bietet sich für diesen Kontakt auch deshalb an, weil sich neben dem Kindergartengebäude in Tansania die Schule befindet, zu der die Grundschule bei uns schon längere Zeit eine Beziehung unterhält. Alle Mitarbeiterinnen im Team fanden es sehr interessant, Kontakt zu diesem uns doch recht fremden Land und den Menschen dort herzustellen. Für viele von uns hatte das Wort Afrika einen besonderen Klang. Dunkelfarbige Menschen mit krausem Haar, heiße Sonne, tropische Pflanzen, wilde Tiere, exotische Gewürze - all dies wird uns in Büchern, im Fernsehen und Filmen nahegebracht. Von wenigen Ausnahmen abgesehen, wird dabei stets ein klischeehaftes Bild angeboten, das weniger die Realität widerspiegelt, als vielmehr dem Konsumenten das anbietet, was seiner Erwartungshaltung zu entsprechen scheint und sich dadurch besser verkaufen lässt. Von diesen Bildern werden unsere Vorurteile bestimmt.

Schon bei den Vorüberlegungen merkten wir, dass wir selbst nicht viel über Afrika wussten. Uns war klar, bevor wir das Thema mit den Kindern angehen konnten, mussten wir uns selbst mit diesem Kontinent befassen. Aus diesem Grund haben wir die Afrika-Expertin zu einer Dienstbesprechung eingeladen. Durch ihre lebendigen Schilderungen und die Liebe zu den dort lebenden Menschen, die sie uns vermittelte, sprang ganz schnell der Begeisterungsfunke auf uns über. Plötzlich überlegte bereits jede Kollegin, was sie zu diesem Thema würde anbieten können. Entscheidend war für unsere Planungen, dass wir den Kindern ein möglichst realistisches Bild vom Leben in Afrika vermitteln wollten, bevor wir Kontakte zu Kindern knüpfen würden. Außerdem war klar, dass wir uns auf das Gebiet um Tansania beschränken würden, da Afrika ein riesiger Kontinent mit ganz unterschiedlichen Ländern ist.

2. Welche Bildungsabsichten verfolgen wir im Rahmen unserer Konzeption mit dem Thema „Afrika"?

Es gehört mittlerweile zum Kindergartenalltag dazu, dass Kinder verschiedener Nationalität zusammenkommen. Fremdheit wird dabei manchmal zum Problem. Alles, was uns nicht vertraut ist, verursacht Unsicherheiten und Ängste im Umgang miteinander, die es zu bewältigen und zu überwinden gilt. Ein Schritt auf diesem Weg ist, Informationen über andere Nationalitäten und unbekannte Lebensweisen zu vermitteln, Betroffenheit auszulösen, Gemeinsamkeiten zu entdecken und vor allem deutsche Kinder mit den ausländischen Kindern gemeinsam Erfahrungen machen zu lassen. Hierbei wollen wir die Chance nutzen, die sich gerade in der Arbeit mit Kindern ergibt: Sie liegt in der Neugierde der Kinder, unsere Welt kennen und begreifen zu lernen, ihrem Interesse an Fremdem und Andersartigem, ihrer Bereitschaft, sich in andere Menschen und Situationen hineinzuversetzen. Wir wollen dazu beitragen, Kinder auf spielerische Art und Weise mit Afrika vertraut zu machen. Sie sollen verstehen, dass in Afrika einiges anders ist als bei uns, vieles sich aber mit der Situation bei uns vergleichen lässt. Wir wollen auch einen Beitrag dazu leisten, die Kinder über die Probleme in Afrika zu informieren. Dabei wollen wir ihnen nahe bringen, womit Kinder in Afrika konfrontiert sind, und, dass sie trotzdem lachen und spielen können, wie es die hiesigen Kinder tun.

Im Laufe der Jahre haben wir immer wieder im Prozess zwischen Handeln und Reflektieren die Bedeutung von Angeboten überdacht und die Durchführung entsprechend verändert. Wir arbeiten heute in Form von Projekten. Hierbei greifen wir oft Ideen der Kinder auf, die wir im Freispiel beobachten. Dennoch kann nicht jedes Thema von den Kindern ausgehen. Gerade unter dem Bildungsaspekt ist es für Kinder wichtig, Impulse von außen zu bekommen.

Sicher ist es hierbei entscheidend, die Kinder an der Weiterentwicklung der Projekte zu beteiligen. Wenn wir davon ausgehen, dass Kinder sich weiterentwickeln wollen, benötigen sie dafür Anregungen und Impulse auch von den Erwachsenen. Bei dem Thema „Afrika" waren wir alle zusammen Lernende: Kinder wie Erwachsene. Gemeinsam sind wir unseren Weg gegangen und haben dabei viele neue Entdeckungen gemacht.

3. Beschreibung der Prozesse – von der Idee zur Ausführung

Gemeinsam machten wir uns daran, „Afrika", den für uns weißen Fleck auf der Landkarte, mit Farbe zu füllen. Schnell war uns klargeworden, dass das Thema im gesamten Kindergarten bearbeitet werden sollte. Wir planten Projekte für die einzelnen Bereiche der Mitarbeiterinnen. Jede Erzieherin suchte sich einen Aspekt des Themas heraus und brachte dabei ihre Neigungen und Stärken ein. Auf diese Weise bekamen die Kinder ein ausgeprägtes, rundes Bild vom Leben in Afrika.

Bei der Vorbereitung der Projekte lasen wir Fachliteratur und besorgten uns Bildmaterial. Da die Grundschule schon eine Beziehung zu einer Schule in Tansania pflegt, konnten wir dort einiges an Material ausleihen. Darüber hinaus standen uns auch afrikanisches Werkzeug, Masken, Schmuck, Kleidung und Spielzeug zur Verfügung, das die Afrika-Expertin auf ihren vielen Reisen gesammelt hatte. Außerdem kam sie selbst regelmäßig in den Kindergarten, um die Mitarbeiterinnen bei ihren Projekten zu unterstützen. Das waren die Phasen, wo Kinder und Erwachsene zu gemeinsam Lernenden wurden. Viel Raum nahm die Frage ein, auf welche Weise wir das Thema „Afrika" an die Kinder herantragen könnten, da es für sie nicht sehr nahe lag. Schließlich hatten wir die Idee, dass eine schwarze Handpuppe, ein afrikanisches Mädchen, uns besuchen und ins Thema einführen sollte. Schon nach kurzer Zeit waren wir mitten in Afrika. Die Kinder integrierten das Thema sofort in ihr Spiel. Sie verkleideten sich mit afrikanischen Tüchern, tanzten und lernten mit uns afrikanische Worte. Alle Mitarbeiterinnen waren mit viel Engagement bei der Sache. Durch das gemeinsame Arbeiten an einem großen Projekt, durch viele kleine Einzelprojekte entstand eine Kultur des miteinander und voneinander Lernens. Wir waren sehr interessiert an den Angeboten jeder Kollegin. Es gab unter uns Mitarbeiterinnen viel Lob und Anerkennung für die Projektarbeiten und viel Unterstützung bei Unsicherheiten.

Da die Kinder viele Fragen hatten und jeden Tage neue Dinge wissen wollten, war es sehr gut, in unserer ehemaligen Kindergartenmutter eine Expertin zu haben. So sah konkret unsere Projektplanung für die erste Woche aus:

- Werkstatt: „Tücher bedrucken". Mit unterschiedlichen Drucktechniken, z.B. Kork- und Kartoffeldruck, gestalteten wir Tücher, sogenannte afrikanische Kangas, mit denen sich die Kinder verkleiden konnten.

- Rollenspielraum: „Besuch eines afrikanischen Dorfes in den Usambarabergen, wo die Usambaraveilchen herkommen". Hier haben wir mit den Kindern afrikanische Hütten gebaut; die Kinder verkleideten sich, machten Musik, arbeiteten auf dem Feld, erfuhren im Rollenspiel afrikanische Lebensweise und hörten dazu Geschichten.

- Bewegungsraum: „Tänze und Spiele". Die Menschen in Afrika drücken viel über Körpersprache und mit Tanz aus. Im Bewegungsraum war der Ort, wo die Kinder diese Dinge kennenlernen und ausprobieren konnten.

- Frühstückstreff: „Afrikanische Genüsse". Wir probierten afrikanische Rezepte aus, z.B. Kochbananen, die ähnlich wie Kartoffeln schmecken, „Uji und Ugali" (Maisbrei), rote Bohnen, Bananenbrot, Kokosnüsse und Hirsebrei.

- Bauraum: „Ein afrikanisches Dorf entsteht". Nachdem die Kinder sich hier anhand von Bilderbüchern und Fotobänden mit der Tierwelt Afrikas beschäftigt und gemeinsam Landschaften aufgebaut hatten, entstand ein Dorf auf einer Holzplatte.

- Atelier: „Musikinstrumente kennenlernen und selbst herstellen". In Afrika wird viel gesungen und musiziert. Durch das Herstellen von Instrumenten entstand eine tiefe Verbindung zwischen Musizierendem und Instrument.

- Erlebnispark: „Angebote im Sand". Da die Kinder in Afrika viel im Sand spielen, haben wir Sandspiele angeboten, Spiele mit einfachsten Materialien. Wir lernten, wie man daraus selbst Spielzeug herstellen kann.

- Religionspädagogisches Angebot in der Kirche: „Ein Afrikaner wird getauft". Mit dieser Geschichte haben wir uns anhand von Dias beschäftigt, über Taufe gesprochen und Taufkerzen verziert.

Das Thema „Afrika" fand seinen Abschluss und Höhepunkt in einem afrikanischen Faschingsfest.

Bei der intensiven Auseinandersetzung mit dem Thema „Afrika" haben Kinder und Erwachsene viel gelernt. Durch die Neugierde der Kinder wurden wir Erzieherinnen angeregt, uns mit immer neuen Fragen zu beschäftigen. Hierbei ging es bei weitem nicht nur um Vermittlung von Sachwissen. Die Kinder konnten sich in ihrer Bewegungsentwicklung und ihrer ganzen Persönlichkeit in der Verbindung zwischen Denken und Fühlen bilden. Dadurch, dass jede

Kollegin so arbeiten konnte, wie es ihren Stärken entsprach, waren alle hochmotiviert und konnten Kinder für ihre Teilprojekte begeistern und Freude am Lernen vermitteln.

4. Was bleibt vom Projekt „Afrika"?

Das Thema „Afrika" hat Spuren im Kindergarten, bei uns und den Kindern hinterlassen; zum einen ganz praktische, wie einen großen Wandbehang, den die Kinder damals bedruckt haben, zum anderen löst die Erinnerung an die Projekte gute Gefühle bei Kindern und Erwachsenen aus. Alle haben diese Zeit als sehr intensiv erlebt. Wir merken dies, wenn wir mit Kindern darüber ins Gespräch kommen. Das Thema kommt hin und wieder zur Sprache, da wir ja brieflichen Kontakt mit dem Kindergarten in Tansania zu halten versuchen. Das gestaltet sich etwas schwierig, da das geschriebene Wort nicht unbedingt das bevorzugte Ausdrucksmittel in Afrika ist. Da aber die ehemalige Kindergartenmutter, unsere Expertin, noch ab und an selbst dorthin reist, tauschen wir kleine Geschenke und Fotos aus. Wir haben schon Vorplanungen angestellt, das Thema wieder aufzugreifen, da wir die Projekte alle im Winter durchgeführt haben und man im Sommer das Außengelände noch mehr einbeziehen könnte, was noch näher an die afrikanische Lebensweise angelehnt wäre.

Für die Mitarbeiterinnen ist während des Projekts ein großer Traum entstanden: Wir würden gern selbst mal nach Afrika reisen. Die Vorbereitung und Durchführung so vieler Projekte zu einem Oberthema erforderte von den Mitarbeiterinnen ein hohes Maß an Kooperation. Ein wichtiger Aspekt unserer pädagogischen Arbeit ist es, Kindern Freude daran zu vermitteln, mit anderen etwas gemeinsam zu tun, mit anderen Spaß zu haben und dabei etwas zu schaffen. Da wir als Kolleginnen so gearbeitet haben, konnten wir diese Einstellung gut an die Kinder vermitteln. Nach Beendigung des Projektes haben wir die Zeit gemeinsam mit der Expertin reflektiert. Dabei wurde uns deutlich, dass die Kinder im Rahmen des Themas ihr Bild von sich, von anderen Menschen, der Umwelt und von Gott erweitern konnten. Durch das breit gefächerte Angebot von verschiedenartigen Projekten hatten die Kinder die Möglichkeit:

- im Rollenspiel und über Bewegungsangebote wie Tanzen viel über sich und die Lebensweisen anderer Menschen zu erfahren;

- beim Erlernen von Drucktechniken für Stoffe, Probieren von fremdartigen Nahrungsmitteln und Herstellen von afrikanischen Musikinstrumenten viel über Umwelt, Natur und Kultur zu erfahren;

- durch das Einbringen religionspädagogischer Inhalte („Ein Afrikaner wird getauft") sich mit ihrem Bild von Gott auseinandersetzen;

- ihr Drang nach Wissen durch Buch- und Bildmaterial abzurunden.

Vor allem aber hat es großen Spaß gemacht. Wir haben viel gelernt und viel gelacht.

Birgit Hecke-Behrends

2.4 Bildungsarbeit im Kirchenraum

Ein Zugang zur religiösen Dimension durch Geschichten und sinnliche Erfahrung

1. Bildung braucht Räume

Der Raum der Kirchen ist „ein Raum zum Anfassen", ein Raum, der sinnlich erfahren werden will. Kinder sind stark im Begreifen und im Wahrnehmen mit allen Sinnen. Darum ist der Kirchenraum auch ein Raum für Kinder. Bildung braucht Geschichten. Bildungsarbeit geschieht in einem konkreten Raum. Der Raum einer Kirche ist ein aufgeschlagenes Geschichtsbuch und ein Buch der Geschichten. Wenn Bildung von Geschichten und sinnlichen Räumen lebt, ist der Kirchenraum ein bevorzugter Ort der Bildung. Wenn die Kirche noch dazu als ein konkreter „Raum zum Anfassen" verstanden wird, ist sie als Ort der Bildung für Kinder kaum zu überbieten. Doch bevor wir uns dem Projekt einer „Kirche zum Anfassen" für Kindergartenkinder nähern, müssen wir Rechenschaft ablegen über das Verständnis von Bildung, das dieser Arbeit zugrunde liegt. Bildung ist kein Vorrat an Kenntnissen, Fertigkeiten und Verhaltensformen, die je nach Lebenssituation abzurufen sind, keine Sammlung von Grund- und Allgemeinwissen. Bildung ist auch mehr als eine Aneignung von Fertigkeiten zum Überleben und zur Reflexion, obwohl zur Bildung gehört, dass ein Mensch sich immer auch von außen betrachten und sich distanzieren kann von seiner aktuellen Situation.

Der berüchtigte KZ-Wächter, der Latein lesen kann, Goethe und Mozart liebt, ist kein gebildeter Mann. Darum misst Hartmut von Hentig den Bildungsbegriff an den Wirkungen, die Bildungsarbeit auslöst: Abscheu vom Unmenschlichen, Bewusstsein für die Geschichtlichkeit der eigenen Existenz, eine Wachheit für die letzten Fragen, die Wahrnehmung von Glück.

Bildung hat den Menschen im Blick, der sich in seiner Individualität und in seiner Aufgabe für die Gemeinschaft erkennt. Bildungsarbeit braucht einen offenen Raum, in dem der Mensch Anteil nehmen kann, in dem er sich selber bildet. Deshalb gibt es bevorzugte Orte, Anlässe für Bildung. Hartmut von Hentig versteht als solche neben anderem die Geschichten, die Musik, das Theater.

Geschichten im Raum

In den Geschichten sind Erfahrungen aufgehoben. Sie erzählen Neuigkeiten, aber vor allem erzählen sie von dem, was immer schon war. Sie vermitteln Grundkenntnisse über das Leben, über die Liebe und den Tod, über Angst und Gemeinschaft, über Bedrohung und Errettung. Sie erinnern bewährte Deutungen verschiedener Lebenserfahrungen, die im Alltag immer wiederkehren wie z.B., dass es im Leid doch eine Zukunft gibt, dass die Liebe so stark ist wie der Tod, dass es aus der Angst immer einen Weg gibt, wenn ein Mensch uns zur Seite steht. Und, dass wir uns an Vorbildern orientieren können.

Der Kirchenraum ist ein aufgeschlagenes Geschichtenbuch. Was die Geschichten vermitteln, ist im Raum wiederzufinden, anzuschauen und anzufassen. Die Ausrichtung des Kirchenraumes von Westen nach Osten, vom Dunkel zum Licht, orientiert sich an der Hoffnung. Der helle Chorraum hinter dem Altar mit dem gekreuzigten Jesus setzt an das Ende des Weges die Zukunft, die Hoffnung, nicht das Leiden. Die vielen Bögen in den romanischen oder gotischen Kirchen sind die Tore auf einem Weg, den ein Mensch in seinem Leben abschreiten muss. Die Tiergestalten in Stein und Bild vermitteln die Erfahrungen von Angst und Bewahrung. Die Figur des Heiligen ist Anknüpfungspunkt für bekannte und unbekannte Vorbildgeschichten. Schließlich sind der Gekreuzigte im Altarbild, die Reliquienplätze sowie die Lage der Kirche auf einem Friedhof Anknüpfungspunkt für Fragen nach Tod und Jenseitsvorstellungen. So vermittelt der Raum eine innere Ordnung, eine Ausgewogenheit der menschlichen Erfahrungen, die sich über viele Generationen bewahrt hat. Die Bilder im Kirchenraum schließlich bilden und schaffen Bildung.

Musik im Raum

In der Musik erlebt der Mensch die Kraft des Gleichklangs und der Vielstimmigkeit. Ich habe Stimme und bin Stimme. Wenn ich allein singe, erlebe ich mich neu. Wenn ich meine Stimme einfüge in einen Chor, gehe ich auf in ein Ganzes, gebe mich dabei aber nicht selber auf. Die Erfahrung mit Musik bildet den Menschen in seinem Wunsch nach Individualität und dem Bedürfnis nach Gemeinschaft. Die Kirche schafft einen allen zugänglichen Raum für diese musische Erfahrung.

Theater im Raum

Der Kirchenraum ist seit jeher ein Raum der Inszenierung gewesen. In der Liturgie wird die Begegnung von Gott und Mensch in Szene gesetzt, spielerisch erfahren. Sie ermöglicht eine Begegnung mit Gott. Die Kirche bot immer einen Raum, in dem im Mysterienspiel die Auseinandersetzung von Gott und Teufel durch Inszenierung erlebbar gemacht wurde. Da die Kirche mit ihren Plätzen, Orten und Wegen immer auch als ein Inszenierungsraum gedacht ist, bietet sie sich für das Umsetzen von Geschichten oder als Raum körperlicher Erfahrung förmlich an.

2. Projekte zur Bildungsarbeit im Raum

a) Leben im Mittelalter

Eine ganzheitliche Einheit

Der Kindergarten plant die Einheit „Leben im Mittelalter". Die Lebenswelt der Ritter, Mönche und Bauern, ihre Art zu kochen, sich zu kleiden, zu kämpfen, zu feiern, zu arbeiten und zu beten sind Aspekte des Themas. Das spirituelle Leben ist für den mittelalterlichen Menschen von wesentlicher Bedeutung. Im Raum der romanischen Klosterkirche der Gemeinde ist diese Lebenswelt sichtbar und greifbar. Das wird für diese Einheit genutzt.

Der Pilgerweg

In einer ersten Einheit nähern wir uns dem Bildungsraum Kirche wie die Menschen des Mittelalters: Wir pilgern, d.h. wir machen uns zu Fuß vom Kindergarten zur Kirche auf. Im Kindergarten liegt dazu Pilgerkleidung aus: Ein weiter Wollumhang (Pelerine, [frz.] bedeutet: Umhang und Pilger), ein Wanderstock, eine Kürbistrinkflasche, eine Umhängetasche und ein breitkrempiger Filzhut mit dem klassischen Pilgerzeichen, der Jakobsmuschel. Die Kinder erkennen die Kleidungsstücke, probieren sie an und bemerken die fehlenden Schuhe: Der Pilger ist meist barfuß unterwegs. Nun suchen wir alle im Außengelände einen Pilgerstock und gehen los. Unterwegs rasten wir an geeigneter Stelle und teilen ein Fladenbrot aus der Pilgertasche. Beim Essen hören die Kinder etwas über die lebensgefährliche, oft monatelange Pilgerwanderung. Bedroht von Hunger, Krieg, Feuer und Krankheit ist dies eine Reise auf Leben und Tod und braucht ein starkes Motiv. Andererseits bietet sie die fast einzigartige Gelegenheit, aus der festgelegten Ständegesellschaft des Mittelalters auszubrechen. Zum Schluss der Rast bekommt jeder einen

Schluck Wasser aus der Kürbisflasche in die hohle Hand. An der Kirche angekommen freuen wir uns über die glückliche Reise, lehnen die Pilgerstöcke an die Wand und gehen hinein - zur Statue des Bischof Nikolaus, dem Ziel unserer Wanderschaft. Dort lassen sich die Kinder nieder und hören die Wolfslegende: Wie Nikolaus ein kleines Kind aus den Fängen eines Wolfes gesund zur Mutter zurückkehren lässt. Eine mittelalterliche Wundererzählung, die die Kinder nachfühlen lässt, dass Menschen Mut für solch einen gefährlichen und beschwerlichen Weg fassen, um selber Hilfe für ihre persönliche Not zu erfahren.

Beim Pilgern sind die Kinder im wahrsten Sinne des Wortes unterwegs von ihrer Wirklichkeit in die Lebenswelt des Mittelalters, wo Distanzen und neue Erfahrungen nur Schritt für Schritt - ohne die uns selbstverständliche Mobilität durch Auto, Zug oder Flugzeug - erlaufen werden können. Als „moderne Pilger" erleben sie sich in der langen Reihe der mittelalterlichen Wanderer und erfahren hier die Geschichtlichkeit der eigenen Existenz. Durch die im Mittelalter ständig präsente Bedrohung des Lebens wird ihre Abscheu gegen Unmenschlichkeit gestärkt, und sie sind offen für die Fragen nach Leben und Tod, wenn der Pilgergang über den Friedhof mit der Ankunft an der Kirche endet.

Die Tore

In der zweiten Einheit - wir sind wieder zur Kirche gewandert - beschäftigen wir uns mit dem Handwerk, der Architektur des Mittelalters. Ist doch die ca. 8oo-jährige, romanische Klosterkirche das einzige erhaltene Bauwerk aus dem Mittelalter in unserem Ort. Diesmal nehmen wir die Kirche als Gebäude wahr, benennen Unterschiede zu den Häusern, die wir kennen, befühlen die Steine, erkennen und benennen unterschiedliche Steinsorten und umrunden das Gebäude. Dabei entdecken die Kinder zugemauerte Fenster und Türen und lernen durch den Unterschied an Größe und Form Romanik und Gotik, die typischen Bauformen des Mittelalters, kennen. Beides, den Rund- und den Spitzbogen, formen sie mit ihren Händen nach. In der Kirche entdecken sie dann die klassischen Bögen in der Deckenkonstruktion wieder. Hier sind sie nun große Tore, durch die wir hindurchschreiten - wie durch die einzelnen Abschnitte unseres Lebens. Die Kinder nehmen die Säulen als deckentragende Raumelemente wahr, probieren aus, wie viele von ihnen sich anfassen müssen, um eine Säule zu umarmen und stellen sich in diesem Kreis dann nochmals neben der Säule auf: Alle anderen passen hinein! Zwei Säulen „aneinandergelehnt" bilden wieder einen Spitzbogen, ein Tor: Die Kinder stellen es zu zweit mit erhobenen Armen nach, sind selber Tore. Nun werden sie auch selber Baumeister: Mit Hilfe zweier Baukästen bauen sie in Gruppen selber Spitzbögen und freuen sich, wenn sie das Gerüst wegziehen, dass der Bogen hält! Zum Schluss gehen wir auf den Dachboden und beschauen die Gewölbe von oben, für die Kinder immer wieder ein erstaunliches Erlebnis, dass ein Bogen von oben betrachtet wie ein Berg aussieht.

Wieder werden sich die Kinder der Geschichtlichkeit der eigenen Existenz bewusst: Sie entdecken den Wandel von Bau und Handwerk. Ohne den heute beinahe ausgestorbenen Beruf des Steinmetz gäbe es dieses Bauwerk nicht. Sie erfassen grundsätzliche Entwicklungen der Architekturgeschichte. Beim eigenen Konstruieren erleben sie, dass sie als Individuen ebenso wichtig sind, wie ihre Aufgabe in der Gemeinschaft: Nur durch konzentrierte Zusammenarbeit gelingt der Bogen.

Die Reliquienplätze

Die dritte Einheit hat ihren Ausgangspunkt wiederum bei der Statue des heiligen Nikolaus, und die Kinder lassen sich an einem ihnen schon bekannten Ort nieder. Dort hören sie die Gründungslegende der Kirche, erfahren, woher Dorf und Kirche ihren Namen haben und warum Menschen im Mittelalter Kirchen bauten. Dabei lernen sie die Bedeutung einer Reliquie kennen und erfahren, was im Mittelalter wichtig und heilig war. Wie ihr Glaube an Kraftquellen, wie Reliquien, ihr Leben bestimmt hat. Wir überlegen gemeinsam, wo man hier in der Kirche einen besonders ehrenvollen Platz für diesen Schatz finden kann. Anschließend sehen wir auf einem Altarbild ein Reliquienkästchen an, und die Kinder bekommen einen Reliquienplatz gezeigt mit der Aufgabe, weitere Plätze in der Kirche zu finden. An sieben ehemaligen Reliquienplätzen in Steinaltären und Statuen sind Symbole zu einzelnen Nikolauslegenden und Puzzleteile versteckt (Kornsäckchen, drei goldene Kugeln, Schwert, Wolf, kostbarer Stoff...). Nachdem alles gefunden ist, setzen die Kinder die Puzzleteile zusammen, und es entsteht ein Lebensbild des Bischofs Nikolaus. Anhand der einzelnen Symbole erzählen wir miteinander die Legenden: Das Kornwunder erinnern die Kinder vom Nikolaustag, die Wolfslegende haben sie schon gehört, andere kommen neu hinzu. Die Kinder werden nicht müde, neue Geschichten zu hören. Sie erleben die Figur des Heiligen hier als Anknüpfungspunkt für bekannte und unbekannte Vorbildgeschichten. Sie teilen die Angst- und Glücksgefühle der Menschen in den Geschichten und bringen eigene Erfahrungen von Bedrohung und Errettung ein. Dabei erleben sie sich als Glieder in der langen Kette der Menschheitsgeschichte.

Die sprechenden Steine

Diesmal kommen wir noch einmal auf die Steine zurück. Haben die Kinder die Steine beim vorletzten Mal unter architektonischen Gesichtspunkten kennengelernt, so geht es jetzt um bildhauerische Kunstwerke und aus Stein gehauene Reliefs. Der Steinmetz kommt nicht nur als Arbeiter, sondern auch als Künstler vor. In der Kirche gibt es verschiedene Tiere aus Stein: einen Löwen, einen Fuchs und zwei Hasenköpfe. Außerdem sind die Altäre als Tische aus Stein zu identifizieren. Auch das Taufbecken ist aus Stein gehauen. Auf einem Tisch hinten in der Kirche sind Symbole zusammengetragen: ein Löwenbild, ein Kuschelhase, ein Holzfuchs, ein Puppenstubentisch und eine Kanne mit Wasser. Mit Hilfe der Symbole suchen und finden die Kinder die einzelnen Steinarbeiten. Ihnen aus anderen Lebensbereichen bekannte Tiere und Gegenstände entdecken sie im Kirchenraum wieder und erfahren ihre hier andersartige Bedeutung. Besonders der Löwe verewigt in Stein die generationenübergreifende Erfahrung von äußerer Bedrohung (er verschlingt einen Menschen) und innerer „Giftigkeit" (er hält eine Schlange in den Pranken). Trotzdem hat er im Hause Gottes nicht das letzte Wort: er trägt eine der Säulen auf seinem Rücken; d.h. er muss hier einer höheren Macht dienen. Die Kinder können die im Detail liebevolle Steinmetzarbeit mit den Händen nachfühlen und die Bedeutung mit unterstützenden Fragen erfassen. Zum Schluss nimmt jedes Kind mit Hilfe einer tonähnlichen Masse einen Abdruck eines Steinmetzzeichens. Sie erfahren, dass im Mittelalter die Menschen nicht lesen und schreiben konnten und deshalb andere Formen der Kennzeichnung nutzen mussten.

Wieder vermittelt sich die mittelalterliche Welt den Kindern in den in Stein gehauenen Tiergestalten in ihrer Erfahrung von Bedrohung und Bewahrung. Eine Botschaft aus Stein, das in Stein gehauene „Böse", wird Anknüpfungspunkt für ihre eigenen Fragen nach Tod und ewigem Leben. Das Steinmetzzeichen macht ihnen zugleich den geschichtlichen Abstand zu einer Welt klar, in der allgemeine (Schul-) Bildung in keiner Weise selbstverständlich war.

Die Glocken

In der letzten Einheit nehmen wir den Kirchenraum in seiner ganzen Dimension wahr: wir steigen gemeinsam auf den Glockenturm, um das Kirchenhaus bis unter das Dach und höher zu erkunden. Allein der Aufstieg mit seiner Erfahrung von Höhe und Tiefe ist ein Erlebnis. Durch die Fenster sehen die Kinder die ihnen vertraute Welt ihres Dorfes aus einer anderen Perspektive; sie ist ihnen fremd, aber wiedererkennbar. Oben erleben sie sich selber im

Vergleich zu den Glocken in neuen Relationen von groß und klein, schwer und leicht. Sie hören und fühlen den Ton, schlagen ihn selber an. Sie fühlen in der einen Glocke eingegossen die Gestalt des Bischof Nikolaus und in der anderen einen lateinischen Spruch, der ihnen übersetzt die Bedeutung der Glocken für die Lebenswelt des Mittelalters aufschließt. Wir überlegen, wo wir heute noch Glocken brauchen und nennen alle Glocken, Klingeln und Wecker, die wir kennen.

Auch hier wird den Kindern Geschichte als fortlaufender Prozess bewusst; sie erfahren die Welt des Mittelalters als eine Zeit, in der von technischen Errungenschaften wie Feuerwehr noch keine Rede war und in der die Glocken zum kollektiven Löscheinsatz riefen. Das Phänomen der Zeiteinteilung wird hier greifbar, hörbar und fühlbar. Durch die erlebte Kraft des Klanges wird sie als allgemein verbindliches Maß deutlich, in das sich das individuelle Zeitmaß einfügen muss. Das Geläut zu Fest- und Trauerzeiten stellt die Kinder erneut in den Zusammenhang von Leben und Tod, von Endlichkeit: „Alles hat seine Zeit...".

b) Vom Weihnachtsmann zum Wundertäter

Ein Projekt der Gemeinde zur Geschichte der Nikolausverehrung

Die Kirchengemeinde arbeitet in Ausstellungen, mit Vorträgen, Musical, mit Kinderbuch und CD, Unterrichtsentwurf und Einsetzung von Kinderbischöfen an der Geschichte der Verehrung ihres Namengebers Nikolaus. Der Hl. Nikolaus hat sich als einziger Heiliger landesweit bis heute im Volksbrauch etabliert. Jedes Kind feiert den Nikolaustag und das Weihnachtsfest. Die Geschichte der Nikolausverehrung hat allerdings seit dem 16. Jahrhundert seine Vorbildfigur und seine Beschützerrolle zu einer Drohgestalt in der Erziehung und zu einer Konsumfigur gemacht. Ziel des Projektes ist, Nikolaus wieder als den zu entdecken, der Schutz und Segen für die Kinder bringt. Die religionspädagogische Bildungsarbeit im Kindergarten nutzt die Chance, dass in der Gemeinde dieses Thema so konzentriert bedacht wird.

„Das ist das Haus vom Nikolaus"

Diesmal bleiben wir zur ersten Einheit im Kindergarten. Zu Beginn male ich ohne Absetzen mit Edding auf ein Tonpapier die Strichzeichnung „Das ist das Haus vom Nikolaus", ein beliebtes Kinderspiel. Es entsteht ein Haus mit einem diagonalen Kreuz in der Frontansicht. Schon nach den ersten Worten können die meisten Kinder mitsprechen - der Vers ist also bekannt. Dann übertrage ich auf einem zweiten Blatt den Vers auf die Umrisse unserer Kirche. Die Kinder probieren selber aus, den Vers nachzuzeichnen und unterstützen sich dabei im gemeinsamen Nachsprechen der Worte. Anschließend hören sie die wallonische Legende von der Ameise und dem Nikolaus: Die Ameise findet mit ihrem gebrochenen Bein nirgendwo Hilfe, nur beim Nikolaus. Also fragt sie, wo er wohnt. Antwort der Legende: in der Kirche. Ich unterbreche die Erzählung bei der Frage der Ameise und gebe diese an die Kinder weiter: „was meint ihr, wo wohnt der Nikolaus?". Ihren Vorschlägen setzt die Legende die Antwort „in der Kirche" entgegen - ungewöhnlich und zugleich sinnvoll. Wird die Kirche doch nur durch praktizierende Christen zum Haus Gottes, so kann der Nikolaus - wie alle anderen auch - hier Wohnrecht haben; ist er in seiner Eigenschaft als Schutzpatron sogar „Hausmeister". Zum Schluss bekommt jedes Kind den Umriss des Kirchenhauses als Ausmalbild. Die Figur des Heiligen, der den Kindern bisher nur durch die Riten des 6. Dezembers bekannt ist, wird hier Anknüpfungspunkt für eine Vorbildgeschichte. Nikolaus wird vom Süßigkeitenschenker zu einem, der pflegt und heilt. Damit wird für die Kinder zugleich ethisches Verhalten christlicher Gemeinde beschrieben.

„Kleider machen Leute"

In der zweiten Einheit gehen wir wieder in die Kirche und lassen uns auf Sitzkissen vor der Nikolausstatue nieder. Die Kinder hören die Legende vom Bischof Bardo, der, mit dem Auftrag angereist, die Nikolausberger Kirche zu weihen, den Weg auf den Berg erst findet, als er seine prunkvollen Kleider ablegt und sich als einfacher Mann auf den Weg zur Kirche macht. In einem Korb liegen Tücher, Hüte und Stöcke zum Verkleiden bereit. Die Kinder suchen sich etwas aus und probieren die verschiedensten Kleider an. Das Vorbild des Bischofs wird durch eine weitere Geschichte bereichert: Der „gebildete" Mensch macht die Beurteilung eines Anderen nicht an dessen Äußerem fest.

Der Pilgerweg

Diese Einheit ist schon aus dem Themenkreis „Leben im Mittelalter" bekannt. Nach der Erzählung der Wolfslegende macht sich jedes Kind einen Abdruck des alten Nikolausberger Pilgerzeichens: es ist das in einer Fischform stilisierte Abbild der mittelalterlichen Bischofsstatue unserer Kirche, ein Zeichen, das die Pilger des Mittelalters nur in dieser Kirche für wenige Pfennige kaufen konnten, um zu Hause zu beweisen: Ich bin wirklich dort gewesen. Die Kinder drücken das Zeichen mit frischem Ton aus einem Model ab; sind sie doch selber so etwas wie moderne Pilger.

Der gewebte Nikolausteppich

Anlässlich des Projektes „Zur Geschichte der Nikolausverehrung" hat die Gemeinde vom Kunstgewerbemuseum Berlin eine von Augustiner Chorfrauen im 14. Jahrhundert gewebte Altardecke ausgeliehen bekommen, die ursprünglich einmal in der Nikolausberger Kirche hing. Auf ihr sind die Lebensgeschichte des Bischofs und die bekanntesten mittelalterlichen Legenden mit Seidenfäden eingewebt. Dieser Altarteppich ist in einer Vitrine in der Kirche ausgestellt. Um ihn anzusehen, gehen wir zur vierten Einheit in die Kirche. Wir betrachten den Altarteppich und sprechen darüber, wie er hergestellt und warum er hier ist. Die Kinder entdecken die ihnen bekannten Legenden, und wir schauen zusammen die Bildfolge zum Lebenslauf des Nikolaus an. Sie nehmen den Bischof u.a. als Baby und als Schüler wahr, wie ihm sein übelgelaunt blickender Lehrer mit der Rute droht. Anschließend hören sie vor zwei gestickten Bildern die Legende von der Rettung des ertrunkenen Sohnes. In der Erzählung spielt ein goldener, mit Edelsteinen verzierter Becher eine entscheidende Rolle. Jedes Kind darf sich aus einem „goldenen Becher" einen kleinen, blauen Lapislazuli-Stein nehmen. Außerdem nimmt jeder einen goldenen Faden mit in den Kindergarten, um ihn dort als Erinnerung an den Nikolausteppich in das Webhaus einzuarbeiten.

Mit dem 600-jährigen Teppich nehmen die Kinder erneut die Geschichtlichkeit der eigenen Existenz wahr. Sie staunen darüber, dass eine handarbeitliche Tätigkeit wie das Weben, das die Kinder ja kennen, schon vor so unvorstellbar vielen Jahren ausgeübt wurde und ein solcher Bildteppich noch erhalten ist; ein neuer Aspekt in einer hochtechnisierten Wegwerfgesellschaft. Außerdem wird der sonst eher vorbildhaft ferne Bischof durch seinen „menschlichen" Lebenslauf in Bezug zur eigenen Existenz gesetzt: auch er war einmal ein Kind. Mit der Legende von der Rettung des ertrunkenen Sohnes werden die Kinder wieder an die letzten Fragen von Leben und Tod erinnert. Sie empfinden das Glück der Eltern über den geretteten Sohn mit.

Die Reliquienplätze

Die letzte Einheit dieser Reihe zum Thema der Reliquienplätze ist schon aus der Themenreihe „Leben im Mittelalter" bekannt. Die Symbole, die diesmal an den einzelnen Reliquienplätzen mit den Puzzleteilen versteckt sind, orientieren sich jetzt an den Legenden dieser Einheit. Auch diesmal haben die Kinder einen langen Atem, die ihnen bekannten Legenden zu erinnern und neue zu hören.

3. Fazit

Der Kirchenraum ist ein Lernort, ein hoch motivierender Anlass zur Bildung, wenn der Erwachsene den Kindern einen lebensnahen Zugang eröffnet und so eine Erweiterung der Kompetenz im Menschlichen und im Sozialen erschließt. Der Ansatz einer „Kirche zum Anfassen" ist auf jeden Ort übertragbar, an dem es einen Kirchenraum gibt.

Ute Lehmann-Grigoleit

2.5 Verankerung der Bildungungsarbeit in unserer Konzeption

Wie ich zu diesem Thema gekommen bin

Schon seit längerer Zeit beschäftigten wir uns im Team damit, unsere Konzeption in schriftlicher Form zu veröffentlichen. An drei Studientagen trugen wir unsere pädagogischen Vorstellungen und Absichten zusammen und überprüften sie anhand der Arbeit im Kindergarten. Auf diese Weise bekamen wir ein gutes Bild davon, an welchen Punkten unsere Arbeit die Entwicklung von Kindern fördert und in welchen Bereichen Veränderungen und Verbesserungen sinnvoll sind. Bevor ich anfing, den von mir übernommenen Anfangsteil des Konzeptes zu formulieren, suchte ich mir die Vorgabe vom Gesetzgeber (KitaG) heraus, die uns eine Orientierung sein sollte.

Bei Kindertageseinrichtungen in kirchlicher Trägerschaft stellt die Rahmenkonzeption der Landeskirche eine gute Grundlage dar. Während der Arbeit an meinem Beitrag fiel mir auf, dass zwar in unseren Diskussionen über unsere pädagogische Arbeit viel von unserem Bildungsauftrag die Rede war, wir aber nie genau definiert hatten, was wir unter Bildung nun eigentlich verstehen wollten. Für alle anderen Punkte aus den Richtlinien des KitaG, wie „die Persönlichkeit stärken", „die Fantasie anregen" und „Kinder so annehmen, wie sie sind", fanden wir schnell Beispiele aus der Praxis. Jedoch die Frage, in welchen Situationen Bildungsprozesse stattfinden und wie sie gestaltet werden sollen, fanden wir sehr schwer zu beantworten, und schnell merkten wir, dass wir mit unserer Diskussion nicht allein dastanden, denn in fast jeder Fachzeitschrift war über das Thema „Bildung" etwas zu finden. Damit war das Team mitten in der Diskussion um den Bildungsauftrag im Kindergarten. Ein Satz rückte für uns dabei in den Mittelpunkt der Auseinandersetzung: „Das Kind muss nicht gebildet werden; es bildet sich selbst". Über diesen

Satz waren wir uns einig, aber es ergaben sich daraus wieder neue Fragen: Welche Rolle habe ich dann als Erzieherin, wenn Kinder sich selbst bilden? Wie muss ich als Erzieherin Bildungsprozesse gestalten, anleiten und fördern? Wie finde ich überhaupt Themen, welche die Kinder interessieren?

Mitten in diesem Prozess kam die Anfrage, ob ich an diesem Buch über Bildung mitarbeiten möchte. Es ist schon merkwürdig, wie sich die Dinge manchmal zusammenfügen! Je mehr ich mich mit dem Thema „Bildung" beschäftigt, desto mehr wird mir klar, dass die Erzieherin mit ihrer ganzen Persönlichkeit eine zentrale Rolle für Kinder einnimmt.

Donata Elschenbroich hat sich mit dem Weltwissen von Siebenjährigen beschäftigt. Sie beschreibt, was Kinder in dem Alter alles erlebt und ausprobiert haben sollen. Diese Gedanken haben mich im letzten Jahr begleitet, da wir neue Mitarbeiterinnen einstellen mussten. Das hat mich dazu bewogen, meine bisherigen Kriterien für Einstellungsgespräche zu überprüfen und zu verändern. Dabei rückte der Bildungsaspekt in den Vordergrund.

Voraussetzungen für Bildungsarbeit innerhalb der Kindergartenarbeit

Inzwischen ist unsere Konzeption fertiggestellt. Ein Kapitel daraus heißt: „Pädagogik zum Anfassen - Was uns wichtig ist". Neben den Themen „Natur erleben", „durch Bewegung lernen", „Leben teilen" und „Gott begreifen" steht dort „Bildung erfahren". Unseren Bildungsauftrag im Kindergarten nehmen wir sehr ernst. Während der Arbeit an unserer Konzeption beschäftigten wir uns intensiv damit, wie Kinder lernen. Wir gehen davon aus, dass Kinder sich aktiv mit ihrer Umwelt auseinandersetzen und sich weiterentwickeln wollen. Dabei betrachten wir Menschen als eine Einheit von Geist, Leib und Seele und richten unsere Angebote für Kinder so aus, dass ganzheitliches Lernen und sinnliche Erfahrungen möglich sind. Gerade in den ersten Lebensjahren entstehen Vernetzungen im Gehirn des Menschen, die für die spätere Entwicklung eine entscheidende Rolle spielen. Je mehr elementare Lernerfahrungen über eigenes Erleben und Ausprobieren das Kind gemacht hat, desto komplexer gestaltet sich die Vernetzung. GEO 1/99 hat unter dem Thema „Bildung" ausführlich Forschungsergebnisse zur Lerntheorie veröffentlicht. Dabei ist zentral die Erkenntnis, dass erst durch Anregungen wichtige Nervenbahnen im Gehirn vernetzt werden: „Doch erst dessen Verschaltung mit unzähligen Nervenzellkontakten (Vernetzung) schafft die Grundlage für Wahrnehmung, Fühlen, Wissen und Denken."

Das bedeutet:

- Das Kind braucht Gelegenheit, sich selbst zu bilden: Es muss die Möglichkeit haben, selbständig zu sein und Mitverantwortung zu tragen. Es muss Fehler machen können, aus denen es lernen kann, sich bilden kann.

- Das Kind braucht ein Gegenüber, um sich selbst zu bilden. Nur, wenn das Kind Vorbilder hat und Erwachsene, die bereit sind, sich selber immer weiter zu bilden, wird auch seine Lust auf Auseinandersetzung mit sich, andern und der Welt nicht nachlassen. Die Lust auf Lernen und Leistung bleibt dann erhalten.

- Das Kind braucht Herausforderung. Nur wenn der Erwachsene dem Kind genügend „Futter" gibt, wird es sich ein Bild von der Welt machen können und Sinnzusammenhänge verstehen. Das Kind braucht Zeit und seine eigene Ausdrucksweise.

Bei der Diskussion um Bildung und Wissen von Kindern ist uns deutlich geworden, dass es sich hierbei nicht um kognitiv erfasste Fakten handelt, die abfragbar sind. Wissen ist auch emotionales zwischenmenschliches Wissen. Wir sprechen davon, dass Menschen ihre Persönlichkeit „ausbilden"; hierfür ist mehr notwendig als nachschlagbares Wissen. Daher kann die Erzieherin nicht nur die Rolle einer Vermittlerin reiner Fakten einnehmen. Wissen fördert die Neugier auf mehr, weil ich durch Menschen oder Dinge angeregt werde weiterzuforschen. Damit Kinder so lernen können, ist eine angstfreie Atmosphäre wichtig, in der Kinder offen sind zu lernen und Fehler wagen können, aus denen wiederum Lernsituationen werden. Hierfür brauchen Kinder die Gewissheit, vom Erwachsenen anerkannt und geliebt zu sein. Nur in einem entspannten Klima wird sich ein Kind auf den Weg machen, die Welt zu erkunden und sein Selbstbewusstsein entwickeln können.

Fühlt sich ein Kind von der Erzieherin geachtet und wertgeschätzt, wird es ihr auch mit Zugewandtheit und Aufmerksamkeit begegnen. Für das Kind ist die Erzieherin eine wichtige Bindungsperson im Leben. Ihre Meinung ist oft ganz wichtig und ausschlaggebend. Aus unserer Sicht sind diese Interaktionsprozesse zwischen Erzieherin und Kind Voraussetzungen für Bildungsprozesse. Deshalb ist es für uns im Team bedeutsam, dass Kinder bei allen Projekten, die wir in den unterschiedlichen Bereichen im Kindergarten anbieten, kontinuierlich von einer Erzieherin begleitet werden. Daraus folgt für uns konkret, dass sich jede Erzieherin für mindestens ein Jahr entscheidet, in *einem* Bereich zu arbeiten und dort Projekte durchzuführen. Durch das Vertrauen zur Erzieherin öffnen sich die Kinder und wenden sich aus dieser Sicherheit heraus neuen Fragen zu. Über die Auseinandersetzung mit den

Sachen und Dingen vertiefen sich Bindungen, es entstehen Gespräche, aus denen wiederum Projekte werden. Auf diese Weise kann die Erzieherin auf bereits erarbeitete Dinge aufbauen. Die Kinder behalten die Orientierung, sie merken sich, welche Person in welchem Bereich arbeitet und darüber auch sachbezogene Auskünfte erteilen kann. Jede Erzieherin wird zu einer Fachperson in ihrem Bereich und ist für die Kinder eine kompetente Ansprechpartnerin. Die Kinder erfahren, dass auch Erwachsene Lust am Lernen haben und neugierig auf Neues sind. Um Ideen von Kindern aufzugreifen und sie als Projekte weiterzuentwickeln (wie z.B. Fragen über Schwerkraft, Wetter oder Kultur), muss sich jede Erzieherin zunächst mit der Materie vertraut machen: etwas lernen. Projekte können nicht morgens aus dem Ärmel geschüttelt werden. Bildung braucht Zeit.

Abschließend muss betont werden, dass eine Erzieherin den Rahmen für Kinder nur in dem Maße offen, herausfordernd und interessant gestalten kann, wie ihre eigene Grundhaltung dem Leben gegenüber ist und inwieweit sie bereit ist, auch von Kindern zu lernen und immer wieder mit ihnen neu anzufangen, nach Lösungen zu suchen.

Beschreibung der Prozesse

Von der Idee zur Ausführung

Im Kindergarten haben wir gute Voraussetzungen, um Bildungsprozesse in Gang zu setzen. Kinder aus unterschiedlichen Ländern, gesunde Kinder, Kinder mit Behinderungen, Kinder aus armen und reichen Familien leben unter einem Dach zusammen. Wir müssen als Erzieherinnen keine Noten vergeben; es gibt noch keinen Leistungsdruck, und wir haben viel Zeit. Was muss der Kindergarten tun, damit Kinder für ihre nähere und entferntere Zukunft gerüstet sind - eine Zukunft, in der man als Erwachsener flexibel und bereit sein muss, mehrmals neu anzufangen, also immer ein Lernender bleibt.

Um Kindern Lust am Lernen zu erhalten, braucht es Erwachsene, die selbst gern lernen und wissbegierig auf Neues geblieben sind. Erzieherinnen, die im Umgang mit dem, was sie können, sicher sind und die in der Lage sind, das auch zu vermitteln, werden für die Kinder unentbehrlich. Kinder brauchen gerade in diesen ersten Jahren, in denen sie so viel wahrnehmen und lernen, qualifizierte Erwachsene, die sie begleiten. Da die Ausbildung der Erzieherinnen an diesem Punkt unzulänglich ist und Mitarbeiterinnen nicht genügend auf den Bildungsaspekt in ihrer Arbeit vorbereitet werden, müssen wir hierfür aus der Praxis heraus Konzepte finden.

Folgende Formen haben wir in unserem Kindergarten entwickelt, wo Mitarbeiterinnen selbst zu Lernenden werden, voneinander und von Kindern lernen:

a. Planung und Vorbereitung von Projekten am Beispiel „Leben wie im Mittelalter"

Für das Gesamtprojekt zum Thema „Leben wie im Mittelalter", das wir für die nächsten Wochen anbieten wollten, erarbeiteten wir zunächst gemeinsam eine Stoffsammlung. Jede Mitarbeiterin entwickelte dann für ihren Zuständigkeitsbereich ein Teilprojekt. Dazu gehörte, sich durch Fachliteratur zum Thema kundig zu machen. Da wir manches aus dieser Zeit uns nicht selbst erklären können, mussten wir Fachleute suchen, die sich im Thema auskennen und dies auch weitervermitteln konnten. Beispiel: Bau eines Lehmofens unter Anleitung eines Ofensetzers. Wichtig ist es, handwerkliche Angebote vorher auszuprobieren, um auf Schwierigkeiten vorbereitet zu sein. Da Kinder viele Fragen haben, muss vorher klar sein, wo wir mit den Kindern Antworten nachlesen oder in Erfahrung bringen können. Auch die verbale Begleitung der praktischen Tätigkeiten der Kinder gehört zur Bildung. Eine Vernetzung von Ressourcen am Ort muss gesucht werden: Welche Institutionen vor Ort können in die Planung mit eingebunden werden? Informationen, die von Einzelnen gesammelt werden konnten, wurden in Dienstbesprechungen allen Mitarbeiterinnen zugänglich gemacht, so dass ein guter Informationsaustausch stattfand. Dies alles verlangte viel Engagement, das nur bei Menschen denkbar ist, welche die Neugier auf das Thema, hier auf das Mittelalter, gepackt hat.

b. Die Erzieherin bildet sich im Prozess mit den Kindern

Wir sind bemüht, die Methode des experimentellen Lernens in unsere Arbeit mit einzubeziehen. Hierbei steht das Ausprobieren im Vordergrund. Es gibt kein Richtig und Falsch; dafür gibt es Erkenntnisse und neue Fragen, denen nachgegangen wird. Für die Kinder ist z.b. zunächst nicht zu verstehen, warum Wasser im Sand versickert. Durch Probieren, Fragen und Forschen werden Zusammenhänge deutlich. Sehen wir die Kinder so, kann die Erzieherin nicht nur die Rolle der Vermittlerin von Wissen einnehmen. Sie muss sich zurücknehmen, ohne den Prozess, den die Kinder durchlaufen, aus den Augen zu verlieren. Es kommt darauf an, gut zu beobachten, ohne gleich einzugreifen und Lösungen vorwegzunehmen. Wir kennen die Ergebnisse meistens, während Kinder auf eigenen Wegen und scheinbar auch Umwegen nach Lösungen suchen. Was Kinder aber bei ihrem Vorgehen am Wege finden, führt oft zu viel kreativeren Ergebnissen, als wir Erwachsene uns das mit unseren Vorprägungen vorstellen können.

c. Fachfrau durch Fortbildung

Damit Erzieherinnen kompetent in ihren Arbeitsbereichen werden können, bedarf es eines guten Fortbildungsangebotes. Gemeinsam im Team oder in Einzelgesprächen suche ich mit Mitarbeiterinnen nach geeigneten Angeboten, die dort anknüpfen, wo ihre Anfragen sind. Kommt eine Mitarbeiterin von ihrer Fortbildung zurück, gestaltet sie eine Dienstbesprechung, und berichtet von ihren Erfahrungen. So bereiten wir uns oft auf Themen vor, die wir mit den Kindern bearbeiten wollen. Häufig gibt es im näheren Umfeld zum Kindergarten Menschen, die ein besonderes Fachwissen haben. Wir laden sie zu unserer Dienstbesprechung ein und versuchen sie zu gewinnen, mit uns und den Kindern gemeinsam Angebote durchzuführen. Beim Thema „Mittelalter" haben wir eine Frau aus dem Ort gebeten, mit uns Wolle zu spinnen und die erforderliche Technik auch der für diesen Bereich zuständigen Mitarbeiterin zu zeigen.

d. Bildung durch Studientage

Neben den Themen, welche die Fachbereiche der Mitarbeiterinnen betreffen, beschäftigen uns auch solche, die mit der gesamten pädagogischen Arbeit unserer Einrichtung zu tun haben. Diese bearbeiten wir an sechs Studientagen, die über das Jahr verteilt sind. Inhaltlich planen wir sie gemeinsam am Anfang des Jahres. Wir überlegen uns, an welchen Punkten wir unsere Arbeit genauer reflektieren und nach neuen Wegen suchen müssen. Zu den Studientagen laden wir oft Referenten ein, die uns helfen, auch als Team gut zu arbeiten, da es z.B. vieler Teamabsprachen bedarf, um für Kinder Bildungsprozesse anzuleiten.

e. Wissen durch Fachliteratur

Für wichtig halte ich es, im Hinblick auf die aktuellen Entwicklungen in der Elementarpädagogik auf dem Laufenden zu sein. Hierfür stehen Fachzeitschriften und Fachliteratur zur Verfügung. Meine Aufgabe sehe ich darin, Kolleginnen auf bestimmte Artikel hinzuweisen oder auch Neuerscheinungen vorzustellen. Hin und wieder lesen wir gemeinsam Artikel als Gesprächsgrundlage für eine Dienstbesprechung. Da die aktuelle Diskussion, z.B. über die Qualitätsentwicklung im Kindergarten,m so rasch fortschreitet, ist die Vermittlung von Informationen an das Team von großer Bedeutung. Darüber hinaus liegt uns sehr daran, den aktuellen Stand der berufspolitischen Diskussion mit wachem Interesse und Engagement zu verfolgen.

f. Bildung: ein wichtiger Gesichtspunkt für Gespräche mit Mitarbeiterinnen

Genau wie Kinder können auch Erwachsene nur in einer entspannten Atmosphäre lernen. Daher brauchen wir genügend Raum und Zeit für Gespräche mit Mitarbeiterinnen. So können Probleme und Schwierigkeiten in der Arbeit angesprochen und geklärt werden. Darüber hinaus bieten die Gespräche Gelegenheit, die eigene Arbeit zu reflektieren und neue Entwicklungsschritte zu verfolgen. Diese finden im Team oder zu zweit statt. Auch Kritik ohne Verletzung muss dort möglich sein. Damit dieser Bildungsprozess im Team angeleitet wird, finden regelmäßige Supervisionen statt, wo es möglich ist, die eigene Arbeit und die der anderen miteinander zu reflektieren und vielleicht neue Wege einzuschlagen.

g. Einstellungsgespräche unter dem Aspekt der Bildung

Ein Team lebt von seiner Vielfalt und Verschiedenheit. Hierbei ist es uns wichtig, die persönlichen Stärken von Mitarbeiterinnen zu nutzen und auf natürliche Weise in die pädagogische Arbeit einfließen zu lassen. Das bedeutet bei Neueinstellungen von Mitarbeiterinnen, den gesamten Kindergarten mit allen Arbeitsfeldern im Blick zu haben. Als wir im letzten Jahr neue Mitarbeiterinnen suchen mussten, haben wir gemeinsam mit Eltern und Träger überlegt, welche Kompetenzen die derzeitigen Mitarbeiterinnen einbringen und welche uns durch das Ausscheiden von Mitarbeiterinnen verloren gehen. Daraus folgte die Frage: Nach welchen Kompetenzen müssen wir suchen? Das Ergebnis unserer Überlegungen war: Wir brauchten

- eine Erzieherin mit Liebe zur Natur, die Kinder begeistern kann, auch bei Wind und schlechtem Wetter nach draußen zu gehen. Außerdem sollte sie bereit sein, sich auf diesem Gebiet weiterzubilden und sich auf eine längere Arbeitsphase im Außengelände einzustellen.

- eine Erzieherin mit Kompetenzen, die stellvertretende Leitung zu übernehmen.

- eine Erzieherin mit musikalischen Fähigkeiten, die evtl. ein Musikinstrument spielt.

Für mich war es gut, bei der Suche nach neuen Mitarbeiterinnen Anhaltspunkte zu haben, wonach ich fragen konnte. Schon bei den Bewerbungen vor dem eigentlichen Einstellungsgespräch achtete ich gezielter auf die erforderlichen Kompetenzen als früher. Hierbei war mir die positive Einstellung zu einem lebenslangen Lernen besonders wichtig.

Folgende Punkte fanden bei der Einstellung besondere Berücksichtigung:

- Gibt es bei der Bewerberin Neigungen und Stärken, in denen sie sich weiterbildet?
- Wie wurden Zeiten der Arbeitslosigkeit gestaltet?
- Kann die Bewerberin eigene Stärken und Schwächen benennen?

Da eine Erzieherin nicht nur den Rahmen für Kinder gestaltet, sondern sie selbst mit ihrer gesamten Persönlichkeit auch ein Teil dieses Rahmens ist, sollte sie sich dessen bewusst sein und dies aus einer gewissen Distanz heraus reflektieren können.

Vielleicht entsteht der Eindruck, viele der hier geäußerten Erwartungen seien überzogen, zumal die Erzieherinnen oft unter schlechten Rahmenbedingungen arbeiten müssen. Die genannten Kriterien sind jedoch nicht als Bedingungen zu verstehen, sondern stellen eine Orientierungshilfe für das Einstellungsgespräch dar, das prinzipiell auch offen bleiben muss für eventuelle unerwartete Kompetenzen, die in unserem Kriterienkatalog bisher keine Berücksichtigung fanden. Die Frage, die hinter allem steht, lautet: Wie steht die künftige Mitarbeiterin zu Themen wie Lernen, Bildung und Weiterbildung? Wenn ich solche Kriterien nicht habe, wenn mir Visionen für das, was ich in meiner Arbeit mit Kindern erreichen will, fehlen, dann sind meine Ziele ständig von den Widrigkeiten, die der Arbeitsalltag immer mit sich bringt, bedroht. Nur wer sich selbst weiterentwickelt, kann helfen, die Entwicklung anderer voranzubringen. Deshalb ist das Gespräch darüber im Team unerlässlich.

Verankerung der Bildungsarbeit in unserer Konzeption

In unserer Konzeption, die die Bildungsarbeit integriert, haben wir die pädagogische Arbeit mit den Kindern im Bild vom „Baumhaus" festgehalten.

Der Baum ist fest verwurzelt in der Erde. Er ist Symbol für die Schöpfung Gottes und für unsere Umwelt, von der wir abhängen, und die es zu schützen gilt. Das Haus bietet Schutz, Geborgenheit und Abgrenzung. Es verändert sich, da Reparaturen oder Verbesserungen notwendig sind. Man erfährt in ihm viel über die Natur, über Bauweisen und elementare Zusammenhänge. Die Bewohner müssen sich auseinandersetzen, zusammenrücken und aufeinander Acht geben. Sie lernen das Leben miteinander zu teilen. Das Rauf- und Runterklettern im Baumhaus will gelernt sein. Die Kinder müssen Herausforderungen überwinden und Gefahren abschätzen können; sie lernen durch Bewegung. Das Baumhaus unterscheidet sich von anderen Häusern im Ort und steht dennoch mitten im Leben des Ortes. Im Baumhaus hat man die Möglichkeit, Dinge aus anderen Perspektiven zu betrachten. Der Blick aus dem Baumhaus verschafft „Überblick" und lässt ggf. komplexere Zusammenhänge erkennen. In einer Atmosphäre des Vertrauens und der Freude sollen sich Kinder im Baumhaus entwickeln können; Vertrauen zu Gott, zu sich selbst, zu den Menschen und ihrer Mitwelt.

Erkenntnisse und Ergebnisse aus unserem Bildungsansatz

Die Kinder haben uns gezeigt, dass sie Lust am Lernen haben und gefördert werden möchten. Für uns steht dabei im Vordergrund, Möglichkeiten zu schaffen, mit Kindern gemeinsam zu lernen. Hierbei sind Erzieherin und Kinder in der gleichen Ausgangssituation. Als eine „Fachfrau für Wolle spinnen" zu uns in die Einrichtung kam, haben Erzieherin und Kinder gemeinsam von ihr gelernt. Können Erzieherinnen solche Situationen mit Selbstbewusstsein vertreten, sind sie für Kinder wertvolle Vorbilder, denn sie erleben, dass es auch Erwachsenen Spaß macht zu lernen. Beide können stolz auf ihr Wissen und Können sein. So sind Mitarbeiterinnen auf gutem Weg, Kinder besser zu verstehen, da sie nicht diejenigen sind, welche von vornherein alles besser wissen.

Um sich mit Kindern auf den Weg zu machen, etwas Neues zu erlernen, ist es gut, sich nicht ständig mit neuen Räumen und Materialien auseinandersetzen zu müssen. Auf Neues kann ich mich nur aus einer Situation heraus einlassen, die mir das Gefühl der Sicherheit vermittelt. Diese Sicherheit haben die Mitarbeiterinnen dadurch, dass sie mit ihrem Arbeitsbereich sehr vertraut und dort eingearbeitet sind.

Besonders an unserem Außenbereich, dessen Umgestaltung uns in den letzten zwei Jahren intensiv beschäftigt hat, ist uns deutlich geworden, dass wir Kinder nur für etwas begeistern können, zu dem wir selbst eine Liebe entwickelt haben. Manchmal arbeiten wir in Bereichen, wo Liebe zu den Dingen nicht offensichtlich wird, da wir im Alltag oft Kompromisse eingehen müssen. Ich denke aber, dass uns vieles entgeht, wenn wir uns nicht wirklich einlassen, eine Beziehung zu einem Bereich, einem Raum zu entwickeln. Beziehung und Liebe brauchen Zeit, sonst nehmen wir viele Kleinigkeiten erst gar nicht wahr. Daher ist dies ein Plädoyer dafür, sich als Erzieherin für einen längeren Zeitraum auf einen Arbeitsbereich festzulegen, denn erst, wenn mich nicht mehr so sehr Raum und Material beschäftigen, habe ich auch die Kinder ganz im Blick. Auch in unserem Konzept steht der Bildungsauftrag nicht unbedingt im Mittelpunkt. In der Auseinandersetzung mit diesem Thema haben wir wahrgenommen, dass die Diskussion erst beginnt. Im Zuge der Qualitäts-debatte wird er sicher einen hohen Stellenwert einnehmen.

Wenn wir Kinder auf die Zukunft vorbereiten wollen, ist dies sicher berech-tigt. In den Kindergärten dürfen wir uns aus dieser Auseinandersetzung nicht zurückziehen, sondern müssen die Diskussion vorantreiben. Wir haben den Auftrag, den natürlichen Wissensdrang der Kinder und die Freude am Lernen zu pflegen und angemessene Wege und Formen dafür zu finden. Leistung und Lernen waren lange Zeit Themen, die im Kindergartenbereich nur einen geringen Stellenwert hatten. Ich denke, wir müssen diese Begriffe wieder neu mit Leben und Inhalt füllen. Um ein klareres Bild davon zu bekommen, was wir für die Kinder wünschen, haben wir im Team angedacht, Studientage für dieses Thema zu nutzen. Eine wertvolle Erfahrung, die wir im Team immer wieder machen, ist, dass es Freude macht und bereichernd ist, Neues zu ler-nen - voneinander und miteinander. Diesen Weg gehen wir weiter. Mitarbei-terinnen, die zu uns stoßen, sollten die Offenheit mitbringen, sich auf Neues einzulassen. Auch in nächster Zukunft müssen wir genau hinsehen, wie sich die Lebenswelt der Kinder verändert und darüber nachdenken, wie wir krea-tiv und gestaltend damit umgehen.

Margret Friedrich, Claudia Gans, Ulrike Hogrefe, Silke Karallus,
Uwe Santjer, Martina Noak-Unruh, Nicole Wagner

3 Aus der Ev. Kindertagesstätte Altenwalde, Cuxhaven

3.1 Kurze Darstellung der Einrichtung Kita Altenwalde

Altenwalde ist mit 7284 Einwohnern ein Vorort von Cuxhaven. Seit 1995
gibt es unsere Kindertagesstätte. Wir arbeiten integrativ, d.h. behinderte und
nichtbehinderte Kinder unseres Einzugsgebietes werden bei uns gefördert.
Insgesamt können 70 Kinder aufgenommen werden (wegen der Integration
sind wir z.Zt. auf 54 Kinder reduziert). In unserem Team arbeiten Erzieherinnen, Heilpädagoginnen, eine Sozialpädagogin, eine Dipl. Heilpädagogin, eine
Ergotherapeutin, eine Krankengymnastin und eine Logopädin zusammen. Ein
sehr aktiver Kirchenvorstand unterstützt unsere Einrichtung in allen Belan-
gen. Unsere Kita hat von 7,00 Uhr bis 17,00 Uhr geöffnet. 17 der 54 Kinder
bleiben den ganzen Tag in der Kita. Alle anderen werden um 12,00 Uhr ab-
geholt. Um unsere folgenden Beiträge etwas besser zu verstehen, skizzieren
wir hier unseren Tagesablauf:

7,00 Uhr - 8,00 Uhr	Frühdienst
8,00 Uhr - 9,00 Uhr	Bringphase, Freispiel, Morgenbesprechung für die Mitarbeiter
9,00 Uhr - 9,20 Uhr	Planungsrunde für Kinder
9,20 Uhr - 11,30 Uhr	Freispiel, Angebot, Frühstück
11,30 Uhr - 11,45 Uhr	Aufräumen
11,45 Uhr - 12,00 Uhr	Abschlusskreis für die Halbtagskinder
12,00 Uhr - 12,30 Uhr	Spätdienst für die Halbtagskinder
11,50 Uhr - 12,10 Uhr	Mittagskreis für die Ganztagskinder
12,10 Uhr - 13,30 Uhr	Gleitendes Mittagessen
13,30 Uhr - 16,30 Uhr	Angebot, Freispiel
ca. 15,00 Uhr	Gleitendes Kaffeetrinken
ab 16,00 Uhr	Abholphase
bis 17,00 Uhr	Spätdienst

Einmal in der Woche können wir die Turnhalle, zweimal in der Woche die Schwimmhalle nutzen. Die Räume sind als Funktionsräume gestaltet: zum Bewegen, Ruhen, Basteln, Bauen, Verkleiden, Musizieren, für Tischspielen, Werken und zum Essen.

Viele Außenaktivitäten stellen immer wieder den Bezug zum Umfeld her.

Nicole Wagner

3.2 Bildung im Kindergarten am Praxisbeispiel Forschungslabor

... und jetzt auch noch Bildung

...waren meine ersten Gedanken, als ich darum gebeten wurde, einen Artikel für dieses Buch zu verfassen. Zurück zur Vorschulpädagogik mit ihrem funktionsorientierten Ansatz? Nach von Theoretikern festgelegten Lernplänen arbeiten? Bildung für's Kind um jeden Preis und dafür am Kind vorbei? Das darf doch nicht wahr sein! Ist es auch nicht! Ich denke, wir müssen uns von dem theoretischen Begriff „Bildung" verabschieden und ihn für unsere Arbeit in der Elementarpädagogik, für unsere Praxis, neu definieren. Besonders gefällt mir die Verbindung zwischen „Bildung" und „Bild". „Erste Bildung heißt also: viele Bilder zeigen, über Bilder sprechen, sich über Bilder einigen" (Harald Binnewies). Diese Grundidee ist ein Teil der erlebnisorientierten Projektarbeit, die in unserem offenen Kindergarten ein fester Bestandteil unserer Bemühung ist. Sicherlich geht es in der Diskussion auch darum, neue Bildungsinhalte in die Praxis einfließen zu lassen. Wichtiger erscheint mir allerdings, unsere pädagogische Arbeit transparenter nach außen zu machen. Der Kindergarten war und ist eine Bildungsstätte. Erzieherinnen bilden Kinder täglich, wobei diese Tatsache vielen wieder bewusst werden muss.

Wie alles begann

In unserem offenen Kindergarten sind wir immer bemüht, unsere „Offenheit" beizubehalten, zu verändern und zu erweitern. Ein wichtiger Bestandteil ist dabei die Öffnung nach außen. Wir wollen keine Kindergarteninsel sein, sondern mit den Kindern den Kindergarten verlassen und unsere Umwelt entdecken. Bei unseren Ausflügen zeigten die Kinder ein reges Interesse an der heimischen Flora und Fauna. Und immer waren die Ausflüge viel zu kurz, um den Bedürfnissen der Kinder Rechnung zu tragen. Dies und ein Artikel in einer Fachzeitschrift brachte uns auf die Idee einer Waldwoche.

Vor drei Jahren entschieden wir uns, unseren Kindergartenalltag für eine Woche in den Wald zu verlegen. Das Organisatorische war schnell geplant, Eltern bildeten Fahrgemeinschaften, um die Kinder morgens zu einem vereinbarten Treffpunkt an den Waldrand zu bringen und mittags dort wieder abzuholen. Ein Handy für den Notfall war immer parat. Das Basislager, von dem die Aktionen starteten, lag nah an einem Hauptweg, der im Notfall auch mit einem Auto erreicht werden konnte. Fünf Tage Wald bei jedem Wetter erleben - wir waren ganz schön gespannt! Bei der Vorbereitung waren die Kinder aktiv beteiligt. Einige wussten genau, was sie im Wald tun wollten, und so entstanden schon in der Vorbereitung Angebote wie z.B. Höhlen bauen, Stöcke schnitzen, Räuber spielen usw. Unsere Überlegungen galten dem Interesse der Kinder an den Pflanzen und Tieren im Wald. In welchem Angebot konnte man auf diese Bedürfnisse eingehen, zumal sich die Kinder dazu nicht äußerten? Daran wurde uns deutlich, dass die reine Orientierung am Gedanken des Freispiels manchmal nicht ausreicht; Kinder brauchen uns Erwachsene, um ihre Erfahrungsinhalte in Bezug zu ihrer Umwelt zu setzen.

Der Gedanke des Waldlabors war geboren. Hier sollten die Kinder die Möglichkeit bekomme Tiere und Pflanzen zu erkunden, ihren Lebensraum kennenzulernen und ihren Nutzen für den Wald zu erkennen. Ganz wichtig war uns dabei das eigenverantwortliche Handeln der Kinder. Wir Erwachsenen haben zwar den äußeren Rahmen festgelegt, die Kinder sollten aber den Inhalt bestimmen, d.h., sie sollten in dem Rahmen ein Bild erschaffen.

„Um sich zu bilden, genügt es nicht, dass das Kind jeden Stoff in sich hineinfrisst, den man ihm mehr oder weniger spannend serviert. Es muss selbst handeln, selbst schöpferisch sein." (Freinet)

Das Labor

Das Angebot Waldlabor war ein halboffenes Angebot, d.h. die Kinder mussten sich im morgendlichen Kreis dafür melden. Es hatte jedoch ein offenes Ende. War ein Kind mit seiner Laborarbeit fertig, konnte es, nachdem es seinen Platz aufgeräumt hatte, etwas anderes tun. Zur Laborausrüstung gehörten: Lupen verschiedener Stärke, Marmeladengläser mit Schraubdeckeln, in die Löcher eingestanzt waren, ein Mikroskop, Pinzetten, Glasdeckel zum Untersuchen, Scheren, Papier und Stifte, ein Fernglas und diverse Literatur zum Thema Wald, die im Vorfeld mit einigen Kindern aus der Bücherei ausgeliehen wurde. Vom Naturkundeführer bis zum Bilderbuch waren alle Kategorien vertreten.

Am ersten Tag richteten wir unser Labor in einer etwas abgelegenen Kuhle in der Nähe des Basislagers ein. Mit vereinten Kräften schleppten die Kinder verschiedene Baumstümpfe als Tische und Sitzgelegenheiten an. Sogar ein Unterstand für die Bücher und das Papier wurde gebaut, um gegebenenfalls vor Regen zu schützen. Nach einer kurzen Lagebesprechung machten sich die Kinder zunächst mit Gläsern und Pinzetten auf den Weg, um Untersuchungsmaterial heranzuschaffen. Einige wenige Regeln gab es im Labor zu beachten: Es werden keine Tiere/Insekten gequält oder getötet. Nach dem Erforschen werden sie am Fundort wieder freigelassen. Pflanzen werden

161

abgeschnitten und nicht mit der Wurzel rausgerissen, damit sie wieder nachwachsen können. Jedes Kind ist für seine Arbeitsmaterialien verantwortlich und hat dafür Sorge zu tragen, dass es sie nicht verliert oder kaputtmacht.

Es war erstaunlich, in welch kurzer Zeit die Kinder die Regeln verinnerlichten und teilweise erweiterten. Sie standen im ständigen Gespräch miteinander, halfen sich gegenseitig und tauschten ihre Erfahrungen aus. Kamen die Kinder mit ihrem „Material" zurück, wurden Bücher gewälzt, um den Fund näher zu definieren. Hierbei war oft meine Hilfe gefragt, da ich das zum Bild Geschriebene vorlesen sollte. Manchmal wusste auch ein anderes Kind über die jeweilige Pflanze oder das Insekt Bescheid und berichtete darüber. Meistens wurde ein Bild dazu gemalt, und mir wurde ein kurzer Text dazu diktiert, z.B. wo der Fund gemacht wurde, wie das Tier gefangen wurde, und der Name und die bisher dazu gehörten Informationen mit den eigenen Worten wiedergegeben. Auf diese Weise entstand ein eigener kleiner Naturkundeführer, der auch heute noch gerne auf Ausflüge mitgenommen wird.

Für mich war die Betreuung des Labors sehr spannend. Der äußere Rahmen stand zwar, aber über das Inhaltliche war ich mir nicht richtig im Klaren, zumal ich Bedenken hatte, ob mein bisheriges Wissen über die Flora und Fauna des Waldes, das mehr als dürftig war, den Kindern ausreichend Erklärungen und Informationen liefern würde. Diese Sorge erwies sich aber als völlig unbegründet, da es den Kindern überhaupt nicht auf lange Vorträge ankam. Sie waren zufrieden mit den Erläuterungen, die ich aus den Büchern vorlas und mit den Gesprächen, die sich daraus ergaben. Mir wurde wieder deutlich, wie anders Lernen durch eigenes Tun vonstatten geht, wieviel Spaß es macht, und wie leicht es ist. Ich glaube nicht, dass Erzieherinnen über möglichst viele Bereiche einen großen Wissensstand haben müssen. Viel wichtiger ist die Neugier und das Interesse an einer Sache und die Bereitschaft und Offenheit, mit Kindern etwas zu erarbeiten, ohne gleich das Ruder in die Hand nehmen zu wollen. Meine Bedenken, die am Anfang der Waldwoche bestanden, haben sich in keinster Weise bestätigt. Die Kinder haben unseren „Rahmen" wunderbar gefüllt, und ich habe selbst viel dazugelernt.

Was bleibt?

Das Waldlabor ist ein fester Bestandteil der Waldwoche geworden. Neue Kinder werden von „alten Hasen" eingewiesen. In einem alten Bauwagen auf dem Kindergartengelände wurde ein ganzjähriges Forschungslabor eingerichtet, das für die Kinder jederzeit zugänglich ist. Die Ausrüstung ist ähnlich wie die des Waldlabors, wenn auch etwas umfangreicher, mehr Gläser, Pinzetten usw. Die Kinder zeigen uns auch hier, dass sie durchaus in der Lage

sind, wissenschaftlich zu arbeiten. Besonders spannend ist das Erleben und Erforschen der Jahreszeiten mit ihren typischen Gegebenheiten: z.B. Schneeflocken muss man ganz schön schnell untersuchen!

- Geblieben ist ein von Kindern erstellter Naturkundeführer, in dem immer wieder gerne nachgeschlagen wird.

- Geblieben ist eine neue Sensibilität für unsere Natur und Umwelt, das Bewusstsein davon, dass jedes Ding seinen Platz und seine Aufgabe hat.

- Geblieben ist die Vorfreude auf die kommende Waldwoche mit neuen Eindrücken und Erlebnissen.

- Geblieben ist die Motivation, sich mit Kindern auch auf fremdes Terrain zu begeben.

- Geblieben ist auch die Faszination der Schöpfung, was folgendes Zitat eines 5-jährigen Jungen deutlich macht, der sinnend vor dem Ameisenhügel kniet und sagt: „der liebe Gott hat sich alles ganz schön schlau ausgedacht!"

Margret Friedrich / Claudia Gans

3.3 Elternbildung in eigener Erfahrung

Vom Selbstverständnis unserer Elternarbeit

Unser Auftrag als Kindergarten beinhaltet viele verschiedene Schwerpunkte. Hinzu kommt die Kooperation mit den Eltern und den Familien. Wir wollen unsere pädagogische Praxis den Eltern transparent machen und möglichst einen Weg gemeinsam gehen. Die Elternarbeit in unserer evangelischen Tagesstätte weitet sich auf die Gemeinde und die Gemeinwesenarbeit aus (siehe auch der Beitrag: Uwe Santjer, Bildung durch die Vernetzung mit dem Gemeinwesen).

So findet einmal im Monat ein Treffen für alleinerziehende Mütter und Väter in unserer Kindertagesstätte statt. Wir verstehen uns hierbei als Kontakt- und Anlaufstelle. Eltern von Integrationskindern treffen sich in regelmäßigen Abständen, um gezielt im Austausch zu sein und sich gegenseitig zu unterstützen. Je nach Bedarf und Themenschwerpunkt werden Fachpersonal, Schulpersonal oder Referenten in diese Arbeit mit eingebunden. Elternabende verstehen wir nur als einen Teil der Arbeit mit Eltern. Täglicher Austausch und Kontakt sind Grundlagen unseres Verständnisses.

Schon im Eingangsbereich werden Eltern täglich an der Informationstafel über unsere Belange informiert. Dies ist ein wichtiger Bestandteil, um z.B. über den Personalstand, Krankheiten, Geburtstage, Fortbildungen und vieles mehr zu informieren. Eltern können sich über den Tätigkeitsbereich der Erzieherinnen ein Bild machen, um gezielt Fragen zu Angeboten oder dem Spielverhalten und dem Spielpartner ihres Kindes zu stellen. Der morgendliche Empfang, den zwei Kollegen übernehmen, ist als Informations- und Kontaktstelle zu verstehen. Eltern und Kinder werden individuell begrüßt und Meldungen für den Tag können entgegen genommen werden. Diese Meldungen werden für alle Kollegen in ein Morgenrundenbuch eingetragen, damit ein guter Informationsfluss zum Wohle des Kindes und des Tagesablaufs möglich wird. „Der Empfang" ist auch in der Abholphase präsent. Eltern bekommen Rückmeldungen des Kindergartentages, auch ist eine Verabschiedung am Ausgang für Eltern und Kinder so immer gewährleistet.

Um mit Eltern einen gemeinsamen Konsens zu finden, bedarf es vieler kleiner gemeinsamer Schritte. Ein wichtiger Baustein auf diesem Weg ist eine Vertrauensbasis in gegenseitiger Wertschätzung der Lebenssituation der Familie und der Kindertagesstätte. Es finden regelmäßige Gespräche auch ohne besonderen Anlass statt. Hierfür wählen die Eltern eine Person ihres Vertrauens. Eltern sind für uns Experten ihrer Kinder und können zum Gelingen der Entwicklung ihrer Kinder viel leisten und beitragen. Deshalb brauchen wir immer wieder den Kontakt mit ihnen. Und wir als Kindertagesstätte tragen mit vielfältigen Angeboten zur Entlastung und Kompetenzstärkung bei, z.B. durch Beratung und Bildung.

Ein wesentlicher Bereich in dieser Zusammenarbeit ist unsere Aufklärungsarbeit über offene Pädagogik. Diese gilt es transparent zu machen. Wir wollen informieren und nicht belehren. Soweit es möglich ist, wollen wir verändernd auf die Familie einwirken, wollen sie stärken und ihr helfen, selbst nach möglichen Veränderungen zu suchen. Dies ist unsere Perspektive für einen immer wiederkehrenden gemeinsamen Diskurs, an dem Eltern eigenverantwortlich, in ihrem Rahmen und mit ihren Möglichkeiten, teilnehmen können. Auf der Grundlage gemeinsamen Vertrauens bemühen wir uns immer wieder, in den Gesprächen das Kind in den Mittelpunkt zu stellen. Wir sehen es grundsätzlich positiv und vermeiden bewusst defizitorientierte Sichtweisen.

Das gemeinsame Erarbeiten von Lösungsmöglichkeiten ist ein wechselseitiger Prozess der Unterstützung. Je offener das Verhältnis ist, desto mehr Informationen fließen im gegenseitigen Einvernehmen. Weil wir uns um Wertschätzung bemühen, kann die Kindertagesstätte zu einem Ort der Begegnung werden. Meistens gelingt das recht gut, und so werden wir Wegbegleiter für unsere Eltern. Alle Formen der Zusammenarbeit sind Bausteine für eine Lerngemeinschaft zwischen Kindern, Eltern und Erzieherinnen, die durch Kontinuität Bildung ermöglicht. Es ist unsere Aufgabe, in diesem System unsere professionelle Seite kompetent zu vertreten.

Weil unsere Elternabende für die Bildungsprozesse eine besondere Bedeutung haben, möchten wir einen Angebots- oder Erlebniselternabend im Folgenden beschreiben.

Vorbereitung eines Elternabends zum Thema: „Vom Nichtstun im Kindergarten"

Die Thematik dieses Elternabends wurde durch unsere Eltern selbst bestimmt. In unserem Haus entstand ein Projekt um das Thema „Gesunde Ernährung". Für Eltern war deutlich, dass sie sich in den nächsten Wochen keine Gedanken um das Frühstück ihrer Kinder machen mussten, denn dieses wurde mit Kindern geplant und gestaltet. Kinder waren am Einkauf der Lebensmittel sowie an der Zubereitung der Speisen beteiligt. Viele Aktivitäten wurden zu diesem Projekt durchgeführt, doch Kinder brachten wenige oder keine Produkte ihrer Arbeit mit nach Haus. Einige Eltern reagierten positiv, doch andere hatten Probleme. So hörten wir: „Die Kinder machen nichts mehr im Kindergarten" oder „sie bringen nichts Gebasteltes mit nach Hause".

Diese Rückmeldungen haben wir ernst genommen und überlegt, welchen Eindruck Eltern von unserem Tagesablauf haben und bekommen können. Schnell war deutlich, dass sie ja nur kurze Sequenzen (Empfang/Abholphase) erleben. Eltern war nicht bewusst, was ihre Kinder leisteten, wenn sie kein fertiges Produkt heimbrachten. In der gemeinsamen Dienstbesprechung wurde die Problematik um das Projekt „Gesunde Ernährung" und die Einbeziehung von Eltern und Kindern diskutiert. Der Auftrag an uns und die Kinder war deutlich. Wir wollten Anregungen und praktische Erfahrungen zu einer gesunden Ernährung lebensnah vermitteln. Uns wurde in der Diskussion klar: Eltern benötigen Transparenz und Einblick, wie und was ihre Kinder lernen, auch wenn sie nicht etwas Bestimmtes vorweisen können. Das Thema dieses Elternabends stand nun fest: „Vom Nichtstun im Kindergarten".

Als Methode legten wir fest, dass die Eltern in die Rolle ihrer Kinder schlüpfen sollten, um nachzuvollziehen, was ihre Kinder täglich in der Kindertagesstätte leisten und lernen, ohne ein fertiges Produkt mit nach Hause zu bringen. Feste Strukturen und Zielsetzungen sollten die Eltern ganz hautnah erleben. Deshalb wurde der Ablauf des Elternabends so strukturiert wie der tägliche Ablauf mit den Kindern.

- Begrüßung

- Tageskreis

- Praktische Angebote

- Abschlusskreis / Reflexion

In Kleingruppen wurden drei Angebote geplant und vorbereitet. Innerhalb dieser Gruppen kam es erneut zum Austausch und zu Diskussionen über unser Handeln.

Ablauf des Elternabends

Nach der Begrüßung wurden die Eltern über den geplanten Ablauf des Abends informiert. Beim Ertönen unseres akustischen Signals, z.Zt. eine Glocke, begann für die Eltern der Tageskreis. Eltern konnten zwischen vier Kreisen frei wählen. Erste Verwirrungen kamen auf. Für welchen Tageskreis sollte man sich entscheiden? Welchen Tageskreis würde mein Kind wählen? Innerhalb der Tageskreise wurde dann entschieden, welches Lied gemeinsam gesungen, welches Angebot gewählt werden sollte. Und es konnte auch Persönliches berichtet werden. Diese Sequenz des Elternabends hatte eine feste Struktur und Zielsetzung: Entscheidungen treffen, gemeinsame Absprachen, Verpflichtungen eingehen, zuhören, stillsitzen, abwarten, verbale Auseinandersetzung und vieles mehr. Es gab die Möglichkeit, unter drei unterschiedlichen Angeboten auszuwählen. Jede Einheit dauerte ca. 20 Minuten. Im Küchenbereich konnte ein Obstsalat hergestellt werden, im Atelier eine Collage zu gesunder Nahrung und im Bewegungsbereich „eine Fantasiereise im Obstgarten" gebaut und erlebt werden.

Eltern ordneten sich nach ihren Neigungen und Vorlieben diesen Angeboten zu. Für alle war das Ziel: gemeinsame Kooperation, die Informationsgewinnung, Austausch, Problembewältigung und die Durchführung. Wir wollten Eltern vermitteln, wie viel geleistet wird, ohne etwas Greifbares in den Händen zu halten. Danach trafen sich alle Beteiligten zu einem gemeinsamen Abschlusskreis. Dieser brachte die Rückmeldung der einzelnen Angebotsteilnehmer sowie das Herausarbeiten der Ziele und Lernanforderungen.

Durchgängig gab es positive Rückmeldungen von den Eltern. Es hatte ihnen viel Spaß gemacht, aktiv etwas zu tun. Einige kostete es viel Mut, sich in der

Gruppe zu äußern, andere hatten Angst, etwas falsch zu machen. Wieder andere bemerkten, wie anstrengend der Abend war, obwohl doch „nur gespielt" wurde. Eltern wurde deutlich, wie viele versteckte Anforderungen in unseren Handlungen und Aktivitäten steckten. Durch eigenes Erleben, Handeln und Probieren erkannten die Eltern wichtige Zusammenhänge. Sie erlebten, dass der Weg das Ziel ist und nicht das Ergebnis.

Verabschieden konnten wir unsere Eltern mit dem sicheren Gefühl, viel geleistet und gelernt zu haben, ohne ein sichtbares Produkt in den Händen zu halten. Die Wirkung dieses Erlebniselternabends blieb nicht aus. Ein größeres Verständnis unserer Arbeit und die der Kinder war zu erkennen. Wir werden auch weiter diese Form der Elternarbeit verfolgen, bis andere gewünscht werden.

Übrigens: Der Elternabend war von 48 Teilnehmern besucht. 54 wären möglich gewesen.

Martina Unruh-Noack

3.4 Einmal in der Woche kommt die Märchenoma

Der Begriff „Bildung"

Bildung - Was heißt das eigentlich? In dem Wort „Bildung" steckt das Wort „Bild". Und Bilder sind für unser Leben wichtig. Für unsere Sprachentwicklung brauchen wir Bilder. Wir müssen Dinge kennenlernen, „begreifen", uns ein Bild von ihnen machen, um sie dann benennen zu können. Mit dem Wort „Auto" kann ein Kind zunächst nichts anfangen. Erst wenn beim Wort „Auto" auch ein Bild abrufbar wird, können wir das Wort auch füllen. Dann sehen wir vielleicht vor unserem inneren Auge ein Ding mit Rädern, das fahren kann. Bevor ich ein Bild abrufen kann, ein Wort füllen kann, habe ich viel gelernt, denn ich habe mich ja vorher ausgiebig damit beschäftigt. Worte ohne Bilder haben für Kinder erstmal keine Bedeutung.

Begegnung

Für Paul Lahniger bedeutet Bildungsarbeit immer Begegnung. Dem kann ich zustimmen. Es nützt mir wenig, wenn ich Worte mit Bildern füllen kann, mein Gegenüber aber die Worte mit anderen Bildern füllt. Dann ist Verständigung kaum möglich. Jeder hat ein anderes Bild vom Auto. Beim einen ist es groß, beim anderen klein, bei einem rot, beim anderen grün, bei einem

VW, beim anderen BMW. Aber die meisten haben sich darauf geeinigt, dass ein Auto ein Gegenstand zum Fahren ist, das Räder hat. Um mein Bild zu vervollständigen, brauche ich die Verbindung zum anderen, die Begegnung, den Austausch.

Kulturgut

Was hat nun Bildung mit Omas Märchen zu tun? Im Kindergarten haben Märchen eher selten ihren Platz. Dafür werden häufiger Bilderbücher vorgelesen und gezeigt. Beides, Märchen und Bilderbücher, vermitteln Wörter und auch Bilder. Märchen aber vermitteln auch noch etwas anderes - ein Stück Kultur. Die Märchen sind früher von Generation zu Generation weitergegeben worden und haben so Jahrhunderte überlebt. Märchen sind ein Stück Menschheitsgeschichte, sind Lebensdeutung. Sie gehen leider immer mehr verloren. Wären die Märchen nicht einmal aufgeschrieben worden, hätten wir in unserer heutigen Zeit dieses Kulturgut schon längst verloren.

Die Praxis

Ehrlich gesagt, finde ich kaum Zeit, während des stressigen Kindergartenalltags in Ruhe ein paar Kindern Märchen zu erzählen. Aber es gibt ja Kassetten und vielleicht sogar Video, und schließlich gelingt mir hin und wieder eine Bilderbuchbetrachtung. Also alles in Ordnung? Ich frage mich, warum sich die Märchen, wenn sie eigentlich überflüssig scheinen, seit Menschengedenken gehalten haben. Vielleicht sollte ich mir den Inhalt der Märchen einmal näher ansehen.

Inhalt der Märchen

Märchen handeln nicht von der rational denkenden Welt der Erwachsenen Im Märchen ist alles möglich. Die Sprache ist bildhaft wie die Sprache der Kinder. Sie ist Nahrung für die Seele, sie regt die Phantasie an. Im Märchen gibt es Trauer und Glück, Furcht, Angst und Freude, Leben und Tod, Wünsche, Hoffnung und Verzweiflung, Verlassenheit wie im wirklichen Leben. Eigentlich könnten Märchen unsere täglichen Nachrichten sein, sie handeln von nichts anderem. Nur werden im Märchen zusätzlich noch Werte vermittelt wie Achtung vor dem Anderen, Ritterlichkeit, Treue und wahre Freundschaft. Außerdem lernen die Menschen im Märchen aus ihren Fehlern. Ist der Held im Märchen am Anfang auch verzweifelt oder ängstlich, was es bei Helden in diversen Kinderserien natürlich nicht gibt, so entdeckt er im Laufe der Geschichte eine Möglichkeit, seine Kraft, seine Fähigkeiten oder eine Hilfe von anderer Seite. Der Held macht, indem er seinen Weg geht, einen Reifungsprozess durch wie auch die Kinder in ihrer Entwicklung. Und wie der Held im Märchen verzweifelt ist oder Rückschritte macht, so geht es auch den Kindern. Kinder wachsen durch Märchen über ihre eigene Erfahrungswelt hinaus, und bei allen unbewussten Parallelen zum eigenen Leben bleibt den Kindern die Sicherheit: Am Ende siegt das Gute!

Unsere Praxis heute

Nun müsste mich das schlechte Gewissen plagen. Dass Märchen für Kinder wichtig sind, kann ich nun nicht mehr von der Hand weisen, aber wie umsetzen? Um Geschichten zu erzählen, muss ich erst einmal Geschichten kennen. Nun gut, Hänsel und Gretel, Dornröschen und Aschenputtel bekomme ich vielleicht noch hin, aber das war es auch schon, kein großes Repertoire. Und - habe ich die Ausstrahlung und die Beziehung zu den Märchen, um sie zu vermitteln? Ich gestehe, meine Stärken liegen auf andern Gebieten, ich bin keine „gute" Märchenerzählerin und nur vorzulesen, genügt mir nicht. Beim Lesen schaue ich auf den Text und muss mich darauf konzentrieren. Beim Erzählen kann ich die Kinder ansehen, auf sie eingehen, zu ihnen in Beziehung treten - also ihnen begegnen. Zum Glück haben wir für unsere Einrichtung eine geniale Lösung gefunden. Die Kinder müssen nicht auf Märchen verzichten.

Seit Bestehen unserer Einrichtung bemühen wir uns um eine Öffnung nach außen, um so etwas wie einen Treffpunkt Kita zu schaffen. Nicht nur zu den Eltern pflegen wir Kontakte, sondern auch zu Geschwistern, Tanten und Onkeln, Nachbarn der Kita, Kirchenvorstand, Schulen, Vereinen und Großeltern. Wir möchten mit diesen Menschen nicht nebeneinander leben, sondern miteinander. Diese Kontakte ergaben, dass sich ältere Damen gerne bereitfinden, in der Kindertagesstätte vorbeizukommen, um die Kinder und Erzieherinnen an ihrem Wissen und ihren Erfahrungen teilhaben zu lassen, indem sie Märchen erzählen. Die Vorstellungen aller Beteiligten wurden zu Beginn in einem Gespräch beim Kaffeetrinken geklärt. Es kristallisierte sich heraus, dass ein fester Termin für die Damen und für die Einrichtung sinnvoll ist. Wir einigten uns auf den Dienstagnachmittag (außer in den Sommermonaten, da wir dann viel mit den Kindern außer Haus sind).

Im ersten halben Jahr wechselten sich zwei Damen wöchentlich ab. Leider ist eine ältere Dame aus gesundheitlichen Gründen ausgeschieden, so dass die andere nun einmal die Woche kommt. Ansprechpartner für die Märchenoma sind die Mitarbeiterinnen im Ganztagsbereich. Einen festen Ansprechpartner gibt es nicht, da die freien Nachmittage wechseln. Schnell stellten wir fest, dass unsere Märchenomas einen besonderen Platz brauchen, einerseits als Sicherheit für die älteren Damen, andererseits als Orientierungspunkt für die

Kinder. Im Kommunikationsraum steht deshalb ein Ohrensessel bereit. Im Mittagskreis wird den Kindern das Märchen angekündigt, und es entsteht eine erste Spannung. Für das Angebot der Märchenoma müssen sich die Kinder anmelden. Wenn sie sehen, dass die Märchenoma das Grundstück betritt, scharen sie sich um den Sessel, so dass der Märchenoma kaum Zeit bleibt, sich in ihrem Sessel einzurichten. Seit einem Jahr gibt es nun schon unsere Märchenomas, und diese Idee hat viele Früchte getragen.

Zum Glück ist unseren Märchenomas der Vorrat an Geschichten niemals ausgegangen. Sie kennen Märchen für jedes Alter, für 3-Jährige ebenso wie für 5-, 6- und 28-Jährige. Bei ihrer Auswahl achten sie darauf, wenn möglich, dass die Märchen zu den aktuellen Themen im Haus passen. Dafür sprechen sie sich eine Woche vorher mit uns ab. Etwas Besonderes an unseren Omas ist die Ausstrahlung, die sie haben, wenn sie in ihrem Sessel sitzen und erzählen. Es ist einmalig!

Ich denke, die Verbindung von Lernen und Sich-Wohlfühlen spricht die Kinder an, und deshalb nimmt die Zahl derer, die das Märchen mithören möchten, immer zu. Die Kinder lieben die Märchenomas, und sie sind stets bemüht, noch mit auf den Schoß oder Sessel zu krabbeln, um ganz nah zu sein. Ist das Märchen zu Ende, so bleibt die Runde meist noch bestehen und es wird erzählt und gefragt. Hier findet auch die Reflexion für die Kinder statt. Hin und wieder wird der Wunsch geäußert, das Märchen zu wiederholen. Manchmal berichten unsere Märchenomas von ihrer Kindheit, das ist spannender als Geschichtsunterricht. Das ist Wissensvermittlung und Unterhaltung zugleich. Es ist Begegnung pur!

Und was mache ich in der Zeit? Meistens bin ich in der Runde dabei. Der äußere Rahmen liegt in meiner Verantwortlichkeit. Ich kümmere mich um die Kinder, die bei der Märchenoma auf dem Sessel keinen Platz gefunden haben, die sich nicht so nah heran trauen und evtl. eine Unterstützung beim Kontaktaufbau brauchen oder einen besonderen Bedarf an Zuwendung haben. Und nebenbei lerne auch ich ganz viel von unseren Märchenomas. Und um ehrlich zu sein: Ich genieße unsere Märchenstunde.

Uwe Santjer

3.5 Bildung durch Vernetzung mit dem Gemeinwesen

Die ev. luth. Kindertagesstätte Altenwalde ist mit großer Unterstützung der Bevölkerung unseres Ortes erbaut worden, da die Kommune wegen mangelnder Kindergartenplätze eine Einrichtung schaffen musste, aber nicht ausreichend finanzielle Mittel zur Verfügung hatte. Einige haben mit ihrer Arbeitskraft, andere mit Geldspenden ihren Beitrag zum Bau der Kindertagesstätte geleistet. Insgesamt sind innerhalb eines Jahres Spenden in Höhe von 100000 DM eingegangen. Feste, Sportveranstaltungen, Konzerte und Kollekten trugen erheblich zu diesem sehr großen Spendenaufkommen bei. Unsere Aufgabe als Mitarbeiter war es, die Bevölkerung über die Bauphasen und unsere pädagogischen Ideen zu informieren. Auf zahlreichen öffentlichen Infoständen, mit Hilfe der Heimatpresse und vieler Referate in verschiedenen Gremien gelang dies sehr gut.

Das Dorf rückte näher zusammen. Die Kita war das gemeinsame Ziel aller. Man stand hinter uns, man wollte uns. Mit dieser Entstehungsgeschichte sind wir bis heute ein wichtiger Bestandteil des Ortes. Zu vielen Fragen der Kinder- und Jugend- sowie der Sozialarbeit werden wir Mitarbeiter gehört. Die Kindertagesstätte kann also nicht isoliert betrachtet werden. Wir haben in unserem Gemeinwesen eine besondere Stellung. Äußere Gegebenheiten beeinflussen die Kindertagesstätte und diese beeinflusst das Gemeinwesen. So entsteht ein wechselseitiger Bildungsprozess.

Durch die Darstellung unserer Arbeit in der Öffentlichkeit lernen unsere Mitbürger „Kindheit heute" zu verstehen. So bringen wir neben den bereits genannten Aktionen eine Kindergartenzeitung heraus, die ¼-jährlich erscheint. In der letzten Ausgabe haben wir uns z.B. mit der Prophylaxe und Behandlung von Erkältungskrankheiten auseinandergesetzt. Unsere Leser frischen so ihr Wissen auf oder bekommen ganz neue Anregungen. Für viel Diskussionsstoff hat z.B. ein Beitrag mit dem Themenschwerpunkt „Märchen" gesorgt. Uns bis dahin unbekannte Eltern haben angerufen und dafür gedankt, dass wir bei ihnen eine neue Motivation zum Märchenerzählen geweckt hätten.

Wir verstehen uns auch als Forum für Fachvorträge. In unregelmäßigen Abständen werden Referenten eingeladen zu aktuellen Themen, wie z.B. gesunde Ernährung, Kindesmissbrauch, Glauben, Qualitätssicherung, und ziehen Menschen in unsere Einrichtung. Gerade wir als offene Kindertagesstätte sollten unsere Offenheit nicht an der Tür aufgeben. Wir haben die Chance, Wesentliches in die Gemeinde zu tragen, aber auch von ihr zu empfangen. Ich halte die Kindertagesstätte für den idealen Ort, um Menschen zusammenzuführen. Sie erreicht über die Kinder die verschiedensten Gruppen: Eltern, Geschwister, Großeltern, Freunde und Bekannte bis hin zu Arbeits- und Dienststellen, in denen diese arbeiten.

Dies wird an einem Projekt deutlich, das wir gerade in unseren Kindergartenalltag integrieren. Unter dem Motto „Kindergartenkinder entdecken Altenwalde" lernen die Kinder ihren Wohnort und die unterschiedlichen Institutionen kennen. Nachdem sie mit den Verantwortlichen der verschiedenen Geschäfte und Behörden Termine abgesprochen haben, sind sie zur Exkursion aufgebrochen: zum Arzt, in die Autowerkstadt, in die Apotheke, zur Bäckerei, zur Feuerwehr und zu anderen Einrichtungen. Den Kindern wurden nicht nur die Räumlichkeiten der jeweiligen Institutionen vorgestellt, sondern es wurde ihnen auch die dortige Tätigkeit beschrieben und gezeigt. Anschließend entstand ein Teil des Ortes in der Kindertagesstätte. So haben wir jetzt einen Friseursalon, ein Restaurant, eine Bank, eine Autowerkstatt und eine Tischlerei in unseren Räumlichkeiten. Im Nachspielen gelingt es den Kindern, gesellschaftliche Strukturen zu erkennen. Neue Erlebnisse werden in spielerischen Bildungsprozessen vertieft. Die Kinder machen neue Materialerfahrungen: In unserem Friseursalon wird mit Haarschaum, Festiger, Schminke, und verschiedenem Schmuck hantiert. Den Haarschaum aus der Dose drücken, ihn auf der Hand zu beobachten, ihn zu spüren, zu riechen und dann in die Haare des Freundes behutsam einzumassieren, bietet Lernchancen

„mit allen Sinnen". Neben den neuen Materialerfahrungen kommt hier auch eine soziale Komponente zum Zug. Einerseits hat Bildung etwas mit Selbsttätigkeit zu tun, andererseits auch immer mit einem Gegenüber. Lernen im Kindergarten ist weitgehend ein kooperatives Geschehen. Kognitives und Emotionales bilden eine Einheit. Das Kind erfährt z.B., mit welchem Druck es die Haare des anderen „bearbeiten" kann. Es übt die eigene Kraftdosierung. Durch behutsames Handeln bildet sich Vertrauen. Der Friseurkunde dagegen kann genießen, zulassen und lenken. Die Kinder sind aufgefordert, immer wieder auf die eigenen und die Befindlichkeiten des anderen zu achten.

Das gesellschaftliche Leben des Ortes ist die reale Erlebniswelt der Kinder, in der sie sich und andere wahrnehmen. Indem Kinder mit eigenen Beobachtungen und Erfahrungen am Dorfgeschehen teilnehmen, sammeln sie eine Menge neuer Eindrücke, die wiederum viele Fragen bei ihnen aufwerfen. Wir Mitarbeiter sollen mit unseren Angeboten helfen, auf diese Fragen eine Antwort zu finden. Das Kind entwickelt und bildet sich weiter unter Rückgriff auf vorhandene Kenntnisse und unter Aufnahme neuer Informationen, die von außen hinzukommen. Dieser Prozess erinnert an das Äquilibrationsmodell Piaget´s, wonach Kinder ihre Motivation zum Lernen vor allem dadurch bekommen, dass sie durch Außenereignisse aus dem Gleichgewicht geraten. Durch Aktivität, durch neues Lernen versuchen sie, die Balance wieder herzustellen.

Für uns in der Kindertagesstätte ist wichtig, Anregungen aus dem gesellschaftlichen Leben des Ortes in unser Alltagsgeschehen zu integrieren. Da kann es hilfreich sein, die Kindertagesstätte zu verlassen und in Außenaktivitäten neue Eindrücke zu sammeln oder Personen aus unserem Gemeinwesen in die Einrichtung zu holen und dort in unseren Tagesablauf zu integrieren. So wie die Märchenoma, die einmal wöchentlich erscheint (Martina Unruh-Noack berichtet darüber), gestalten die Pastoren und die Diakonin jeden Mittwoch ein Angebot mit den Kindern. Dabei berichten sie immer auch von ihren Tätigkeiten. Jeden letzten Mittwoch im Monat halten sie uns einen kurzen Gottesdienst in unserer Kirche, der auch für die Gemeinde geöffnet ist. Auch hier kann jeder Bürger etwas aus der Kindertagesstätte erfahren und mit den Kindern gemeinsam feiern. Die Kindertagesstätte ist aber auch für projektbezogene Besuche offen. In der Verkehrserziehung ist es hilf- und lehrreich, wenn ein Handwerker gemeinsam mit den Kindern die Dreiräder in Ordnung bringt. Die Verkehrsschilder können mit einem Maler erstellt werden, bevor ein Polizist die „Führerscheinprüfung" abnimmt.

Die Frage ist, welche Personen zu einer Unterstützung bereit sind? Wir bitten Menschen im Ruhestand, Eltern und deren Freunde, die sich ein paar Stunden frei nehmen, oder öffentliche Stellen, deren Auftrag u.a. Aufklärung und Information ist (z.B. Polizei).

Wir haben die Erfahrung gemacht, dass Menschen durchaus bereit sind uns zu helfen, wenn sie gefragt werden. Durch unseren engen Kontakt zur Gemeinde kommen manche später selbst mit Angeboten und Ideen. So haben wir eine Anfrage von einer Gruppe älterer Damen, die unser Backhaus nutzen wollen, um dort ihr Brot zu backen. Während der Backzeit wollen die Frauen in der Kindertagesstätte bleiben und Kontakt zu Kindern suchen. Hier sehe ich große Bildungschancen. Andere wiederum wollen das Gebäude nutzen, um z.B. einen Kurs zur Geburtsvorbereitung oder Seniorentanz durchzuführen oder Geburtstage zu feiern.

Um die Kindertagesstätte in den Blickwinkel möglichst vieler Menschen zu rücken, müssen wir mit der Nutzung von Räumlichkeiten flexibel umgehen. Immer dann, wenn wir einen Kurs zulassen, bekommen wir positive Resonanz aus den jeweiligen Teilnehmerkreisen. Das stärkt unser Außenbild und weckt das Interesse der Öffentlichkeit an unserer Einrichtung.

Von uns Mitarbeiterinnen und Mitarbeitern hat der Aufbau der verschiedenen Vernetzungen viel Engagement und Einsatz gefordert. Mittlerweile beginnt die Vernetzung aber auch, zur Entlastung beizutragen. Mitarbeiter müssen nicht in allen Bereichen über fachliche Kenntnisse verfügen. Durch die Beteiligung der Dorfbewohner können wir Wünsche der Kinder nach qualifizierten Informationen erfüllen. Über den Kontakt mit außenstehenden Fachleuten kommt es nicht nur bei den Kindern, sondern auch bei uns Mitarbeitern zu neuen Bildungsprozessen. Wir versuchen, die vielfältigen Fähigkeiten der Menschen unserer Gemeinde zum Wohle der Kinder zu nutzen und sie möglichst mit unserer Arbeit zu verknüpfen. Unser Anspruch ist es, das Kind in den Mittelpunkt der pädagogischen Arbeit zu rücken. Zu viele Rahmenbedingungen, wie Standort, Öffnungszeiten, Kinderzahl u.v.m., sind aber nicht auf die Bedürfnisse der Kinder ausgerichtet. Immer wieder bestimmt die Erwachsenenwelt die Welt des Kindes. Da bleibt uns die Pflicht, die Pädagogik auf die Kinder abzustimmen. Der Kindergarten ist jedoch nur ein Teil des Lebensraumes unserer Kinder.

Mein Ausblick

Mit großer Aufmerksamkeit verfolge ich seit Jahren das wachsende Angebot u.a. der Kunst-, Musik- und Tanzschulen. Ich denke, dass der Kindergarten durch seine Passivität Teile seiner Aufgabe aus den Händen gegeben hat.

Rasch sollte er auf diese Entwicklung reagieren und die für die Kinder wichtigen Bereiche mitgestalten. Die vielen Termine der Kinder in den verschiedenen Neigungsbereichen außerhalb der Kindergartenzeit sind mir ein Dorn im Auge. Vieles könnte gut in den Kindergartenalltag integriert werden. Ich würde es sehr begrüßen, wenn Kinder in der Kindertagesstätte spielerisch z.B. die Flöte spielen lernen oder ein Schwimmabzeichen erwerben könnten. Hier müsste sich aber das Selbstverständnis von Erzieherinnen verändern, indem diese sich fachlich in ein, zwei oder drei Bereichen besonders qualifizieren.

Wir sind auf dem Weg, um Raumnutzung und pädagogische Inhalte neu zu überdenken und weiter zu entwickeln. Dabei ist die Kindertagesstätte der ideale Ort, um im Gemeinwesen als Vermittler zu agieren.

Silke Karallus / Martina Unruh-Noack

3.6 Bildung in hausinterner Fortbildung

Kindergartenalltag bedeutet bei uns tausend Termine, wie: Elternabend, Dienstbesprechungen, Elterngespräche und plötzlich, wie jedes Jahr, steht der Studientag vor der Tür. Referenten einladen - zu spät!

Am Anfang aus der Not erwachsen ist sie heute ein wichtiger Bestandteil in unserer Weiterbildung: *die hausinterne Fortbildung*

Was ist das? Das sind 1,5 Tage

- von Mitarbeiter/innen für Mitarbeiter/innen vorbereitete Fortbildung

- mit einem Thema nach Interesse des Teams.

Wie? Das geht nicht? Wir würden im eigenen Saft schmoren? Da müssen wir lautstark widersprechen. Sehen wir uns doch einmal um! Bei uns gibt es eine Vielfalt von Fachpersonal. Wir, das sind: Erzieher/innen, Heilpädagoginnen, Diplom-Heilpädagoge und Sozialpädagogin, die immer versuchen, durch Ausbildungen, Weiterbildungen, Fortbildungen, Tagungen, Seminare etc. auf dem aktuellen Stand zu sein. Leider kommt es während des Alltages viel zu selten zum fachlichen und theoretischen Austausch. Dabei ist der Dialog die Grundlage der pädagogischen Arbeit. Unsere Lösung für dies Problem ist die hausinterne Fortbildung. Hier kann ich Kolleginnen und Kollegen im gemeinsamen Gespräch an meinem Wissen teilhaben lassen und umgekehrt. Das gesamte pädagogische Team entscheidet sich im Diskurs für ein Thema.

Bei uns waren das zum Beispiel:

- Angebot und Freispiel

- Tagesablauf

- Raumaufteilung und -gestaltung

- Elterngespräche

- Überprüfung der Konzeption

- Reflexion der eigenen Arbeit

- Beobachtungen

Ein Planungsteam (meist zwei Personen) bildet sich je nach Kompetenzen und Interessen. Dieses kümmert sich um den inhaltlichen und äußeren Rahmen. Dazu gehören die Räumlichkeiten, Medien, Auswahl theoretischer Unterlagen, Ausarbeitung der Arbeitsmethoden, Pausenzeiten und Verpflegung. Warum machen wir uns die ganze Mühe? Keine Referenten? Geld sparen? Nein! Viele wichtige Aspekte haben sich herauskristallisiert, die die hausinterne Fortbildung zum festen Bestandteil unserer Arbeit werden ließen.

Themenfindung
Themen, die zur Zeit aktuell sind, werden in Absprache mit dem Team vorrangig behandelt. Wir können so sicher sein, dass unsere Fortbildung mit uns und unserer Arbeit zu tun hat oder im Bezug steht.

Wissensvermittlung
Das bedeutet für uns, aus einem reichen Schatz an unterschiedlicher Lebens- und Praxiserfahrung zu schöpfen, ergänzt durch theoretische Schwerpunktthemen jedes Einzelnen. Alles zusammen ergibt ein interessantes, vielschichtiges, umfassendes, bereicherndes und qualifiziertes Fundament. Ohne die Chance dieser Art von Fortbildung würde dieses Wissen brachliegen und verkümmern. Auf diesem Fundament wird bei der hausinternen Fortbildung durch den theoretischen Austausch aufgebaut. Hierbei trägt jeder seinen Teil an Fachwissen bei. Wir sind gefragt als Mitgestalter der Lernprozesse. Die Stärken der Kollegen kommen dabei zum Tragen und werden von den anderen wahrgenommen. Jeder kann die Rolle der Moderatoren übernehmen und sich in dieser Rolle üben, ausprobieren und auch hier wieder neue Ressourcen entdecken.

Teamgeist
Dadurch, dass bei dieser Methode alle gemeinsam, zeitgleich am selben Thema bzw. derselben Fragestellung arbeiten, kommen wir zu gemeinsamen Lösungen und gehen alle die gleichen Entwicklungsschritte. Dieses gemeinsame Erarbeiten führt dazu, dass alle hinter dem Ergebnis stehen. Bei angeregten Diskussionen werden Einzelgänge und Machtkämpfe vermieden, jedoch Kritik geäußert.

Verantwortlichkeit
In dem eben erwähnten gemeinsamen Erarbeiten und Mittragen bringt jeder einen Teil von sich mit ein. Dieses führt dazu, dass sich alle für das Haus und Team verantwortlich fühlen. Jeder hat ein persönliches Interesse am Vorankommen. Es geht um Wege und Lösungen unserer eigenen pädagogischen Arbeit.

Austausch/Reflexion

Ein weiterer großer Vorteil ist, dass das „Schmoren im eigenen Saft" durch den Dialog vermieden wird. Er bietet die Möglichkeit, sich miteinander, im Diskurs, konzentriert und ausdauernd über die Arbeit auszutauschen, zu reflektieren und zu gemeinsamen Ergebnissen zu kommen. Gemeinsame Visionen können entwickelt werden. Ein Hinterfragen und Überarbeiten der Konzeption wird möglich.

Honorarkräfte

Die hausinterne Fortbildung ist eine von vielen Fortbildungsmöglichkeiten, die wir nutzen. Unter anderem kommen auch Supervisor, Fachberater und Referenten ins Haus. Allerdings müssen wir als Team bei externen Referenten oft lange Erläuterungen zum Haus, zur Struktur, zum Team und zum Tagesablauf geben und die Beiträge des Referenten auf unsere Einrichtung übertragen. Bei der internen Fortbildung sind die Strukturen und der äußere Rahmen für jeden deutlich. Es geht keine Zeit für Erklärungen verloren.

Praxisbeispiel

Um unsere Arbeitsweise aufzuzeigen, möchten wir dies an Hand eines Beispiels verdeutlichen. Vorgegeben war der vom Team ausgesuchte Termin. Wir als Planungsteam entwarfen eine Zeitstruktur und holten uns das Einverständnis der Kollegen.

Geplanter Tagesablauf

Freitag:

08.00 – 09.00 Uhr gemeinsames Frühstück
09.00 – 09.05 Uhr Start mit einer kleinen Geschichte zur Einstimmung
09.05 – 10.30 Uhr 1. Arbeitseinheit
10.30 – 10.45 Uhr Kaffeepause
10.45 – 12.15 Uhr 2. Arbeitseinheit
12.15 – 13.15 Uhr Mittagspause
13.15 – 14.45 Uhr 3. Arbeitseinheit
14.45 – 15.00 Uhr Kaffeepause
15.00 – 16.25 Uhr 4. Arbeitseinheit
16.25 – 16.30 Uhr Stimmungsbarometer
16.30   Uhr Ende

Samstag:

08.30 – 09.00 Uhr Frühstück für alle, die Lust haben
09.00 – 10.30 Uhr 5. Arbeitseinheit
10.30 – 10.45 Uhr Kaffeepause

10.45 – 12.15 Uhr Auswertung der hausinternen Fortbildung
12.15 Uhr Für alle, die noch Zeit und Lust haben: gemeinsames Mittagessen beim Koreaner.

Dann ging es los. Welches Thema? Im Vorfeld kristallisierte sich kein spezielles Thema heraus. Viele Themen waren brisant. Um uns vorbereiten zu können, nahmen wir als großen Rahmen unseren Tagesablauf. Dieser wurde den Kolleginnen und Kollegen vorgelegt und sie konnten drei Punkte nach Interesse und Gewicht vergeben. Dabei kam folgendes Ergebnis zustande:

Themenauswahl

- Frühdienst		- Abschlusskreis/Vollversammlung ..		4
- Bringphase		- Spätdienst		
- Freispiel ..	3	- Mittagskreis		
- Morgenrunde		- Mittagessen		
- Tageskreis		- Kaffeetrinken		
- Angebot ..	7	- Abholphase		
- Geburtstag ..	2	- Dienstbesprechung		
- Turnen		- Elterngespräche ..		3
- Schwimmen		- Öffentlichkeitsarbeit ..		1
- Ausflüge		- Räume ..		6
- Frühstück				
- Aufräumen				

Überrascht waren wir über das Ergebnis nicht, denn diese Themen wurden häufig angeschnitten, aber nie ausgiebig behandelt. Im Tagesablauf stellten wir immer wieder unterschiedliche Auslegungen und Auffassungen fest, was manchmal zu Irritationen im Team führte. Nun hatten wir Zeit und Ruhe für diese Themen. Bevor wir mit der ersten Arbeitseinheit starteten, hatten wir den Kollegen eine kleine Geschichte zur Einstimmung mitgebracht:

Ohne Ballast

Ein Mensch war unterwegs zum Land seiner Sehnsucht. Es war eine lange und beschwerliche Reise. Endlich kam er an einen breiten Fluss. Er wusste: Drüben, am anderen Ufer, liegt das Land der Herrlichkeit - und er konnte kaum erwarten, hinzukommen. Der Mensch fand einen Fährmann mit seinem Boot, der bereit war, ihn so schnell wie möglich überzusetzen. „Aber", sagte er, „du musst dein Gepäck hier lassen. Ich nehme nur die Menschen mit; ohne allen Ballast". Der Reisende erschrak sehr, und es schien ihm unmöglich, alle die Dinge, die er angesammelte hatte, die er liebte, die er für lebensnotwendig hielt, die er auf seiner weiten Reise mühsam bis hierher geschleppt hatte, einfach abzulegen und am Ufer des Flusses zurückzulassen.

„Alles?" fragte der Mensch, hoffend, doch ein wenig von der Habe mitnehmen zu können. „Alles! Ich nehme nur dich mit, ohne Gepäck, oder du bleibst hier mit deinen Sachen. Entscheide Dich", antwortete ernst der Fährmann.

Alte Sage

Dies war dann auch das Motto für die nächsten 1,5 Tage: Sich frei und ohne Ballast auf die Prozesse einlassen. Und wir müssen sagen, das ist gelungen. In den 1,5 Tagen haben wir folgende fünf Themen bearbeitet: Angebot und Freispiel, Räume, Elterngespräche und Abschlusskreis. Gerne würden wir jetzt die einzelnen Arbeitseinheiten durchgehen, unsere Arbeitsmethoden vorstellen, und unsere Ergebnisse darstellen. Leider würde dies den Rahmen sprengen. Deshalb haben wir uns auf zwei Beispiele beschränkt.

1. Beispiel: Abschlusskreis

Das Thema Abschlusskreis war schon öfters angeschnitten worden. Es gab dazu unterschiedliche Wahrnehmungen und Meinungen. Bisher hatten wir einen Abschlusskreis für 34 Halbtagskinder und einen Mittagskreis für 17 Ganztagskinder. Die Verantwortlichkeit der Kreise war nicht eindeutig geklärt, so dass sich einige Mitarbeiter/innen als Einzelkämpfer fühlten. Durch die große Kinderzahl kamen einzelne im Halbtagskreis kaum zu Wort, sondern wurden vermehrt reglementiert. Wir starteten unsere Arbeitseinheit mit einer Standpunktfrage.

Ich bin mit dem Abschlusskreis zufrieden	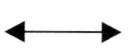	Ich bin mit dem Abschlusskreis unzufrieden

Diese Skala war auf einer Tapetenrolle aufgemalt und die Kollegen sollten ihren Fuß auf dem entsprechenden Standpunkt markieren. Anschließend wurden Gruppen nach Standpunkten gebildet. Die „Zufriedenen" bekamen ein Kuvert mit den Auftrag: „Was möchte ich erhalten?". Die „Unzufriedenen" erhielten den Auftrag: „Was mochte ich andern?". Beide Gruppen hatten zehn Minuten Zeit und sollten ihre Ergebnisse auf einem Plakat festhalten. Nachdem sie die Punkte, die ihnen persönlich wichtig waren, festgehalten hatten, war nun der Kopf frei, um sich mit der Gegenseite zu beschäftigen. Jede Gruppe bekam nochmals zehn Minuten Zeit, um die andere Fragestellung zu bearbeiten. Es gab noch ein dritte Gruppe: Diejenigen, die in der

Mitte Stellung bezogen hatten. Sie erhielten gleich beide Fragestellungen und zwanzig Minuten Zeit.

Diese Ergebnisse wurden festgehalten:

„Was möchte ich ändern?"	„Was möchte ich ändern?"	„Was möchte ich ändern?"
- Neue Strukturen ? - Was wollen Kinder zum Abschluss?! - Raumänderung - Vollversammlung - *Weniger Sanktionen*	- Die Kinderzahl verklei-nern, keine Massenver-anstaltung! - *Die Unruhe weniger reglementieren* - Mehr Redeanteil für Kinder - Besseres Zuhören ermöglichen - Aufeinander hören kön-nen – Dialog zwischen den Kindern - Individualität mehr be-rücksichtigen können - Mehr auf Fragen eingehen können - Besseren Tagesrück-blick ermöglichen - Besseren Ausblick ermöglichen	- Kinder sind noch in der Halle, wenn Eltern kommen (wuseln/ Chaos) - *Aber ein langdauern-der Kreis wird zur Dompteurnummer* - Gemeinsamer Start (Nachzügler bringen Unruhe) *Mittagskreis:* - Halbtagskinder stürmen zum Suchen in den Raum (z.T. mit Eltern) - Langer Kreis wird zur Dompteurnummer (Es-sen noch nicht fertig, Eltern sind noch da) - Freispiel nur begrenzt (in einen Raum „ge-sperrt") Warteschleife! Kinder können sich nicht intensiv aufs Spiel einlassen

182

„Was möchte ich erhalten?"	„Was möchte ich erhalten?"	„Was möchte ich erhalten?"
- *Ganztagskreis* - Einen Halbtagskreis - Zeitstruktur	- *Austausch mit den Kindern* - Den Abschlusskreis - Die Verabschiedung - Die Struktur/den Ablauf/Zeitpunkt/Dauer - *Trennung von Halbtags- und Ganztagskindern* - Begrüßung von Eltern - Flexibilität im Sommer	- *Ausblick auf den nächsten Tag* - *Rückmeldung der Kinder vom Tag* - Einmal am Tag etwas Gemeinsames! Sich sehen/wahrnehmen *Mittagskreis:* - Struktur für den Nachmittag (was möchte ich tun etc.?) - Wer ist als Spielpartner noch da? - Welche Bezugsperson ist da? - Das Mittagsgebet (gemeinsam)

In der Großgruppe wurden dann alle Plakate aufgehängt und Übereinstimmungen miteinander verbunden. Knackpunkte wurden markiert und diskutiert.

Dies waren:
- Was wollen Kinder zum Abschluss?
- Die Kinderzahl verkleinern, keine Massenveranstaltung.
- Einmal am Tag etwas Gemeinsames! Sich sehen/wahrnehmen.

Als Konsequenz für unsere Arbeit ergab sich nach langer Diskussion, dass wir die Kinder mehr einbeziehen und entscheiden lassen müssen. Deshalb sollten am Montag die Kinder im Tageskreis nach ihren Vorstellungen vom Abschlusskreis befragt werden! Danach sollten auf der Dienstbesprechung unsere Vorstellungen mit den Wünschen der Kinder abgestimmt werden. Zur Zeit gibt es drei Abschlusskreise für die Halbtagskinder, die von den Kindern frei gewählt werden können. Der Mittagskreis für die Ganztagskinder ist bestehen geblieben. Für die Kreise gibt es feste Verantwortlichkeiten im Team. Dadurch hat jeder seinen eigenen Charakter.

2. Beispiel: Freispiel

Bevor wir mit diesem Thema begonnen haben, hatten wir bereits das Thema „Angebot" bearbeitet und schon geklärt, wo für uns Freispiel aufhört und Angebot anfängt. Beide Themen waren für unser Team wichtig, da es auf

Grund vieler Schwangerschaften zum häufigen Personalwechsel kam. Viele der Kolleginnen, die einst an unserer Konzeption und an unserem Verständnis von Angebot und Freispiel mitgearbeitet haben, sind zur Zeit nicht berufstätig. Für einen Austausch mit den neuen Kolleginnen über diese Themen fehlte leider oft die Zeit. Zum Thema „Freispiel" bildeten wir mit Karten Kleingruppen. Diese bekamen den Auftrag, unser Konzeptionspapier „Freispiel" zu überarbeiten (siehe unten). Hierfür hatten sie 20 Minuten Zeit. Die Ergebnisse sollten notiert werden und anschließend, zunächst ohne Diskussion, vorgestellt werden. Danach konnte diskutiert werden.

Arbeitsauftrag für das Team:

Wir haben für euch einen Auszug aus unserer Konzeption kopiert. Bitte füllt die rechte Seite in eurer Kleingruppe aus. 20 Min stehen euch dafür zur Verfügung.

Das Verhältnis von Freispiel und Angebot

Warum? Wieso? Weshalb?

- Das Freispiel soll 2/3 des Tages betragen, die Angebotssituation hingegen nur 1/3

Das Freispiel

- Das Freispiel findet den ganzen Tag über statt.
- Freispiel bedeutet:
  - Freie Wahl von
  - Spielort
  - Spielpartner
  - Spielmaterial
  - Spieldauer

Hier die Ergebnisse der Kleingruppenarbeit:

Freispiel	Freispiel	Freispiel
- 2/3 Zeit ist stimmig - Erwachsener kein gleichberechtigter Spielpartner - Freie Entscheidung - Angebot ist Impulsgeber - Freispiel = freies Spiel ohne Erwachsene	- 2/3 Zeit ist stimmig - Erwachsener kein gleichberechtigter Spielpartner - freie Wahl von Spielorten? - Begrenztes Spielmaterial (alles kann erfragt werden) - Spielsituationen werden abgebrochen!	- 2/3 Zeit ist stimmig - Erwachsener kein gleichberechtigter Spielpartner - Game + Play - Freispiel mit unseren Rahmenbedingungen

Aus dieser Diskussion ergaben sich folgende Veränderungen für die Praxis:

Was bedeutet das für uns ?

- gleitendes Kaffeetrinken

  - bisher fand ein gemeinsames Kaffeetrinken am Nachmittag statt (14.30 Uhr). Dies störte die Kinder, die nach dem gleitenden Mittagessen (12.00 – 13.30 Uhr) unterschiedlich und oft zu kurz ins Freispiel kamen

- freie Wahl des Spielortes – Werkstatt

  - Bisher stand die Werkstatt im Freispiel nicht offen, sondern nur zu besonderen Angeboten. Jetzt ist die Werkstatt im Freispiel offen. Eine Kollegin/ein Kollege ist im Raum nicht ständig anwesend, aber verantwortlich. (Hat Auge und Ohr in der Werkstatt). Ungeubte Kinder bekommen vor dem Freispiel eine Ausbildung im Umgang mit den Werkzeugen

185

Die Auswertung

Leider gingen unsere 1,5 Tage zu schnell dem Ende zu. Von sieben gewählten Themen haben wir fünf bearbeiten können. Die restlichen zwei mussten wir auf einen anderen Zeitpunkt verschieben, da wir die letzte Zeit für eine ausgiebige Reflexion nutzen wollten. Es wurde als positiv empfunden, ausreichend Zeit für Diskissionen gehabt zu haben und dabei Erkenntnisse, Erfahrungen und Wissen weitergeben zu können. Die Ergebnisse bestärkten und motivierten alle Mitarbeiter gleichermaßen. Es war ein Prozess, an dem sich alle beteiligten und viele neue Ideen entstanden. Es waren 1,5 lebendige, diskussionsfreudige und ergebnisreiche Tage.

Wir stellten wieder fest, dass Pädagogik nichts Starres, sondern etwas sehr Lebendiges ist.

Claudia Gans / Ulrike Hogrefe

3.7 Kompetenztransfer in gemeinsamer Erziehung

Seit Gründung unserer Kindertagesstätte im Mai 1995 findet die gemeinsame Erziehung von Kindern mit und ohne Behinderung statt. Bei uns arbeiten, wie in der Kurzbeschreibung erwähnt, eine Sozialpädagogin, Erzieherinnen, Heilpädagogen und an bestimmten Tagen auch unterschiedliche Therapeuten, (z.Zt. sind es eine Logopädin, eine Ergotherapeutin und eine Krankengymnastin). Obwohl die Mitarbeiterinnen für die gemeinsame Erziehung in einer Langzeitfortbildung mit 260 Stunden weiterqualifiziert werden, bedeutet das nicht, dass wir auf die Heilpädagogen und Therapeuten verzichten können. Wir arbeiten jedoch eng zusammen und unterstützen uns gegenseitig, um allen Kindern gerecht zu werden. Der Fachbegriff für diese Gegenseitigkeit heißt „Kompetenztransfer". Der Kompetenztransfer findet regelmäßig statt. Dies geschieht in gemeinsamen Dienst- und Fallbesprechungen, die mit allen Mitarbeitern geführt werden und auch in Kleingruppen oder Einzelgesprächen. Bei Fallbesprechungen innerhalb des Mitarbeiterteams sind alle Erzieher und Therapeuten anwesend. Die Häufigkeit solcher Kindbesprechungen richtet sich nach dem individuellen Förderbedarf. Dabei arbeiten wir nach dem Methodenkonzept der Handlungsforschung (s. Offener Kindergarten Konkret, S. 13ff.). Wir streben an, dass alle Kollegen, Pädagogen und Therapeuten die gleichen Grundinformationen über die pädagogische und therapeutische Tätigkeit mit den Kindern erhalten. Nur so kann ganzheitliche und individuelle Förderung im Sinne des zu erstellenden Förderplanes gewährleistet werden.

Da wir in unserer Kindertagesstätte offen und integrativ arbeiten, sind alle Mitarbeiter für alle Kinder da. Gemeinsam erarbeitete Fördermaßnahmen müssen deshalb allen bekannt sein. Schon hier beginnt Kompetenztransfer und die gegenseitige Bildung von Erziehern und Therapeuten. Wichtig ist der laufende und sich weiter entwickelnde Austausch im pädagogischen und therapeutischen Fachbereich. Wir wollen Kinder ganzheitlich sehen und fördern, ohne Aussonderung. Darum sind therapeutische Fördermaßnahmen in den Kindergartenalltag und die Angebote integriert. Diese Art der Arbeit ermöglicht Kindern miteinander und voneinander zu lernen und trotzdem individuelle Förderung zu erhalten, um eigene Entwicklungsschritte gehen zu können. Jedes Kind hat die Chance, seine Entwicklung aktiv zu gestalten, um sich so eigenständig weiter zu entwickeln. Für uns bildet der gemeinsame Diskurs die Grundlage für den Betreuungs-, Erziehungs- und Bildungsauftrag. Unser Anliegen hierbei ist, ein möglichst umfassendes Bild von den Kindern und ihren Bedürfnissen zu erhalten. Ein weiterer wesentlicher Gesichtspunkt ist, dass Fördermaßnahmen für alle Kinder anregend sind und nicht isoliert stattfinden. Die Förderung wird also von uns immer in den Kindergartenalltag integriert. Erstes Ziel dabei ist: Kinder sollen Spaß und Freude erfahren und aktiv an ihrem Lernen und ihrer eigenen Bildung beteiligt sein. Nur auf diese Art und Weise können wir Kinder motivieren und neugierig machen.

Kompetenztransfer anhand eines Fallbeispiels

Im folgenden Beispiel versuchen wir darzustellen, wie es gelingen kann, therapeutisches Fachwissen und pädagogisches Handeln in Einklang zu bringen, wie wir in unserer Tagesstätte gegenseitig und miteinander lernen und uns in unseren unterschiedlichen Kompetenzen ergänzen und weiterbilden. Die Darstellung wird vier Schwerpunkte haben: *Fallbeispiel, Förderplan, Angebot und Abschluss*

1. Fallbeispiel
(Informationsgewinnung und Diagnose des Ist- Zustandes)

Für unser Fallbeispiel haben wir das fünfjährige Mädchen Y. ausgewählt. Sie ist seit zwei Jahren als Integrationskind, d.h. als Kind mit erhöhtem Förderbedarf, in unserer Einrichtung. Die Diagnose lautete bei Eintritt in den Kindergarten „allgemeine Entwicklungsretardierung".

Y. ist ein Einzelkind. Wir beobachten, dass sie nur wenig eigene Spielideen entwickeln kann und im Kindergartenalltag Schwierigkeiten hat, soziale Kontakte aufzubauen. Aus therapeutischer Sicht hat sie Schwierigkeiten in der Körperkoordination und kann die Körpermitte nicht kreuzen. Ihr Muskeltonus wirkt schwach und schlapp. Zusätzlich zu ihrer allgemeinen Entwicklungsverzögerung sind sprachliche Auffälligkeiten zu bemerken. Sie hat Schwierigkeiten in der Hand-Finger-Koordination, dabei sehen ihre Hände häufig krallenartig aus, machen aber keinen spastischen Eindruck, sondern sind eher weich und kraftlos, so die Feststellung der Therapeuten. Von ihrer psychischen Verfassung her wirkt Y., je nach Tagesform, häufig labil. Ihre Mutter ist alleinerziehend. Im ersten Lebensjahr wurde das Kind von der Oma versorgt. Die kleine Familie lebt in einfachen sozialen Verhältnissen.

2. Förderplan

Was braucht Y. zur Förderung?

- Aufbau von Körperschema, Körperbewusstsein, Körperkoordination (dazu gehört: Auge-Hand-, Auge-Fuß-, Finger-Hand-, Hand-Hand- Koordination)
- Reize in den Bereichen der vestibulären, taktilen und propriozeptiven Wahrnehmung
- emotionale, kognitive und soziale Einbindung
- Entwicklung eigener Handlungspläne und -abläufe im Spiel

Nach der Festlegung des Förderbedarfs für Y., den wir mit Hilfe der Handlungsforschung bei der Fallbesprechung ermitteln, werden die oben genannten Elemente, die der Förderplan enthalten soll, von einer Kollegin gesammelt und schriftlich festgehalten. Dabei bringen die einzelnen Therapeuten ihr Fachwissen mit ein. Diese Art von Zusammenarbeit ist ein interdisziplinäres Geschehen.

Der Förderplan für Y. ist gegliedert in:
1. derzeitigen Entwicklungsstand (Stärken und Möglichkeiten)
2. angestrebter nächster Entwicklungsschritt
3. notwendige Fördermaßnahmen.

Wir bemühen uns, den Entwicklungsstand mit allen seinen Facetten nicht als Defizit zu beschreiben, sondern die Stärken, den derzeitigen Stand der Kompetenzen, festzuhalten. Der Förderplan für Y. wird anschließend von Erzieherinnen in das laufende Projekt der Kindertagesstätte eingefügt und von den Therapeuten unterstützt und begleitet. Praktisch bedeutet das, dass bei einem

Angebot im Kindergarten die Erzieherin die Durchführende ist und von Therapeuten jeweils fachlich unterstützt wird. Die Therapeuten sind an bestimmten Wochentagen und nach Bedarf in der Einrichtung. Sie sind nicht alle gleichzeitig anwesend.

Fazit: Aus dem Förderplan wird ein pädagogisch-therapeutisches Konzept entwickelt. Jedes Teammitglied bringt beim Erstellen des Förderplanes seine individuellen Stärken, Sichtweisen und Einschätzungen mit ein. Auf diese Art und Weise findet gegenseitiges Lernen und Lehren als wechselseitige Bildung statt. Wir als Pädagogen lernen Fachbegriffe, wie Auge- Hand-Koordination, Dysgrammatismus oder Innenrotation der Beine, während die Therapeuten lernen, wie therapeutische Einheiten pädagogisch integriert werden, so dass Kinder Spaß und Freude haben. Es geht uns darum, Übungs- oder Trainingssituationen, die für Kinder oft frustrierend und ermüdend sind, durch spielerische Erfahrung und Alltagserfahrung zu ersetzen. Die Körpermitte zu kreuzen, Muskeltonus zu stabilisieren und Körperbewusstsein aufzubauen, lernen Kinder im lebenspraktischen Bereich, in Bewegungsspielen und kreativen Angeboten. Dies geschieht auch beim Eingießen von Getränken, beim Springen und Klettern über Hindernisse, sowie beim Werken oder Herstellen von Musikinstrumenten.

3. Angebot (Beispiel)

Nachdem für Y. das pädagogisch-therapeutische Konzept ausgearbeitet ist, wird es in das Projekt, das z.Zt. in unserer Einrichtung durchgeführt wird, eingebunden. Das Projekt lautete in diesem Fall „Gesunde Ernährung".

Wir wählen für die Durchführung des Förderplans ein Angebot im Bewegungsraum, weil es für Y. darum geht, möglichst viel mit Bewegung zu arbeiten. Ihre weitere Entwicklung lässt sich auf diese Art und Weise am besten fördern. Wir wissen, dass kindliche Entwicklung sich immer vom Groben zum Feinen hin (von der Grobmotorik zur Feinmotorik) weiterentwickelt. Der Bewegungsraum bietet sich insofern ideal für unser Konzept und die individuelle Förderung von Y. an. Unser Thema lautet: „Im Obstgarten". Gegliedert wird das Angebot in drei Teile, die fließend ineinander greifen. Aufgeteilt ist dieses Angebot in Einführung, Spielaktion und Abschluss. Weil in diesem Beitrag nicht die Projektarbeit im Mittelpunkt steht, werden Verlauf und Fazit kurz gehalten.

Einführung

Wir beginnen mit einer kleinen Gartengeschichte, bei der einem Kind die Augen verbunden werden. Dieses Kind wird von einem anderen Kind oder einem Freund oder Partner geführt. Da nicht jedes Kind in der Lage ist, sich mit geschlossenen Augen führen zu lassen, kann es die Augen schließen ohne sie zu verbinden. Andere Varianten sind erlaubt und auch gewünscht. Beim Erzählen der Geschichte sitzen die Kinder im Bewegungsraum auf dem Teppich zusammen. Jedes hat seinen Freund oder Partner, den es sich gewählt hat an seiner Seite. Die Geschichte erzählt davon, wie der Garten aussieht, in den die Kinder gleich gemeinsam gehen wollen, und berichtet von der Sonne, die ganz warm scheint, vom Gras, das so herrlich duftet und sich so weich anfühlt. Die Vögel sitzen in den Bäumen und zwitschern und tirilieren und der Brunnen plätschert ruhig und beruhigend vor sich hin. Auf diese Art und Weise gelingt es Y., aber auch den anderen teilnehmenden Kindern, allmählich zur Ruhe zu kommen, sich auf einen Partner einzustellen und auf das kommende Spiel zu konzentrieren. Schon in der Einführung werden viele Sinne angeregt, und die Kinder durchwandern schon mal in Gedanken den Garten. Bei Y. wird in diesem Fall die Phantasie angesprochen. Sie erhält Anregungen für Spielideen, sie lernt auf andere Kinder zuzugehen. Sie spricht mit Kindern, die sie sonst evtl. nicht angesprochen hätte. Es können neue soziale Kontakte aufgebaut werden.

Spielaktion

Bei der praktischen Durchführung erhalten die Kinder einen Baumwollbeutel, den sie sich umhängen. Gemeinsam mit ihnen wird der Obstgartenparcours gebaut. Sie können dabei ihre Kräfte einsetzen und ihre eigenen Vorstellungen einbringen und umsetzen. In unserem Beispiel wählen die Kinder für ihre Gartenlandschaft eine umgedrehte Langbank als Brücke, einen großen Kunststoffwürfel als Baum, eine Matratze soll der Sumpf sein, und über die Leiter gelangen sie auf den Zitronenbaum. Um die Erdbeeren ernten zu können, rutschen sie über die lange Holzrutsche wieder nach unten. Den Apfelbaum erklimmen sie an der Sprossenwand. Die geernteten Früchte werden in den Taschen gesammelt. Am langen Tau geht es abwärts ins Karottenfeld, dann noch durch den Tunnel zum Kartoffelacker und anschließend mit der ganzen Ernte zum großen Korb, wo das Obst und Gemüse gesammelt wird. Eben noch eine Schubkarre machen, immer zwei Kinder gemeinsam, und dann zur wohlverdienten Pause in die Gartenlaube (selbstgebaute Hütte).

Kommentar zur Spielaktion

Der hier beschriebene Parcours enthält viele Förder- und Lernelemente für Y. Kognitive Förderung erhalten Y. und auch die anderen Kinder z.B., wenn sie gemeinsam überlegen, welche Farben die Früchte oder das Obst haben und wo sie wachsen, ob in der Erde, an Büschen oder hoch in den Bäumen. Sozialverhalten und gegenseitige Akzeptanz ist in allen Tätigkeiten enthalten, da Y. integriert ist in die Gemeinschaft mit anderen Kindern und nicht isoliert mit einem Therapeuten arbeitet. Sie wird sicherer in ihrer Rolle innerhalb einer Gruppe und bildet sich so weiter in ihrem Bemühen, auf andere zuzugehen und gleichberechtigt in der Gemeinschaft zu agieren. Andere ausreden lassen, warten bis man an der Reihe ist und dem anderen zuhören, fördert bei Y. Toleranz, Akzeptanz und die Fähigkeit, Frustrationen auszuhalten. Weiter enthält der Aufbau des Parcours für Y. und alle anderen Kinder die Möglichkeit, eigene Handlungspläne und Vorstellungen zu entwickeln und umzusetzen. Für Y. bilden sich so Erfahrungen durch sensorische Integration, wie z.B. hart-weich, kalt-warm, oben-unten, vorne-hinten. Auch das Raum-Lage-Empfinden wird im Erklettern und Durchlaufen des Parcours von ihr geübt. Mal muss Y. sich strecken, ein anderes Mal balancieren und beim nächsten Hindernis springen.

Alle diese Elemente nehmen Y. und andere Kinder auf spielerische Art und Weise begeistert auf, da sie ihrem natürlichen Drang nach Betätigung und Bewegung entgegenkommen. Alles zusammen beinhaltet Förderung und die Bildung von Körperschema, Körperbewusstsein und Kraftdosierung. Y. lernt beim Pflücken der Früchte, beim Erklimmen der Leiter, beim Krabbeln durch den Tunnel und beim Schubkarrenlauf das Überkreuzen der Körpermitte. Beim Schubkarrenlauf ist es unser Anliegen, dass Y. vor allen Dingen eine rumpfnahe Unterstützung erhält. Dafür wird sie nicht an den Fußgelenken, sondern im Bereich der Oberschenkel gestützt. Durch individuelle Unterstützung werden bei Y. beide Gehirnhälften und ihre Verknüpfung aktiviert (Balkenfunktion). Das Angebot ist auch im Freispiel und über den ganzen Tag für Kinder zugänglich, wobei oft im Freispiel neue Dinge entstehen, die in das Thema einbezogen werden. Das Spiel ist somit nicht starr, sondern lebt mit den Bedürfnissen der Kinder.

4. Abschluss

Mit einem Fingerspiel vom Apfelbaum endet das Angebot.

Da steht der große Apfelbaum,
hier kommt der kleine Zottelzaun.
Er will alle Äpfel klauen.
Der erste, der ist sauer...brr.
Der zweite, der ist faul...igitt.
Der dritte, hat einen Wurm...pfui.
Der vierte, hat eine Wespe...sssss.
Der fünfte, der ist klein, der schmeckt fein...hmm.

Auch hier findet Sprachförderung statt. Kinder, die mit Lautbildungen Probleme haben, können so auf spielerische Weise ihr Sprachverständnis und die aktive Sprache erweitern. Sie lernen Lautverbindungen und überschaubare Sätze und können Sprachbarrieren überwinden. Im Anschluss an das Angebot hatten die Kinder die Möglichkeit, einen Obstsalat zu kosten, den einige andere vorbereitet hatten. Die Früchte dafür hatten die Kinder mit einer Erzieherin auf dem Wochenmarkt eingekauft. Auch dieses Angebot enthält viele Elemente von Erfahrungen, die ganzheitliches Lernen über alle Sinne beinhalten und zur Bildung beitragen.

Der Förderplan wurde für Y. entwickelt, aber auch alle anderen Kinder konnten an dem Angebot teilnehmen. Bei Bedarf auch mehrmals. Jedes Kind hat den Parcours nach seinen Möglichkeiten und individuellen Fähigkeiten durchlaufen und so Entwicklungsanregungen erhalten. Schwierigkeitsgrade konnten herausfordernder gestaltet werden oder einfacher, je nach Bedürfnislage des Kindes. Die Rolle der Erzieherin war es, Y. zu unterstützen und zu begleiten, um ihr aktive Mitgestaltung und individuelle Förderung zu ermöglichen. Der Therapeut war Unterstützer und Begleiter für den Pädagogen. Die Sprachtherapeutin, Ergotherapeutin und Krankengymnastin konnten diese psychomotorischen Einheiten beobachten und begleiten. Im praktischen Tun, in der konkreten Situation, unterstützten und bildeten die Therapeuten die Erzieher durch ihr Handeln, ihr Erklären und ihre Führung. Ebenso bildeten Erzieher Therapeuten im pädagogischen Handeln (Nachahmungslernen). In der sich anschließenden Reflexion zogen wir ein Fazit, um neue Erkenntnisse auszutauschen und Veränderungen zu planen.

Therapeuten sind nie alle gleichzeitig anwesend und nehmen auch nicht täglich am Angebot teil. Effektive Entwicklungsbegleitung für Kinder entsteht durch Kompetenztransfer zwischen Pädagogen und Therapeuten. Das Einbinden von Fördermaßnahmen in Angebote und Freispiel enthält eine Vielfalt von Möglichkeiten und macht Kindern Spaß. Um dieses Ziel zu erreichen ist es notwendig, in interdisziplinärer Zusammenarbeit ein sinnvolles pädagogisch-therapeutisches Konzept zu entwickeln. Wenn Sprachtherapeuten, Ergotherapeuten, Krankengymnasten und Erzieher interdisziplinärer zusammenarbeiten, lernen sie von- und miteinander. Sie bilden sich gegenseitig. Kompetenztransfer ist ein aktiver Lernprozess für alle Mitarbeiter und vermittelt uns gegenseitig das notwendige Know-How für die kompetente Entwicklungsbegleitung von Kindern in der heutigen Zeit.

Ulrike Hogrefe

3.8 Der Tagesablauf unter den Gesichtspunkten Selbstentscheidung, Mitverantwortung und Mitwirkung

Am Anfang unserer Berichte haben wir den Tagesablauf unserer Kindertagesstätte vorgestellt. In diesem Beitrag möchte ich nun meinen Blick besonderes darauf richten, wie wir versuchen, Kinder in die Mitwirkung und Mitverantwortung im Tagesablauf einzubeziehen. Die Praxis zeigt zugleich, dass damit die Selbstorganisation eng verbunden ist. Als Basis gilt hier das Gelingen eines vertrauensvollen Miteinanders von Kindern und Pädagogen. Auf dieses Fundament bauen wir unser „Haus für Kinder". Ein wichtiger Baustein ist die gleichberechtigte Kommunikation und Kooperation von Kindern und Erwachsenen. Das bedeutet für uns die Bereitschaft, sich in die Erlebniswelt des Kindes hineinzufühlen und -zudenken und die kindlichen Äußerungen und Äußerungsformen als etwas Originäres wahrzunehmen. Der Fachbegriff in diesem Zusammenhang heißt Partizipation. Er bedeutet Teilhabe, ein Teil des Ganzen zu sein und sich als Teil des Ganzen zu verstehen. Auf den gesamten Kindergartenalltag bezogen beinhaltet Partizipation darüber hinaus, die Kinder verantwortlich mitwirken zu lassen an der Tages- und Jahresgestaltung, ihre Bedürfnisse zu erkennen und zu berücksichtigen, um dann mit ihnen gemeinsam nach Möglichkeiten und Wegen der Umsetzbarkeit innerhalb der uns zur Verfügung stehenden Rahmenbedingungen zu suchen. Partizipation ist auf Offenheit und einen gemeinsamen Dialog angewiesen.

Ich möchte dies an einem Beispiel aus dem Alltag verdeutlichen. In unserem offenen Haus bin ich z.Zt. in der Cafeteria, unserem Essbereich, tätig. Wir beschäftigen uns mit dem Projekt „Erntedank", das sich fast wie von selbst in unseren Kindertagesstättenalltag einschlich. Das kam so: Ein Kind brachte aus seinem Garten Äpfel mit. Am nächsten Tag konnten wir im Garten einer Kollegin Früchte und Gemüse ernten. Als nächstes kamen zwei Kinder und sagten: „Wir wollen ein Schmeckangebot machen". Im Gespräch erarbeiteten die Kinder ihr eigenes Angebot. Wir Pädagogen waren Unterstützer und Begleiter für die Ideen der Kinder. Die Kinder wurden initiativ. Sie wollten etwas Eigenes übernehmen und brauchten uns, die wir sie mit ihren Bedürfnissen ernst nahmen. Die Kinder beteiligten Freunde und andere Kinder an ihrer Idee – „Schmeckangebot". Sie sollen Süßes und Saures, Obst und Gemüse, Kräuter und Gewürze probieren. In diesem kleinen alltäglichen Beispiel sind unendlich viele Elemente der Mitwirkung und Mitverantwortung für Kinder enthalten. Das beginnt schon bei der Entwicklung der Idee, dem Mitteilen im Tageskreis, geht weiter bei der Kontaktaufnahme zum Erwachsenen bis zur Durchführung, dem Zusammentragen der Früchte und der Angebotsdurchführung am nächsten und den folgenden Tagen.

Kinder wirken mit und sind gern bereit, Verantwortung für etwas zu übernehmen, das ihnen wichtig ist. Sie sind hungrig auf Neues und wollen sich ausprobieren. Es liegt an uns Pädagogen, ihnen diese Möglichkeiten zu geben und ihnen mit der Tagesstruktur einen Rahmen zu schaffen, ohne Über- oder Unterforderung. Dazu ist es notwendig, sich immer wieder neu mit Kindern auf den Weg zu begeben. Wir müssen Kinder annehmen, beobachten, sie da abholen wo sie stehen und so ihren jeweiligen Entwicklungsstand berücksichtigen.

Selbstorganisation und Mitverantwortung in der Begrüßungsphase

Diese Phase ist gekennzeichnet von den unterschiedlichsten Arten der Ankunft in unserem offenen Haus. So individuell wie Kinder sind, so vielfältig ist die Begrüßung. Einer kommt hereingestürmt und ist voller neuer Mitteilungen, der andere schleicht sich gern leise herein, wieder ein anderer schaut nur kurz herein um zu fragen: „Kann ich schon draußen spielen"? oder „ich möchte gleich mal schaukeln gehen". Während der Begrüßungsphase haben Kinder die freie Wahl von Spielort, Spielmaterial, Spielpartner, Spieldauer. Das Ende dieser Phase wird durch ein akustisches Zeichen, z.Zt. eine Glocke, angekündigt.

So sieht die morgendliche Situation aus! Die Kinder kommen mit ihrer Mutter, dem Vater oder einer anderen Bezugsperson in den Kindergarten und werden von einer Kollegin begrüßt. Jedes Kind verabschiedet sich auf seine Art von den Eltern, was am folgenden Beispiel deutlich wird. Lutz liebt es, von seinem Vater zur Ausgangstür getragen zu werden, sagt „Tschüss" und steht am Ausgang bis er Papa vom Parkplatz fahren sieht. Er kommt selbständig in die Halle zurück und genießt es erst einmal, richtig anzukommen. Er setzt sich auf den gemütlichen Sessel, schaut der Kollegin beim Zubereiten der Getränke zu und erzählt von zu Hause, was er mit Papa gemacht hat oder was er in der Nacht geträumt hat. Die Erwachsene hört ihm zu, bereitet weiter die Tische für das Frühstück vor, aber hat Lutz im Blick, ist aufmerksam. Lutz wählt nach dieser kurzen Eingewöhnungszeit meist selbständig, was er weiter tun möchte. Dabei stehen ihm das gesamte Haus mit seinen Räumlichkeiten und das Außengelände offen. Lutz kommt und sagt: „Ich möchte nach draußen gehen". „Was willst du da machen?" „Ich möchte mit meinem Fahrrad fahren". „Wo willst du denn fahren?" „Hier auf dem Kindergartengelände" „O.K. Das kannst du tun, aber sag mir bitte Bescheid, wenn du wieder im Haus bist, sonst suche ich dich vielleicht nachher draußen". „O.K. mache ich". Damit geht Lutz los. Alles ist abgesprochen, Selbstorganisation und Mitverantwortung. Selbstorganisation, indem er eigenständig auswählt, was er tun will. Mitverantwortung, indem er sich zurückmeldet, wenn er wieder hereinkommt und indem er nur auf dem Kindergartengelände Fahrrad fährt.

Was bedeutet das für uns als Pädagogen? Beziehung, Verbindlichkeit, Verlässlichkeit, Vertrauen aufbauen, Kinder in die Gestaltung des Tages einbeziehen, ihnen ein Stück Verantwortung zutrauen.

Mitwirkung bei der Gestaltung der Geburtstagsfeier

Julius hat Geburtstag. Er wird vier Jahre alt. Einige Tage vor seinem Festtag erstellt er mit einer Kollegin seine Gästeliste. Er entscheidet, welche Kinder er zu seiner Party einladen will. Er plant, welche Spiele gespielt werden sollen. Er wählt den Raum, in dem gefeiert werden soll. Er entscheidet, wer von den Kindern ihn zu dem Geburtstagsstuhl begleiten soll. Er spricht mit seiner Mutter ab, welchen Leckerbissen er seinen Gästen servieren will. Wenn am Geburtstag alle Gäste versammelt sind, dann bestimmt das Geburtstagskind den Programmablauf. Wir machen immer wieder die Beobachtung, dass Kinder schon sehr genaue Vorstellungen haben, wie sie feiern wollen. Wir begleiten sie und unterstützen den äußeren Rahmen, treten aber als Bestimmer in den Hintergrund. Im Bedarfsfall gibt es Unterstützung durch Fragen, wie z.B. „Möchtest du erst die Kerzen auspusten oder dein Geschenk auspacken?"

Oder "Möchtest du erst ein Spiel machen oder etwas von deinem Kuchen verteilen?" Diese Fragen bieten Kindern Orientierung und Alternativen an. Kinder entscheiden für sich, was sie wollen.

Die Entscheidung für einen der vier angebotenen Tageskreise

Das oben erwähnte akustische Zeichen der Glocke ertönt. Die Kinder wählen einen der vier angebotenen Tageskreise. Hannes möchte heute mit Martin und Karl zusammen am Tageskreis im Bewegungsraum teilnehmen. Sie entscheiden sich für einen lebhaften Tageskreis. Hanna und Karen gehen in den Tageskreis in der Puppenwohnung, denn dort wird ein Lied zur Gitarre gesungen. Charles und Christoph gehen nach oben in den Ruheraum. Sie haben Lust, ein Fingerspiel zu machen. Petra und Monika sind sowieso gerade im Atelier und bleiben auch gleich zum Tageskreis hier; praktisch für die beiden, da sie später wieder weitermalen wollen. Jedes der Kinder hat eigenständig nach seinem Bedürfnis ausgewählt. An einem anderen Tag gehen die Kinder evtl. in einen anderen Kreis. Für Kinder ist so eine selbständige und eigenverantwortliche Entscheidung jeden Tag neu möglich. Für uns als Pädagogen heißt das, in der offenen Arbeit im Tageskreis motivierte Kinder zu haben, fordert aber von uns Erwachsenen die Bereitschaft zur Flexibilität in der Arbeit mit den Kindern und gibt die Chance, Dinge neu zu probieren und die Kinder in unterschiedlichen Tageskreisen immer mal anders zu erleben. Durch die Möglichkeit des Wechsel erhöht sich die Chance zum Austausch von Beobachtungen unter den Kollegen. Die verschiedenen Sichtweisen ermöglichen einen umfassenderen Blick über den Entwicklungstand der Kinder.

Mitwirkung im Tageskreis

Der Tageskreis wird von Kindern mitgestaltet. Kinder wählen die Art der Begrüßung, z.B. Lied, Fingerspiel etc. Kinder wählen aus, ob sie etwas von zu Hause berichten wollen, wie sie sich fühlen und was sie am Tag tun möchten. Kinder wählen ihre Angebote und, wo sie spielen möchten.

Ein Beispiel: Jürgen wählt die Werkstatt, da er sich eine Schaffnerkelle für das Zugspiel im Außengelände bauen will. Außerdem möchte er noch gern mit Hermann zusammen im Ruheraum eine Geschichte hören. Julia hat Lust, am Spielkreis teilzunehmen und möchte noch vorher mit Ronja und Caren frühstücken. Die Kinder werden informiert darüber, wo die Angebote stattfinden und welche Erwachsenen die Angebote begleiten, bzw. in den Räumen anzutreffen sind. Für uns als Pädagogen bedeutet dies: Kinder in ihren

Entscheidungen ernst zu nehmen als gleichberechtigte Partner und mit ihnen in Kontakt zu treten. Jürgen kann vielleicht nicht gleich in die Werkstatt, weil sich zu viele Kinder gemeldet haben. Wenn er nicht gleich an der Reihe ist, kann er noch in einem anderen Bereich des Hauses spielen gehen. Freispiel ist immer auch während der Angebotsphase möglich. Wenn Jürgen dann an der Reihe ist, sagt ihm die Kollegin Bescheid. Für beide Seiten, Kinder und Erwachsene, ist die getroffene Absprache verbindlich. Jeder ist für das Einhalten von Absprache verantwortlich. Bei Bedarf bekommen Kinder ihrem Entwicklungsstand entsprechend individuelle Unterstützung. Sie sollen so möglichst umfassend an der Lösung aktiv beteiligt sein. Dabei ist nicht in jedem Fall das Einhalten der Absprache maßgebend, sondern evtl. auch die Begründung, warum z.B. Jürgen nun nicht mehr in die Werkstatt gehen möchte. Beide Möglichkeiten sind gegeben. Das Ergebnis ist nicht von vorneherein festgelegt. Für uns als Pädagogen heißt das: Jürgen beobachten, begleiten und unterstützen, ihm keine Entscheidung abnehmen, sondern in der Entscheidungsfindung so zu unterstützen, dass er seinem Entwicklungsstand entsprechend nicht über- oder unterfordert ist und zum Erfolg kommt.

Mitverantwortung und Mitwirkung im Mittagskreis der Ganztagskinder

Die Ganztagskinder treffen sich zu einem gemeinsamen Kreis, um den Nachmittag zu besprechen. Der Ablauf des Kreises wird ebenso wie der Inhalt von Kindern mitgestaltet. Die einzelnen Schwerpunkte sind den Kindern vertraut und wurden gemeinsam erarbeitet. Ein wesentlicher Bestandteil ist die Gestaltung des Nachmittags. In einer Gesprächsrunde mit Sprechstein nennen die Kinder ihre Wünsche und Ideen für den Nachmittag.

Ein Beispiel: Fernando und Miguel haben ihre Fahrräder mitgebracht und verabreden sich zum Fahrradfahren auf dem Kindergartengelände. Eva, Maria und Ulf wollen Vater, Mutter, Kind in der Puppenwohnung spielen. Einige Kinder haben Lust, an dem Fingermalangebot zum Erntedank teilzunehmen. Uns als Pädagogen obliegt die Aufgabe, Kinder mit ihren Wünschen anzunehmen und nach der Möglichkeit der Durchführbarkeit zu schauen. Die Rahmenbedingungen setzen uns Grenzen, die auch für Kinder transparent werden müssen. Sind z.B. zu viele einzelne Wünsche da, geht es darum, in Absprache mit allen Kindern einen Kompromiss zu finden, der möglichst viele Wünsche, auch die der stilleren Kinder, berücksichtigt. Wir als Erwachsenen ordnen uns den Wünschen der Kinder zu, nicht umgekehrt, wobei es den Kindern z.B. wesentlich mehr Spaß macht, mit einem männlichen Kollegen

Fußball zu spielen, als mit mir. Wenn wir diese Bedürfnisse von Kindern kennen, integrieren wir sie in den Ablauf. Gemeinsam getroffene Entscheidungen sind verbindlich. Wir machen die Beobachtung, dass Kinder sehr darauf bedacht sind, Regelungen einzuhalten. Jeder der Partner ist mitverantwortlich für die getroffene Vereinbarung. Es gibt auch Mehrheitsentscheidungen, wenn Kinder sich nicht entscheiden wollen oder können, bzw. heute keinen eigenen Wunsch haben. Zum Beispiel bei Spaziergängen oder Ausflügen.

Mitwirkung der Kinder im Abschlusskreis der Halbtagskinder

Für die Kinder, die um 12.00 Uhr ihren Vormittag in unserem Haus beenden, finden drei Abschlusskreise statt. In diesem überschaubaren kleinen Kreis haben Kinder die Möglichkeit, zu Wort zu kommen, wie zu Beginn des Tages. Sie berichten, was ihnen gut gefallen hat, was sie ändern wollen und was ihnen Schwierigkeiten bereitet hat. Rolf berichtet beispielsweise, dass er sich gelangweilt hat. Bevor ein Erwachsener darauf eine Antwort gibt, meldet sich Swantje zu Wort. Sie schlägt Rolf vor, doch morgen mal zu versuchen, ein Kind zu fragen, ob es mit ihm z.B. ein Buch ansehen möchte.

Kinder treffen immer auch schon einen Ausblick auf den nächsten Wochentag. Sie überlegen beispielsweise, wenn am nächsten Tag Schwimmen oder Turnen ist, was sie dazu alles brauchen. Da es außerdem noch beständige Angebote für andere Wochentage gibt, können Kinder sich schon für den nächsten Tag verabreden. Da findet z.B. das Müsli-Angebot statt oder einer der Pastoren oder die Diakonin kommt zum Erzählen ins Haus. Kinder sind auch an Diensten beteiligt. Da gibt es die Möglichkeit, sich z.B. zum Blumengießen zu melden, oder zum Fischefüttern. Auch ein Dienst, wie Entsorgen von Altpapier, wird von Kindern immer wieder gewählt. Kinder sind gern bereit, Mitverantwortung zu übernehmen, wenn es uns gelingt, ihnen die Notwendigkeit transparent zu machen. Der Abschlusskreis bietet Kindern außerdem die Möglichkeit, neue Ideen einzubringen, sie anderen Kindern vorzustellen und so zu erfahren, ob auch andere Kinder Interesse zeigen. Häufig passiert es im Alltag, dass wir Erwachsenen meinen, Kinder könnten ihre Interessen nicht vertreten. Wir trauen es ihnen nicht zu. Wenn wir es wagen, uns auf die Ideen der Kinder einzulassen und ihnen entsprechenden Handlungsspielraum zur Verfügung stellen, dann merken wir, wie gut es klappt.

Mitwirkung und Mitverantwortung
beim Turnen und Schwimmen

Einmal in der Woche haben wir die Möglichkeit, die Turnhalle der Grundschule zu nutzen. Der Turntag ist ein fester Tag in der Woche, aber welche Kinder mitgehen zum Turnen, das entscheiden diese selbst im Tageskreis am Tag zuvor. Diese Kinder stehen auf einer Liste, die am Mittag für die Eltern aushängt. Da Kinder sich nach ihrem Bedürfnis entscheiden, kann es vorkommen, dass 20 Kinder zum Turnen gehen möchten oder aber auch 35. Die Anzahl der Erzieherinnen, die mit zum Turnen gehen, richtet sich nach der angemeldeten Kinderzahl und danach, wie viel Unterstützung einzelne Kinder benötigen. Durch die inhaltliche Mitgestaltung der Kinder an der Turnstunde erhalten wir als Erwachsene wesentliche Erkenntnisse darüber, was diese erfreut und was sie für ihre Entwicklung brauchen. Im Tages– oder Abschlusskreis haben Kinder die Gelegenheit, ihre Wünsche zu äußern. Die Ideen der Kinder sind dabei unerschöpflich.

Saskia wünscht sich eine Mondschaukel, Kai will ein Piratenschiff bauen und seine Piratenflagge von zu Hause mitbringen, während Roger ein Feuerwehrauto mit Leiter haben möchte. Lars findet es überaus „klasse", durch eine Tunnelrutsche zu gleiten und Basti braucht Power beim Springen vom großen Kasten auf die dicke Matte. Die einzelnen Elemente werden von den Erzieherinnen in ein Konzept, eine Geschichte oder einen Abenteuerparcours integriert. Begrüßung und Abschluss sind feste Elemente, die sich rituell wiederholen und von Kindern mit ausgewählt werden. Ein Lied oder Bewegungsspiel stehen am Anfang, während „Spiele für Viele" meist am Schluss ihren Platz finden. Auch hier wählen Kinder gemeinsam aus. Dabei gestaltet sich der Beginn eher ruhig und das Ende in der Regel temperamentvoll. Andere Akzente, wie Phantasiereisen zur Einstimmung und eine Entspannungsgeschichte zum Ende, können ebenso einfließen, wenn sie zum Thema passen oder dem Bedürfnis entsprechen. Integrationsaspekte (jeder tut es auf seine Art und Weise) und therapeutische Gesichtspunkte für Körpererfahrung und Raum-Lage-Bewusstsein sind enthalten. Wir müssen sie nicht suchen, sondern sie uns bewusst machen. Kinder übernehmen als „Akteure ihrer Entwicklung" gern Selbstverantwortung für sich, wenn wir ihnen die Gelegenheit dazu geben. Sie wollen in ihrer Entwicklung weiter kommen und „groß" werden.

Die Mitwirkung der Kinder beim Schwimmen vollzieht sich ähnlich. Der einzige Unterschied besteht darin, dass die Ganztagskinder an einem Nachmittag zum Schwimmen gehen. Inhalte, wie Wasserspiele zur Wassergewöhnung, wählen die Kinder selbständig aus. Katja wünscht sich z.b. das Spiel: Fischer, Fischer, welche Fahne weht heute?, während Olli es liebt, Fisch und Hai zu spielen. Gleichzeitig ist immer auch Freispiel möglich. Kinder lernen bei Aktionen wie Turnen und Schwimmen immer, ein Stück Verantwortung für sich selbst zu übernehmen. Zum Beispiel, dass sie ihre Rucksäcke selber holen und tragen, ihre Kleidungsstücke ordnen, sich gegenseitig unterstützen beim An- und Ausziehen, oder auch, dass sie sich gegenseitig daran erinnern, das Frühstück mitzunehmen.

Aufräumen als Angelegenheit aller

Normalerweise besteht die Regel: „Wer ein Spiel oder anderes Material benutzt, muss dies auch wieder aufräumen", in der Praxis ein fast aussichtsloses Unterfangen. Immer wieder liegen Dinge nicht an ihrem Platz. Verantwortlich ist dafür niemand, weil es ja oft keiner gewesen ist. Von daher gibt es Aufräumzeiten, in denen alle Kinder gemeinsam das Haus in Ordnung bringen. So wird vor dem Mittagskreis zum Aufräumen gerufen. Meistens beginnen die Kinder dort aufzuräumen, wo sie sich gerade befinden. Ist ein Raum in Ordnung, schauen sie an anderer Stelle, ob noch irgendwo zu helfen ist. Erst wenn alles fertig ist, beginnt der Abschluss- bzw. Mittagskreis. Die Kinder entwickeln mehr und mehr ein Verantwortungsbewusstsein für die Materialien und Gegenstände des Hauses. Sie ermuntern sich gegenseitig, beim Aufräumen zu helfen.

Mitwirkung und Mitgestaltung der Kinder bei der Aufstellung von Regeln für die Erfahrungsräume

Vor einiger Zeit beobachteten wir, dass die Regeln in unserem Haus für Kinder nicht mehr erkennbar waren. Dies wurde deutlich, wenn sie mit Bewegungsspielen im Ruheraum begannen oder im Bewegungsraum nicht mehr auf Jüngere und Stillere Rücksicht nahmen. Da wurde bei Kämpfen auf der großen Matte nicht mehr darauf geachtet, wenn der Spielpartner „Stop" sagte, so dass sich Kinder gegenseitig weh taten. Da wurde nicht respektiert, dass man sich beim Springen von der Sprossenwand in der Reihe anstellen muss. Da wurden ohne Erlaubnis und Rückfrage Höhlen oder Hindernisse abgebaut, Jüngere über den Haufen gerannt und Schwächere aus dem Raum verdrängt. Wir Erzieherinnen mussten überdenken, wie wir die Kinder in die Mitverantwortung für die Gestaltung des Kindergartenalltags einbeziehen konnten. Sanktionen und Verbote fruchteten nicht, da die Kinder keinen eigenen Bezug zu den einmal von den Erwachsenen festgelegten Regeln fanden. Diese Strukturen waren vor ihrer Zeit mit Kindern erarbeitet worden, aber nach Neubeginn des Kindergartenjahres, oder weil die Regeln für die Kinder keine Bedeutung mehr hatten, mussten neue Absprachen in der Vollversammlung getroffen werden. Unsere Neugestaltung von Absprachen und Regeln fand über einen Zeitraum von mehreren Tagen statt. Jeweils zu einer bestimmten Tageszeit trafen wir uns mit allen Kindern und Erzieherinnen zu einer Vollversammlung in einem der Erfahrungsräume, um mit den Kindern gemeinsam die Regeln für den jeweiligen Raum zu besprechen und auf ein großes Plakat zu malen.

Eine Erzieherin übernahm die Gesprächsführung, während eine zweite mit Stift und Plakat bereitstand. Gemeinsam wurden neue Regeln erarbeitet und alte Regeln bestätigt. Die Absprachen für den Bewegungsraum lauteten z.B.: „Im Bewegungsraum muss ich die Augen aufmachen, damit jüngere Kinder nicht über den Haufen gerannt werden". „Ich muss reden, wenn ich ein Spielmaterial von einem anderen Kind haben möchte". „Ich habe das Recht zu sagen, wenn ich länger in der Hängematte bleiben möchte". „Beim Kämpfen auf der Matte muss ich aufhören, wenn der Partner Stop sagt". „Wir dürfen uns nicht gegenseitig weh tun". „Es dürfen immer nur zwei Kinder auf die Schaukel". „Kinder müssen nicht immer jemanden mitspielen lassen, wenn die Höhle gebaut ist und alleine bewohnt werden soll". Dies sollen nur einige Beispiele aus der Praxis sein, die deutlich machen, dass Kinder in der Lage sind, selbst Regeln aufzustellen und diese auch einzuhalten, wenn sie einbezogen sind und Absprachen transparent gemacht werden. Kinder sind in der Lage, ihr Miteinander zu gestalten, brauchen aber die Erzieherin als Begleiterin und Unterstützung.

Was haben unsere Ausführungen mit Bildung zu tun?

Bildung findet bei uns in zwiefacher Hinsicht statt. Zum einen müssen wir Pädagogen uns überprüfen und ermitteln, was wir Kindern zutrauen können. Unser Bild vom Kind hat sich verändert. Die Kinder sind es vor allem, nicht wir, die wissen, was für sie gut ist und was sie leisten können. Wir müssen Kindern vertrauen und uns führen lassen. Sie sagen uns, wann und welche Hilfe sie von uns benötigen. Wenn wir dann gefordert sind, ermöglichen wir ihnen neue Spiel- und Lernsituationen. Durch unsere Kompetenz sind wir in der Lage, für bestimmte Zeit das Geschehen zu bestimmen. Es entwickelt sich ein Wechselspiel von Führen und Geführtwerden. Kindern mehr Raum zu geben, um in den Tagesablauf der Einrichtung aktiv einzugreifen, war für uns ein wichtiger Lernprozess. Bei den Kindern selbst bildete sich ein Höchstmaß an Selbstbewusstsein und Selbstvertrauen heraus. Das Lernen im Bereich der Selbstorganisation, der Mitverantwortung und Mitwirkung ist ein sich immer wiederholender Prozess. Kinder werden ermuntert, Entscheidungen zu treffen und diese zu verantworten. Sie erfahren Bestätigung, sie können sich erproben und die Kindertagesstätte als Übungsfeld nutzen. Aufbauend auf die gemachten Erfahrungen werden die Kinder ermuntert, weitere Dinge zu erproben. Im Tun lernen sie etwas über sich und die Welt. Kinder erfahren, dass sie wichtig und einzigartig sind und können sich in ihrer Aktivität erleben. Ihr Beitrag ist für das Gemeinwohl wichtig, ja unerlässlich. Sie erweitern ihr Interesse auch auf andere Angelegenheiten des Kindergartens. Alles im Prozess – spannend, wie ich finde.

Ilka Hakenbeck

4 Kindertagesstätte der ev.-luth. Kirchengemeinde Emmaus, Cuxhaven

Die Cafeteria als Bildungsbereich

Kurze Darstellung der Einrichtung

Unsere Kindertagesstätte ist für 101 Kinder ausgelegt. Es gibt eine Ganztags-gruppe und mehrere Halbtagsgruppen. Die Kindertagesstätte ist ab 6:45 Uhr bis 17:00 Uhr geöffnet. Die meisten Kinder gehen um 12:00 Uhr nach Hause. Ein Teil bleibt bis 13:00 Uhr und nimmt das Mittagessen bei uns mit ein.

Die Ganztagsgruppe arbeitet altersübergreifend, z.Zt. mit Kindern von drei bis acht Jahren. Unser Haus ist integrativ. Seit etwa fünf Jahren folgen wir dem Konzept des offenen Kindergartens. Die Räumlichkeiten sind in Funktionsbereiche eingeteilt: Bewegungsraum, Musikraum, Konstruktionsraum, Kreativraum, Ruheraum, Rollenspielbereich, Verkleidungsraum und Cafeteria. Wir haben die Möglichkeit, den Gemeindesaal mit zu nutzen. Einmal in der Woche gehen wir zum Turnen in die Turnhalle der nächsten Grundschule und einmal wöchentlich fahren wir zum Schwimmen. Täglich finden gegen 9:00 Uhr Morgenkreise statt. Es treffen sich stets dieselben Kinder mit denselben Erzieherinnen im gleichen Raum. Wir haben die Kinder in fünf etwa gleich große Gruppen eingeteilt, sodass in der Morgenrunde Zeit für das einzelne Kind bleibt. Hier wird den Kindern unter anderem vorgestellt, was sie an diesem Tage erwartet. Die Kinder entscheiden alleine, ob sie an Aktivitäten teilnehmen möchten. Das Team zählt zur Zeit 13 Personen, darunter zwei Erzieher, die Leiterin ist gruppenbefreit. Hinzu kommen die Therapeutinnen, die regelmäßig im Haus sind. Die Altersstruktur reicht von 20 bis 61 Jahren. Außerdem arbeitet das Team eng mit der Diakonin der Gemeinde zusammen.

Erste Schritte auf dem Weg zur Öffnung

Als ich vor etwa fünf Jahren in die Kindertagesstätte kam, hatte das Team die ersten Schritte zur Öffnung unternommen. Im Hallenbereich war die „Cafeteria" eingerichtet worden. Dieser Platz war ausgewählt worden, da er im Zentrum des Hauses lag und kein anderer Gruppenraum verändert werden musste. Es zeigte sich ziemlich schnell, dass dies auf Dauer jedoch keine glückliche Lösung war. In der Cafeteria wurde sowohl das Frühstück als auch das Mittagessen eingenommen. Die Halle ist aber gleichzeitig auch Durchgang in alle Gruppenbereiche. Außerdem lag das Büro genau gegenüber der Cafeteria. Die Unruhe übertrug sich natürlich auch auf den Cafeteriabereich. Es gab immer Kinder, die durch die Halle flitzten. Es wurde müßig, diese immer wieder zu ermahnen, nicht zu rennen und nicht so laut zu sein, damit im Cafeteriabereich eine gewisse ruhige Atmosphäre herrschte.

Zudem entdeckten wir auch immer wieder Kinder, denen es schwerfiel, sich überhaupt auf das Frühstücken einzulassen, da sie im Umfeld Freunde, Spielideen oder anderes entdeckten. Abgrenzungen durch Barrieren und Schrankelementen nutzten nichts. Beim Mittagessen schaute mindestens ein Elternteil in den Bereich, um mal kurz mit der Erzieherin zu sprechen oder sich zu erkundigen, was es denn heute Leckeres gibt. Wir bemerkten, dass unsere Kinder nicht unbedingt motiviert zum Frühstücken kamen. Das galt auch für die Erwachsenen. Cafeteriadienst war unter diesen Bedingungen nicht sehr beliebt.

Somit standen die Themen für unsere nächsten Mitarbeitertreffen fest: Was wollen wir mit der Cafeteria erreichen, und was wollen wir als Fachfrauen den Kindern anbieten? Wo können wir in diesem Bereich für Entwicklung Raum geben? Wie werden Kinder autonom?

Raumgestaltung

Der Konsens war schnell erreicht, dass wir für die Cafeteria einen geschlossenen Raum benötigten. Es sollte ein Bereich werden, der eine gemütliche Atmosphäre ausstrahlt. Er sollte hell sein und auch die Möglichkeiten hergeben, nach draußen schauen zu können. Wir entschieden uns für unseren alten Turnraum, da er die oben genannten Kriterien erfüllte. Darüber hinaus hat er noch eine Tür nach draußen, so dass wir an schönen Sonnentagen auch einige Tische ins Freie stellen können. Der Blick fällt auf unseren kleinen Nutzgarten und auf unsere Weidenhausanlage. Mit den Kindern kamen wir dann auf die Idee, im Raum einen Baum aufzustellen. Da wir die Möglichkeit haben, mit der Kunstwerkstatt zusammenzuarbeiten, bildete sich eine Arbeitsgruppe, die uns einen schönen großen Baumstamm mit Ästen entwarf und herstellte. Er wurde an einer Wand der Cafeteria befestigt. Seitdem wechselt dieser Baum, passend zur Jahreszeit, sein Kleid und wird mit den kreativen Werken der Kinder geschmückt.

Zur Ausstattung

Wir suchten Tische mit unterschiedlichen Größen aus, damit sich flexible Gruppierungen zusammenfinden können. Wir hatten festgestellt, dass die Kleinen es genauso wie die Großen sehr lieben, zu essen und zu klönen. Wir konnten uns darauf einigen, dass wir jetzt Abstand von der Funktionalität und Praktikabilität im Cafeteriabereich nehmen und den Schwerpunkt auf Realismus, Tischkultur und Ästhetik setzen wollten. So beschlossen wir, dass es ab sofort kein Plastikgeschirr mehr geben sollte (außer bei Ausflügen). Kinder können den Umgang mit bestimmten Materialien nur erfahren, begreifen und erlernen, wenn diese Dinge im Alltag zur Verfügung stehen. Porzellan fasst sich anders an, es hat auf dem Tisch einen anderen Schwerpunkte und es zerbricht, wenn man nicht aufpasst. Wir kauften für das Frühstück eine Garnitur, die aus einem kleinen Teller, einer Muck (Becher mit Henkel) und einem Müslischälchen besteht. Zu Anfang ging zwar eine Menge Geschirr entzwei, mittlerweile hat sich das gegeben, und die Kinder haben gelernt, mit den Dingen vorsichtig umzugehen. Wir haben später die Muck durch eine Kaffeetasse ersetzt, da die Kinder diese besser „überblicken" und handhaben können. In einem Schrank finden die Kinder, selbstverständlich in ihrer Höhe, Geschirr und Besteck. Sie decken sich ihren Platz alleine ein. Milch, verschiedene Sorten Tee und Wasser stehen auf den Tischen in kleinen Glaskannen. Die Kinder schenken sich ihre Getränke selbst ein. Glaskannen haben sich am besten bewährt, da die Kinder den Fluß der Getränke visuell mitverfolgen können und die Kannen auch gut zu handhaben sind. Wir achten darauf, dass die Kinder Ihre mitgebrachten Dinge auspacken und vom Teller essen.

Wenn sie fertig gefrühstückt haben, bringen sie das benutzte Geschirr auf einen Teewagen. In regelmäßigen Abständen wird dieser Wagen in die Küche gefahren. Wer Lust hat, hilft der Erzieherin in der Küche beim Abwaschen, Abtrocknen und beim anschließenden Einräumen. Passiert einmal ein Unglück, wissen die Kinder, wo sie die entsprechenden Utensilien finden, um alles wieder in Ordnung zu bringen. Zusätzlich zum Porzellangeschirr starteten wir den Versuch mit Stofftischdecken. Hier kamen wir jedoch an unsere Grenzen, da wir gar nicht so oft wechseln, waschen und bügeln konnten, wie sich der Verbrauch schließlich herausstellte. So griffen wir dann auf Lacktischdecken zurück. Wir stellten fest, dass sich damit leider doch die Achtsamkeit verringerte. So waren wir richtig glücklich, dass wir Tischdeckenmaterial fanden, das Stoffstruktur vorwies, jedoch so imprägniert war, dass Flecken abgewischt werden konnten.

Mittagessen

Beim Mittagessen gab es eine weitaus größere Veränderung. Bis zu meinem Dienstantritt war es Brauch, dass den Mittagskindern ein tiefer Plastikteller und eine Gabel zur Verfügung standen. Der Tisch wurde aus Zeitmangel von den Erwachsenen gedeckt. Die Erzieherinnen füllten den Teller voll, und größere Fleischstücke wurden von ihnen klein geschnitten. Dazu galt das Prinzip, dass der Teller leer gegessen werden sollte. Mittlerweile gibt es einen regelmäßigen Tischdienst der Kinder. Eine kleine Gruppe deckt den Tisch je nach Speiseplan ein, natürlich mit Messer und Gabel. Die Speisen werden für jeden Tisch in kleine Schüsseln gefüllt. Wenn alles fertig gerichtet ist, setzen sich die anderen Kinder dazu, und wir sprechen gemeinsam einen Tischspruch. Die Kinder füllen sich alleine auf. Wir ermuntern sie, alles zu probieren. Wer manche Dinge nicht mag, braucht sie sich nicht aufzufüllen. Um das rechte Maß zu finden, werden die Kinder aufgefordert, sich kleine Portionen aufzufüllen und bei Bedarf lieber noch einmal zu nehmen.

Wir essen mittags in zwei Räumen. Zur Zeit leisten wir uns noch den Luxus, dass je Tischeinheit (6-7 Kinder) ein Erwachsener mit am Tisch sitzt. In dieser Intimität erfahren wir im Gespräch viele Dinge, die die Kinder beschäftigen und uns manches erklären. Rücksichtnahme, Kommunikation, soziales

Miteinander, Förderung der Mundmotorik, Sprachanbahnung, Selbständigkeit sind nur einige der wichtigen Zielsetzungen, die wir hier „spielerisch" erreichen. Alle Kinder helfen zum Schluß mit, die Tische abzuräumen. Für das Abwischen der Tische und das Ausfegen ist wieder der Tischdienst zuständig. Den Abwasch erledigt eine Haushaltskraft. Bei uns bekleidet diese Position ein Mann. Wir finden es gut, auch hier dem alten Rollenklischee entgegentreten zu können. Wer will, kann unserer Küchenfee stets zur Hand gehen.

Ernährung in der Kindertagesstätte

Zusammen mit dem Elternbeirat sind wir für das Frühstück zu folgender Einigung gekommen: Die Kinder bringen ihr Frühstück, bis auf die Getränke, von zu Hause mit. Wir wollen damit das Gespräch im Elternhaus fördern. Das Mitbringen des Frühstücks ist uns für unsere Arbeit wichtig. Zusammen mit Eltern und Kindern kommen wir ins Gespräch über Esswaren, die ernährungsphysiologisch wertvoll sind. Gleichzeitig bieten wir ein Knabberbüfett an. Obst und Gemüse der Saison, Südfrüchte, Käse und Knäckebrot sind immer darauf zu finden.

Einmal in der Woche gehen einige Kinder auf den Wochenmarkt und in den Lebensmittelladen unseres Stadtteiles und suchen die Lebensmittel für das Büfett mit aus. Jeden Morgen werden die Sachen frisch zubereitet; auch hier helfen die Kinder mit. So finden diese jeden Tag zusätzlich zu ihrem Frühstück frische Dinge. Sollte sich in der Kindergartentasche etwas befinden, was an diesem Tag überhaupt nicht munden will, oder vielleicht doch wieder nur eine Süßigkeit, bietet das Büfett eine leckere Alternative. Die Getränke sind ungesüßt und werden in dieser Form von den Kindern oftmals schneller akzeptiert als von den Eltern. Bei der Umstellung auf Wasser und den Soda-Stream-Apparat gab es anfangs Proteste das Wasser aus dem Wasserhahn zu trinken.

Elternarbeit

Schon beim Aufnahmegespräch werden Eltern über unsere Gepflogenheiten informiert. Wir bitten sie, ihren Kindern ein gesundes Frühstück einzupacken und behalten uns vor, nach einer Eingewöhnungszeit, Süßigkeiten wie z.B. „Milchschnitten" und „Fruchtzwerge" wieder einzupacken. Außerdem bieten wir den Eltern jedes Jahr einen Elternabend zu dem Themenkomplex der gesunden Ernährung an. In Zusammenarbeit mit den hiesigen Krankenkassen und deren Ernährungsberaterinnen, dem Gesundheitsamt sowie einer Zahnärztin führen wir Projekte zu einzelnen Themenkomplexen einer gesunden Ernährung durch. Sowohl die Kinder als auch die Erwachsenen haben die

Möglichkeit, an theoretischen und praktischen Einheiten teilzunehmen. Besonders zu erwähnen ist unser Elternabend über das Wasser nach dem gleichnamigen Buch: Wasser, das gesunde Leben. Natürlich versuchen wir die Eltern auch in Fragen der Umwelt mit einzubeziehen. Die Kinder werden angehalten, z.B. Joghurt in „Tuppertöpfen" mitzubringen. Was dann nicht gegessen wird, kann wieder mitgenommen werden. Alufolie ist selbstverständlich tabu und Mülltrennung wird groß geschrieben.

Erzieherinnenverhalten

Für uns alle war dieser Weg ein spannender Prozess. Abgesehen davon, dass wir uns ausführlich mit den Grundlagen einer gesunden Ernährung auseinandergesetzt haben, hatte dies auch Folgen für unser Handeln. Zwei Mitarbeiterinnen teilen sich den Dienst in der Cafeteria und der Küche. Alle anderen gehen, wie die Kinder auch, im Laufe des Vormittags in die Cafeteria. Da wir uns unserer Vorbildfunktion mehr oder minder bewusst waren, wurde auch bald darüber diskutiert, wie denn unsere eigenen Frühstücke aussahen. Einigen fiel es schwer, sich von Cola, Süßigkeiten und Keksen zu trennen. Da für alle Kinder die Regel gilt, nur in der Cafeteria und nicht in den Funktionsräumen zu trinken und zu essen, erforderte dies auch eine Umstellung für das Personal. Der Leitsatz: Hilf mir, es selbst zu tun! musste oft in der Reflexion des eigenen Verhaltens wieder in Erinnerung gerufen werden. Die diensthabende Erzieherin sollte ein ruhender Pol in der Cafeteria sein, nicht hektisch zwischen den Kindern herumlaufen, Taschen öffnen, Getränke einschenken, Brote auspacken, Stühle zurechtrücken, sondern Kindern Handlungsweisen aufzeigen, wie sie diese täglichen Verrichtungen alleine schaffen oder sich Hilfe bei anderen Kindern holen können. Größere Kinder werden sensibilisiert, auch Verantwortung für die Kleineren mit zu übernehmen.

Multi-Kulti

Natürlich gibt es auch in unserem Hause eine Vielzahl Kinder anderer Nationalität. Besonders spannend ist es, kennenzulernen, was in anderen Kulturen gegessen wird, und oftmals steht die Frage dahinter: warum? Warum dürfen Ebru und Zeynep z.B. kein Schweinefleisch essen? Was haben Sinh und Lee für einen ulkigen Salat mit? Bei Fani und Vassilios riecht es heute wieder nach Tsaziki aus ihrer Brottasche.

Wenn wir Festivitäten haben, freuen wir uns schon immer darauf, wenn die Eltern Speisen für das Büfett spendieren und wir alle viele neue Köstlichkeiten probieren können und gleichzeitig Neues über Land und Leute, ihre Religion und ihre Gepflogenheiten erfahren. Manches fließt auch plötzlich mit in unser Leben ein. So werden wir auch dieses Jahr unsere Ostereier wieder tief-rot mit der griechischen Eierfarbe einfärben.

Die Sinne

„Und das Auge isst mit", wer kennt nicht diesen Ausspruch? Darum befinden sich auf unseren Tischen natürlich auch Blumen und Kerzen und schöne Dinge, an denen man sich erfreuen kann. Angelehnt an Künstlercafes, nutzen wir die Wände in unserer Cafeteria für „Kunstwerke", sowohl von den Kindern, als auch von namhaften und einheimischen Künstlern. Für die Kinder haben wir Rahmen, die von vorne zu bedienen sind (Kinoplakate), und mit denen wir schnell wechseln können. Größere Gemeinschaftswerke finden natürlich auch Ihren Platz. In unserer Stadtbibliothek gibt es auch eine Arto-thek, in der man Kunstwerke ausleihen kann. Die Kinder können sich im Keller aussuchen, welche Bilder uns in der nächsten Zeit begleiten sollen. Beim Frühstück findet man schon die Zeit, sich auf das Dargestellte einzulas-sen und Neues zu entdecken. Ein Aquarium hat uns eine ganze Zeit lang be-gleitet. Jetzt haben wir dafür ein niedliches Mäusepärchen.

Wir sind auf einem guten Weg

Als ich gefragt wurde, unter dem Gesichtspunkt des Bildungsansatzes über den Cafeteriabereich zu schreiben, habe ich spontan zugesagt. Sehr leicht wird dieser Bereich in seiner Bildungsvielfalt unterschätzt. Schaue ich auf unseren Prozess, dann zeigen sich Lernen und Bildung auf ganz verschiede-nen Ebenen, sowohl bei den Kindern als auch bei den Erwachsenen. Auch wenn manches nur angedeutet ist, wird die Vielfalt in diesem Bereich hof-fentlich erkennbar. In der Cafeteria sollte nicht mal eben eine „Praktikantin" ihren Dienst machen, denn essen kann ja jeder! Auch sollte dort niemand eingesetzt werden, der die Kinder derart reglementiert, dass sie keine Lust mehr haben, sich freiwillig auf diesen Bereich einzulassen. Jeder muss sich bewusst sein, dass Essen und Trinken einer der Eckpfeiler des menschlichen Lebens ist und mithin elementarstes Grundbedürfnis. Der lustvolle und ver-antwortliche Umgang bildet die Basis für das spätere Essverhalten. Wir soll-ten wissen, dass alle Formen des Essverhaltens, auch der Bulimie, ihre Wur-zeln im Gegenüber zu den Erwachsenen und im täglichen „Essenskampf" ha-ben. Beide Seiten der Machtpotentiale müssen sorgfältig beobachtet werden: Wo setzt der Erwachsene, wo aber auch das Kind, die vielfältigen Strategien rund um das Essen ein, um seine Machtwünsche auszuleben.

Suchtprävention ist heute ein anerkannter, wichtiger Bereich und beginnt natürlich auch in der Akzeptanz des Kindes in seiner Selbstverantwortung. Die natürlichen Regungen wie Hunger und Durst sind heute oftmals

„wegkultiviert". Mahlzeiten werden häufig zeitlich reglementiert und aufgezwungen, bzw. es wird rund um die Uhr gegessen und getrunken (Nuckelflaschen und Süßigkeiten). Den Kindern wird ein Übermaß an Esswaren angeboten, jedoch keine Nahrung. Jeder kennt die Sorge der Mütter: „Achten Sie bitte darauf, dass mein Kind gefrühstückt hat!" Nicht wir Erzieherinnen müssen darauf achten, sondern wir müssen die Kinder so begleiten, dass sie lernen, selbst auf sich zu achten. Kinder sind sehr wohl in der Lage, sich auch in diesem Bereich zu organisieren. Wenn man ihnen die Verantwortung lässt, lernen sie auf sich selbst zu horchen und auch herauszufinden, welche Nahrungsmittel ihnen gut tun und welche nicht. Und wenn sie es vorgezogen haben, an einem Tag sich lieber ihrem Spiel zu widmen, statt zu frühstücken, weil der Spielprozess so spannend ist, dann machen sie die Erfahrung, dass sie kurz vor dem Mittag riesigen Hunger haben. Selbständig und selbstverantwortlich mit sich umzugehen, ist ein wichtiger Lernprozess für die Kinder.

Die Erzieherinnen müssen sich stets darüber im Klaren sein, dass ihnen hier wie in allen Bildungsbereichen eine große Verantwortung zukommt. Sie sind die Vermittlerinnen von Wissen. Dieses Wissen muss man sich natürlich erst einmal selbst aneignen. Eigenmotivation ist gefragt und die Auseinandersetzung mit den verschiedenen Richtungen in dem Dschungel „Ernährung". Man ist jedoch nicht nur Lehrender, sondern gleichzeitig Lernender. Ich möchte hier die Milch als Beispiel anführen. Wir alle kennen die Aussage, dass Milch für Kindern dringend notwendig ist. In dem Buch: „Der Murks mit der Milch" wird diese These absolut in Frage gestellt, und wer schon viel mit neurodermitischen Kindern gearbeitet hat, weiß, dass meistens zuerst die Milch aus dem Speiseplan gestrichen wird. Die Erzieherin muss „Theorien" in ihrem eigenen Handeln verankern, sich gleichzeitig mit Kolleginnen auseinandersetzen und im Diskurs mit allen Beteiligten Handlungsweisen erarbeiten. Das bedeutet, dass die Erwachsenen außer Wissen zu vermitteln auch beobachten und analysieren müssen. Sie sollen mit den Kindern in einen Dialog treten, Prozesse in Gang bringen, das eigene Handeln reflektieren und sich auch manches Mal von der gesunden Intuition des Kindes führen lassen.

Um in der Wissensvermittlung hier wirklich erfolgreich zu sein, sind wir in vielen Fällen auf die Mitarbeit der Eltern angewiesen. Die Erkenntnisse, die wir auf unserem Weg gewinnen, müssen auch den Eltern vermittelt und mit ihnen diskutiert werden. Eine spannende und erkenntnisreiche Elternarbeit wird möglich. Ich hoffe, es ist deutlich geworden, dass pädagogische Fachfrauen in diesem Bereich benötigt werden; Menschen, die selbst Lust haben, sich auf die Reise der Gaumenfreuden zu begeben und allen Dingen erst einmal offen gegenüberstehen.

Gleichzeitig möchte ich nochmals auf die Bedeutung der Kommunikation eingehen. Die Erzieherin ist mit für die Qualität des Kommunikationsaustausches verantwortlich. Sie ist Anbahnerin, Vermittlerin und selbst gefragter Mittelpunkt in der Cafeteria. Ihre Ruhe und ihr Kommunikationsbewusstsein müssen auch hier unter dem Blickpunkt des Vorbildes gesehen werden. Eine beliebte Unart in den Bereichen der Cafeteria ist in vielen Kindergärten zu entdecken: Die Kinder sitzen „selbstständig" an Tischen, die Erzieherinnen an Extratischen. Beliebt ist, in dieser Zeit lautstark über die Marotten der Kinder und deren Eltern zu fachzusimpeln und ab und zu Anweisungen durch den Raum zu rufen. Das soll nicht heißen, dass Erzieherinnen sich nicht unterhalten dürfen, aber wenn, dann zusammen mit den Kindern und immer in Achtsamkeit vor der Persönlichkeit eines jeden Einzelnen.

Unsere Möglichkeiten sind noch nicht ausgeschöpft

Speziell in unserem Haus fehlt uns zur Zeit eine Kinderküche. Wir behelfen uns mit einem kleinen Nebenraum, müssen aber bei allen Koch- und Backeinheiten den großen Herd in unserer Kindergartenküche benutzen. Das schränkt uns manches Mal in unserer Planung ein, da die Küche auch anderweitig benutzt wird. Für die Kinder ist es wichtig, den Prozess vom Einkauf über die Herstellung bis zum Verzehr und dem notwendigen Aufräumen zu erfahren und umzusetzen. Wir hoffen, dass wir in Zukunft auch ausländische Mütter und Väter gewinnen können, mit uns zusammenzuarbeiten, damit wir mehr über ihre Zubereitungsarten und ihre Essgewohnheiten erfahren können.

Natürlich bieten wir schon jetzt den Kindern unterschiedliche Einheiten an. Es ist spannend, gemeinsam ein Picknick vorzubereiten, zu versuchen, mit Stäbchen zu essen, zu lernen, Hamburger ohne Kleckern zu verspeisen, alle aus einer Schüssel zu essen und kein Besteck und keine Teller zur Verfügung zu haben, keine Stühle zu haben etc..

Den innovativen Ideen sind keine Grenzen gesetzt, und wir freuen uns, zusammen mit den Kindern in Zukunft weiter spannende Wege zu gehen.

5 Aus dem Ev. Kindergarten der Michaelsgemeinde, Rotenburg/Wümme

Verschiedenheit wird zur Normalität - ein Kindergarten für alle Kinder

> Ich bin Kind und Du bist Kind
> Aber
> Ich bin anders
> Ich sehe anders aus als Du
> Meine Hände können vieles nicht
> Meine Beine können nicht laufen
> Mein Mund kann Deine Sprache nicht
> Meine Ohren hören Dich und verstehen Dich manchmal
> Aber ich fühle, dass Du mich magst
> Wie auch ich Dich mag.

Ein großes Haus, viele Kinder, unzählige Bildungsmöglichkeiten. Unser Kindergarten mit einem traumhaften Außengelände liegt in einer Kreisstadt im nördlichen Niedersachsen, in Rotenburg. In vier Vormittags-, einer Nachmittags- und einer Spielgruppe einmal wöchentlich werden hier 110 Kinder betreut, erzogen, gebildet. Eine der Vormittagsgruppen ist eine Integrationsgruppe, in der vier behinderte und vierzehn nicht behinderte Kinder betreut werden. Wir haben Stammgruppen, die Kinder haben aber größte Entscheidungsmöglichkeiten, wohin sie gehen, mit wem sie spielen, was sie gerade tun möchten etc.. 1994 wurden wir mit der tragischen Erkrankung eines Kindergartenkindes konfrontiert. Durch einen Gehirntumor erblindete das Kind, mehrere Operationen konnten die Sehfähigkeit nicht retten. Damit standen wir, gemeinsam mit der Mutter, vor der Frage, was nun, wie geht es weiter? Wir informierten uns, was nötig sei, um den Jungen weiter bei uns betreuen zu können. Einzelintegration war hier die Lösung. Der Antrag der Mutter wurde genehmigt, und nun lag es an uns, mit dieser Situation umzugehen. Und wir gingen damit um, lernten von dem Jungen, wo er Hilfe brauchte.

Die Bereicherung durch diese Erfahrung ermutigte uns, diesen Weg weiterzugehen. Die nächste Einzelintegration stand an, und es folgten mehrere Anmeldungen von behinderten Kindern. In einigen Teamsitzungen setzten wir uns mit der Integration von sogenannten behinderten Kindern in unserem Kindergarten auseinander und luden Gerd Regel ein, um von ihm Informationen zu bekommen. Er machte uns auch klar, dass wir, wenn wir integrativ arbeiten wollten, alle dahinter stehen müssten und nicht nur die Kolleginnen, die in der Integrationsgruppe arbeiten. Der Entschluss war schnell gefasst. Jetzt war das regionale Konzept gefragt. Dies ist eine Besonderheit in Niedersachsen. Es bedeutet, dass Einrichtungen, die mit Kindern arbeiten, sowie die zuständigen Behörden einer Region gemeinsam Integration planen. In relativ kurzer Zeit stand dieses Konzept. Stadt und Landkreis unterschrieben, natürlich auch der Träger, sodass wir im Sommer 1998 nach einigen kleinen Umbaumaßnahmen einsteigen konnten.

Bildung im Alltagsgeschehen

Unser Kindergarten besteht mit seinen 30 Jahren schon sehr lange. Der Aspekt der Bildung ist erst in letzter Zeit wieder stärker ins Bewusstsein gerückt, so dass wir uns in der Integrationsgruppe entschlossen haben, den Aspekt der Menschenbildung etwas genauer zu betrachten. Anhand verschiedener Situationen, die jederzeit jeden Tag in der Gruppe vorkommen, wollen wir hier aufzeigen, völlig unwissenschaftlich, dafür aber praxisbezogen, was Menschenbildung für die einzelnen, für die sogenannten Behinderten wie für die nicht Behinderten und für uns Erwachsene bedeutet und beinhalten kann.

Grundvoraussetzung für unseren Umgang mit den Kindern ist unsere Liebe zum Menschen und die Achtung der Persönlichkeit, wie es das christliche Gebot der Nächstenliebe beinhaltet; wir sind Vorbilder und Wegbegleiter der Kinder. Wir wollen unsere Integrationskinder deshalb auch nicht als Behinderte etikettieren. Sie sind Kinder wie alle anderen, müssen oftmals jedoch ihre Entwicklung unter erschwerten Bedingungen bewältigen. In unserer sich immer schneller verändernden Welt besteht die Gefahr, dass der einzelne Mensch und das menschliche Miteinander immer unwichtiger werden. Damit sollten wir uns jedoch nicht abfinden. Wir dürfen uns nicht verlieren und der hochentwickelten Technik zu viel Raum geben. Für die Kindergartenarbeit bedeutet das, alle Kinder gleichermaßen wertzuschätzen. Und das geht natürlich nur, wenn wir den Kindern einen möglichst großen Raum für Erfahrungen, Zeit für ihre eigene Entwicklung geben, uns Zeit nehmen und in Geduld üben. Kinder brauchen Erwachsene. Wir begleiten die Kinder ein Stück auf ihrem Lebensweg, das bedeutet: Vorbild zu sein, gemeinsam Erfahrungen zu machen, konsequent zu handeln und angemessene Grenzen zu setzen, sich zu reiben, die Stärken der Kinder hervorzuheben, und nicht ihre Defizite in den Mittelpunkt zu stellen.

Die Erfahrung hat uns gezeigt, dass Kinder andere Kinder wertfrei annehmen, gleich ob sie grüne Haare haben, eingeschränkt oder ausländischer Herkunft sind. Kinder stellen den Ist-Zustand fest und akzeptieren ihn so, wie er ist. Es kommen selbstverständlich Fragen: „Warum hat der dunkle Haare?" oder „Warum hat der eine Windel?", die auch selbstverständlich beantwortet werden. Durch Fragen und Antworten werden die Kinder befähigt und ermutigt, weiter zu fragen und Verständnis zu entwickeln. Das Ergebnis ist gleichzeitig, sensibler für die Bedürfnisse anderer wie auch der eigenen zu werden. Unsere Aufgabe ist es also, Rede und Antwort zu stehen, adäquaten Umgang zu pflegen und so Orientierung zu bieten. Die vier folgenden Beispiele sollen das belegen.

Wir sind Krankengymnastinnen

Tove und Jette (6 Jahre) holen sich Mirco in den Ruheraum. Mirco gilt als schwerstbehindert und kann nicht sprechen. Sie ziehen den Vorhang zu, um nicht gestört zu werden. Durch Zufall höre ich, dass sie mit Mirco turnen wollen. Ich klopfe an den Türrahmen und frage nach, was genau sie mit Mirco machen wollen. Ihre Antwort war prompt: „Wir machen Krankengymnastik, das, was Gerda (Krankengymnastin) macht. Wir haben letztes Mal genau aufgepasst, und wir können das jetzt." Ich wies die Mädchen darauf hin, doch mit Mircos Beinen (Spastik) sehr vorsichtig zu sein und sie nicht zu bewegen, wenn sie steif sind, da ihm das weh tut. Doch selbstbewusst beharrten sie darauf, dass sie sich auskennten. Meine Antwort: „Ich darf mit Mirco auch keine Krankengymnastik machen, weil ich das nicht gelernt habe und ich das Wissen nicht habe. Wir können mit Mirco die Dinge tun, von denen wir wissen, dass sie ihm gut tun, z.B. mit dem Massageball abrollen, und ihr könnt es euch auch nochmal von Gerda erklären lassen."

Faszinierend an dieser Situation war für mich, wie selbstverständlich sich die Mädchen diese Aufgabe zugetraut haben und keinen Zweifel an der eigenen Beobachtung hatten. Es entwickelte sich ein Dialog über Krankengymnastik und, dass es dafür extra Menschen gibt, die das gelernt haben und wofür das gut ist. *Bildung* bedeutet für uns in diesem Zusammenhang: Tove und Jette haben einen kleinen Einblick in die Anatomie von Mirco bekommen, die nicht mir ihrer eigenen übereinstimmt. Das Wissen darum befähigt sie zu einem sicheren Umgang mit ihm. Und weil sie regelmäßig unsere Krankengymnastin in der Gruppe bei der Arbeit mit den Integrationskindern erleben und beobachten, haben sie eine Vorstellung von dieser Berufsgruppe. Mirco macht die Erfahrung, dass er mit seiner Behinderung angenommen ist und andere an ihm Interesse zeigen. Nach seinem Gesichtsausdruck zu urteilen, hat er sich wohl gefühlt und die Aufmerksamkeit der beiden Mädchen genossen.

Das Namensschild für unseren Pastor

Am Anfang des Kindergartenjahres macht jedes Kind ein Namensschild aus Tonkarton für die Besuche des Pastors, damit er sie mit Namen ansprechen kann. Mirco brauchte auch eines. Allein ist er nicht dazu in der Lage. Meine Kollegin Annette war dabei, mit Mirco zusammen eine Maus aus Tonkarton auszuprickeln. Sie führte seine Hand. Hamdieh, ein libanesisches Mädchen, beobachtete eine Zeit lang, was die beiden taten. Sie fragte Annette, ob sie mit Mirco weiter arbeiten könne und brachte die Arbeit mit ihm dann zu Ende. Sie führte ihm, genau wie Annette, die Hand, und Mirco hatte sichtlich Vergnügen an dieser Arbeit. Bei ihm war es ganz schwer festzustellen, hatte er Vergnügen am Tun oder war es die Berührung von Hamdieh und ihre ungeteilte Zuwendung.

Der *Bildungsaspekt* in dieser Situation ist einmal für uns die Anbahnung einer Kulturtechnik als Vorstufe zum Schneiden für Mirco. Zum anderen erlebt Hamdieh, dass ihr Angebot zu helfen angenommen wird, dass sie fähig ist, diese Aufgabe zu übernehmen und, dass Annette ihr dieses auch zutraut. Sie gewinnt durch diese Erfahrung mehr Sicherheit, und Sicherheit befähigt sie dazu, sich an neue, unbekannte Dinge heranzuwagen. Hier war Annette in ihrem Vertrauen ganz klar Vorbild für Hamdieh.

„Klönschnack" am Frühstückstisch

Mirco sitzt am Frühstückstisch und lautiert vernehmlich. Maya sagt: „Mirco kann nicht sprechen." Ich antworte: „Sprechen kann er schon, nur verstehen wir ihn nicht, weil er die Worte noch nicht so sagen kann wie wir. Wenn wir ihn aber angucken, sehen wir, ob er laut schimpft oder ob er etwas fröhlich mitteilt." Auf meine Anregung, ihn jetzt mal anzusehen und zu sagen, wie er sich wohl fühlt, konnte Maya feststellen, dass er fröhlich aussieht, es ihm sichtlich gut geht und er großen Spaß am Lautieren hat.

Hier geschieht für uns *Bildung*: Ich vermittle den Kindern am Frühstückstisch, dass der erste Eindruck nicht alles aussagt, sondern dass wir genauer hingucken und hinhören müssen, was uns Mirco mit seinen Möglichkeiten sagen will. Mirco hat durch uns die Möglichkeit bekommen, unbeschwert am Frühstückstisch zu sitzen und zu essen. Als er vor einem Jahr in den Kindergarten kam, war für ihn das Essen so wichtig, dass er rundherum nichts wahrnahm. Seitdem hat eine deutliche Entwicklung stattgefunden: Jetzt ist er sehr viel lebendiger in der Frühstückssituation, er sieht, wer am Tisch sitzt, er ist die ganze Zeit wach und genießt offensichtlich das Zusammensein am Tisch. Wir haben die Vermutung, dass Mirco von den anderen Kindern durch ihre Unterhaltung am Tisch animiert wird, mitzuklönen. Die anderen Kinder am Tisch nehmen bewusster den Anderen und das Anderssein wahr und erkennen, dass es andere Möglichkeiten als das gesprochene Wort gibt, um sich auszudrücken.

Turmbau zu Babel

Robin ist knapp sechs Jahre alt. Er baut aus Teppichklebebandrollen (kostenloses Material) einen Turm, immer höher, holt sich einen Stuhl zu Hilfe, um oben weiterzumachen, und dann fällt doch alles zusammen. Andere Kinder greifen diese Idee auf und probieren ebenfalls, einen Turm zu bauen; u.a. auch Leonie; sie ist eines der vier Integrationskinder und drei Jahre alt. Ihr Turm bricht nach drei oder vier Rollen immer wieder zusammen, da sie nur einhändig arbeiten kann. Dashti, Integrationskind, hilft Leonie, den Turm zu bauen. So kommt es zu einer regen Bautätigkeit mitten im Raum.

In diesem Fall bedeutet *Bildung* für uns, dass die Kinder über die Erfahrung beim Bauen physikalische Erkenntnisse gewinnen und die Konsequenzen bei Instabilität erleben. Wir Erwachsenen waren Zeuge, wie Dashti entdeckte, dass Leonie alleine nicht zurecht kam und ihre Hilfe anbot und dass Leonie diese auch annahm. Beide machten die Erfahrung, dass sie gemeinsam zum Erfolg kamen. Für uns war es anfangs schwierig, uns aus dieser Situation herauszuhalten, sind wir doch immer schnell dabei, zu helfen und zu unterstützen. Die Kinder zeigen uns immer wieder, wie gut sie auch alleine zurechtkommen und weisen uns dann stolz ihre Werke vor. Durch uns erfahren sie die Würdigung ihrer Arbeit. Das zeigt den Kindern, dass sie auf dem richtigen Weg sind und sie eine für sie wichtige Orientierung erhalten.

Bildung im Rahmen gemeinsamer Projektarbeit

Ein Baum aus Matschepampe

Unsere Absicht war es, einen Baum aus Pappmaché als Requisit für unser Abraham-Projekt herzustellen, das wir im Stuhlkreis besprochen hatten. Bei der Planung war es uns wichtig, dass sich jedes Kind daran beteiligen konnte, auch die Integrationskinder, jedes mit seinen ihm eigenen Möglichkeiten. Wir waren gespannt, wie Mirco reagieren würde, wenn wir alle um die Mörtelwanne sitzen und die gesammelten Unmengen von Eierpappen, die sich dafür besonders gut eignen, zerreißen würden. Mehrere Tage waren wir, d.h. die Erwachsenen und die Kinder, damit beschäftigt, zu reißen. Alle Kinder, die Integrations- wie die Regelkinder, beteiligten sich an dieser Arbeit. Anstrengend war es und Ausdauer war gefragt. Mirco saß dabei, schaute intensiv zu und grapschte alles an, was in seiner Nähe war, ob Kinder, Eierpappen oder Wanne. Er war auf jeden Fall Teil der Gemeinschaft und genoss es, dabei zu sein. Gleichzeitig betätigte er sich auf seinem Entwicklungsniveau. Leonie, halbseitig gelähmt durch Hirninfarkt, tat das ihre dazu. Für sie war es wesentlich mühseliger, die Eierpappen zu zerreißen, weil ihre linke Hand aufgrund der Lähmung relativ kraftlos und wenig in ihrem Bewusstsein ist. Dashti und Maximilian, unsere beiden anderen Integrationskinder, erledigten mit großer Ausdauer und sichtlichem Vergnügen diese Arbeit und unterhielten sich bei dieser Gelegenheit in der ihnen eigenen, für uns unverständlichen, Sprache.

Die anderen Kinder der Gruppe waren nicht so kontinuierlich dabei. Doch irgendwann war es geschafft. Nun hieß es einweichen, und zwar mit warmem Wasser. Die Kinder schleppten mit großem Spaß Wasser in den Gruppenraum - endlich durften sie das mal - und schütteten es in die Wanne. Jetzt ging es ans Umrühren und Vermengen. Viele kleine Ärmel wurden hochgekrempelt, und viele kleine Arme versanken in Wasser und Schnipseln und rührten um. Annette regte an, doch das Umrühren mal mit den Füßen zu versuchen. Also Schuhe, Strümpfe und lange Hosen ausgezogen und rein ins Naß. Sören und Kim waren die ersten und traten begeistert Wasser.

Leonie beobachtete diese Szene sehr intensiv, entzog sie sich doch sonst eher solchen Situationen, wo Haut mit feuchten, klebrigen, krümeligen Dingen in Berührung kommt. Angesteckt von der Begeisterung der beiden anderen, wollte sie selbst auch in die Wanne. Wir halfen ihr, sich auszuziehen und in die Wanne zu steigen, wo sie, dann doch eher reserviert und vorsichtig, mit ihren Füßen patschte.

Nach zwei Tagen Einweichen wurden die Eierpappen, nun schon schön matschig, mit den Händen ausgedrückt. Viele Hände halfen. Der nächste Arbeitsschritt war das Vermengen dieser Masse mit Kleister, für manche eine eklige Angelegenheit. Die Integrationskinder zogen sich bei dieser Arbeit in die Beobachterrolle zurück. Wir stellten fest, dass klebrige, krümelige Materialien bei ihnen unangenehme Gefühle auslösen und sie sich dann distanzieren und aus sicherer Position beobachten.

Nun hatte die Matschepampe Ruhetag und konnte durchziehen. In der Zwischenzeit bereiteten wir den Baumstamm vor. Der Kern war eine zwei Meter lange Teppichrolle, die wir mit zerknülltem Zeitungspapier und Kaninchendraht umwickelten. Darauf kam noch eine Lage Zeitungspapier. Der Stamm wurde in einen Behälter gestellt. Hieran waren hauptsächlich die älteren Kinder beteiligt. Schnell waren Äste gefunden, die die Kinder auf die richtige Länge zurechtsägten, um dann als Baumkrone zu dienen. Jetzt sollte der Baum seine Rinde erhalten. Den Stamm schmierten die Kindern nochmal schön mit Kleister ein und trugen, Stück für Stück, die Matschepampe auf.

Nachdem wir ungefähr 40 cm geschafft hatten, klappte ein Teil der Rinde einfach ab, wie ärgerlich! Wie konnte denn das geschehen? Gemeinsam überlegten wir, dass die Matsche zu schwer und zu feucht war, und sie noch Halt brauchte, um am Baum kleben zu bleiben. Ich hatte die Idee, die Rinde mit Blumendraht zu umwickeln, um dem Gebilde noch ein bisschen mehr Halt zu geben. Und es hat geklappt. Hurra! Jetzt steht der Baum und trocknet.

Hier gab es mehrere *Aspekte von Bildung*. Vorab fand eine Besprechung mit den Kindern darüber statt, dass wir den Baum machen wollten, unter den Abraham sich setzte und das Land Kanaan betrachtete. Nach einer langen Wanderung mit seiner Sippe war er endlich angekommen. An dieser Stelle haben wir den Kindern den religionspädagogischen Inhalt der Abrahamsgeschichte vermittelt, eine Geschichte, die auch für Muslime bedeutsam ist. Natürlich wissen wir nicht genau, wie weit der kognitive Aspekt bei den Integrationskindern angekommen ist. Wir sind aber sicher, dass die Geschichte über die Wahrnehmungsebene hinaus eine Bedeutung für die Kinder fand.

Als Erzieherinnen sind wir gehalten, bei der Planung darauf zu achten, dass wir die unterschiedlichen Lernebenen der Kinder mit einbeziehen. Bei der Verarbeitung der Eierpappen haben die Kinder die Konsistenz und Reißfestigkeit dieses Materials kennengelernt und erfahren, wie es sich durch Zugabe von Wasser und Kleister verändert. Die gemeinsame Arbeit an dem Großprojekt „Baum" hat uns allen viel Spaß gemacht und uns gezeigt, dass wir gemeinsam schneller zum Ziel kommen. Geteilte Freude ist doppelte Freude. Wir erlebten die Kinder dabei offen für neue Aktionen, bei denen sie sich gegenseitig unterstützten und halfen. Die Kinder erlebten auch, dass nicht alles so klappte, wie es sollte (Absturz der Rinde) und, dass wir Erwachsenen dann nach neuen Lösungsmöglichkeiten suchen mussten und auch fanden. Der Umgang mit der Säge, also einem Werkzeug, wurde so nebenbei erlernt, nachdem wir die sachgemäße Handhabung erklärt und gezeigt hatten. Hier konnten die Kinder vielfache Erfahrungen machen, die Funktion der Säge kennenlernen aber auch, wie man ein, Verkanten verhindert.

Resümee

Als wir uns für die Integration in unserer Regeleinrichtung entschlossen, stand ein Aspekt ganz besonders im Mittelpunkt: *Menschenbildung*. Kinder sollten erfahren, dass sie verschieden sind und unterschiedlich begabt; nicht nur bedingt durch ihr Alter und ihre bisherigen Lebenserfahrungen, sondern auch durch Einschränkungen aufgrund einer genetischen, neurologischen oder körperlichen Störung. Wir Erwachsenen, die gedacht hatten, den Kindern zeigen zu müssen, wie unterschiedlich Menschen sein können, mussten erfahren, dass die Kinder einen viel natürlicheren Umgang mit dem „Anderssein" haben. Das hat uns ermutigt, auch viel natürlicher mit den sogenannten Behinderungen umzugehen. Gleichzeitig waren wir als Erwachsene Vorbild, indem wir die Integrationskinder mit ihren besonderen Entwicklungsbedürfnissen voll in alles mit einbezogen, damit diese auf ihre Weise und entsprechend ihrem jeweiligen Entwicklungsniveau sich verhalten können.

Hier ist unsere Phantasie gefragt und zugleich eine gründliche Planung auf der Basis differenzierter Wahrnehmung und Fachkompetenz erforderlich. Wir eignen uns dies über Fortbildung, Supervision, Fachberatung und Kooperation mit Ärzten und Therapeuten an. Für die Kinder der Integrationsgruppe, aber auch für alle anderen Kinder im Kindergarten, ist es ein Stück Normalität geworden, dass jeder kleine Mensch einmalig ist und sich von anderen unterscheidet, einmalig im Aussehen und in den Möglichkeiten, sich einzubringen. Gleichzeitig erleben sie, dass jedes Kind seine Entwicklungsschritte im eigenem Tempo macht und so kompetenter wird.

220

Ich denke, dass durch die Erfahrung der „Verschiedenheit", die wir auch bewusst versprachlichen, Kinder auch außerhalb des Kindergartens Verschiedenheit als normal ansehen werden. Eine Unterteilung in behinderte und nicht behinderte Menschen wird überflüssig. Gleichzeitig werden sich unsere Kinder auch in ihren Grenzen wahrnehmen und diese als normal ansehen. In der Gruppe ist eine deutlich größere Sensibilität gegenüber dem Anderen zu erkennen. Die Wahrnehmung der Verschiedenheit hat dazu geführt, dass eigene Gefühle und Befindlichkeiten leichter in Worte gefasst werden können, sodass sich das Bild von sich und das vom Anderen weiter differenziert.

Nach 1½ Jahren Integrationsgruppe stellen wir fest, dass dieses Miteinander auch weiter trägt. Integrationskinder werden eingeladen zum Geburtstag, zum Spielen. Die Mutter von Mirco traut sich, ihren schwerbehinderten Sohn sonntags in den Kindergottesdienst zu bringen. Kinder des Kindergartens und auch Ehemalige, die Mirco noch kennen, kümmern sich dort um ihn. Es geschieht ganz selbstverständlich, dass sich dieses Verhalten auch auf andere Kinder, die Mirco nicht kennen, überträgt. Unsere Hoffnung hat sich erfüllt: *Verschiedenheit wird zur Normalität.* Und so will unser Kindergarten auch zukünftig ein Kindergarten für alle Kinder sein.

Ortrud Ahrens, Silke Cohrs, Sabine Schommartz

6 Aus dem Ev. Emmaus-Kindergarten, Wennigsen

Von der Dominanz des Erwachsenen zum prozessorientierten Handeln

Auf einem neuen Weg mit Projekten

Unser ev. Kindergarten wurde vor drei Jahren errichtet und im Januar 1997 eingeweiht. Gleich bei der Planung des Gebäudes wurden die Räumlichkeiten für die „offene Gruppenarbeit" berücksichtigt, sodass wir ausreichend Platz haben. Es gibt z.Zt. einen Ruhe-, Rollenspiel-, Kreativ- und Bewegungsraum, sowie eine geräumige Cafeteria. Die Kolleginnen wechseln alle drei Wochen die Räume, nach Absprache sind aber auch längere Aufenthalte in einem Bereich möglich. Wenn wir unseren Kindergarten kurz charakterisieren sollen, geben wir die Auskunft: Wir sind ein evangelischer Kindergarten mit gemeinsamer Erziehung behinderter und nichtbehinderter Kinder und arbeiten mit einem „offenen" Konzept.

Morgens haben wir vier Gruppen mit 92 Kindern und nachmittags noch 25 aus der Ganztagsgruppe. Unser Team besteht aus zehn pädagogischen Fachkräften (Kinderpflegerinnen, Erzieherinnen und Heilpädagoginnen). Das Kindergarten-Team wurde vor drei Jahren neu ausgesucht und eingestellt. Zwischen Erfahrungen mit offener Arbeit und „interessiert - aber noch nicht in der Praxis erfahren" war die gesamte Bandbreite bei uns vorhanden.

Wir waren alle hoch motiviert, in einem neu aufzubauenden Kindergarten zu arbeiten, um Wennigser Eltern und Kindern ein alternatives pädagogisches Konzept anbieten zu können. Mit Studientagen, Hospitationen und Lektüre haben wir uns eine erste gemeinsame theoretische Grundlage geschaffen. Somit war unser Einstieg in die Praxis eine Mischung aus Erfahrungen, Gelesenem und Erlebten. Unser „Ausgangsmuster" haben wir dann nach dem Methodenkonzept der Handlungsforschung und seinem Probehandeln verändert, erweitert, verworfen, sodass es für uns und für die Kinder nach und nach stimmiger wurde. Trotzdem geht der Prozess auch heute noch weiter.

Unsere bisherige Projektpraxis

Bislang wurden die Themen für Projekte von uns Erzieherinnen ausgewählt. In den Dienstbesprechungen haben wir uns miteinander ausgetauscht, welches Thema wir mit den Kindern erarbeiten wollten. Manchmal wurden uns auch Themen von der Kirchengemeinde vorgegeben, wenn wir uns z.B. an einem Familiengottesdienst beteiligen sollten. In der Dienstbesprechung erfragten wir, wer von den Kolleginnen Lust und Interesse habe, das Thema für alle vorzubereiten. Das Projekt wurde dann von einer kleinen Planungsgruppe theoretisch und praktisch ausgearbeitet und den anderen Kolleginnen vorgestellt. Jeder konnte noch Ideen einbringen oder suchte sich nach Neigung eines der vorgegebenen Angebote aus. An zwei festen Angebotstagen haben wir die einzelnen Vorschläge den Kindern unter Verwendung von Symbolen im Plenum vorgestellt, sodass sie nach ihrem Interesse ein Symbol wählen konnten. Danach haben wir mit dieser Kleingruppe das Angebot durchgeführt und nach Bedarf fortgesetzt. Uns war wichtig, dass die Kinder eine Möglichkeit zur Wiederholung bekamen.

Auch den Vorschulkindern haben wir in ähnlicher Form besondere Angebote vorgeschlagen und einen zusätzlichen Angebotstag in der Woche eingerichtet. So sah also bis jetzt unsere Angebotspraxis aus, und in den vergangenen zwei Jahren waren wir mit diesem gemeinsam gefundenen Weg zufrieden. Wir hatten das Gefühl, dass wir unseren Kindern gerecht wurden und dachten, so die richtige Balance zwischen Angebot und Freispiel gefunden zu haben. Außerdem brachte die gruppenübergreifende Planungsgruppe für Projektthemen auch die Kolleginnen einander näher. Wir kamen zu einer flexiblen Handhabung der unterschiedlichen Vorbereitungszeiten, die bisher zu festgelegten Terminen in den Stammgruppen stattfanden. Aber in den letzten Monaten kamen bei einigen Kolleginnen aufgrund bestimmter Wahrnehmungen und Beobachtungen Zweifel auf. Sie signalisierten, dass etwas mit unserer Angebotspraxis nicht stimmen könne und brachten ihre Beobachtungen in unser Team ein. Diese wurden ernst genommen, diskutiert und mehr und mehr bestätigt. In unserem Gespräch kamen wir auf drei Themen, über die wir genauer berichten wollen, und die schließlich zu wesentlichen Veränderungen führten.

1. Unruhe an den Angebotstagen

Hektik, Aufregung, Lautstärke und Spannung bestimmten die Atmosphäre an den Angebotstagen. Morgens frühstückten wir schnell, weil bis zur Plenumsrunde, in der wir den Kindern unsere Angebote vorstellen wollten, nicht viel Zeit blieb. Anschließend ging es schnell weiter, das Material, das jede von uns für ihr Angebot brauchte, im Kindergarten einzusammeln und die Symbole für das Plenum herauszusuchen. Eine Kollegin war in dieser Zeit auch dafür zuständig, die genauen Zahlen für die Angebote in den Stammgruppen zu erfragen, damit wir wussten, wieviel Kinder wir in unser Angebot mitnehmen sollten. Die Kinder waren währenddessen damit beschäftigt, die Zeit bis zum Plenum um 10.00 Uhr zu überbrücken. Sie fanden schlecht in ein

Spiel. Es war ja schließlich Angebotstag und da wartet man solange, bis die Erzieherinnen mit ihren Vorbereitungen fertig sind.

Einige für den Tag schon entschuldigte Kinder wurden von ihren Müttern doch noch gebracht, um die Angebote nicht zu verpassen. So erkannten wir auch, welche Gewichtung Angebotstage und Freispiel bei den Eltern hatten. Am Ende des Vormittags waren wir froh, es wieder einmal geschafft zu haben. Es war sehr anstrengend: die Vorbereitung und die Durchführung dieses Tages und die Spannung und Lautstärke bei den Kindern. War es das, was wir mit den Projektthemen und den Angebotstagen erreichen wollten? Nein. Wie konnte es trotz guter Absicht zu einer solchen Entwicklung kommen? Die Zeit war nun reif, unsere Praxis gründlich zu überdenken.

2. Unzufriedenheit bei der Durchführung von Projekten - es fehlt eine differenzierte Planung

An unserem Projektthema „Wasser und Taufe" soll deutlich werden, welche Unzufriedenheit bei uns aufkam. In diesem Projekt sollten die Kinder die Bedeutung des Wassers im Alltag durch viele Erlebnisse mit Wasser bis hin zur Taufe erfahren. Am Ende des Projektes fand dann auch die Taufe eines Kindergartenkindes statt.

Jede Kollegin ordnete sich einem Angebot zu, das auch ihren persönlichen Stärken entsprach. Dann wurden die Angebote den Kindern engagiert vorgestellt. Wir luden Einzelne gezielt ein, wenn wir meinten, ein Anebot sei für die Entwicklung eines bestimmten Kindes besonders förderlich. Dennoch fanden sich für das jeweilige Angebot Kinder mit sehr unterschiedlichen Entwicklungen zusammen. Das war nicht in allen Fällen so gravierend. Es gab aber auch Angebote, bei denen die „Kleinen" oder die „Großen" nicht zu ihrem Recht kamen. Es zeigte sich, dass es an einer differenzierten Planung fehlte.

Deutlich wurde dieses z.B. bei dem Angebot, mit Regenrinnen eine Wasserbahn im Außengelände zu bauen und anschließend Wasser die Bahn hinunterlaufen zu lassen. Eingeladen wurde dazu auch Kai (der Name wurde geändert), ein Kind mit besonderen Entwicklungsbedürfnissen aus der Integrationsgruppe. Kai wurde durch uns im freien Spiel begleitet. Er benötigte eine hohe Aufmerksamkeit der Erzieherinnen. Kai war noch nicht lange bei uns im Kindergarten, fand sich noch nicht in allen Bereichen zurecht und benötigte Hilfestellung, um sich mit seinen Fähigkeiten adäquat in Spielgruppen einbringen zu können. Ohne unsere Begleitung war es schon zu sehr ruppigen Situationen mit anderen Kindern gekommen. Das Angebot von kleinen Spielgruppen war für ihn eine Hilfestellung für seinen Alltag. Er wählte sich außerdem Mehmet (Name wurde geändert), ein dreijähriges ausländisches Kind für dieses Angebot aus. Mehmet hatte noch große Sprachschwierigkeiten, suchte aber mit seinen Möglichkeiten den Kontakt zu anderen Kindern, den er aufnahm, indem er diese mit Sand bewarf. Das ärgerte die Anderen natürlich, und es konnte sich in solchen Situationen ein heftiger Streit entfachen, der dann einer Regelung durch die Erzieherin bedurfte. Außerdem zeigte Mehmet einen starken eigenen Willen und ließ sich oft nur schwer beeinflussen. Da war ein konsequentes Handeln gefragt. Hinzu kamen noch vier andere Kinder, die gerne bauen wollten, schon älter waren und sofort eigene Ideen verwirklichen wollten.

Bei der Durchführung des Angebotes erwies es sich dann auch als ausgesprochen schwierig, Mehmet an eine Aufgabe heranzuführen und Kai gleichzeitig zu begleiten. Eine weitere Komplikation gab es, weil der Weg vom Wasserhahn zur Wasserbahn auf unserem Berg sehr weit war. Mehmet wollte beim Wasserschleppen an die Hand genommen werden, während Kai schon oben auf dem Berg war und brenzlige Situationen heraufbeschwor, indem er andere Kinder zur Seite drängelte. Schließlich hatte sich Mehmet so durchnässt, dass er zum Umziehen in den Kindergarten gebracht werden musste. Die größeren Kinder hatten inzwischen begonnen, eine Wasserstadt zu bauen. In dieses Spiel galt es nun, Kai einzubeziehen. Die Toleranz der Kinder war inzwischen nicht mehr groß. Es gab dann noch eine Möglichkeit ihn einzubinden, als Kai auf die Idee kam, für Wassernachschub zu sorgen.

In dieser Angebotspraxis hatten die Kinder keine Möglichkeit, an ihre früheren Erfahrungen anzuknüpfen. Jedes Mal setzte sich die Gruppe wieder neu zusammen, sodass sie selten auf bisherige Erfahrungen aufbauen konnte. Ein solcher Ablauf, der sich teilweise auch bei anderen Kolleginnen zeigte, war frustrierend und zugleich eine Aufforderung, genauer zu reflektieren. Es gab zwischen einigen von uns ein regen Austausch von Ideen, wie wir die einzelnen Kinder unter Berücksichtigung ihres jeweiligen Entwicklungsstandes besser fordern könnten. Uns wurde klar, dass solche Überlegungen als Bestandteil einer sorgfältigen Planung in die Vorbereitungen gehörte. Deutlich wurde auch, dass wir in der bisherigen Form keine Projekte mehr durchführen wollten. So hieß es jetzt erst einmal noch, Geduld zu haben und das Projekt zu beenden, denn Veränderungen benötigen gemeinsame Gespräche und Zeit. Sitzungen mit unserer Fachberaterin und der bevorstehende Studientag gaben Gelegenheit, unsere Projektpraxis von Grund auf zu verändern.

3. Bandenbildungen bereiteten uns Kopfzerbrechen

Im Januar kam noch etwas Weiteres hinzu. Es geschah immer häufiger, dass eine Gruppe von Kindern, meist Jungen, sich in unserem Flur zusammentaten und gemeinsam durch das Haus zogen. Mal waren es nur drei oder vier Kinder, manchmal mehr oder auch verschiedene Gruppen. Es waren größtenteils die älteren Kinder, aber ab und zu schlossen sich ihnen auch jüngere an. Manchmal gab es einen Anführer. Es war meist das größte oder stärkste Kind. Dieser bestimmte dann, was jedes „Bandenmitglied" zu tun habe, z.B. andere Kinder jagen oder fangen und irgendwo einsperren. Sie störten das Spiel anderer Kinder, nahmen kleineren und schwächeren ihr Spielzeug weg oder bedrohten sie in unbeobachteten Ecken des Kindergartens. Zum Teil schlugen und traten sie auch die anderen. Anfangs hielten wir es für ein Spiel zweier Spielgruppen, aber als sich immer mehr Kinder beschwerten, wurde für uns deutlich, dass es mehr als ein Spiel war.

Wir versuchten dem entgegenzuwirken, indem wir die Gruppe trennten, ihnen verboten, unbeobachtet zu spielen oder sie für bestimmte Räume einteilten. Aber so verlagerten wir das Problem nur räumlich und zeitlich, ohne es auf Dauer zu lösen und beseitigen zu können. Wir waren ratlos. Viele von uns kannten Formen der Bandenbildung aus ihrer Arbeit in traditionellen Kindergärten, wenn Kinder einer Gruppe gegen Kinder einer anderen Gruppe kämpften. Aber in einer Einrichtung mit einem offenen Konzept sollte doch eigentlich so ein Phänomen nicht mehr vorkommen! Warum kam es jetzt bei uns doch vor und welche Gründe standen dahinter?

Weil das oben beschriebene Verhalten einzelner Kinder immer wieder auffiel, wollten wir genauer hinschauen und machten es zu unserem gemeinsamen Thema. Uns fiel auch auf, dass unser Kindergartenalltag für einzelne Kinder nicht genug Anforderung bot. Noch ein Grund mehr, genauer über unsere Projektarbeit nachzudenken.

4. Am Studientag kamen wir gemeinsam zu einem neuen Konzept für Projekte

Endlich war er da, unser gemeinsamer Studientag! Endlich konnten wir gemeinsam dieses uns allen am Herzen liegende Thema neu erarbeiten. Was sonst immer nur einige von uns zwischendurch miteinander austauschten und nur auf die Schnelle andachten, hatte jetzt endlich seinen Raum. Zusammen mit unserer Fachberatung machen wir eine Bestandsaufnahme, listeten auf, was wir von dem Bisherigen behalten wollten und, was unbedingt verändert werden musste. Gemeinsam kamen wir in ein Gespräch und fanden einen roten Faden. Bei der Suche nach einer neuen Zielsetzung für Angebote, bei der gemeinsamen Beantwortung der Frage „Was wollen wir mit Angeboten eigentlich erreichen?", wurden wir uns zunächst einig, nicht überstürzt unsere Angebotspraxis zu verändern. Durch die Erfahrungen aus der Handlungsforschung waren wir darin sicher, dass wir bei Veränderungen den Weg des Probehandelns gehen sollten. Der Studientag rüttelte uns auf. Zum Glück konnten wir unseren nächsten Studientag schon sechs Wochen später durchführen. Hier stand zunächst das Thema Raumgestaltung und -besetzung im Mittelpunkt, weil Projektpraxis ja auch immer raumgebunden ist.

Bis jetzt war es unsere Praxis, alle drei Wochen die Räume zu wechseln. Das bedeutete, dass sich niemand auf das Fachspezifische eines Raumes richtig einlassen und auch die Entwicklung der Kindern mit ihren spezifischen Interessen kontinuierlich verfolgen konnte. Unter solchen Bedingungen mussten Projekte und deren Vorbereitung ablaufen, wie wir es zuvor beschrieben. So war unser nächster Schritt, die Raumvergabe nach unseren eigenen Interessen und Stärken zu überdenken und ohne Zeitbegrenzung die Betreuung der Räume einzelnen Erzieherinnen zu überlassen. So schafften wir veränderte Voraussetzungen für zukünftige Projektarbeit. Die Kinder werden jetzt über einen längeren Zeitraum mit ihren Möglichkeiten differenzierter wahrgenommen - eine Voraussetzung für sorgfältigere Planungen und ein höheres Niveau von Angeboten. Nach dem jetzigen Stand unserer Überlegungen ergeben sich folgende Aspekte für die Weiterentwicklung unserer Projektarbeit. Sie sind zwar noch kein neues Konzept, ermöglichen uns aber ein Probehandeln unter veränderten Gesichtspunkten:

- Projektthemen entstehen aus den Bedürfnissen und Interessen unserer Kinder. Das erfordert die genaue Beobachtung der Kinder und den kontinuierlichen Austausch darüber.

- Auswahl der Projektthemen und deren Grobplanung erfolgen gemeinsam im Team, wobei es zukünftig Projekte für alle Kinder aber auch für Teilgruppen geben wird.

- Die Verantwortung liegt entweder bei allen Mitarbeitern oder einer Teilgruppe. Wichtig hierbei ist, dass ein persönliches Interesse am Thema oder an der Art der Durchführung besteht, die in der Regel raumgebunden ist.

- Der Verlauf von Projekten wird nicht mehr hinter verschlossenen Türen konzipiert, sondern gemeinsam mit den Kindern.

- Eine Phase des Projektes bezieht sich auf den Einstieg und, wie dieser an die Kinder herangebracht werden kann. Die Planung beginnt also mit einer umfangreichen Stoffsammlung. Themenschwerpunkte ergeben sich in Zusammenarbeit und in Abstimmung mit den Kindern. Das erforderliche Sachwissen muss von der Erzieherin eingebracht werden.

- Es werden feste Projektkindergruppen gebildet. Ein Wechsel oder Ausstieg während des Projektes soll die Ausnahme bleiben.

- Methodisch sollen Projekte auch Forschungsprozesse enthalten; das bedeutet, dass wir Anregungen vorgeben, die die Kinder zum eigenständigen Tun herausfordern sollen.

- Die Zeitdauer eines Projektes ist vom Interesse der Kinder abhängig.

5. Unsere pädagogische Weiterentwicklung ist ein Prozess gemeinsamer Bildung, zu dem Kinder uns angestoßen haben

Dieser Veränderungsprozess hat uns weiter vorangebracht. Wir merkten, dass er sich auf die gesamte pädagogische Arbeit auswirkt. Sie wird nun aus neuer Perspektive gesehen und überdacht; so z.B. unsere Elternarbeit. Im Augenblick machen wir uns darüber Gedanken, dass Elterngespräche auch gruppenübergreifend stattfinden müssten; also nicht nur mit den beiden Erzieherinnen der Stammgruppe, sondern auch mit einer Kollegin, die z.B. mit dem Kind in der letzten Zeit eine intensive Beziehung hatte. Außerdem sind wir dabei, Wege zu finden, wie wir den Eltern die Prozesse in den Funktionsräumen transparent machen können, arbeiten also an einer neuen Form der *Öffentlichkeitsarbeit*.

Wir sind auf gutem Weg und wollen in diesem Prozess bleiben. Wir finden so zu einem gemeinsamen Denken und bilden uns mit und ohne Hilfe und Unterstützung von außen weiter. Wir merken, dass im Team eine ansteckende, begeisternde Atmosphäre herrscht und es wieder neu Spaß macht, bei uns zu arbeiten.

Monika Suckow

7 Aus dem Ev. Kindergarten Wagenerstraße, Hannover

Mit kleinen Schritten zur großen Kunst

Es hat immer etwas mit Leidenschaft zu tun, wenn ich mich über meinen Kindergartenalltag hinaus mit einem thematischen Bereich auseinandersetze. Kindergartenalltag bedeutet für mich als gruppenfreie Leiterin einer viergruppigen Kindertagesstätte mit drei Ganztagsgruppen im Zentrum einer Großstadt an erster Stelle aufwendige Verwaltungsarbeit, Kontaktpflege und Beratungsgespräche mit Arbeitgebern, Kindertagesstätteneltern und Mitarbeitern. Um meine kulturellen Interessen und Fähigkeiten nicht auf einem Nebengleis verkümmern zu lassen oder nur als Privatmensch zu pflegen, ergreife ich die Gelegenheiten, diese Interessen in meinen Arbeitsbereich einfließen zu lassen.

Unsere seit nun bereits zehn Jahren praktizierten Öffnungsansätze, die neben den noch in bestimmten Bereichen bestehenden Stammgruppen Funktions- und Aktionsräume bieten und somit den Kindern selbstbestimmtes Lernen ermöglichen, lassen uns ErzieherInnen Freiräume und Herausforderung, unseren Neigungen und Interessen entsprechend vielfältige Ausdrucksmöglichkeiten zu finden und sie durch erweiterte Rahmenbedingungen auch den Kindern zu ermöglichen. Zusätzlich zur Freispielpädagogik, die in der offenen Arbeit auch weiterhin ihren uneingeschränkten Stellenwert behalten soll, durch die die Kinder im selbstbestimmten Spiel hauptsächlich in ihrer Entwicklung zum sozialen Lernen wachsen, gibt es die Erzieherin, die den Kindern durch ihre Persönlichkeit, ihr Wissen und ihre Kenntnisse zeigen möchte, was sie kann.

Sie wünscht sich, dass die Kinder von ihr lernen, und sie möchte Alternativen zum bisherigen Erfahrungsbereich aufzeigen, wobei das Kind immer noch Akteur seiner Entwicklung bleibt. Im Bewegungsbereich, im musischen Tun, können ErzieherInnen immer wieder mit ihren Kenntnissen Kinder fördern und begaben. Durch das breite Spektrum der Sinnesschulung, durch Rhythmik, Psychomotorik, Stilleübungen, tänzerisches Gestalten, Hören ausgewählter Musik, Wassergewöhnung, Naturbegegnung auf Freizeiten, Besuche unterschiedlicher Theatervorstellungen hat in den vergangenen Jahren die Kindergartenarbeit eine ständige Bereicherung erfahren. Unterversorgt scheint mir noch der Bereich der ästhetischen Erziehung: die Hinführung der Kinder zur bildenden Kunst.

Mit der Wahrnehmung der Möglichkeiten im Umfeld fängt alles an. Eine Großstadt bietet neben Schwimmbädern, Büchereien und Theater unter anderem auch Museen für ihre Bürger an. Kindergartenkinder besuchen diese auch. Sie wissen, dass es im hannoverschen Historischen Museum prächtige Kutschen und wunderschöne alte Bauernhäuser, Ritter, Trachten und edles Porzellan gibt. Sie wissen auch, dass es in unserem Landesmuseum unter anderem Dinosaurier und eine Aquariumabteilung gibt. Das Kunstmuseum mit seinen Bildern, Objekten und anderer darstellendern Kunst ist den Kindern aber nur ganz selten bekannt. Mir ist es wichtig, sie mit den unterschiedlichen Ausstellungen des Kunstmuseums und den dort möglichen Sinneswahrnehmungen und Handlungsbereichen vertraut zu machen.

Im Kunstmuseum Hannover gibt es seit einigen Jahren die Möglichkeit eines Workshops für ErzieherInnen, mit Museumspädagoginnen in ein vorher festgelegtes Thema theoretisch und praktisch eingeführt zu werden. Als Koreferentin freue ich mich über jede sozialpädagogische Fachkraft, die ihre anfängliche Schwellenangst, in ein Kunstmuseum zu gehen und darin zu arbeiten, ihre Berührungsängste innerhalb der zwei Tage zum Teil überwindet und mit Muße und ohne Scheu ihre Sinne gebraucht, sich im Wahrnehmen übt, ihre Erfahrungen sichert und sich auch dem Risiko des Neuen aussetzt. Ich erlebe beim Erwachsenen wie auch beim Kind, welch starke Wirkung beim angeleiteten Betrachten von einem Bild ausgehen kann, wieviel Sinnhaftes freigesetzt, erinnert und wieder neu zusammengefügt und bereichert wird. Groß und Klein üben sich gleichermaßen im Sehen und Abtasten, was ein Bild wohl aussagt. Da ist *Der Stall* ein Bild von Marc Chagall, gar nicht groß und mitten unter anderen Bildern, und doch so stark in seiner Aussagekraft. Der übergroße Tierkopf, der zwischen den dunklen, menschenbewohnten Häusern *hervorbricht*, nicht beängstigend, etwas fremd vielleicht, und doch warm und weich. Das Tier, das wärmt, das uns Trinken und Essen und Bekleidung schenken kann, das zu unserem Leben dazugehört, wichtig für uns ist und deshalb so hell und übergroß gemalt ist.

Ich glaube, dass wir uns in der Kindergartenarbeit grundsätzlich Gedanken um weitergehende pädagogische Ansätze machen müssen. Es reicht nicht, Kinder im Sozialbereich *fit zu machen,* dass sie mit Materialien umgehen und werkeln können. Ich meine, es sollte auch darum gehen, dass sich Kinder über die notwendigen erlernbaren Lebensbedingungen hinaus dem Schönen, dem Anderen und Fremden zuwenden. Auch wir Erwachsene brauchen, neben Lernen und Arbeiten, Essen und Schlafen auch noch etwas, was unser Leben lebens- und liebenswert macht. Viel zu oft verbannen wir diese sinnhaften, leibzentrierten, scheinbar unzulässig luxuriösen oder *kindischen*

Tätigkeiten in den Urlaub oder in das Wochenende, weil es so *unproduktiv* ist, Wolken nachzusehen, Landschaften mit Blicken zu streicheln, tief ein- und auszuatmen, barfuß durch heißen Sand und durch frisches Gras zu gehen, auf nackter Erde zu liegen und eine Zeit lang ganz bei sich zu sein. Das aber macht Sinn und stärkt uns, den Alltag zu leben. Darum wissen wir, und auch Kunst bietet dem Geübten diese Möglichkeiten.

In den Gesichtern der Kinder und in ihrem Tun können wir dieses zweckfreie Beisichselbstsein manchmal noch sehen, etwa beim Bauen und Formen und Malen; dieses Verlorensein in sich selbst. Und doch steckt in all diesen Handlungen der Kinder ein Üben, ein Sicherinnern, ein Weitergehen und Wachsen zu unbewussten Zielen, die zu einem erweiterten Bewusstsein führen. Diese Besinnung auf die Fähigkeiten der Sinne müssen wir aber üben. Sinnliche Erfahrungsarbeit darf nicht gering geschätzt, sondern muss entdeckt und gelernt werden. Ich meine, dass über das Medium der bildenden Kunst Kindern eine Weltsicht vermittelt werden kann, die deren eigene Fähigkeiten und Kenntnisse immer wieder neu auf eine jeweils höhere Entwicklungsstufen führt.

Lassen sich Kinder von meinen Ideen inspirieren?

Von den 65 Kindergartenkindern unseres Hauses habe ich zehn Kinder angesprochen und ihnen von meinem Vorhaben, in der nächsten Zeit jede Woche einmal in ein Museum zu gehen und es kennenzulernen, erzählt. Dabei habe ich diejenigen angesprochen, zu denen es wechselseitig gute Kontakte gab, Kinder, die ich beobachtet hatte, die ein besonders waches Interesse an Neuem, ein gesundes Neugierverhalten und Experimentierfreude zeigten, Kinder, die mit ihren vier, fünf und sechs Jahren häufig mit Fragen in mein Büro kamen, Kinder, die sofort einen neuen Gegenstand im Raum entdeckten. Mein Projekt sollte keinen therapeutischen Charakter haben, keine Maltherapie sein, sondern ich wollte Kinder fördern und begaben, die mir Wünsche nach neuen Herausforderungen signalisierten. Auch wollte ich mich auf ihr Verhalten im Straßenverkehr und auf das Einhalten von Regeln verlassen können, da ich über die Zeit und Dauer des Projektes damit rechnen musste, mich mit den Kindern allein auf den Weg zu machen und mich nicht in disziplinarische Maßnahmen verlieren konnte. Von diesen zehn Kindern entschieden sich dann spontan sieben.

Im Laufe der Zeit kam mal das eine oder andere Kind dazu, hatte auch mal ein Kind keine Lust mitzukommen, wobei zu vermuten war, dass der Weg, jeweils eine halbe Stunde hin und wieder zurück in der Winterzeit, oder auch augenblicklich interessante Spielmöglichkeiten mit Freunden wichtiger waren und den Museumsbesuch verhinderten. Ich war daran interessiert, eine relativ feste Kindergruppe zu haben, um aufbauend und fördernd arbeiten zu können.

Ich kenne das Kunstmuseum durch regelmäßige Besuche sehr gut. Da es sehr groß ist und unterschiedliche und auch zeitlich begrenzte Ausstellungen und Vorträge anbietet, sollte man sich gut auskennen, um die Kinder durch die Vielfalt, die kaum ein Erwachsener zu bewältigen vermag, nicht zu verwirren.

Für die neue Kindergruppe hatte ich ein festes aber nicht starres Konzept ausgearbeitet. Begonnen haben wir im Kinderforum, einer ständigen Abteilung des Museums mit wechselnden kunstpädagogisch aufgebauten Ausstellungen und weiträumig ausgelegten Bereichen für praktisches, kreatives Tun. Die Ausstellung damals hieß „Skulptur - Skulptur begreifen". Verschiedene Künstlerarbeiten aus verschiedenen Zeiten waren in Vitrinen zu sehen. Ein Tisch mit Formen und Flächen, ein auf dem Boden liegendes Formenspiel, ein sehr hohes dreistufiges Podest, ein großer Wandspiegel, davor im Abstand eine bemalbare, durchsichtige Kunststofffläche, eine große eiserne Skulptur, sehr abstrakt, doch mit menschlichen Formen, die, beleuchtet, Schatten auf die Wand warf, auf der gegenüberliegenden Seite ein gleichgroßer Durchbruch der Skulptur durch eine Wand. Auch gab es große Schubfächer mit Materialien aus farbigem Holz und belassenem Naturholz.

Wir kamen an und setzten uns auf den Boden an einer raumübersichtlichen Stelle, und ich ließ die Kinder *sehen*. Ich begann vom Sinn eines Museums zu erzählen, vom Künstler, seinem Beruf, seiner Arbeit und meiner persönlichen Anerkennung für seine Werke. Dann haben wir uns die Skulpturen in den Vitrinen angesehen und uns darüber ausgetauscht, was wir sahen. An den großen Tischen konnten einige Kinder geometrische Formen benennen. Zu Zylinder, Kegel und anderen suchten wir Assoziationen, bei einer großen Spiralfeder erinnerten sich die Kinder an Teekesselspiele. Oberflächenstrukturen der unterschiedlichen Materialien Stein, Holz, Eisen, Kunststoff wurden benannt, berührt und empfunden. Im dritten Teil unseres ersten Museumsbesuches ging es darum, dass wir selber etwas taten.

Die Museumspädagogen hatten in großen Mengen farbige und naturbelassene Hölzer in organischen und geometrischen Formen und verschiedenen Größen zur Verfügung gestellt. Dieses Baumaterial hatte für die Kinder einen hohen Aufforderungscharakter, sodass ich mich beobachtend zurückzog. Als es in einem kleinen Disput um das Material ging, bekamen sie von mir die Aufgabe, doch noch alles herumliegende Baumaterial zu verbauen. Wir haben zum

Schluss, die meisten Kinder hatten einzeln gearbeitet, uns jedes Werk angesehen, sind achtsam um die Bauwerke, die teilweise auf den Tischen, aber auch auf dem Boden standen, herumgegangen, und ich habe noch einmal einen Bezug zum Künstler, seiner Arbeit und dem Museum hergestellt.

Beim nächsten Mal ging es in der Ausstellung um unsere Wahrnehmungen. Diesmal aber aus einer anderen Perspektive. Wir setzten uns vor das dreistufige hohe Podest, und ein Kind nach dem anderen kletterte hinauf. Die Großen konnten mit ausgestreckter Hand die Decke berühren. Sie überprüften ihre Sicherheit und Standfestigkeit; ob sie sich etwa schwindelig fühlten, und konnten dann den zur ebenen Erde sitzenden Kindern sagen, was sie von dort oben sahen: Wahrnehmung von Klein und Groß, veränderte Perspektive. Sie erinnerten sich an das, was sie beim letzten Mal gesehen hatten, entdeckten aber auch neue Dinge, die wir noch nicht gemeinsam betrachtet hatten. Da war zum Beispiel der Stuhl, die Lampe unter der Decke und die Fahrstuhltür. Die mutigsten Kinder hatten angefangen, auf das Podest zu steigen. Nacheinander folgten alle, erzählten, was sie von oben sahen, und wie sie sich fühlten. Es wurde ihnen zugehört und nachgefragt, sodass die letzten Kinder Ehrgeiz entwickelten, auf noch nicht Benanntes hinzuweisen. Im Kinderforum haben wir danach noch eine Weile an den Maltischen gesessen und gemalt mit der Aufgabe: *Was habe ich von oben gesehen?* Die Zeichnungen waren sehr realistisch, aber es gab auch die *für mich unsichtbaren Dinge*, wie die Kinder mir sagten.

Nichts bleibt den Kindern verborgen

Neugier auf das große Museum, *das für die Erwachsenen*, wie die Kinder meinten, machte sich beim nächsten Museumsbesuch breit. Dazu mussten Eintrittskarten von der Museumskasse geholt werden, die die Kinder unter sich verteilten, dann beim Personal vorgezeigt und aufbewahrt wurden. Nun bat ich sie, mir einen Augenblick zuzuhören, da es hier neue, andere Regeln gäbe als in der Kinderforum-Ausstellung. „Hier darf nichts angefasst werden!" Die Werke der Künstler, hier zunächst Bilder, sind frei zugänglich und nicht in Vitrinen. Ich sprach *vom Abstand halten* und von der Wertschätzung der künstlerischen Arbeit. Dann gingen wir durch die Räume mit ihren großen, beeindruckenden Bildern und blieben vor einem stehen, setzten uns auf den Boden und sprachen von den Farben und Formen, den erkennbaren Gegenständen, erzählten uns Geschichten, übten uns im Erinnern und bereicherten uns gegenseitig in unserer Fantasie.

So gingen wir von Raum zu Raum, suchten ein Bild aus und tauchten darin ein. Manchmal berichtete ich von den verwendeten Materialien oder den verschiedenen Techniken. Wir blieben lange vor einem sehr großen Bild von Enzo Cucchi, der mit schwarzer Zeichenkohle auf gelbem Untergrund scheinbar eine Landschaft sehr abstrakt geschaffen hatte. Daraus ergab sich, dass wir beim nächsten Museumsbesuch, ausgerüstet mit schwarzer Zeichenkohle und Papier, vor dem gleichen Bild saßen und uns noch einmal erzählten, was wir sahen und empfanden. Wir haben Formen und Begriffe benannt, sprachen von Umrissen und haben dann den Umgang mit dem hauchdünnen Kohlestift erprobt: den dünnen Strich, den breiten Strich, das Verwischen mit dem Finger und die Bruchfestigkeit des Stiftes und versuchten zu malen, was wir sinnlich wahrnahmen. Wie immer wurden alle *Arbeiten* zum Schluss angesehen und wertgeschätzt.

Mir war es außerdem wichtig, den Begriff Skulptur, der den Kindern leicht von der Zunge ging, begreifbar zu machen. Mein Vorhaben schien zu scheitern, weil im Kinderforum andere das didaktische Material, den Spiegel und die bemalbare Wand vollgekritzelt hatten - das Museumspersonal hatte sich geweigert, es zu reinigen – und wir selbst mussten zu Schwamm und Putzmittel greifen, wenn wir den Raum benutzen wollten. Also haben wir fast unsere ganze Zeit mit Putzen verbracht - so habe ich es wenigstens empfunden. Die Kinder putzten mit Ausdauer und Erfolg, manchmal schimpften sie über die Verursacher, und dann haben sie doch mit wacher Aufmerksamkeit die Dreidimensionalität sinnlich erfahren. Von dem Kind, dass sich im Zwischenraum zwischen Spiegel und bemalbarer, durchsichtiger Kunststofffläche befand, konnte im Spiegel der Rücken wahrgenommen und die Vorderansicht in Umrissen auf die Kunststofffläche gemalt werden. Raum entstand und Räumlichkeit wurde wahrgenommen. Wenn ein Künstler eine Skulptur gestalten will, nicht alles was er sieht und empfindet auf eine Fläche aufbringen kann, dann bearbeitet er vielleicht ein anderes Material mit seinem Werkzeug. Das kann ein Stück Holz sein, das er sägt und schnitzt und leimt, aber auch ein ganz festes Material wie Eisen, das geschmiedet, gefeilt und gehämmert wird.

Als Erzieherin muss ich Kompetenzen erwerben

Mitte November wurde im Eingangsbereich des Kunstmuseums eine Sonderausstellung der Aborigines, der australischen Ureinwohner, aufgebaut. Der Aufgang zum Kinderforum lag genau daneben. Unsere Neugier erwachte, als wir bemalte Baumstämme sahen. So war der nächste Besuch im Museum thematisch von den Kindern festgelegt. Bis zu unserem nächsten Termin hatte ich eine Woche Zeit, mich ausführlich zu informieren, um sie in die Kunst und Kultur der Aborigines einzuführen. Die Ausstellungseröffnung war am Totensonntag. Ich knüpfte daran an. Die Eukalyptusbäume sind

Baumsärge für die Toten dieses Volkes in Australien, erzählte ich den Kindern. In ihnen werden die Knochen der Verstorbenen gesammelt. Die Bäume sind hohl, wurden gefällt, gereinigt und wunderschön bemalt mit dem, was die Toten in ihrem Leben gesehen hatten, was um sie herum wuchs und welche Tiere mit ihnen dort lebten. Auch wurden die Bäume mit vielen für sie bedeutsamen Zeichen und Bildern aus ihrem Leben bemalt. Die Kinder überlegten mit mir zusammen, wie wir unsere Toten beerdigen, wie unsere Friedhöfe aussehen; dass die Grabsteine vom Leben der Verstorbenen etwas aussagen. Da ist ein Kreuz oder ein Engel oder ein aufgeschlagenes Buch. Da steht der Name, und Pflanzen und Blumen wachsen auf dem Grab, wussten die Kinder zu erzählen. Hier nun vermittelte die Ausstellung einen völlig anderen, faszinierenden Kult.

Wir gingen andächtig durch die 200 hoch aufgestellten Eukalyptusbaumstämme und bewunderten die eindrucksvolle Malerei auf der Baumrinde, die mit feinem Pinsel aus Zweigen und Menschenhaar in den natürlichen Farben der Region rot, gelb, schwarz und weiß aufgetragen war. Oben an manchen Baumhöhen waren Löcher gebohrt, durch die, nach dem Glauben der Aborigines, die Seelen der Toten auf die Erde schauen können. Andere Baumstämme endeten in einem sägefischmaulähnlichen Gebilde. Die Kinder benannten Tiere, die sie erkennen konnten. Denn auch in Australien gibt es Fische, Krokodile, Schildkröten, Vögel, Gänse, Schlangen, Seeigel, Eidechsen, Blumen und Blätter, selbst wenn sie manchmal etwas anders aussehen. Ich hatte entsprechend ausgewählte Farbstifte mitgebracht, um dem nachdrücklich geäußerten Malwunsch der Kinder entsprechen zu können. Emsiges Muster- und Tiermalen begann selbst auf begrenztem Raum.

Die Kinder wussten, dass nicht echte Baumsärge vor ihnen standen. Die waren in Australien geblieben. Die Aborigines wollten uns ihre Kunst zeigen, wie sie ihre Toten begraben und verehren, und hatten die Baumstämme für diese Ausstellung bemalt. Wir besuchten die Ausstellung noch mehrmals, und ein Teil der Kinder sah sich einen Videofilm an, um die Ureinwohner kennen zu lernen, ihre dunkle Hautfarbe, ihre spärliche Bekleidung, wie sie arbeiten, und wie sie diese feinen Muster wirklich mit der Hand und dem Pinsel Strich für Strich mit großem Zeitaufwand auf die Stämme malten. Sie erkannten auch, dass mehrere Menschen an einem Stamm gemeinsam malten Wiederholt stellten sie Vergleiche zwischen den Kulturen an, sahen sich Motive an und malten sie.

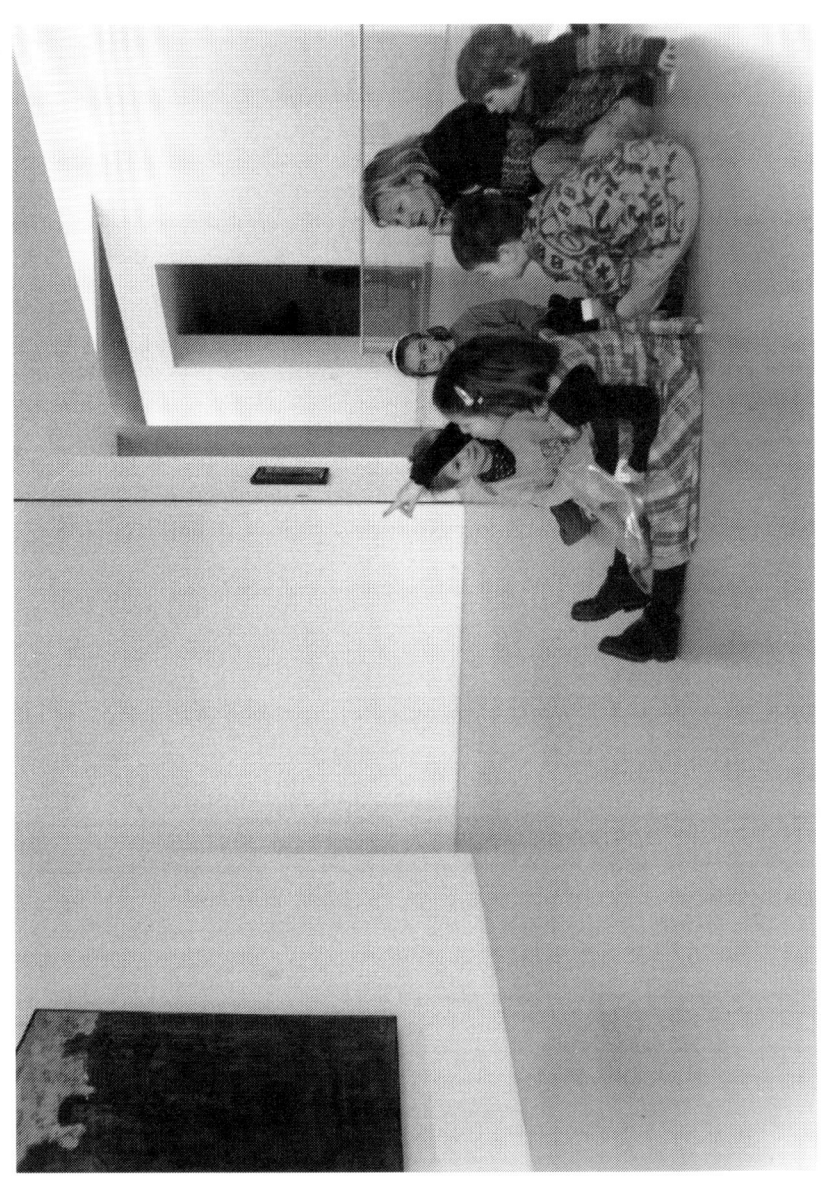

236

237

238

239

Kinder zeigen Zufriedenheit durch Selbstbestimmung und neu gewonnene Erfahrung

Zur Zeit ist das Kinderforum nicht mehr interessant. Die Kinder drängen in die große Ausstellung. Mit erstaunlicher Ruhe gehen sie durch die Räume, verweilen bei ihnen bekannten und besprochenen Bildern, üben sich im Erinnern und wollen neue Bilder sehen. Eigenständig treffen sie ihre Wahl und noch immer gilt die alte Regel, sich davorzusetzen und sich gegenseitig über das, was sie wahrnehmen, auszutauschen. Sie hören zu, was der Andere sagt, akzeptieren, was er sagt, ergänzen oder hinterfragen. Ich spiele eine untergeordnete Rolle, so, als hätte ich genügend Anregungen zum Wahrnehmen gegeben, genug gesagt zum Verhalten im Museum, den Regeln und der Anerkennung der Kunstwerke. Es hat sich eingebürgert, dass ich nach den Beobachtungen der Kinder und meinen eigenen den Titel des Bildes vorlese und, wenn gewünscht, auch den Künstlernamen und etwas über die Malweise sage. Kinder lernen ungeheuer schnell und behalten in Erinnerung, was sie interessiert. Sie ziehen Vergleiche zu Früherem und bauen sich Zusammenhänge und Verständnis für das Geschehen um sie herum auf. Sie sind ständig in Übung, stolz auf ihr Wissen, auf ihre Erinnerung und auf das, was sie in Eigeninitiative geübt und geschaffen haben.

Ich habe ausführlich den Anfang des ganzen Prozesses geschildert, um dem Leser zu zeigen, wie ich meinte, von vornherein bestimmte Regeln setzen zu müssen. Ich habe dann versucht, den langen Weg zu beschreiben, auf dem zunächst das Üben im Sehen, das sich Erinnern, das Aufnehmen und gedankliche Verarbeiten mehr Aufmerksamkeit erhielt als die künstlerische Geschicklichkeit. Kein Kind hat das als Beschränkung seiner Freiheit empfunden: Es war einfach klar, dass wir auf dem Weg zum Museum rennen und toben konnten, uns aber im Museum ruhig zu verhalten hatten, „weil wir sonst gar nichts mitkriegen", wie ein Kind mich einmal ergänzte.

Beeindruckt haben mich auch die Rückwege vom Museum zum Kindergarten. Da war noch nichts abgeschlossen oder beendet. Da wurden plötzlich die Grenzsteine, die als Markierung am Weg standen, als kleiner Friedhof gedeutet. Die Kinder beachteten jedes Kunstwerk auf unserem Weg, kamen in lebhaftes Gespräch miteinander. Nie gab es abfällige Bemerkungen. Sie versuchten, die rostigen Großobjekte in ihrer Form und in ihrem Material zu benennen. Sie unterschieden zwischen Skulpturen, Plastiken und Statuen mit Leichtigkeit und vielleicht auch mit ein bißchen Leidenschaft.

Andrea Schreiber

8 Aus dem Ev. St. Nicolai Kindergarten, Coppenbrügge

Ästhetische Raumgestaltung im Kindergarten - was hat das mit Bildung zu tun?

Geographisch liegt unser Kindergarten zwischen Hameln und Hildesheim. Coppenbrügge ist ein Ort mit ca. 2700 Einwohnern und mehreren umliegenden Dörfern, die zu unserem Einzugsgebiet gehören. Der Kindergarten wurde 1968 errichtet und 1992 baulich erweitert, sodass jetzt jeweils am Vormittag und am Nachmittag 70 Plätze zur Verfügung stehen. Am Vormittag konnten wir 1996 eine Integrationsgruppe fest einrichten. Zum Kindergarten gehört ein großes Außengelände mit vielen alten Bäumen. Er befindet sich direkt neben der Kirche, dem Pfarramt und dem Rathaus. Ich arbeite seit 1986 in unserem Kindergarten und befinde mich zur Zeit im Erziehungsurlaub. Seit 1992 sind wir ein offener Kindergarten.

1. Wie Ästhetik zum Thema wurde

Als ich gefragt wurde, ob ich über Ästhetik im Kindergarten etwas schreiben möchte, habe ich spontan zugesagt. Ich beschäftige mich mit diesem Thema und seinen Möglichkeiten schon seit mehreren Jahren, besonders, nachdem ich 1986 zum ersten Mal unseren *alten* Kindergarten betrat. Ich fühlte mich wie erschlagen von all der Disharmonie und Unordnung in unserem Haus. Die vorherrschenden Farben in den Räumen waren beigebraun und abgenutzt. Teilweise kam der alte orangefarbene Anstrich wieder durch. Die Vorhänge waren aus lichtundurchlässigem dunkelgrünen Nylonmaterial. Sämtliche Regale und Schränke waren vollgestellt mit unterschiedlichen Materialien, die dort nicht hingehörten. Bilder - falls vorhanden - waren mit Tesafilm an die Wände geklebt. Pflanzen standen ohne Übertöpfe und hinterließen auf den abgenutzten Möbeln hässliche Wasserflecken. Der Gesamteindruck des Hauses war für mich so deprimierend, dass ich am liebsten gleich wieder gegangen wäre. Dann bin ich aber doch geblieben und habe mich gefragt, ob es den Kindern wohl auch so oder ähnlich gehen mag.

2. Erste Umgestaltungen

Der Wunsch, an diesem äußeren Rahmen etwas zu verändern wurde immer dringlicher. Das veranlasste uns dazu, Renovierungsarbeiten in Angriff zu nehmen, mit denen wir vor den Sommerferien 1988 begannen. Angefangen haben wir mit gründlichem Aussortieren und Aufräumen: Nur das Spielmaterial, mit dem die Kinder wirklich spielten, verblieb in den Räumen. Der Rest wurde größtenteils in den Keller oder auf den Boden geschafft und dort übersichtlich in die vorhandenen Regale und Schränke sortiert. So entstand eine erste Ordnung, die für alle klar und übersichtlich war: Spielmaterial auf den Boden - Verbrauchsmaterial in den Keller.

Danach kauften wir helle Stoffe, aus denen uns einige Mütter neue Vorhänge nähten. Von Spendengeldern kauften wir Bilderrahmen mit Kunstdrucken und Kinderpostern sowie Übertöpfe für die Pflanzen. Die Räume wurden weiß gestrichen, und Dunkelblau wurde als Kontrastfarbe verwendet, um z.B. eingebaute Regale, Eckbänke, Heizungsverkleidungen und Leisten dekorativ hervorzuheben. Es entstand ein völlig neues Raumgefühl, geprägt durch Weite, Überschaubarkeit und Helligkeit. Voller Freude warteten wir auf die Kinder und ihre Eltern. Ob es ihnen wohl auch so ging wie uns?

Als nach den Sommerferien die Kinder und Eltern in den Kindergarten kamen, war die Überraschung und Freude tatsächlich riesengroß. Besonders die Kinder waren völlig begeistert. Sie hüpften vor Freude durch den Kindergarten und fühlten sich richtig wohl. Einige gingen fast liebevoll mit den neu eingerichteten Räumen um. Die Eltern sagten uns, dass sie nicht geglaubt hätten, dass ihr Kindergarten so schön aussehen könnte. Für uns war es die Bestätigung, dass Kinder sehr wohl ihre äußere Umgebung intensiv wahrnehmen und dadurch in ihren Empfindungen positiv oder negativ beeinflusst werden können. Die neue, helle, freundliche Atmosphäre der Räume bewirkte genau wie bei uns ein positives, freudiges Gefühl. Es machte wieder richtig Spaß, in den Räumen zu spielen und zu arbeiten.

Nun versuchten wir Stück für Stück, immer im Rahmen unserer Möglichkeiten weitere Veränderungen vorzunehmen. Dabei beobachteten wir die Kinder, wie sie mit den neuen Gegebenheiten zurechtkamen und welchen Einfluss die Veränderungen auf sie ausübten. So stellten wir fest, dass gerade die Überschaubarkeit des Spielmaterials den Kindern half, sich besser zu orientieren. Sie fanden leichter in´s Spiel und konnten auch besser aufräumen. Die harmonisch aufeinander abgestimmten Farben wirkten sich positiv auf das Wohlbefinden der Kinder aus, da überwiegend eine ausgeglichene Atmosphäre in den Räumen zu spüren war.

3. Umbau und Einführung der offenen Kindergartenarbeit

Ende der 80er Jahre kamen erste Überlegungen auf, den Kindergarten baulich zu erweitern, da seit Jahren ein akuter Mangel an Vormittagsplätzen herrschte. Anfang der 90er Jahre begannen wir dann mit der konkreten Planung für einen Anbau, aber noch nicht ausschließlich mit dem Gedanken, die Konzeption zu verändern oder integrativ zu arbeiten. Trotzdem ließ sich der Anbau, der im Sommer 1992 fertiggestellt wurde, dann doch sehr gut für die veränderte Konzeption nutzen, da z.B. der neu entstandene Gruppenraum eine Firsthöhe von 5,50 m bekam. So bot er sich fantastisch als Bewegungsraum an. Die gesamte Decke wurde mit weiß gewachstem Holz vertäfelt und tellerförmige Lampen an ihr befestigt. Zusätzlich wurden hohe Fenster eingebaut und ein ebenerdiger Ausgang zum Spielplatz geschaffen. Ein sehr großer Spiegel (1,90 m x 2,20 m) wurde gegenüber der Fensterfront angebracht.

Der Raum bietet durch seine Gestaltung so viel Licht und Weite, dass er schon beim Betreten den Wunsch nach Bewegung auslöst. Für die Kinder ist das noch eindrücklicher, da sie ja aus ihrer niedrigeren Perspektive alles noch überwältigender wahrnehmen. Es ist ideal möglich, in die Höhe zu klettern, zu springen, zu hüpfen.

Eine neue Küche wurde eingebaut, die zur Flurseite offen gestaltet wurde, und ein Raum für die Mitarbeiterinnen geschaffen. Diesen haben wir uns sehr schnell mit den Kindern geteilt, da wir ihnen einen Raum bieten wollten, in dem sie in Ruhe frühstücken konnten.

Oft helfen uns die Eltern bei der Verwirklichung unserer Vorhaben, sei es durch tatkräftige Mithilfe, Sach- oder Geldspenden. Sie haben sogar einen Elternverein gegründet, der sich u.a. Verschönerungsmaßnahmen zum obersten Ziel gesetzt hat. So konnten teure Anschaffungen, wie z.B. das Außentrampolin, verwirklicht werden. Gerade bei den Sachspenden (Teppichböden, Stoffe, Malwand etc.) hatten wir viel Glück, da wir uns nicht gescheut haben, Firmen aus unserer Nachbarschaft anzusprechen. Veränderungen, die nun nötig wurden, sollten immer auch unter ästhetischen Gesichtspunkten ausgeführt werden. Die konzeptionelle Auseinandersetzung ergab bei uns eine entscheidende Wende. Die Kinder rückten mehr in den Mittelpunkt.

Wir führten die Veränderungen nicht mehr nur für sie durch, sondern hauptsächlich mit ihnen oder in ihrer Anwesenheit. Unser Ziel war es, die Kinder erleben zu lassen, wie etwas durch Veränderung schöner gestaltet werden kann und wie dadurch Stolz und Freude über das Geschaffene entstehen. Kinder können so zu zweierlei Erfahrungen kommen: Sie erkennen, dass das Gesicht ihrer Umgebung das Ergebnis eines Gestaltungsvorgangs ist und, dass eigene Aktivität *Freude* und *Stolz* macht. Außerdem erweitern die Kinder Ihre Handlungsmöglichkeiten. Bildung bedeutet in diesem Zusammenhang auch, dass Schönheitsempfinden der Kindern herauszufordern und zu fördern.

4. Unsere Raumgestaltung im offenen Kindergarten

Die Ausgestaltung des Bewegungsraumes habe ich schon beschrieben. Ich möchte aber an dieser Stelle erwähnen, dass gerade dieser Raum in unserem Haus einen konzeptionellen Schwerpunkt bildet, da für uns alles aus der Bewegung heraus entsteht. Der notwendige Gegenpol wurde für uns der Ruheraum, den wir komplett mit einem fast dunkelblauen Teppich ausgelegt haben. An der Decke befindet sich ein Baldachin, ebenfalls aus dunkelblauem, fließenden Stoff, der wellenförmig befestigt wurde. Der Raum wirkt so optisch weniger hoch. Vor den Fenstern hängen Vorhänge und dunkelblaue Rollos, die auf Wunsch eine Verdunkelung ermöglichen. In einer Ecke befindet sich eine aus Holz gefertigte Höhle, die außen mit dunkelblauem Stoff bezogen ist. Innen liegt ein weißer Teppich, und an einer Seite ist ein großer Spiegel befestigt. Verschiedene Lichteffekte, wie eine *Blasensäule* und ein sogenannter *Fasernebel* mit wechselnden Farben (alles erinnert an einen *Snoozelraum*) sorgen hier für eine entspannte Atmosphäre.

Ein Aquarium, eine Leseecke, Mäuse im Terrarium, Kaleidoskope, Gesellschaftsspiele usw. haben in diesem Raum ihren festen Platz. Allein die Raumgestaltung hat großen Aufforderungscharakter für die Kinder, zur Ruhe zu kommen. Der Raum strahlt schon beim Betreten Ruhe und Schönheit aus. Die beruhigende Atmosphäre wird auch dadurch unterstützt, dass meditative Musik über eine Stereoanlage in die verschiedenen Ecken übertragen werden kann. Durch diese Gestaltung ist den Kindern klar, welche Funktionen der Raum beinhaltet und welche Möglichkeiten er ihnen bietet. Gerade hier haben wir festgestellt, dass die Kinder sehr sorgsam mit dem vorhandenen Material umgehen. Sie achten die Dinge und entdecken ihre Schönheit.

Ein anderer Gruppenraum wurde zum Kreativraum umgestaltet. In ihm befinden sich Tische, an denen verschiedene kreative Tätigkeiten möglich sind. Es gibt einen Tisch, der fast ausschließlich zum Malen genutzt wird. Zwei große Spiegel, die über Eck hängen, befinden sich in seiner Nähe. Sie haben sich aus mehreren Gründen als sehr positiv erwiesen. Die Kinder haben die Möglichkeit, sich selbst beim Malen zu beobachten, und es entsteht im Raum darüberhinaus optisch eine großzügige Atmosphäre. Für die Kinder erweitert sich die Perspektive. In der gegenüberliegenden Ecke befindet sich ein Tisch mit einem dazugehörenden beleuchteten Spiegelregal. In ihm stehen Gläser, die mit verschiedenen Materialien wie z.B. Federn, Perlen, Muscheln usw. gefüllt sind. Diese Art der offenen Materialaufbewahrung hat sich als sehr anregend erwiesen. Zum einen ist das Regal ein schöner Blickfang, zum anderen regt es die Kinder natürlich sehr an, mit den Materialien kreativ umzugehen.

Ein anderer Tisch ist für unterschiedliche Tätigkeiten wie z.B. Kneten, Töpfern, Weben usw. gedacht. Auch hier sind wieder die vorhandenen Materialien in Regalen in direkter Nähe für die Kinder frei zugänglich. An einer Seite ist eine zwei Meter breite Malwand angebracht. Diese kann jederzeit zum großflächigen Malen (im Stehn) von den Kindern genutzt werden. Wieder sind Farben und verschiedene Pinsel in unmittelbarer Nähe frei zugänglich.

Die Erzieherinnen achten hier besonders darauf, dass jedes neu zu uns kommende Kind einen sauberen Malplatz vorfindet. Keine verschmierten Farben oder Pinsel oder eine unsaubere Malwand sollen die Kinder in ihrer Malphase stören. Um kreativ tätig zu werden, brauchen sie aufgeräumte, saubere, überschaubare Plätze. Die gesamte Raumatmosphäre weckt Lust, kreativ tätig zu werden. Wieder war es uns sehr wichtig, die Dinge mit den Kindern gemeinsam unter ästhetischen Gesichtspunkten zu gestalten und auf ihre Wünsche (die Malwand war ein großer Wunsch) einzugehen.

Ein kleiner Raum wurde als Werkraum eingerichtet. In ihm befindet sich eine fest eingebaute Werkbank mit vier Arbeitsplätzen. Hier war uns wichtig, dass das Werkzeug übersichtlich aufgehängt und für alle Kinder frei zugänglich zur Verfügung steht. Gutes Bastelholz (in unserer Nähe befinden sich mehrere holzverarbeitende Betriebe) steht den Kindern täglich zur Verfügung.

Im Keller befindet sich ein großer Raum für Rollenspiele. Da es sich um einen Kellerraum handelt, haben wir bei der Farbgestaltung auf warme Erdtöne im ocker/orange Bereich geachtet. Teppichboden und Wände sind hier wieder harmonisch aufeinander abgestimmt. Da der Raum fast ausschließlich durch künstliches Licht erhellt wird, haben wir hier besonders auf *warmes* Licht Wert gelegt, wie z.B. Lichterketten. Die Einrichtung richtet sich nach den Wünschen und Bedürfnissen der Kinder: Mal entsteht eine Wohnung, mal eine Theaterbühne und anderes.

Ein Waschraum, der für zwei Stammgruppen und die Integrationsgruppe 1997 komplett renoviert wurde, bietet zahlreiche Möglichkeiten für Wasserspiele. Bei der Planung konnten kaum ästhetische Aspekte berücksichtigt werden, da in Zeiten leerer Kassen dafür kein Geld vorhanden war. Dennoch ist der Raum sehr hell und freundlich geworden und bietet durch eine Badewanne mit gegenüberliegendem Spiegel, vier Waschbecken und einem Bodenabfluss zahlreiche Möglichkeiten zum Spielen und für gezielte Angebote.

Im Eingangsbereich mit angrenzendem Flur befindet sich ein schönes altes Sofa aus den 20er Jahren, das wir von unserem Nachbarn geschenkt bekommen haben. Daneben steht ein altes Weichholzschränkchen, das immer der Jahreszeit entsprechend dekoriert wird. Und ein Tisch in einer Ecke ist ebenfalls fester Dekorationsplatz. Insgesamt ist die Atmosphäre hier gemütlich und einladend. Da der Raum ein Glasdach hat, ist fast nie künstliches Licht nötig, sondern der jeweilige Tageslichteinfall bestimmt die Ausleuchtung auf natürliche Weise.

Von hier kann man direkt auf den Spielplatz gehen. Es ist ein Gelände mit vielen alten Bäumen, umgeben von alten Steinmauern. Auch das Pfarramt liegt dort. Büsche und viele Ecken bieten Rückzugsmöglichkeiten. Eine große Sandlandschaft mit weißem Quarzsand lädt ein zum Spiel. Der Spielplatz, ein verwinkeltes Gelände mit vielen alten Bäumen ist so schön, dass wir uns besonders im Frühjahr immer wieder an ihm erfreuen. Da wir 1997 ein großes Stück vom Nachbargarten dazukaufen konnten, wurde der Spielplatz noch größer und bietet nun noch mehr Platz und Möglichkeiten zum Spielen. Ein großes Außentrampolin, eingerahmt von Büschen und Bäumen, rückt jetzt mehr in seine Mitte. Außerdem konnte ein Teil durch einen Zaun abgetrennt werden und wird nun von den Kindern und uns als Blumen- und Gemüsegarten genutzt.

5. Ein inhaltlicher Zusammenhang zwischen Ästhetik und Bildung in der Raumgestaltung

Ästhetik bedeutet für mich die Lehre vom Schönen und von der sinnlichen Wahrnehmung. Beides, so denke ich, wird durch eine ästhetische Raumgestaltung angesprochen. Unsere Wahrnehmung löst Gefühle aus, die uns signalisieren, ob etwas angenehm oder unangenehm, wohltuend oder abstoßend ist. Zugleich empfinden wir, ob das, was wir wahrnehmen, in sich stimmig ist, schön gestaltet ist und für eine angenehme Atmosphäre sorgt. Schön ist m.E., was zusammenpasst, harmoniert und unser Inneres erhellt. Theoretisch haben wir uns mit Ästhetik nicht auseinandergesetzt. Wir sind zwar nicht kompetent in der Farben- und Formenlehre und im bewussten Gestalten eines ästhetischen Zusammenspiels von Farbe, Form, Licht und Raum. Bei allen Veränderungen hat uns die Intuition geleitet. Wir haben etwas verändert, es als stimmig erlebt und dann durch die Freude und innere Bewegtheit unserer Kinder die Bestätigung erfahren, dass wir auf dem richtigen Wege sind.

Was hat nun ästhetische Gestaltung mit Bildung zu tun? Die Kinder erweitern ihre Gefühlswelt, ihre Interessengebiete, ihre Sensibilität für neue Eindrücke und es kommt zu einem weiteren Ausbau ihrer Persönlichkeit. So stellen wir uns Bildung vor. Wünschenswert wäre sicher, wenn wir uns intensiver in Aus- und Fortbildung mit diesem Bereich weiter befassen würden. Vorläufig sehe ich den Wert unserer Bemühungen um ansprechende Räume darin, dass Kinder sich wohl und stimmig fühlen, Bilder von Schönheit erleben und wahrnehmen können. Es geht uns besonders um Persönlichkeitsbildung. Ein weiterer Schritt sollte sich auf die Versprachlichung des Erfahrenen beziehen. Sprache zeigt ja Zusammenhänge auf und führt so zu bewussterer Erkenntniss auch ästhetischer Zusammenhänge.

6. Raumästhetik bleibt ein Dauerthema

Dass Ästhetik ein Dauerthema bleiben muss, begründet sich darin, dass wir immer wieder auf die Bedürfnisse der Kinder achten müssen. Unser Ziel ist es, zu schauen, ob die Räume mit ihren Möglichkeiten noch den Ansprüchen der Kinder gerecht werden und die getroffenen Verschönerungsmaßnahmen ansprechend genug sind. Im Mittelpunkt sollte immer wieder das Kind stehen, das mitentscheiden, mithelfen und ausprobieren kann. So wandeln sich die Räume im Laufe der Jahre immer wieder, ohne ihren Grundcharakter zu verlieren. Neue Ideen kommen dazu, alte werden verändert. Aber immer, wenn etwas umgestaltet wird, müssen wir darauf achten, dass es weiterhin unter ästhetischen Gesichtspunkten geschieht und so zum Gesamtbild des Hauses passt. Positive Rückmeldungen über die Räumlichkeiten unseres Kindergartens bekommen wir oft von Eltern, Kolleginnen und Fachschülerinnen, die zur Hospitation kommen. Das bestätigt uns natürlich in unserer Arbeit und motiviert zum Weitermachen.

Der Prozess der ästhetischen Raumgestaltung läuft also weiter und hat teilweise sogar auf die kreativen Angebote Einfluss genommen. So bieten wir den Kindern zum Beispiel den Umgang mit Künstlerkreide, gutem Papier, schönen Stoffen, guten Farben und Pinsel etc. an. Es entstehen Werke, die voller Achtung von allen betrachtet werden und oft von erstaunlicher Schönheit sind. So wird unter anderem die Ausdrucksfähigkeit der Kinder erweitert, und dem Bildungsanspruch des Kindergartens werden wir damit auch an dieser Stelle gerecht. Außerdem erhalten die Kinder positiven Zuspruch von außen (z.B. durch andere Kinder oder Erwachsene), der sie ungemein in ihrem Selbstwertgefühl stärkt und sie mit Stolz und Freude erfüllt. Aus den Werken der Kinder können Ausstellungen entstehen, die im Flurbereich für alle ersichtlich gezeigt werden. Hierzu benutzen wir z.B. große Stellpinnwände, um dem Ganzen einen entsprechenden Charakter zu geben. Aber auch die örtlichen Banken geben uns, besonders zu Weihnachten und Ostern, die Möglichkeit, die kreativen Produkte der Kinder auszustellen.

Abschließend möchte ich allen Lesern sagen, dass es lohnt, sich auf den Weg zu machen. Das Ziel ist eine schöne, gute Atmosphäre, in der wir uns alle wohl fühlen und in der wir Spaß und Freude erleben.

Holger Grimm

9 Aus der Ev. Kindertagesstätte Ihrenerfeld, Westoverledingen

Ein neues Medium in der Kindergartenarbeit - Computer als neue Lern- und Bildungsherausforderung

Unser integrativer Kindergarten stellt sich vor

Der ev.-ref. Kindergarten Ihrenerfeld nahm im Januar 1995 seinen Betrieb mit anfangs zwei Gruppen auf. Im August des selben Jahres konnte aufgrund der zahlreichen Anmeldungen eine dritte Gruppe eröffnet werden. Diese bestand aus *nur* 20 Kindern, weil ein Kind mit besonderem Betreuungsbedarf dazugehörte. Dadurch sahen wir uns genötigt, einen veränderten Bildungsansatz zu entwickeln, der so nicht vorgegeben war, sondern erarbeitet werden musste. Uns halfen dabei sehr die Auseinandersetzung mit der *offenen Arbeit* und das Wissen, dass Integration zukünftig ein Schwerpunkt unseres pädagogischen Konzeptes werden müsste. Wir wussten, dass viele Eltern und Vertreter des Trägers große Vorbehalte sowohl gegenüber der offenen Arbeit als auch gegenüber der Integration hatten. Es galt, ihre Bedenken zu zerstreuen und sie darüber hinaus für unser Konzept zu gewinnen. Auch gab es gerade unter den Befürwortern von Integration viele, die es für absolut notwendig hielten, geschlossene Gruppen zu haben. Es wurde argumentiert, dass gerade Kinder mit Defiziten kleine überschaubare Gruppen bräuchten, und, dass sie durch allzu offene Strukturen überfordert sein könnten. So entwickelte sich bei uns eine Arbeitsstruktur, die wir nicht als *offen*, sondern als *gruppenübergreifend* bezeichnen. Die Kinder bekommen Stammgruppen in Räumen, die in *Funktionsecken* aufgeteilt sind und somit den zu Hause vorzufindenden Wohnzimmern, in denen verschiedenste Aktivitäten stattfinden, sehr ähneln. So schufen wir ein familienergänzendes, anregendes Milieu, das sich auf die artikulierten Kritiken von Kindern und Erwachsenen hin ständig verändert, so dass wir damit auf die unterschiedlichsten Bedürfnisse reagieren können. Das war schon deshalb erforderlich, weil der Anteil der Kinder mit besonderem Förderbedarf in kürzester Zeit auf zwölf, verteilt auf drei Gruppen anwuchs.

Bei uns hat die Raumgestaltung die Funktion einer dritten Erzieherin (bzw. eines Erziehers, da wir drei Männen in Team sind). Sie ist von Anbeginn unserer Arbeit ein ganz wesentlicher Bestandteil unseres Kindergarten(er)lebens. Emporen, eine *Butze* (Schrankbett, wie in alten ostfriesischen Häusern üblich), ein großzügiger Bällepool (ein ehemaliger Abstellraum mit

Prallschutzwänden), eine Spielmulde, die als Dschungelecke zum Rutschen, Klettern aber auch zum Dösen oder Schaukeln in der Hängematte einlädt, eine ständig aufgebaute Bühne, die flugs in einen Kaufmannsladen umfunktioniert werden kann, sowie ein *Snouezelenraum* mit unterschiedliche Lichteffekten, Sphärenmusik und Matten, die zum Entspannen einladen, und ein Bewegungsraum seien hier nur beispielhaft erwähnt.

Computer - Ein möglicher Bildungsweg?

Von der Spende, der entstehenden Möglichkeit zur Idee eines Angebots

Nun gab und gibt es aber Eltern, denen das nicht reicht. Sie artikulierten anlässlich von Elternabenden, Tür- und Angelgesprächen usw., das sie befürchten, dass Niveau könne durch Integration sinken, und vor allem die schulischen Perspektiven von *normalen* Kindern könnten geschmälert werden. Ob wir denn nicht wenigstens mit den fünfjährigen Kindern schon mal ein bisschen Schule spielen wollten und sie zum Stillsitzen, korrekter Sitz- und Stifthaltung, Erledigung von Aufgaben auf Anforderung und Unterordnung erziehen wollten?

Das hätte für uns und die Kinder bedeutet, die gewonnenen Freiräume wieder aufzugeben. Die Erwachsenen würden wieder über die Lebenszeit der Kinder verfügen und, anstatt sie zu Selbständigkeit und Selbstverwirklichung reifen zu lassen, ihren Rhythmus zerstören, um ihnen unseren aufzuzwingen, ihnen u.U. Fragen beantworten, die sie sich noch gar nicht gestellt hatten. Eines stand für uns unwiderruflich fest: Ein Zurück zu Vorschulansätzen aus den 60er Jahren (Vorschulmappen), ein bloßes Trainieren der Kinder unter Vorwegnahme von schulischen Inhalten und Situationen, primäre Förderung der kognitiven Ebene kam und kommt für uns nicht in Frage. Lernen, auch unter den erschwerten Bedingungen der Integration von Kindern mit besonderem Förderbedarf, war und ist für uns nur vorstellbar, wenn es eingebettet in ein Konzept der offenen, gruppenübergreifenden, situationsorientierten Arbeit erfolgt.

Zu diesem Zeitpunkt kamen uns zwei Dinge zu Hilfe:

a) Wir hatten die ersten Kinder in Richtung Schule entlassen. In den Herbstferien 95 besuchten mehrere von ihnen oft ihren *alten* Kindergarten. Bis zu sechs Besucherkinder hatten wir durchschnittlich täglich zu Gast. Einige liebten es, nach wochenlangem Stillsitzen, sich ordentlich auszutoben. Andere hatten nun ein Lieblingsspiel: Schule! Daher stellten wir ihnen gemäß unseres situationsorientierten Ansatzes Tafeln, Schulbänke und Stühle hierfür zur Verfügung. So entstanden auf den Fluren kleine Klassenzimmer als Funktionsecken.

b) Wir bekamen als Spende von der Deutschen Telekom Computer und elektrische Schreibmaschinen. Für Kinder mit besonderem Förderbedarf war es allerdings erforderlich, die Rechner entsprechend umzurüsten. So benötigten diese z.B. eine spezielle Tastatur. Eine Firma aus Bremen beriet uns vor diesem *Einstieg ins Klassenzimmer 2000*. Da Integration bedeutet, dass alle Kinder miteinander spielen und lernen können sollten, stiftete unser Förderverein Programme, Computertische und Spiele, die heute täglich genutzt werden.

Die Praxis - Unsere Erfahrungen mit dem neuen Medium

Die mit uns kooperierende Ergotherapiepraxis, die viele Kinder integrativ im Kindergarten betreut, stiftete ebenfalls etliche wahrnehmungs- und reaktionsfördernde Spiele. Damit war der Grundstein für unseren eigenen Bildungsansatz gelegt. Als Nebeneffekt ergab sich, dass die vorschulbegeisterten Eltern und Teile des Kirchenrates außerordentlich zufriedengestellt wurden. Besonders eingehen möchte ich hier auf Bedenken des Kirchenrates (Träger), der zu Beginn unserer Arbeit mit und an Computern die Befürchtung äußerte, dass doch die Kommunikation unter den Kindern zum Erliegen kommen könnte, weil doch bekannt sei, dass *Computern* einsam mache. Unsere Erfahrungen sind hier genau entgegengesetzt. Es ist die große Ausnahme, dass ein Kind alleine vor dem Computer sitzt. Meistens finden sich bis zu fünf zum gemeinsamen Spiel ein. Das Bedienen von Maus oder Tastatur wird abwechselnd nach Absprache vorgenommen. Neueinsteiger beginnen meistens mit einem Memoryspiel (1). Eine pädagogische Fachkraft berichtet hierzu folgendes: „D., ein Kind mit besonderem Förderbedarf, hatte anfänglich große Schwierigkeiten, sich im Gruppengeschehen auf ein Spiel zu konzentrieren, die Regeln zu akzeptieren und dabeizubleiben. Sitzt er nun aber in seiner Gruppe am Computer und spielt z.B. Memory, lässt er sich durch nichts und niemanden ablenken oder stören. Er ist manchmal über eine halbe Stunde konzentriert bei der Arbeit. Nicht zuletzt wegen seiner längeren Konzentrationsphasen am PC ist es den Mitarbeitern gelungen, D. an die Brettspiele heranzuführen, die auf dem Tisch oder auf dem Fußboden in der Gruppe gespielt werden.

Nun ist D. in der Lage, sich über längere Zeiträume aktiv zu beteiligen." Ihr Kollege, Heilerziehungspfleger und Gruppenleiter, machte folgende Beobachtung: „A., ein 3½-jähriges Mädchen mit Downsyndrom, verfügt zwar nur über rudimentäre Sprachansätze, am Computer ist sie aber eine von allen anderen Kindern sehr geschätzte Mitspielerin. Hierbei schafft sie es mühelos, nur mit Gestik und Mimik mit allen zu kommunizieren. Der PC funktioniert dabei als eine Art Dolmetscher, als verbindendes Element." Aus einer anderen Gruppe stammt folgender Bericht: „P., ein deutsch-russisches Kind, machte uns, als er zu uns kam, große Sorgen. Theoretisch hätte er sich zweisprachig artikulieren können, praktisch sprach er kein Wort. Mit dem Umzug nach Deutschland hatte er nicht nur seine Heimat, und damit seine Muttersprache verloren, sondern auch seinen Namen. Der Name musste nach dem Willen unserer Behörden eingedeutscht werden. Die Eltern hatten sich vorgenommen, nur deutsch mit ihm zu sprechen, obwohl sie selbst untereinander und mit seinen älteren Geschwistern russisch sprachen. Heimat-, sprach- und namenlos geworden, fand P. keinen tragfähigen Anschluss an die Gemeinschaft der Kinder. Er klebte förmlich an meiner Kollegin und mir. Dann entdeckte er für sich den Computer. Er war das erste und einzige Kind, das an manchen Tagen bis zu zwei Stunden davor saß und den Gruppenraum lediglich verließ, um in der Cafeteria zu frühstücken. Gerade als wir dabei waren, uns zu überlegen, ob wir entgegen unseren Regeln sein exzessives Computerspiel zeitlich einengen und begrenzen sollten, geschah folgendes: P. kam zu mir und sagte: „Ich anderes Spiel will." Seit jener Zeit ist er voll integriert, spricht mittlerweile fast akzentfrei und ist mit vielen Kindern sehr befreundet."

Anfänglich hatten wir ein Kind dabei, das durch eine Ataxie (Spastik) gehandikapt war, die von vornherein eine *Normalbeschulung* aussichtslos erscheinen ließ. C. würde, so die Prognose von Ärzten und Lehrern, wegen ihrer Krämpfe in Arm, Bein und Kiefer, wohl nie artikuliert sprechen und korrekt schreiben können. Das Halten von Stiften war ihr in der Tat fast unmöglich. Wir mussten also in Abstimmung mit Fachberatern, Therapeuten (Krankengymnasten, Ergotherapeuten) und vor allem den Eltern eine Strategie entwickeln, die C. dazu verhelfen sollte, in die gleiche Schule wie ihre älteren Geschwister zu gehen. Da C. lediglich körperlich gehandikapt war und ist und sie und ihre Familie direkt neben der Grundschule wohnen, war sie von Anfang an stark motiviert, auch diese Schule zu besuchen. Noch war aber nicht Schulbesuch angesagt, sondern die weitestgehende Förderung ihrer Mobilisation, ihrer Grob- und Feinmotorik im Kindergarten.

Das erfolgte unter Zuhilfenahme der Computer. Nach dem Wechsel C.´s in die hiesige Grundschule arbeiten sie und ihre Klassenkameraden heute selbstverständlich mit Computern. Der technikbegeisterte Rektor konnte unsere politische Gemeinde davon überzeugen, dass ohne dieses Hilfsmittel eine zeitgemäße und vor allem integrative Beschulung unmöglich ist.

Erfahrene User, die oftmals jünger als neu hinzugekommen sind, geben Hilfestellungen und Tips. Mann freut sich gemeinsam über erreichte Ziele, z.B. das Lösen von Rechenaufgaben oder das Finden des richtigen Buchstabens auf der Tastatur. Zum Schluss eines Mathespiels können Mondraketen aus verschiedenen Bestandteilen zusammengebaut und Landschaften farbig gestaltet werden. Solche Belohnungen für das Lösen einer Einheit führen regelmäßig zu Debatten, welche die Dialogfähigkeit unserer Kinder sehr fördern. Aber noch eins ist uns sehr wichtig: Schon kleinste Kinder kann man dabei beobachten, dass sie lieber in der Küche zwischen Mutters Beinen mit realen Töpfen und Pfannen spielen als im Kinderzimmer mit noch so phantasievollem Puppengeschirr. Heinsohn und Knieper (2) sprechen hier von *Surrogaten* (Ersatzstoffen), mit denen die Kinder oft abgespeist werden. Diese wollen aber Zugang zum wirklichen Leben und damit zu den Dingen und Materialien, mit denen Erwachsene umgehen. Sie erleben Erwachsene und deren Fähigkeit mit Dingen zu hantieren, deren Handhabung ihnen noch Schwierigkeiten bereitet, als machtvoll, ja manchmal übermächtig. Das erzeuge Druck, der ein Ventil brauche, resümieren Heinsohn und Knieper. Dieses Ventil sei für das Kind das Spiel.

Am liebsten spielten Kinder daher mit Erwachsenenutensilien oder sie phantasierten sich in die Rolle und damit die Macht der Erwachsenen hinein. So würden sie selbst zu Mächtigen und könnten zumindest zeitweilig Ohnmachtsgefühle abstreifen und bearbeiten. Wenn die Kinder uns also im Büro am PC arbeiten sehen, ist davon auszugehen, dass sie das beeindruckt. Diesen Druck können sie bei uns ablassen, indem sie selbst, auch im Büro, am PC arbeiten können und damit *fit* für das *wirkliche Leben* werden. Dadurch dass sie oft besser mit diesem Medium umgehen können als Erwachsene, fühlen sie sich manchmal sehr mächtig und überlegen. Wir gönnen ihnen dieses Gefühl.

Ein weiterer Punkt, der den Einsatz von Computern in Kindergärten aus unserer Sicht sehr lohnend macht, ist die Beobachtung, dass die Kreativität der Jungen dadurch gesteigert wird. Während Jungen am herkömmlichen Malen oftmals kein großes Interesse erkennen lassen, lieben sie es, mit dem Malprogramm des Computers zu arbeiten. Das Ergebnis, farbig ausgedruckt, wird mit ebenso viel Stolz wie ein mit Tusche hergestelltes Bild geachtet. Auch bei dieser Technik kommt es oft zu Gemeinschaftsproduktionen. Sie erfordern ein Höchstmaß an Interaktion. Kommunikation, soziales Lernen und Ästhetik vermitteln sich so nebenbei - völlig spielerisch. Aber nicht nur die Jungen, sondern auch die Mädchen hat bei uns das Computerfieber gepackt. Zwei fünfjährige entdeckten kürzlich den Zugang zum Schreibprogramm. Sie produzierten pausenlos *Briefe*. Diese Methode ist meines Erachtens zeitgemäßer als die Druckstocktechnik von Celestin Freinet.

Überhaupt liegt spielerisches Lernen durch Computern voll im Trend. So schreibt z.B. die Ems-Zeitung (3): Computerspiele förderten auch den zwischenmenschlichen Kontakt. Spieletests in Schulklassen und auch die Erfahrung zeigten, dass Computerspiele und Computertechnik für intensiven Gesprächsstoff unter den Kindern sorgten. Das Computerspiel sei hoch kommunikativ. So sei die CD-ROM zur Kinderserie *Löwenzahn* erst kürzlich prämiert worden. Der Einsatz von Computern mache Schule. In Hamburg sei man beim Einsatz von Computern in Schulen sehr aufgeschlossen und ließe die Edutainment-Software uneingeschränkt zu.

Reflexionen, Perspektiven

Wir machen tagtäglich die Erfahrung, dass schon Dreijährige einfache Spiele am PC souverän handhaben. Beim Eintritt in die Schule haben unsere Kinder höchstwahrscheinlich keine Ängste beim Benutzen modernster Hilfsmittel. Wir wünschten nur, dass wir demnächst einen Sponsor finden, der uns Computer spendet, die auf dem neuesten Stand sind. Internetzugang, Touch-Screens (4), CD-ROM und Spracherkennung sind nach unserer Auffassung der Zugang zu unserer weltweit vernetzten Welt. Wenn wir es wirklich ernst damit meinen, dass Kinder im Kindergarten und in der Schule für das Leben lernen können sollen, dürfen wir ihnen den Zugang zum Wissen von Millionen anderer Menschen nicht verwehren. Nur so können sie am globalen Dialog und am Zusammenwachsen unserer Welt zukünftig kompetent und mitgestaltend Anteil haben. Wir stellen also fest: Kinder können nicht nur *fernsehen* sondern auch *computern*! Übrigens, die Probleme bei der Einführung der Integration und auch der Computer stellen nur für die Erwachsenen ein Hindernis dar. Die Kinder, weder die *gehandikapten* noch die *normalen*, haben in dieser Hinsicht keine Schwierigkeiten gezeigt. Es ergaben sich im Gegenteil für alle erhebliche Vorteile durch die kleineren Gruppen und die individuellere Betreuung durch eine größere Zahl von Fachkräften.

Der Konzeptberater (5), den wir gleich zu Beginn hatten, bestätigte uns darin, dass Kinder sich im Freispiel weder über- noch unterfordern. Sie wählen den mittleren Schwierigkeitsgrad, werden körperlich und geistig fit und erlangen so Anstrengungsbereitschaft und Leistungsfähigkeit, Neugier, ja Wissbegierde, werden so optimal gefördert. Deshalb finden die Kinder bei uns Angebot und Freispiel gleichzeitig und gleichwertig vor.

Die Angebote der ErzieherInnen sind überwiegend so gestaltet, dass sie lediglich Anstöße für intensivere Freispielmöglichkeiten eröffnen. Die Erwachsenen sind für eine bestimmte Zeit BegleiterInnen auf dem Lebensweg der Kinder. Sie helfen durch ihre strukturellen Angebote bei der *sozialen Geburt* der ihnen Anvertrauten. Und die Erwachsenen sind immer bereit, sich zurückzunehmen, um der kindlichen Phantasie und Experimentierfreude voll zur Geltung zu verhelfen. Sie geben sich allen als Lernende und zugleich Lehrende zu erkennen. So erleben sich die Kinder als Akteure ihrer eigenen Entwicklung, als im Mittelpunkt der pädagogischen Angebote stehend, als einmalig. Wir haben es sicherlich noch nicht ganz erreicht, aber für uns ist es ein wichtiger Schritt auf dem Weg, der *das Kind zur Rose* macht, wie es unser Fachberater für Integration (6), unablässig fordert. Eines ist aber heute schon gewiss: Diese Struktur und dieses Klima machten es erst möglich, sich Einzelnen konzentriert widmen zu können und ihnen so das Gefühl zu vermitteln: *Ich bin angenommen.* Soziales Lernen als Priorität ist somit gewährleistet. Kinder lernen bei uns primär aus dem, was sie von anderen Kindern abschauen und aus dem, was wir als Erwachsene (Pädagogen) ihnen durch unser *Vor-Leben* anbieten. Die pädagogischen Fachkräfte haben bei uns im wesentlichen die Aufgabe, wohlwollende Beobachter zu sein. Ihre Beobachtungen stellen die Grundlage für die individuelle Förderung der Fähigkeiten der Kinder dar.

In der Praxis hat sich gezeigt, dass das Arbeiten mit Computern sehr stark davon abhängt, dass sich im Umfeld (Erzieher, Eltern, Förderverein) jemand findet, der die Funktion der Geräte sicherstellt, selbst wenn der *Forschungsdrang* der Kinder manchmal dazu führt, dass nichts mehr geht. Da nicht davon ausgegangen werden kann, dass die Erzieher auch Computerspezialisten sind, ist es erforderlich, entsprechend qualifizierte Hilfe von außen hinzuziehen. Lassen Sie sich davon aber nicht abschrecken; wenn die Computer erst einmal laufen, dann werden Sie sehr schnell feststellen, dass Sie von den Kindern lernen können, mit dem neuen Medium umzugehen.

Wir denken, dass der Einsatz von Computern in Schulen in Deutschland viel zu spät erfolgt. Gerade in Niedersachsen, dessen Schulgesetz Integration zum Regelfall erklärt, wäre nach unserer Erfahrung das Lernen am und mit dem Computer im Blick auf die angestrebte Chancengleichheit unverzichtbar.

Anmerkungen

(1) Bezüglich der geeigneten Software sehen Sie sich am besten im Internet um. Wir haben bei uns Memory, Flix, Bambino und Traeger im Einsatz. Allerdings sind die bei uns eingesetzten Rechner auch nicht auf dem neuesten Stand der Technik

(2) G. Heinsohn, B. M. C. Knieper, Über die Theorie des Kindergartens und der Spielpädagogik, Edition Suhrkamp, Frankfurt am Main 1975

(3) Ems-Zeitung, Papenburg, 20.11.1999

(4) Für Schulen soll der Internetzugang in den nächsten zwei Jahren von der Deutschen Telekom kostenlos zur Verfügung gestellt werden. Wünschenswert wäre dies auch für Kindergärten!

(5) Prof. Dr. Arnulf Hopf, Universität Oldenburg

(6) Dr. Reinhard Pirschel, InfoPädiO GmbH Oldenburg, Sitz: Varel

III Offener Kindergarten und Schule

Annemarie Pliefke

1 Kinder aus offenen Kindergärten kommen zur Schule - was dann?

Sind Kinder aus offenen Kindergärten gegenüber Kindern aus traditionellen Kindergärten benachteiligt? – Ergebnisse einer Untersuchung zur Schulfähigkeit

Unsere Kinder sind im Kindergarten – aber dort bleiben sie nicht für immer, denn nach zwei bis drei Jahren ruft die Schule. Was hier völlig selbstverständlich klingt, ist in der Realität ein spannender und nicht immer problemloser Übergang in einen neuen Lebensabschnitt. Der folgende Beitrag soll jedoch nicht allgemeine Überlegungen dazu liefern, sondern mein Interesse galt und gilt einer ganz speziellen Frage: Wie kommen die Kinder, die einen offenen Kindergarten besucht haben, in der Schule zurecht? Sind sie gegenüber Kindern aus traditionellen Einrichtungen benachteiligt?

Warum nun dieses spezielle Interesse? Zum einen spiegelt es meinen eigenen beruflichen Weg wider: religionspädagogische Begleitung einer evangelischen Kindertagesstätte als Gemeindediakonin und anschließendes Lehramtsstudium (Grundschule). Während des Studiums verfolgte ich die Entwicklung der Kindertagesstätte zu einer offenen Einrichtung mit großem Interesse. 1998 war besonders das Thema „Schule" sehr aktuell. Zu diesem Zeitpunkt wurde bereits seit etwa zwei Jahren nach dem offenen Konzept gearbeitet.

Immer wieder mussten sich die Mitarbeiterinnen mit Bedenken von Lehrern und Eltern auseinandersetzen. Ein typisches schulbezogenes Vorurteil war: Im offenen Kindergarten kann das einzelne Kind nicht mehr individuell gefördert werden, weil ein Förderbedarf möglicherweise gar nicht sichtbar wird, wenn die Kinder sich nur entsprechend ihren Bedürfnissen oder selbstgewählten Lern- und Arbeitsschwerpunkten beschäftigen. Die Folge dieser möglicherweise unzureichenden Förderung könnte sein, dass die Kinder in der Schule nicht so gut zurechtkommen, ja regelrecht benachteiligt sind.

Besonders tragisch war eigentlich, dass diese Vorbehalte oft gerade von Personen geäußert wurden, die sich nicht die Mühe machten, eine offene Einrichtung persönlich kennenzulernen. So wurde beispielsweise auf einem schulischen Elternabend die Ansicht geäußert, dass die Kinder aus dem offenen

Kindergarten benachteiligt seien gegenüber den anderen, ohne zu klären, in welcher Form sich diese Benachteiligung zeigte. Wie groß die Unwissenheit ist, zeigte auch eine kleine Befragung in Niedersachsen und Nordrhein-Westfalen: 43 von 73 befragten GrundschullehrerInnen verneinten die Frage, ob sie schon einmal vom „offenen Konzept" im Kindergarten gehört hätten. (Da in diesem Zusammenhang nicht nach einer Definition gefragt wurde, bleibt offen, wie vielen der restlichen 30 LehrerInnen die tatsächliche Definition des „offenen Kindergartens" bekannt war. Nur 13 von ihnen gaben an, im Einzugsbereich ihrer Schule einen solchen Kindergarten zu haben).

Zunächst einmal muss näher bestimmt werden, was mit einer Benachteiligung oder einem „schlechteren Zurechtkommen" gemeint ist. Sind diese Kinder benachteiligt, weil sie die an sie gestellten schulischen Anforderungen nicht oder nur mangelhaft erfüllen und weil sie leistungsmäßig nicht das Niveau der anderen Kinder erreichen? Sind die Kinder aus dem offenen Kindergarten möglicherweise nicht so gut auf die Schule vorbereitet worden, weil bestimmte Fähigkeiten und Fertigkeiten (z.B. Schneiden, Malen) nicht ausreichend trainiert wurden? Oder ist das Sozialverhalten der Kinder durch den offenen Kindergarten so geprägt, dass ihr Verhalten in der Schule von dem der anderen Kinder abweicht oder, dass sie negativ auffallen? Sind sie zu selbständig für die Arbeits- und Sozialformen in der Schule geworden und müssen dort wieder „einen Schritt zurückgehen"? Haben sie Anpassungsschwierigkeiten, weil sie sich nicht in die Gesamtgruppe einordnen können und eigene Bedürfnisse zugunsten der Gruppeninteressen nur schwer oder gar nicht zurückstellen können?

Der äußere Rahmen meines Staatsexamens bot die Möglichkeit, anhand eines konkreten „Falles" der Frage nachzuspüren.

Wie sah diese Untersuchung aus?

Im September 1998 war ich für zwei Wochen als Beobachterin in einer ersten Klasse (auf genauere Orts- und Namensangaben verzichte ich aus Datenschutzgründen). Die Beobachtung begann am Tag nach der Einschulung und fand während des gesamten täglichen Unterrichtes statt, also von 8-12 Uhr. Der Untersuchungszeitraum wurde bewusst in die Schuleingangsphase gelegt, um ein von Schule noch möglichst ungeformtes Verhalten beobachten zu können. Zu einem späteren Zeitpunkt hätten die schulischen Einflüsse auf das Arbeits- und Lernverhalten bereits zugenommen. Der Schulanfang ist für alle Kinder eine neue Situation, zu der sie die speziellen Erfahrungen aus ihrem jeweiligen Kindergarten mitbringen: z.B. den Tagesablauf, das dortige Spiel- und Arbeitsverhalten oder das Verhältnis zwischen fremd- und selbstbestimmtem Handeln und Lernen. Dass diese Erfahrungen und Prägungen durch den offenen und traditionellen Kindergarten sehr unterschiedlich sein können, muss an dieser Stelle nicht mehr ausgeführt werden. Von den fünfundzwanzig Kindern der Klasse hatten vierzehn Kinder den offenen Kindergarten besucht, während zehn Kinder vorher in verschiedenen traditionellen Kindergärten waren. Im Rahmen der Möglichkeiten konnte ich nur als teilnehmende Beobachterin arbeiten. „Beobachtungsgegenstand" sollte der ganz normale Schulalltag sein. So verzichtete ich auf Extraaufgaben und –experimente und protokollierte stattdessen, wie die Kinder die „normalen" Aufgaben im Unterricht lösten. Dabei bezogen sich die meisten Beobachtungen lediglich auf das Leistungsverhalten der Kinder. Um das Sozialverhalten ausführlicher dokumentieren zu können, wären mehrere Beobachtungspersonen erforderlich gewesen. Diese Beschränkung ist eindeutig ein Defizit meiner Arbeit, denn dem Sozialverhalten kommt auch in der Schule eine viel größere Bedeutung zu, als die Untersuchung vermuten lässt. Jedoch ist das Gesamtergebnis so, dass sich eine genauere Vorstellung durchaus lohnt.

Folgende Arbeitsaufträge im Unterricht dienten als Grundlage für die Datenerhebung: Schwung- und Schreibübungen, Bastelarbeiten (Schneiden, Kleben, Prickeln...), Malen nach bestimmten Gesichtspunkten bzw. Arbeitsanweisungen, Aufgaben zur optischen Differenzierung, Zählaufgaben (Strichlisten) sowie Aufgaben zur Mengenbildung. Als Beobachtungskriterien dienten: Arbeitsgeschwindigkeit, korrekte Ausführung, Vollständigkeit, Genauigkeit, Sorgfalt, Kreativität, Umgang mit Arbeitsgeräten (Stift, Schere...), Notwendigkeit zusätzlicher Hilfe. Auf eine Darstellung der Einzeldaten verzichte ich an dieser Stelle; stattdessen möchte ich die Gesamtergebnisse vorstellen:

Es stellte sich heraus, dass die Kinder aus dem offenen Kindergarten keineswegs schlechter abschnitten als die anderen, sondern sie erzielten teilweise sogar bessere Ergebnisse. Das Verständnis und die Ausführung der jeweiligen Arbeitsaufträge waren bei allen Kindern gleich ausgeprägt. In Bezug auf die Geschwindigkeit erzielten die Kinder aus dem offenen Kindergarten tendenziell bessere Werte bei den Aufgaben, die eine eindeutige Lösung vorschrieben. Ebenso zeigten sie eine deutlich größere Kreativität und arbeiteten wesentlich genauer. Auch bei Fertigkeiten wie beim Umgang mit Stiften sowie beim Schneiden und Prickeln schnitten sie deutlich besser ab.

Für Beobachtungen aus dem Bereich des Sozialverhaltens wählte ich (ausschnittweise) drei Situationen aus: das Verhalten in den Pausen und im Sportunterricht sowie im Morgenkreis. Diese Beobachtungen zeigten die gleiche Tendenz wie die zum Leistungsverhalten: Die Kinder aus dem offenen Kindergarten hatten keine Schwierigkeiten, mit Spielregeln (Pausenordnung, Sportunterricht) angemessen umzugehen und zeigten eine größere Kompetenz, in der Gruppe zu sprechen, z.B. im Erzählkreis oder, um sich für eine Sache einzusetzen. Der Vorwurf, diese Kinder wären durch das offene Konzept so geprägt, dass sie Schwierigkeiten hätten, sich in der Gruppe unterzuordnen und Anweisungen des Lehrers zu befolgen, ist auf Grund der Ergebnisse dieser Beobachtungsstudie nicht haltbar.

Nach den Untersuchungen in dieser konkreten Grundschulklasse kam ich für unseren Kindergarten zu dem eindeutigen Ergebnis: *Von einer Benachteiligung der Kinder aus der offenen Einrichtung konnte in der beobachteten Schuleingangsphase auf keinen Fall die Rede sein.*

Ich möchte an dieser Stelle noch einmal betonen, dass dieses Ergebnis aufgrund der begrenzten Untersuchungsmethodik (nur jeweils *ein* offener Kindergarten und *eine* Grundschule, begrenzter Zeitraum, nur *eine* Beobachterin, ausgewählte Arbeitsaufträge und Situationen ...) nicht verallgemeinert werden darf. Jedoch gibt es entsprechende mündliche Berichte aus anderen Einrichtungen. Deshalb kann ich nur dazu ermutigen, solche Beobachtungen gezielt und systematisch durchzuführen, um eine gute Gesprächsgrundlage mit Eltern und Lehrern zu haben. Vielleicht besteht in Zukunft in einem größeren Rahmen die Möglichkeit, eine breiter angelegte Studie über einen längeren Zeitraum durchzuführen. Das würde der Diskussion eine allgemeingültigere Grundlage bieten.

Wie sind nun die Ergebnisse zu bewerten?

Mit der Feststellung, dass die Kinder aus dem offenen Kindergarten gegenüber den Kindern aus dem traditionellen Kindergarten in der Schule nicht schlechtere, sondern zum Teil sogar bessere Ergebnisse erzielten, stellt sich zunächst natürlich die Frage nach möglichen Ursachen. Die Pädagogik des offenen Kindergartens basiert auf dem reflexiv-subjektiven Menschenbild. Daher müssen die Erzieherinnen nicht ein bestimmtes Lern- oder Förderprogramm mit den Kindern absolvieren und u.U. besonders früh mit dem Training bestimmter Fertigkeiten beginnen, sondern können die eigene Entwicklung des Kindes gelassen abwarten. Wenn ein Kind beispielsweise die innere Bereitschaft signalisiert und die nötigen motorischen Voraussetzungen hat, um mit der Schere umzugehen, ist auch der richtige Zeitpunkt dafür gekommen. Dann ist eine Förderung auch effektiver als zu einem (möglicherweise erzwungenen) früheren Zeitpunkt. Da in dem offenen Kindergarten meiner Untersuchung bewusst nach dieser Pädagogik gearbeitet wird, liegt die

Annahme nahe, dass in dieser Vorgehensweise das überdurchschnittlich gute Abschneiden der Kinder aus dem offenen Kindergarten begründet ist. Eine zweite Ursache könnte sein, dass in diesem offenen Kindergarten jedes einzelne Kind sowohl mit seinen Begabungen als auch mit seinen Schwächen von mehreren Erzieherinnen, die darüber im Austausch stehen, gleichzeitig wahrgenommen wird. So kann auf jedes Kind sehr differenziert eingegangen werden. Hinzu kommt, dass Kinder Fähigkeiten, die sie an sich selbst entdeckt haben, selbständig ausbauen können, indem sie sich ein entsprechendes Betätigungsfeld suchen. Dies wiederum kann dann zu den überdurchschnittlichen Leistungen führen, die sich in der Schule beobachten ließen.

Eine weitere Bedeutung erhalten die Ergebnisse dieser Arbeit im Hinblick auf die Übergangssituation vom Kindergarten zur Schule. Dieser Übergang ist für manche Kinder nicht unproblematisch, weil mit der Einschulung der neue Lebensbereich *Schule* beginnt, der sich vom Vorangegangenen in vielen Punkten maßgeblich unterscheidet. Viele Bemühungen auf Seiten von Schule und Kindergarten laufen darauf hinaus, den Übergang für die Kinder möglichst bruchlos zu gestalten. Für die Beteiligten meiner Studie wurde deutlich, dass die Kinder aus dem offenen Kindergarten in der beobachteten Eingangsphase den Übergang ohne Schwierigkeiten bewältigten.

Grundsätzlich kann man davon ausgehen, dass viele Schulen, darunter auch die beobachtete, tendenziell eher die Arbeits- und Sozialformen der (konzeptionell enggehaltenen) traditionellen Kindergärten weiterführen. Das bedeutete für die Kinder aus den traditionellen Einrichtungen einen homogeneren Übergang vom Kindergarten zur Schule. Die Kinder aus dem offenen Kindergarten mussten dagegen eine wesentlich größere *Übergangsleistung* erbringen: Nachdem sie im offenen Kindergarten weitgehend selbstgesteuert lernen und handeln konnten, mussten sie in der Schule wieder *einen Schritt zurückgehen* und sich auf überwiegend fremdgesteuertes Lernen und Handeln einlassen, was ihnen aber offensichtlich gut gelang. Die Tatsache, dass die Kinder im Vergleich sogar besser abschnitten, ist deshalb um so höher zu bewerten. Die Kinder konnten ihre Fähigkeit zum selbstbestimmten Lernen in der Schule einsetzen und auch im Rahmen eines eher traditionellen Schulkonzeptes nutzen. Konsequenterweise sollte diese Kompetenz der Kinder in der Schule verstärkt aufgegriffen werden. Formen des offenen Unterrichts setzen sich inzwischen mehr und mehr durch.

An dieser Stelle soll auf die Notwendigkeit einer erweiterten Fragestellung hingewiesen werden. Die Frage kann nicht allein lauten: „Kommen die Kinder aus dem offenen Kindergarten in der Schule zurecht?", sondern: „Kommt die Schule mit den Kindern aus dem offenen Kindergarten zurecht?". Denn die Selbständigkeit der Schüler ist ja ein erklärtes Ziel der Schule. Doch immer wieder reagieren LehrerInnen ablehnend, wenn Kinder ihre Selbständigkeit in den Unterricht einbringen. Weil diese im schulischen Organisationsrahmen und Gesamtzusammenhang des jeweiligen Unterrichts von den LehrerInnen oft nicht richtig interpretiert wird, werden Kinder, die sich aktiv an der Gestaltung des Unterrichts und an der Auswahl der Themen beteiligen wollen, schnell als *Störenfriede* oder *Besserwisser* abgestempelt.

Auf diese Weise können Kinder in ihrer Entwicklung stark beeinträchtigt werden und die Freude an der Schule verlieren. Einerseits geben LehrerInnen schon die Selbständigkeit der Kinder als Ziel an, andererseits können sie aber nicht mit selbständigen Kindern umgehen. Damit diese Diskrepanz nicht bestehen bleibt, ist eine Sensibilisierung der LehrerInnen für die Problematik dringend notwendig. In diesem Zusammenhang möchte ich noch einmal darauf hinweisen, dass bei LehrerInnen ein fundiertes und vorurteilsfreies Wissen über die verschiedenen Kindergartenkonzeptionen und ihre Umsetzung unbedingt erforderlich ist Nur wer weiß, in welcher Einrichtung *seine* bzw. *ihre* Schulkinder ihre Erfahrungen gesammelt haben, kann ihnen in der Schule und gerade beim Schulanfang angemessen begegnen.

Ein kleiner **Exkurs** zum Thema *Schuleingangsdiagnostik* soll abschließend die veränderte Pädagogik in der Schule verdeutlichen: In der Vergangenheit wurden verschiedene *Schulreifetests* zur möglichst zuverlässigen Auslese *schulunreifer* Kinder eingesetzt. Dem folgte eine Testwelle zur Feststellung der *Schulfähigkeit*: Sie stellte Unterschiede zwischen den getesteten Kindern fest. Eine so ermittelte *Rangfolge* lässt aber noch keine Aussage über Schulreife bzw. Schulerfolg zu. Da der Testzeitpunkt oft willkürlich gewählt wurde, war das Ergebnis durch weitere Unsicherheitsfaktoren belastet. Nach schulpsychologischer Erfahrung macht die Entwicklung von Kindern im sechsten Lebensjahr oft enorme Sprünge, sodass Testergebnisse vom Februar (Zeitpunkt der Schulanmeldung) gegenüber solchen aus dem Monat August (Schulbeginn) erhebliche Unterschiede aufweisen können. Zudem sind Schulfähigkeitstests normorientiert, d.h. als Maßstab dient ein abstrakt gedachtes *Normalkind.*

Durch Untersuchungen wurde jedoch nachgewiesen, dass die Fehlerquote beim Einsatz dieser Tests zu hoch war und zu viele Kinder abgewiesen wurden, die eigentlich geeignet waren. Weiterhin wurden die Verfahren falsch gehandhabt oder auch veraltete Tests verwendet. Als typische *Nebenwirkungen* können auftreten:

- Ängstliche Kinder werden durch den Prüfungscharakter der Tests benachteiligt.

- Bei gescheiterten Kindern zeichnen sich negative Schulkarrieren ab, wenn der Effekt der *Sich-selbst-erfüllenden-Prophezeiung* eintritt.

Die Einsicht, dass selbst der differenzierteste und genaueste Test letztlich nur das Messbare enthielt, also vor allem motorische und kognitive Leistungen, führte zu alternativen Schuleintrittsverfahren. Diese stellen für Kinder eine natürliche Lern- und Unterrichtssituation dar, beziehen auch andere Kriterien mit ein und sind nicht standardisiert. Die meiste Beachtung erhielt dabei das *Kieler Einschulungsverfahren* (1986 veröffentlicht). Dabei wird ein flexibles Vorgehen empfohlen – je nach diagnostischer Fragestellung. Als Hilfe dienen ein standardisierter Leitfaden für ein Elterngespräch und ein Unterrichtsspiel (mit max. sechs Kindern) sowie nach Bedarf eine Einzeluntersuchung. Das Besondere des Kieler Einschulungsverfahrens ist der Versuch, sich die Erfahrung und Intuition der LehrerInnen zu Nutze zu machen und auf die herkömmliche Bildung eines Gesamtpunktewertes zur Einteilung in *schulreife* und *schulunreife* Kinder zu verzichten.

Durch den Einsatz von Unterrichtsspielen tritt die Auslesefunktion von Einschulungsverfahren immer mehr in den Hintergrund. Stattdessen gewinnen Erkenntnisse über Differenzierungsmaßnahmen im Anfangsunterricht stärker an Bedeutung. Der Forderung *Fördern statt Auslesen!* wird beispielsweise durch das Kieler Einschulungsverfahren Rechnung getragen. Daraus folgt, dass die Institution Schule bereit sein muss, ihre eigenen Normen, Anforderungen und pädagogisch-didaktischen Maßnahmen immer wieder in Frage zu stellen, ohne grundlegende und notwendige Lernziele aufzugeben. Die Frage nach der *Schulfähigkeit* der Kinder ist in letzter Konsequenz nicht eindeutig zu beantworten, weil die schließlich entscheidenden Unterrichtsbedingungen in der Anfangsklasse ja kaum vor dem Schulanfang zu beurteilen sind. Die Schule muss Förderkonzepte für die eintretenden Kinder entwickeln und sich dadurch die *Schulfähigkeit* ihrer Kinder selbst erarbeiten. Vor allem kommt es darauf an, dass diese schrittweise in die Schülerrolle eingeführt werden.

Dass die offene Kindergartenpädagogik dafür entscheidende Impulse liefert, steht wohl außer Frage.

Literatur zur Vertiefung

G. Faust-Siehl, Schulfähigkeit, Zurückstellung und Integrativer Schulanfang. Neue Entwicklungen bei der Einschulung, in: Die Grundschulzeitschrift 85 (1995), S. 26 – 31

M. Fölling-Albers, Kind und Schule heute: Von den Herausforderungen für die Schule durch eine veränderte Lebenswelt der Kinder, in: Pädagogische Welt 44 (1990) 10, S. 440 – 449

S. Fröse/R. Mölders/W. Wallrodt, Das Kieler Einschulungsverfahren, Beiheft zum Kieler Einschulungsverfahren, Weinheim 1986

H. Hacker, Vom Kindergarten zur Grundschule. Theorie und Praxis eines kindgerechten Übergangs, Bad Heilbrunn 1998

N. Huppertz/J. Rumpf, Kooperation zwischen Kindergarten und Schule, Beiträge zur Theoriebildung, München 1983

E. Jürgens/H. Hacker/P. Hanke/R. Lersch, Die Grundschule. Zeitströmungen und aktuelle Entwicklungen, Hohengehren 1997

A. A. Kern, Sitzenbleiberelend und Schulreife. Ein psychologischpädagogischer Beitrag zu einer inneren Reform der Grundschule, Freiburg 1958

A. Kormann (Hrsg.), Beurteilen und Fördern in der Erziehung, Orientierungshilfen bei Erziehungs- und Schulproblemen, Salzburg 1987

H. Nickel, Das Problem der Einschulung aus ökologisch-systemischer Perspektive, in: Psychologie in Erziehung und Unterricht 37 (1990), S. 217–227

H. Nickel, Entwicklungsstand und Schulfähigkeit. Zur Problematik des Schuleintritts und der Einschulungsuntersuchungen, München/Basel 1976

G. Schorch, Grundschulpädagogik - eine Einführung, Bad Heilbrunn 1998

G. Regel/A. Wieland (Hrsg.), Offener Kindergarten konkret. Veränderte Pädagogik in Kindergarten und Hort, Hamburg 1993

Uwe Santjer

2 Für die Schule bilden - nicht anpassen

Interview mit einer Lehrerin

Dieser Beitrag kommt auch aus der ev. luth. Kindertagesstätte Altenwalde, Cuxhaven. Unter Kap III. 3 ist unsere Einrichtung kurz beschrieben. Wir arbeiten intensiv mit der Grundschule zusammen. Uns beschäftigen jedes Jahr wieder die Fragen: „Was heißt Schulreife und was erwartet die Schule von uns?". Im Rahmen der Vorbereitung für dieses Buch kam uns die Idee, nach jetzt fünfjähriger offener Kindergartenarbeit zu ermitteln, wie Kinder unserer Kindertagesstätte in der Schule zurechtkommen. Uns schien ein Interview mit einer Grundschullehrerin eine ideale Methode, um diese Frage zu erörtern. Nachdem ich die Lehrerin meiner Tochter um dieses Interview bat, sagte sie sofort zu. So trafen wir uns an einem Freitag im Februar diesen Jahres.

Uwe Santjer
Liebe Frau Oellerich, ich bin sehr froh darüber, dass sie sich bereit gefunden haben, mit mir dieses Gespräch zu führen. Anlass ist das Erscheinen unseres Buches, welches sich mit den Bildungsprozessen in der offenen Kindertagesstätte befasst. Da sich die Schule an die Kindergartenzeit anschließt, würde mich sehr interessieren, wie die Kinder in der Schule zurechtkommen. Bevor wir unser Gespräch beginnen, bitte ich Sie, sich der Leserin und dem Leser vorzustellen!

Elke Oellerich
Mein Name ist Elke Oellerich. Ich bin seit 27 Jahren an der Grundschule in Franzenburg/Altenwalde tätig. Es gehen etwa 360 Schüler auf unsere Grundschule. Im Schulgebäude befindet sich zusätzlich die Orientierungsstufe mit 220 Schülern.

Uwe Santjer
Ich möchte mit der Schulfähigkeit beginnen. Was verstehen Sie darunter?

Elke Oellerich
Pauschal gesagt, wünschte ich mir, dass Kinder Voraussetzungen für eine erfolgreiche Mitarbeit erlangt haben sollten. Dazu gehört für mich erst einmal so etwas wie Gruppenfähigkeit. Kinder, die nicht in der Lage sind, sich in die Gruppe zu integrieren, bekommen neben sozialen Schwierigkeiten auch Probleme im Lernen. Sie können dem Unterricht nicht oder nur schlecht folgen. Oft fallen sie dadurch auf, dass sie ausschließlich sich sehen, was im

Klassenverband zu Schwierigkeiten führen kann. Eine weitere Voraussetzung für Schulfähigkeit ist das Neugierverhalten. Normalerweise ist dieses bei jedem Kind vorhanden. Leider gibt es immer wieder Kinder, bei denen, aus welchen Gründen auch immer, der Drang etwas Neues zu erfahren geringer ist. Schulfähige Kinder haben ein Regelverständnis. Sie können Regeln verstehen, sich an ihnen orientieren und sie einhalten. Sie wissen bei Regelverstößen um ihr Verhalten. Ähnlich verhält es sich mit dem Aufgabenverständnis. Da es zu wenig Möglichkeiten der Einzelzuwendung gibt, ist es erforderlich, dass Kinder Anweisungen verstehen, begreifen und umsetzen können.

Uwe Santjer
Bisher haben Sie eher soziale und kognitive Voraussetzungen angesprochen. Diese bedingen sich ja häufig. Wenn ich mit Eltern spreche, so erwarten viele von ihren Kindern, dass sie erste Rechenaufgaben lösen und ihren Namen schreiben und lesen können. Sind diese Forderungen von Eltern angemessen oder sind sie überzogen?

Elke Oellerich
Kinder haben unterschiedliche Lerntempi. In einer normalen Entwicklung werden Kinder von alleine neugierig auf Buchstaben und Zahlen. Für die Einschulung sind die von Ihnen angesprochenen Erwartungen unwichtig. Die meisten Kinder können ihren Namen schreiben und haben eine Vorstellung von Zahlen, die ihnen ja auch im Alltag überall begegnen. Eine mangelnde oder sogar fehlende Mengenvorstellung allerdings erschwert dem Kind den Zugang zur Mathematik. Natürlich spielt die motorische Entwicklung eine große Rolle für ein Schulkind. Die Grob- und Feinmotorik sollte soweit ausgebildet sein, dass es Bewegungen koordinieren und das Gleichgewicht halten kann. Kinder haben es zum Schulstart einfacher, wenn sie Erfahrungen im Kneten, Schneiden, Basteln und Malen gemacht haben. Sollte es in der Grob- oder Feinmotorik Defizite haben, braucht das Kind besondere Förderung.

Uwe Santjer
Ist das in der Schule leistbar?

Elke Oellerich
In der Eingangsphase fallen die Schwierigkeiten der Kinder auf. Dann können sie an einem Förderangebot teilnehmen. Obwohl wir einen Kooperationsvertrag mit der Sonderschule haben, bekommen wir aber zu wenig Unterstützung. Auffällige Kinder häufen sich. Für manche ist dann ambulante Förderung nötig.

Uwe Santjer
Um wieder auf die Eingangsfrage zurückzukommen. Was ist Schulfähigkeit?

Bisher haben Sie Vokabeln wie Gruppenfähigkeit, Neugierverhalten, Regelverständnis, fein- und grobmotorische Entwicklung genannt. Denken Sie,
dass noch weiteres hinzukommen müsste?

Elke Oellerich
Ja, unbedingt. Ich denke dabei an Mengenverständnis, Merkfähigkeit,
Sprachverständnis, Ausdauer, Konzentrationsfähigkeit sowie visuelle und
akustische Differenzierungsfähigkeit. Zwar sollen diese Dinge besonders in
der Schule erlernt werden, dennoch muss die Basis dafür vorher gelegt sein.
Einen wichtigen Bereich habe ich noch nicht angesprochen. Als Grundvoraussetzung für die bisher genannten Fähigkeiten gilt für mich das Selbstbewusstsein und die Selbstsicherheit. Kinder, die sich etwas zutrauen und Mut
zum Ausprobieren haben, lernen einfacher.

Uwe Santjer
Ich frage mich, wo die Kinder die von Ihnen angesprochenen Fähigkeiten
erlernen sollen. Gibt es von Seiten der Schule Erwartungen an die Kindertagesstätte?

Elke Oellerich
Die Schule erwartet von der Kindertagesstätte, dass die Kinder in ihr die
Möglichkeit haben, ihr Selbstbewusstsein zu steigern und sich im Regelverhalten zu üben. Ich persönlich denke, dass die Kindertagesstätte die Pflicht
hat, Kinder mit Entwicklungsauffälligkeiten rechtzeitig zu erkennen und zu
fördern. Richtig wütend werde ich, wenn wir Kinder aus Kindergärten in die
Schule bekommen, die z.B. im Wahrnehmungs- oder motorischen Bereich
nicht altersentsprechend entwickelt sind, und keiner hat's gemerkt. Da
müsste zum Wohle des Kindes ein intensiver Austausch stattfinden. Das geschieht mit manchen Einrichtungen noch zu wenig. Grundsätzlich kann es
aber nicht das vordergründige Ziel von Kindergärten sein, die Kinder auf die
Schule vorzubereiten. Wir bereiten auch nicht alle Kinder auf das Gymnasi-
um vor. Hier muss die individuelle Entwicklung des Einzelnen im Blickpunkt
stehen, von der aus Erziehungs- und Entwicklungsziele benannt werden.

Uwe Santjer
Der Kindergarten versteht sich u.a. als Bildungseinrichtung. Bringen Kinder
aus der Kindertagesstätte andere Voraussetzungen mit in die Schule, als die,
die keinen Kindergarten besucht haben?

Elke Oellerich
Ja. Eindeutig. Kinder die keinen Kindergarten besucht haben, bringen häufig
schlechtere Voraussetzungen mit. Gerade der Umgang mit der Gruppe bereitet den Kindern ohne Kindergartenerfahrung Schwierigkeiten. Sie können

sich schwerer einordnen, Rangfolgen beeinflussen und akzeptieren sowie Beziehungen gestalten. Dadurch ist der Start in die Schule erschwert. Die ehemaligen Kindergartenkinder können eher einschätzen, wie die Gruppe zum Einzelnen steht und welche Stärken bzw. Schwächen der Einzelne hat. Sie sind eher in der Lage, ihr Verhalten und ihre Rolle zu reflektieren. Das Konfliktverhalten ist geübt. Damit geht einher, dass die Frustrationstoleranz größer ist. Natürlich gibt es auch Kinder, die nicht im Kindergarten waren und positive Schulvoraussetzungen mitbringen. Das ist aber eher selten.

Uwe Santjer
Seit Gründung unserer Kindertagesstätte im Mai 1995 arbeiten wir nach dem offenen Modell. Sie haben dies aus der Distanz verfolgt. Gibt es Dinge, die Sie aus Ihrer Sicht positiv an dieser Arbeit einschätzen würden? Und gibt es kritische Anmerkungen?

Elke Oellerich
Ich habe viele positiven Erfahrungen mit Kindern aus der offen arbeitenden Kindertagesstätte gemacht. Viele Dinge, die sonst mühsam eingeführt werden müssen, bringen diese Kinder schon mit. Als bestes Beispiel fällt mir da der Umgang mit dem Sprechstein ein. Ich hatte mich gut auf die Einführung dieser Methode vorbereitet. Als ich im Klassenverband unseren Sprechstein vorstellte, wussten alle Kinder, die aus der offenen Kindertagesstätte kamen, sofort Bescheid. Die Einführung hatte sich damit erledigt. Ähnlich erging es mir, als ich den Schultag mit einem offenen Anfang begann. Die Kinder sollten sich mit den verschiedenen Materialien im Klassenraum vertraut machen. Dieser Aufforderung konnten die Kinder sofort mit hoher Motivation nachkommen. Ich musste keine Kinder unterstützen, da die, die Hilfe brauchten, von ihren Mitschülern Hilfe bekamen. Einfach großartig. Auch heute noch, in der zweiten Klasse, ist das so geblieben. Die Kinder sind sehr füreinander da. In freien Unterrichtsformen arbeiten sie am besten. Sie sind „richtig klasse", wenn sie mehrere Arbeitsaufträge in von ihnen bestimmter Reihenfolge und Zeit erledigen können. Am Ende sind alle am gleichen Ziel angekommen. Nur ihre Wege sind unterschiedlich.

In diesen freien Arbeitsformen wird die Hilfsbereitschaft der Kinder besonders deutlich. Es fasziniert mich regelrecht, wie gut die Kinder sich untereinander helfen. Das habe ich so noch nicht erlebt. Sie machen mir deutlich, dass Kinder oft am besten von Kindern lernen können. So wie Erwachsene sich Lernprozesse vorstellen, funktioniert es eben nicht. Für mich ist das auch eine neue Erfahrung. Ich musste lernen, damit umzugehen. In unserer Ausbildung wurde uns noch geraten, den Kindern die Themen häppchenweise vorzusetzen. Wie ein Puzzle sollten die kleinen Teile zum Ganzen zusammengeführt werden. Um z.B. die Woche zu erarbeiten, haben wir erst die Stunden, dann die einzelnen Tage durchgearbeitet, bevor wir zum Gesamtbild „Woche" kamen. Ähnlich ging es mit vielen anderen Themen wie z.B. der Erfassung der Welt. Aus heutiger Sicht sage ich, dass dies nicht mehr zeitgemäß ist. Ich stimme mit Maria Montessori überein, die fordert: „Gib dem Kind das Ganze, um es zu erforschen".

Uwe Santjer
Ich höre das sehr gerne. Haben Sie auch Kritikpunkte an der offenen Kindergartenarbeit?

Elke Oellerich
Ja, ein Problem sehe ich in der Definition von offener Arbeit. Jeder Kindergarten füllt diesen Begriff anders. Manchmal kann der Eindruck entstehen, dass Kinder ausschließlich selbstbestimmt den Tag verbringen. Sie brauchen, jedes auf seine Art, Unterstützung in ihrer Entwicklung. Sie müssen Regelverhalten sowie grundsätzliche Normen und Werte erlernen. Dazu brauchen sie Führung. Da die Motorik so eng mit Lernen zusammenhängt, müssen motorische Schwierigkeiten erkannt, benannt und behandelt werden. Meine Sorge ist, dass in Einrichtungen, wo offene Arbeit falsch verstanden wird, Kinder in ihrer Eigenart übersehen werden. Mein Hauptproblem bleibt die Definition. Aber insgesamt sind meine Erfahrungen sehr positiv. Als ich im letzten Schuljahr eine erste Klasse mit 28 Schülern übernahm, hatte ich richtig „Bammel". Ich hatte mich auf Stress eingestellt. Den gab es nicht. Ich habe das ja eben kurz beschrieben. Vom ersten Tag an gehe ich mit Freude zur Schule. Das ist bis heute so geblieben. Ist das nicht ein gutes Zeichen?

Uwe Santjer
Ja sicher. Nach Ihren Ausführungen zu urteilen, ist Ihnen die herkömmliche und die offene Kindergartenarbeit bekannt. In unserem Buch schreibt Annemarie Pliefke einen Beitrag mit der Überschrift „Sind Kinder aus offenen Kindergärten gegenüber Kindern aus traditionellen Kindergärten benachteiligt?". Was denken Sie? Haben Kinder aus der offen arbeitenden Kindertagesstätte Nachteile beim Schuleintritt und ihrer Schullaufbahn?

Elke Oellerich
Wieder hat das etwas mit der Definition von offener Arbeit zu tun. Außerdem ist die Beantwortung dieser Frage abhängig von der Arbeitsweise der jeweiligen Schule. Da sich Schule verändert, aufgrund der verschiedenen Lernvoraussetzungen von Kindern ändern muss, wird sich Schule immer mehr mit den Fragen offenen Unterrichts befassen müssen. In vielen Kollegien geschieht das schon. Leider verleiten große Klassen zum Frontalunterricht.

Probleme werden dadurch nicht gelöst. Lehrerinnen und Lehrer müssen sich darüber im Klaren sein, dass Öffnung mit viel Vorarbeit verbunden ist. Das Arbeiten selbst ist dann aber viel einfacher. Nein, Kindergartenkinder aus offenen Einrichtungen sind nicht benachteiligt. Sie bringen mehr Selbstbewusstsein mit als andere Kinder. Diese Eigenschaft hilft ihnen beim Lernen und bringt sie gut über Durststrecken in der Schullaufbahn. Mit Schulfrust können sie besser umgehen. Schwierig könnte es für Kinder sein, die aus einem extrem offenen Kindergarten in eine extrem herkömmliche Grundschule einsteigen sollen. Da kann es zu Komplikationen kommen. Starke Reglementierungen in der Schule könnten bei den Kindern Frust hervorrufen. Ich denke, dass Schule sich auf die Kinder vorbereiten muss, die da kommen. Der Kindergarten hat nicht den Auftrag zuzuarbeiten.

Uwe Santjer
Haben sie Lösungsideen?

Elke Oellerich
Ich könnte mir gut vorstellen, dass kleinere Klassen, Individualisierung und Teamteaching hilfreich wären.

Uwe Santjer
Wenn die Kinder nach manchmal dreijähriger Kindergartenlaufbahn aus einer sogenannten offenen Kindertagesstätte in die Schule kommen, werden sie einem völlig unbekannten und neuen System ausgesetzt. Ich frage mich, ob die Kinder sich besser in die Schule einfügen würden, wenn die Vorschuleinrichtung den Strukturen der Schule ähneln würde. U.a. aus dieser Überlegung werden Vorschulen betrieben. In einigen Regionen wird der Schrei nach Vorschulmappen wieder größer. Was denken Sie darüber?

Elke Oellerich
Nein, die Kindergärten sollten sich von den Strukturen der Schule abgrenzen. Es wäre nicht gut, wenn sich Inhalte und Strukturen der ersten Klasse schon im Kindergarten finden. Es bestünde dann die Gefahr der Vermischung. Kinder könnten Unterschiede nicht mehr erfassen. Die Neugierde auf die Schule würde schwinden. Damit ist auch die Vorfreude auf die Schule gefährdet.

Uwe Santjer
Was halten Sie von Vorschulmappen?

Elke Oellerich
Darüber habe ich mir bisher keine Gedanken gemacht. Die Förderung der Feinmotorik kann sehr unterschiedlich aussehen. Vorschulmappen halte ich für eine Möglichkeit unter vielen. Kinder wollen aus ihrem eigenen Antrieb

heraus etwas lernen. Sie freuen sich auf etwas Neues. Diese Lernfreude und Neugierde muss von uns Erwachsenen unterstützt werden. Wir sollten Kindern genügend Angebote machen, damit ihr Durst nach Wissen gestillt werden kann. Die Kinder, die bestimmte Dinge bereits erlernt haben, brauchen neue Herausforderungen. Damit kein Desinteresse aufkommt, dürfen wir Kinder nicht mit Wiederholungen langweilen. Wir kommen wieder an den Punkt, an dem das einzelne Kind gesehen werden muss. Darauf könnte die Schule noch mehr Rücksicht nehmen, wenn es in den ersten vier Schuljahren keine Versetzung geben würde. Manche Kinder fallen eine Klasse zurück, werden nicht versetzt und haben dann keine Chance, ohne Zeitverlust aufzuholen. Der Knoten platzt halt bei jedem zu anderer Zeit. Ohne die Versetzungsfrage könnten Kinder ihr Lerntempo noch besser selber bestimmen.

Uwe Santjer
Unser Gespräch macht deutlich, wie eng Entwicklung, Lernen und Entwicklungsbedingungen zusammenhängen. Immer wieder spannend! Eins würde mich aber noch interessieren: Die Kinder werden bei uns angehalten, ihren Tag selbst zu gestalten. Sie stellen dabei ihre Bedürfnisse in den Vordergrund. Innerhalb der Struktur unserer Kindertagesstätte wählen Kinder ihr Freispiel. Nach meinen Informationen ist dies in der Schule so nicht möglich. Auch wenn es Ansätze zur Selbstbestimmung gibt, ist das Tun der Kinder eher fremdbestimmt. Wie verhalten sich Kinder heute in der Schule, die früher in unserer Einrichtung waren?

Elke Oellerich
Die Kinder kommen sehr gut klar. Mit der Unterrichtsform können sie gut umgehen. Sie sind offen für Variationen. Halte ich zu lange Frontalphasen, zeigen sie mir, dass ich etwas anders machen muss. Am intensivsten sind die Kinder in Partner- und Gruppenarbeiten. Kinder müssen lernen, wie man selbstständig lernt. Das gelingt den Kindern aus der offenen Kindertagesstätte hervorragend.

Uwe Santjer
Die Überschrift für unser Interview ist: „Für Schule bilden - nicht anpassen". Ihren Aussagen entnehme ich, dass es wichtig ist, den Kindern zu helfen, ihre Neugierde zu erhalten und ihre Eigenaktivitäten zu unterstützen, damit sie sich von sich und von unserer Welt ein realitätsnahes, positives Bild machen können. Eine weitere Kernaussage ist sicher, dass sich die Schule auf die Kinder einstellen muss.

Ich danke herzlich für dieses Gespräch und wünsche Ihnen weiterhin so viel Freude an ihrer Arbeit wie bisher.

IV Bildung braucht wertbezogene Inhalte

Gerhard Regel

Dem Leben bewusst eine Richtung geben

Wir haben im praktischen Teil dieses Buches verschiedene Bildungsaspekte dargestellt:

- Bildung der Persönlichkeit

- Erwerb von Wissen und Kompetenzen in Verbindung mit Selbsttätigkeit, Forschen und Kooperation (Selbstbildung) und im Kontext von Bindung und sozialer Vernetzung

- Bildung im Mitarbeiterkreis, im Team sowie Elternbildung durch Eigenerfahrung

- Selbstbildung der Erzieherin, indem sie sich zur Fachfrau weiterentwickelt

- Bildung als bewusste Vermittlung von Werten.

Wie immer Lernen, Bildung und Entwicklung geschehen, Kindern werden damit Wert- und Lebensorientierungen vermittelt. Das geschieht mehr oder weniger bewusst, im Kindergarten eher intuitiv, wenn nicht durch eine klare Konzeptionsentwicklung auch der wertbezogene Teil der pädagogischen Arbeit herausgearbeitet wird. Mit den Wertorientierungen erfährt das Leben eine Richtung. Nehmen wir als Beispiel die Entwicklung zu Fachfrauen, die inzwischen in den offenen Kindergärten als eine sinnvolle Weiterentwicklung des pädagogischen Selbstverständnisses der Erzieherin angesehen wird.

Wer sich als Erzieherin zur Fachfrau entwickelt, lässt sich auf eine Arbeitsteilung ein. Der „pädagogische Zehnkampf" wird vermieden, wenn sich die einzelne Erzieherin nicht mehr für alle Inhalte zuständig fühlt, denn zu schnell kann sie atemlos werden. Sich auf ein, zwei oder drei Gebieten zu spezialisieren und hierbei eigene Neigungen und Talente einzusetzen und zu vertiefen, schafft Schwung und Engagement. Beides kommt den Kindern für ihre Lernmotivation zugute, auch treffen sie nun auf interessante Personen, denen sie nacheifern können. Erzieherinnen werden Vorbild für Bildungsprozesse, weil sie Kompetenz ausstrahlen und begeistern können.

Im Team selbst schwindet die Konkurrenz. Erzieherinnen lernen, sich in ihrer Verschiedenheit zu akzeptieren und vertrauen einander. Gleichzeitig können sie differenziert an gemeinsamen Themen und Projekten arbeiten und in unterschiedlichen Räumen Akzente setzen. Das Thema *Afrika* in diesem Buch ist ein Beispiel dafür (II, 2.3). Wo dieser Prozess gelingt, zeigt sich Zufriedenheit im Mitarbeiterkreis. Freude und nicht selten Glücksgefühle stellen sich ein. Pädagogische Arbeit bekommt eine sinnvolle Komponente und der Lerneifer der Kinder, die sich ja freiwillig beteiligen, macht stolz. Alle diese Gefühle signalisieren, dass ein solches Arbeiten unter Aufgabe des Einzelkämpferverhaltens gut tut und es sich lohnt, daran festzuhalten. Auf der Ebene des bewussten Erkennens bekommen diese emotionale Ebene und die Sinnebene noch eine Erweiterung: Arbeit teilen, seine Stärken einsetzen, die eigenen Kräfte zentrieren, Kreativität entfalten, sich wechselseitig bestätigen, im Team kooperieren und sich selbst bilden, werden zu dominanten Werten und Maßstäben, die dem beruflichen Tun Glanz verleihen. Die ursprüngliche Berufsrolle mit dem Anspruch, Kindern möglichst vielfältige Erfahrungen zukommen zu lassen, erhält eine veränderte Orientierung mit der beschriebenen emotionalen Qualität. Sie wird als neue Ausrichtung stimmig erlebt und kann als gute Erfahrung weitergegeben werden. So geschieht es immer wieder, dass Erzieherinnen voller Stolz von diesem Weg erzählen, und sie begründen differenziert, warum der Weg zur Fachfrau so bereichernd ist.

An diesem Beispiel wird deutlich, dass die Richtungsänderung zu größerer Zufriedenheit führt. Der Bildungsprozess zur Fachfrau gibt nicht nur neue Kompetenzen, sondern bringt auch eine veränderte Werteinstellung, die das Leben bereichert und zugleich eine Erleichterung darstellt.

Im Folgenden möchte ich nun aufzeigen, mit welchen Akzenten im offenen Kindergarten Werte für Kinder vorgelebt, gesetzt und vermittelt werden. Dabei gehe ich von Erfahrungsbereichen der Kinder aus und versuche aufzuzeigen, welche wertbezogenen Bedeutungen damit verbunden sind bzw. verbunden sein können. Die Beispiele sollen den Zugang zum Thema ermöglichen und in erster Linie dazu anregen, im eigenen Kindergarten den wertbezogenen Teil pädagogischer Arbeit zu entdecken und gemeinsam zu erarbeiten oder zu vertiefen. So erfährt dieser besondere Akzent der Bildungsarbeit, den wir den nachfolgenden Generationen schulden, eine deutliche Kontur.

Die Erfahrung eines friedvollen Miteinanders im Zusammenleben unter Beachtung von Regeln und der Verständigung bei der Klärung von Konflikten

Ein friedvolles Miteinander ist das Ergebnis eines Prozesses, durch den es gelingt, Vertrauen zueinander zu finden und sich miteinander zu verständigen, besonders in Konfliktsituationen. Frieden fällt nicht einfach so vom

Himmel. Er muss gewollt und gesucht werden. Ein Bewusstsein dafür muss der Erwachsene im Kindergarten mitbringen. Kinder folgen in der Regel diesem Prozess gern, weil das friedvolle Miteinander einen Gewinn für sie darstellt. Sie erleben dabei, dass Würde, Respekt, Toleranz und Liebe bedeutsam sind, auch wenn diese Werte nicht unbedingt verbalisiert werden.

Sehr bewusst geht es bei der Setzung, Klärung, gemeinsamen Findung und Einhaltung von Regeln zu und lebhaft bis dramatisch beim Ausleben und Klären von Konflikten. Hierbei zeigen Kinder eine erstaunliche Fähigkeit, sinnvolle Lösungen zu finden. Sie brauchen dazu in der Regel nicht einmal den Erwachsenen, weil sie genügend Kräfte und Phantasie der Selbstregulierung besitzen. Das machen besonders Erfahrungen im offenen Kindergarten deutlich.

Die entscheidende Voraussetzung für ein immer wieder neu zu schaffendes friedvolles Miteinander ist die Art der Beziehungsgestaltung der Erwachsenen im Umgang mit den Kindern aber auch das Verhalten der größeren Kinder zu den kleineren (s. hierzu besonders Kapitel I. 2, 3 und II. 1.3). Was Kinder selbst kontinuierlich erfahren, wird in der Regel zu einem Bestandteil ihres Selbst; positiv oder negativ. Friedfertigkeit ist, bevor sie zu einem Teil der Persönlichkeit wird, an verschiedene Voraussetzungen gebunden, die Kinder selbst erfahren haben müssen, so zum Beispiel

• Vertrauen, weil mir selbst vertraut wird

• Zuhören, weil mir selbst zugehört wird

• Andere ernstnehmen mit ihren Bedürfnissen, weil die eigenen ernstgenommen werden

• Andere vorbehaltlos annehmen, weil ich mich selbst vorbehaltlos angenommen fühle

• Geduldig sein, weil mit mir geduldig umgegangen wird

• Hilfe geben, weil mir selbst geholfen wird

• Verlässlich sein, weil andere mir gegenüber verlässlich sind

• Akzeptieren von Stärken und Schwächen, weil die eigenen Stärken und Schwächen akzeptiert werden

• Streiten und Aushandeln von Lösungen, weil das weiter bringt und eigene Bedürfnisse dabei ernstgenommen werden

• Andere wirken lassen, weil ich selbst wirksam sein kann.

Formelhaft ausgedrückt gilt der Satz, dass Kinder nur soviel Wertschätzung und Liebe geben können, wie sie selbst zuvor erfahren haben. Wer seinen Platz im Kindergarten finden darf, lässt andere neben sich leben, und wer lernt, mit anderen zu sprechen und sich zu arrangieren, erlebt seine Einflussmöglichkeiten und findet zu einem konstruktiven aggressiven Verhalten. Gruppenforscher sprechen davon, dass drei Grundbedürfnisse zum Tragen kommen müssen, wenn ein Gruppenprozess positiv verlaufen soll: Wertschätzung, Zugehörigkeit und Einflussnahme.

Für mich ist es immer wieder erfreulich zu erleben, wie friedvoll sich das Zusammenleben im offenen Kindergarten entwickeln kann und wie destruktives aggressives Verhalten zurückgeht. Ein wesentlicher Grund ist hierfür auch der erweiterte Freiraum, sind eindeutige Strukturen und Regeln und eine Atmosphäre der Lebensbejahung.

Die Erfahrung, dass jeder Mensch einmalig und unverwechselbar ist in seinem äußeren Erscheinungsbild, durch seine Stärken und Schwächen, durch seine Lebensgeschichte und Familiensituation. Verschiedenheit wird zur Normalität.

Es ist überfällig, Kinder genauso als einmalig und unverwechselbar anzusehen wie es Erwachsene für sich beanspruchen. Kinder sind kleine Menschen, mit allem ausgestattet, was zum Leben und Überleben erforderlich ist. Kinder handeln immer logisch, so wie sie es lernen konnten, oder entscheiden intuitiv aufgrund ihrer Lebensbedingungen. Dies sei hier nur erinnert. Ausführungen dazu finden sich in unserem Buch (z.B. I. 2).

Verschiedenheit zur Normalität werden zu lassen, ist ein hoher Anspruch, ist eine Vision und zugleich Ansporn, jeden Tag neu eine Annäherung an diesen Wert zu erreichen. Das ist nicht leicht, weil in unserer Gesellschaft trotz aller Individualisierung Kinder zu Objekten gemacht werden, damit *aus ihnen etwas wird*. Schwächen zu haben, ohne diese zu Defiziten umzudeuten, Fehler zu machen, aus Fehlern zu lernen, Schuld zu erkennen und Versöhnung anzustreben und eigenwillig zu leben, das wird in unserer Gesellschaft nicht allgemein honoriert. Wir tun uns alle immer wieder schwer damit, weil wir selbst mit diesen Themen nicht im Reinen sind. Zu einem gesunden Selbstbild gehört, sich mit positiven und negativen Seiten und der eigenen Begrenztheit anzunehmen. Wer sich selbst gegenüber großzügig ist, ohne sich einen Freibrief für unachtsame, willkürliche und verletzenden Spontaneität zu geben, kann auch anderen gegenüber großzügig sein.

Mit der Umsetzung anthropologischer Grundannahmen in offenen Kindergärten wird es immer selbstverständlicher - gegenüber Kindern und Erwachsenen-,

Unterschiede zu akzeptieren oder zu respektieren und diese als Ausgangspunkt für pädagogische Gestaltung, Teamarbeit und Elternarbeit zu nehmen. Erfreulich ist es auch, dass zur Offenheit die Aufnahme von Kindern mit besonderen Entwicklungsbedürfnissen (sozialrechtlich: mit Behinderungen) selbstverständlicher wird, um Aussonderungen zu verhindern. Hier ist die Lernchance am größten, Verschiedenheit zur Normalität werden zu lassen (s. Beitrag II. 5).

Die Erfahrung von Sein und Werden und die Eröffnung der Chance, die eigene Persönlichkeit weiter zu entfalten (Individualisierung) und hierbei Selbst- und Mitverantwortung zu übernehmen.

Die Individualisierung hat in den letzten 50 Jahren immer mehr an Bedeutung gewonnen. Zunächst ist damit gemeint, dem einzelnen Menschen seine Autonomie zuzugestehen. Diese ist jedem Menschen mitgegeben. Ihre Entfaltung bedeutet zunächst einmal, für sich selbst zu sorgen und für sich Verantwortung zu übernehmen, Das bedeutet dann auch, dass unsere autonomen Kräfte dem Aufbau und der Entfaltung der eigenen Persönlichkeit dienen sollen. Selbstverwirklichung ist dafür ein treffender Begriff. Über die Richtung ist in diesem Zusammenhang noch nichts gesagt. Persönlichkeitsentwicklung kann zu einem puren Egoismus mit übersteigerten egozentrischen Zügen führen oder aber zu solidarischer Kooperation und mitverantwortlichem Handeln. Letztlich geht es um die Balance zwischen Selbst- und Mitverantwortung. Verantwortung heißt, sich antwortend zu verhalten. Das erfordert, nach innen und nach außen zu schauen (andere Menschen, Umwelt, Natur) und im Bewusstsein der wechselseitigen Abhängigkeit (Interdependenz) sachgemäß in jeder Situation zu entscheiden.

Kinder im Vorschulalter sind zunächst ganz im Hier und Jetzt. Aufgrund ihrer Fähigkeit zur Reflexivität nehmen sie sich in Bezug zu ihrem Außen wahr. Was sie in ihrer Spontaneität erleben, hat die Empfindungsqualität: *Es tut mir gut, Es tut mir nicht gut* oder *Es tut mir gut und nicht gut*. Entsprechend bauen sich Bedeutungen auf. Lohnend bleibt, was eine positive Anmutung besitzt. So sind Kinder - natürlich auch wir Erwachsenen - in einem kontinuierlichen Sein und Werden. Jedes Geschehen kann zu einer prägenden Erfahrung und durch häufiges/ständiges Wiederholen zu einem festen Bestandteil des eigenen Charakters werden.

Bei Vorschulkindern dürfen wir nicht übersehen, dass sie sich zunächst in einem egozentrischen Lebensbezug befinden, der in der Regel zwischen drei und vier Jahren zugunsten der oben beschriebenen Balance überwunden wird.

Soziales Lernen ermöglicht diese Erweiterung. Der Weg zur Mitverantwortung mit seinen vielen Nuancen bahnt sich an, wobei nicht übersehen werden darf, dass der Prozess der Selbstverantwortung diesem vorangehen muss. Geschieht das nicht, kann soziales Lernen zu einem einseitigen, selbstlosen Verhalten werden. Dieses kann nicht Ziel einer ganzheitlichen Erziehung sein.

Im offenen Kindergarten wird sorgsam darauf geachtet, dass dieser ein Gedeihraum für Kinder und Erwachsene sein kann und vielfältige eigenständige Entwicklung ermöglicht. Die entspannte Atmosphäre gilt dabei als Voraussetzung (s. I. 2), aber auch die Gesamtgestalt des Kindergartens, der Rahmen als Möglichkeitsraum einer ganzheitlich ausgerichteten Pädagogik. So können Kinder einerseits zu ihrer Individualität finden, zu ihrer Autonomie, für ihr Lernen und ihre Zufriedenheit Verantwortung übernehmen und dabei ihren Platz *in dieser Welt* einnehmen. Andererseits können sie durch eine Fülle von Beziehungserfahrungen ihre Entwicklung nach außen richten und diese mit mehr oder weniger Unterstützung durch Erwachsene voranbringen. Bildungsanlässe geben hierfür eine besondere Anregung, um bewusster zu leben und vor allem auch sozial kompetenter zu werden (s. z.B. II. 3.8).

Die Erfahrung der Lebensbejahung und das Erleben von Glück

Nicht nur Kinder empfinden, was für sie gut ist und was ihnen gut tut, sondern auch wir Erwachsenen. Diese Empfindungsmöglichkeiten können uns aber mehr oder weniger abhanden kommen, wenn wir ununterbrochen im Stress sind, Rollen spielen und uns selbst, besonders bei erforderlichen Anpassungsleistungen, aus den Augen verlieren. Unser Körper als beseelter Leib gibt uns permanent Signale. Wir müssen sie nur wahrnehmen.

Wenn es uns gut geht, sind wir im Einklang mit unseren Bedürfnissen und unseren Vorstellungen vom Leben. Freude stellt sich ein und macht uns glücklich. H. v. Hentig fragt in seinem Bildungsessay *Bildung*, 1996, (S. 73 ff.) nach den Bildungskriterien und nennt u.a. als möglichen Maßstab die Wahrnehmung von Glück. Wörtlich heißt es: „Wo keine Freude ist, ist auch keine Bildung, und Freude ist der alltägliche Abglanz des Glücks." (S. 78)

Mit Glück ist hier nicht der Glücksfall als eine passiv empfangene Gabe gemeint. Glück im Rahmen pädagogischer Arbeit meint, Glücksmöglichkeiten zu eröffnen, Glücksempfänglichkeit, eine Verantwortung für das eigene Glück (S. 79).

Streben wir als Pädagogen ein solches Kriterium an, dann bedeutet das nicht, für eine *glückliche* Kindheit im Kindergarten zu sorgen. Entwicklung und

Aufwachsen ist immer auch ein anstrengendes Geschehen und mit Krisen und Konflikten verbunden. Entwicklung hat jedoch auch viele freudvolle Seiten, wenn diese in einer lebensbejahenden Umgebung geschieht und die vielen, vielen eigenständigen Schritte des Größerwerdens im Staunen und in der Mitfreude gewürdigt werden (s. II. 1.3).

Der offene Kindergarten ist ein Lebensraum, in dem die Wahrnehmung von Glück im obigen Sinne ein beabsichtigtes Kriterium ist. Die vielen Möglichkeiten, für die sich Kinder öffnen können, geben ihnen Chancen, etwas mit Lust zu meistern und für andere nützlich zu sein. Das macht Freude. Dabei fließen drei Aspekte ineinander: Kinder können Kinder sein, auf ihrem jeweiligen Niveau spielen, forschen, kooperieren und kreativ sein; sie können Neues lernen über das, was Erwachsene ihnen anbieten, und sie können Gemeinschaft in vielfältigen Formen erfahren: in Spielgruppen, Gesprächsgruppen, im Feiern von Festen und in Veranstaltungen. Alle drei Aspekte ermöglichen es den Kindern, ihre Einzigartigkeit auszudrücken und dabei herauszufinden, was ihnen Spaß und Freude macht und ihr Leben bereichert. Ohne tägliche Freude wird es keine Lebensbejahung geben. Und so sollte in der pädagogischen Arbeit das *Glück im Heute* vorrangig vor dem Bemühen sein, Kinder auf die Zukunft vorzubereiten. Wer sich heute die Grundlagen zum Leben erwirbt, der wird auch morgen zurechtkommen und sein Leben nach den veränderten Anforderungen gestalten. Das gilt auch für den nächsten Schritt des Größerwerdens, die Schule (s. Abschnitt III.).

Die Erfahrung der Mitverantwortung und Mitwirkung im Kindergarten und der Mitverantwortung für die Umwelt.

Mit den Begriffen der Mitverantwortung und der Mitwirkung wird unser demokratisches Grundverständnis angesprochen. Nach unserer Verfassung ist der Bürger verpflichtet, sich am Gemeinwesen zu beteiligen und dessen Belange mitzugestalten. Das sollte sich nicht nur auf das Wahlrecht beziehen, sondern auf die Aktivitäten im politischen Bereich oder in Organisationen, die Einfluss nehmen auf das politische Geschehen. Hier ist nicht der Ort, unsere Demokratie kritisch unter die Lupe zu nehmen, vielmehr gilt es, sich bewusst zu machen, dass Mitverantwortung und Mitwirkung ihre Grundlage bekommen können, wenn Kinder mit sozialen Systemen wie Kindergarten, Schule und Verein in Berührung kommen. Hier könnten Mitverantwortung, Mitwirkung und Mitgestaltung zu Urerfahrungen werden, wenn kleine Menschen von Anfang an ernst genommen und einbezogen werden.

Die Erfahrungen in Kindergärten zeigen, dass Kinder sehr schnell Kompetenzen für Partizipation und ein erstaunliches Gespür für Gerechtigkeit entwickeln. Im offenen Kindergarten wird die Partizipation schnell zu einem festen Bestandteil (s. II. 3.8). Kinder wirken z.b. mit bei der Gestaltung der Räume, bei der Entwicklung von Projekten, beim Aufstellen und Reflektieren von Regeln und beim Lösen von Konflikten im Zusammenleben. Es bilden sich neue Formen der Zusammenarbeit: kommunikative Morgen- oder Schlusskreise, Vollversammlung, Kinderrat, Kinderkonferenz oder das Kinderparlament, eine erfreuliche Entwicklung, die immer dann besonders zum Erfolg führt, wenn Kinder durch Selbstbestimmung im Rahmen von Freiräumen zu Selbstverantwortung finden können.

Zunehmend selbstverständlich wird es, auch in offenen Kindergärten ökologisches Denken aufzubauen mit dem Anspruch, sorgsam mit der Umwelt umzugehen und Ehrfurcht vor allem Lebendigen zu haben. Dabei geht es nicht nur um das Müllthema, sondern um sensibles Verständnis für Natur und Schöpfung und um kritische Aufklärung über heutiges Fehlverhalten, wie z.B. schnelles Autofahren, Verseuchung des Grundwassers, Energie- und Wasserverschwendung, Vergiftung der Felder.

Die Erfahrung von Festen als Höhepunkte des Lebens und der Geschichtlichkeit des Menschen

In einer Zeit des Pluralismus, multikultureller und multireligiöser Verschiedenheit wird es immer schwieriger, Traditionen weiterzugeben. Denken wir nur an unsere Volkslieder, die heute fast gar nicht mehr vermittelt werden. Wenn es nicht örtliche Besonderheiten gäbe, geschichtliche Erinnerungen oder den z.B. Zyklus von Säen und Ernten, fiele es uns schwer, allgemeinverbindliche Traditionen weiterzugeben. Dies gilt heute besonders in größeren städtischen Bereichen. So bleiben eigentlich nur noch die Feste für den Kindergarten bedeutsam, evtl. auch jahreszeitlich bedingte Essensbräuche und natürlich Aspekte unserer Esskultur.

Feste sind besondere Höhepunkte im Laufe des Jahres und des Lebens. Unsere Hauptfeste sind mit religiösen Traditionen und Geschichten verbunden, auch im multireligiösen Bereich. In vielen Kindergärten werden deshalb nicht nur traditionelle Bräuche aufgenommen, sondern auch Inhalte und Bedeutungen vermittelt. Besondere Feste verbinden sich mit Jubiläen und bestimmten Jahreszeiten. Fasching wird von vielen Kindergärten als großer Höhepunkt herausgestellt. Auch Ausstellungen, z.B. eine Vernissage von Werken der Kinder, können besondere festliche Höhepunkte werden. In Reggio-Emilia wird am Ende eines längeren Projektes, verbunden mit einer Präsentation von Werken der Kinder, ein Fest gefeiert. Besondere Einschnitte des Lebens, z.B.

der Kindergartenbeginn und die Beendigung vor der Einschulung, können festlich begangen werden.

Feste hatten ursprünglich neben der gemeinsamen Erinnerung den Sinn, aus dem Alltagstrott und der Alltagslast herauszukommen, um zwischendurch ein fröhliches, unbeschwertes Miteinander zu erleben und natürlich auch die Freude am Essen und Trinken. In unserer Erlebnisgesellschaft kommen diese ursprünglichen Hintergründe heute nicht mehr so zum Tragen, und allgemein verbindende Traditionen sind aufgrund unserer modernen Lebensweise nicht mehr ein kontinuierlicher Bestandteil unseres Lebens. Jeder Kindergarten wird deshalb eigene Wege gehen müssen.

Anders steht es mit unserer Geschichtlichkeit. Sie kann an vielen Stellen zum Tragen kommen, etwa bei Projekten mit dem Thema Steinzeit, Kleidung, Unser Dorf, Unsere Stadt, Erforschung der Kirche (s. II. 2.4), oder in Verbindung mit Gedenktagen, Museums- und Handwerker-Besuchen, beim Betrachten von Bilderbüchern und beim Hören von Geschichten. Das Erfahren und Erleben von Geschichtlichkeit macht uns bewusst, dass die heutige Form des Lebens Ergebnis eines Wandels und einer Entwicklung ist, die nie zu Ende geht. Es gehört zum Wesen des Menschen, sich nicht mit seinem jeweiligen Kultur- und Zivilisationsstand zufrieden zu geben.

Im Grunde ist das auch eine ständige Erfahrung der Kinder im Kindergarten, denn gerade im offenen Kindergarten finden ständig Veränderungsprozesse statt, orientiert an den Kindern und ihren Lebensbedingungen. Gleichzeitig erleben Kinder Wiederkehrendes und Rituale, die von Kontinuität zeugen und zur Tradition wurden und werden können.

Die Erfahrung des Umgangs mit Sinn- und Bestimmungsfragen des Menschen und der Einbindung in die Schöpfung

Hier ist nun die Religiosität des Menschen angesprochen. Auch wenn diese eingebunden ist in Traditionen und Geschichten, sollte es primär um die Aufgeschlossenheit für letzte Fragen und den tieferen Sinn des Lebens und unsere Bestimmung gehen.

Das Thema Religiosität gilt nicht nur für die konfessionellen Kindergärten. Auch in nicht konfessionellen Kindergärten ist das Thema bedeutsam: So stellen Kinder häufig religiöse Fragen und bringen persönliche Anliegen ein. Kinder fragen nach dem Woher und Wohin, dem Sinn von Lebensvollzügen und nach Gott. Sie werden gegebenenfalls auch durch die multireligiöse Situation, durch die Lebensweise Andersgläubiger zum Fragen herausgefordert. Kinder wollen aber auch die Bedeutung christlicher Feste, die ja Teil unserer

Kultur sind, erfahren. Und schließlich gibt es eine Reihe christlicher Werte wie Liebe, Toleranz, Vergebung und Versöhnung, ohne die ein friedvolles Miteinander nicht denkbar ist.

Entscheidend ist, den Bereich der Religiosität nicht zum Sonderprogramm zu reduzieren. Religionspädagogisches Handeln sollte integrierter Bestandteil der Kindergartenarbeit sein. Dann zeigt sich die christliche Substanz als Ausdruck einer glaubenden Grundhaltung vor allem in der Gestaltung der Beziehungen untereinander, im Zusammenleben und der Bewusstmachung existentieller Fragen. Religiosität bezieht sich in erster Linie auf inneres Erleben, auf die Geheimnisse des Lebens; denn Liebe, Wachsen, Reifen, Leiden, Sterben und Neuwerden sind letztlich keine voll erklärbaren Phänomene. Sie sind Bestandteil unseres Lebens, auch wenn wir vieles vergessen und verdrängen.

Leben ist ein faszinierendes Drama, das gelebt werden will in dem Bewusstsein, dass wir mit unserer Freiheit und unseren Grenzen Teil der Schöpfung sind. Stellen wir uns dem Leben, dann wird gelacht, geweint, gedankt, geschrieen, geklagt, gejubelt, geliebt, gehasst, gehofft, gezweifelt, ersehnt, gelitten, genossen und gesungen. Menschen sind auf dem Weg, wenn sie sich dem Leben stellen. Wir erfahren unser Sein als Leben in Grenzen, mit einem Anfang und Ende, mit sicherer und unsicherer Balance, mit innerem Frieden und mit innerem Aufruhr. Wo sich so das Leben für uns wirklich erschließt, da werden die Sensibilität für Ungerechtigkeit und Unterdrückung wachsen und Abscheu und Abwehr von Unmenschlichkeit zu einem Maßstab (v. Hentig, S. 76 a.a.O.). Dann öffnet sich der Blick für die Verbesserung der Verhältnisse, in denen Menschen leben müssen.

Der offene Kindergarten will Verhältnisse von heutigen Kindern verbessern. Er will ihr Leiden verringern und dem Leben Raum geben. In erster Linie heißt das, Raum geben für spontane Kindlichkeit, sodass Kinder ihrem Leben frei Ausdruck geben können. Was Kinder hervorbringen, braucht sorgsame Begleitung, so auch, wenn sie wach und aufmerksam Sinn- und Bestimmungsfragen stellen.

In christlichen Kindergärten wird darüber hinaus sehr bewusst auf die heutige individualistisch-egoistische Lebensweise geantwortet. Das zeigt sich immer wieder in den schriftlich formulierten Konzepten.

Als Alternative wird z.B. formuliert:

- Von der Konkurrenz zur Kooperation

- Vom Misstrauen zum Vertrauen

- Von der Distanz zur Beziehung

- Vom überzogenen Egoismus zur Geschwisterlichkeit

- Von der Anpassung zur Mitgestaltung

- Von der Leistung zur spielerischen Kreativität

- Von der Unmenschlichkeit zur Menschlichkeit

- Vom Krieg zum Frieden

- Von der Selbstbezogenheit zur Liebe und zum Dialog.

Mit solchen alternativen Perspektiven wird aus dem Gegeneinander ein Miteinander, aus der Vereinsamung die Chance erfüllter Beziehungen. Für die Erzieherinnen bedeutet das, sich zu öffnen und Beziehungen aufzunehmen, gegenüber ihren Kindern, den Kolleginnen, den Eltern, dem Träger und der Schule die Begegnung im Dialog zu wagen.

Bleibt abschließend nur noch zu bemerken, dass alle diese Überlegungen sich nicht nur im Kindergarten realisieren können, weil dort pädagogisch bewusst daraufhin gearbeitet wird. Liebevolles Verhalten, Kooperation, Gerechtigkeit u.a. suchen die Kinder auch von sich aus, weil jeder Mensch dies ersehnt und verwirklicht sehen möchte. Unter Lerngesichtspunkten brauchen wir jedoch auch Vorbilder und Einübungsfelder. Der offene Kindergarten als soziales System und kindgerechter Lebensraum ermöglicht viele Erfahrungen, die dem Leben eine vielseitige und ganzheitliche Richtung geben und bewusst wertbezogene Inhalte vermittelt.

Außerdem sind im EB-Verlag Hamburg erschienen:

G. Regel, A.J. Wieland (Hrsg.)
Offener Kindergarten konkret -
veränderte Pädagogik im Offenen Kindergarten
Wie wird konsequent eine Pädagogik, die vom Kind ausgeht, im Offenen Kindergarten weiterentwickelt? Neue Wege und eine veränderte pädagogische Praxis werden differenziert beschrieben, theoretische Grundlagen erläutert und das daraus resultierende veränderte Rollenbewußtsein, das auch Auswirkungen auf die Form der Elternarbeit hat. 32 Farbbilder
389 Seiten, DM 39,00; öS 285,00; sfr 36,00 / ISBN 3-923002-74-2

Thomas Kühne, Gerhard Regel (Hrsg.)
Erlebnisorientiertes Lernen im Offenen Kindergarten
Projekte und Arbeitsansätze aus der Praxis für die Praxis.
6 Evangelische Tageseinrichtungen stellen ihre Projektarbeit dar und konkretisieren sie durch 20 Beispiele. Beiträge zur Diskussion um eine verbesserte Qualität der pädagogischen Arbeit im Elementarbereich.
352 Seiten, DM 39,00; öS 285,00; sfr 36,00 / ISBN 3-930826-07-0

G. Regel, A. Wieland (Hrsg.)
Psychomotorik im Kindergarten I
Eine Arbeitshilfe von Erziehern für Erzieher. Theoriebegleitende, praxisorientierte Auseinandersetzung mit dem Thema "Psychomotorik in der Kindergartenarbeit". Erfahrungen und Anregungen für die Arbeit mit Kindern, Gespräche mit Kollegen und Informationen für die Eltern.
150 Seiten, DM 25,00; öS 183,00; sfr 23,00 / ISBN 3-923002-11-4

G. Regel (Hrsg.)
Psychomotorik im Kindergarten II
Anregungen aus der Praxis. Öffnung der Gruppen/Aufsichtspflicht und Pädagogik / Lebendigsein durch Kraftspiele / Das kindgemäße Spiel mit Orff-Instrumenten / Wassergewöhnung als Spiel- u. Bewegungserfahrung / Ein gemeinsames psychomotorisches Lernkonzept.
255 Seiten, DM 28,50; öS 210,00; sfr 26,50 / ISBN 3-923002-44-0

J. Büchsenschütz, G. Regel (Hrsg.)
Mut machen zur gemeinsamen Erziehung -
zeitgemäße Pädagogik im offenen Kindergarten
Anstöße für die pädagogische Arbeit im offenen Kindergarten.

Gemeinsame Erziehung von behinderten und nichtbehinderten Kindern. Erprobungsprojekt Cuxhaven (2. erweiterte Auflage).
150 Seiten, DM 25,00; öS 183,00; sfr 23,00 / ISBN 3-923002-70-X

G. Regel (Hrsg.)
Kindgemäßes Lernen im Vorschulalter
Anstöße für Eltern und Erzieher. Fachberater für Kindergärten setzen sich mit der Situation der Kinder auseinander, mit der Problematik überbetonter, leistungsbezogener Erziehung. Theoretische und praktische Anstöße für ein kindgemäßes Lernen.
160 Seiten, DM 22,00; öS 161,00; sfr 20,00 / ISBN 3-923002-50-5

Burkhard Straeck (Hrsg.)
Gib uns Augen, daß wir staunend seh´n
Religionspädagogische Fragestellungen und Praxismodelle.
Ein Dank an Wolfgang Longardt
382 Seiten, DM 29,80; öS 218,00; sfr 27,50 / ISBN 3-923002-63-7

H.-J. Brandt, K. Butz, Chr. Cadet, W. Deresch, H. Mayer
Oh, unsere Kinder...
40 Karikaturen als Gesprächsanregung für Elternabende im Kindergarten und in der Gemeinde. Materialmappe mit 40 Karikaturen (DIN A 4) für Ausstellungen, Bilderkarteien, Einladungsbriefe, Schaukastengestaltung. Das Begleitheft gibt auf 40 Seiten theolog. und pädagog. Hilfestellungen zu den Themen: Kinder-Garten Kinder-Welt / Das abgerichtete Kind (Kind und Erziehung) / Kind und Gewalt / Kind und Religion.
DM 20,00; öS 146,00; sfr 19,00 / ISBN 3-923002-68-8

Birgit Gruebner (Hrsg.)
Wurzeln und Flügel – Religion und Glauben für Kinder
Mit Kindern glauben lernen. Praxisanregungen und Denkanstöße; Methoden der Arbeit mit Kindern; Feiern; Erzählen; Ausdrucksspiel; Stille entdecken und Symbole gestalten; Singen; Gespräche mit Kindern; Orte der Begegnung mit Kindern: Kindertagesstätten; Kindergottesdienst; Kindergruppen; Generationsübergreifende Projekte.
ca. 250 Seiten, DM 35,00; öS 256,00; sfr 32,50 / ISBN 3-930826-60-7

EB-Verlag Hamburg, Eichenstr. 29, 20259 Hamburg
Tel: 040/4905180 • Fax: 040/40195233
e-mail: post@ebverlag.de • www.ebverlag.de